여헌성리설

이 책은 2020년도 정부(교육부)의 재원으로 한국고전번역원의 지원을 받아
수행된 '특수고전협동번역사업'의 결과물임.

This work was supported by Institute for the Translation of Korean Classics - Grant funded by the Korean Government.

여헌성리설 3

旅軒性理說

장현광 張顯光 지음

성원규
윤은숙
김형석 옮김

일러두기

1. 이 책의 번역 대본은 한국학중앙연구원 장서각에 소장된《여헌선생성리설(旅軒先生性理說)》(K3-101)로 하였다.
2. 내용이 간단한 역주는 간주(間註)로, 긴 역주는 각주(脚註)로 처리하였다.
3. 한자는 필요한 경우 이해를 돕기 위하여 넣었으며, 운문(韻文)은 원문을 병기하였다.
4. 맞춤법과 띄어쓰기는 한글 맞춤법과 표준어 규정을 따랐다.
5. 이 책의 번역문에서 사용한 부호는 다음과 같다.
   ( ): 번역문과 음이 같은 한자를 묶는다.
   〔 〕: 번역문과 뜻은 같으나 음이 다른 한자를 묶는다.
   " ": 대화 등의 인용문을 묶는다.
   ' ': " " 안의 재인용 또는 강조 문구를 묶는다.
   「 」: ' ' 안의 재인용을 묶는다.
   『 』: 「 」 안의 재인용을 묶는다.
   《 》: 책명 및 각주의 전거(典據)를 묶는다.
   〈 〉: 책의 편명 및 운문·산문의 제목 또는 보충역을 묶는다.
6. 이 책의 후반부에 고려대본을 저본으로 하여 표점・교감한 원문을 실었다.
7. 본문의 오류로 의심 가는 점이 있으나 근거할 만한 대조본이 없을 경우에는 교감기에 그 내용만 언급하였다.
8. 판각이나 필사 과정에서 관행적으로 통용하던 글자는 문맥에 맞게 고쳐 쓰고 교감기는 달지 않았다.
9. 이 책에 인용된《역학도설(易學圖說)》과《계몽전의(啓蒙傳疑)》의 그림은 경학자료시스템, 한국유경(儒經)DB, 한국고전종합DB의 이미지 파일을 사용하거나 새로 만들었는데, 일부 이미지 파일은 수정하였다.
10. 이 책에 사용된 표점부호는 다음과 같다.
   。 의문문과 감탄문을 제외한 문장의 끝에 쓴다.
   ? 의문문의 끝에 쓴다.

!	감탄문이나 감탄사의 끝, 강한 어조의 명령문·청유문·반어문의 끝에 쓴다.
,	한 문장 안에서 일반적으로 구의 구분이 필요한 곳에 쓴다.
、	한 구 안에서 병렬된 단어 사이에 쓴다.
;	복문 안에서 구조상 분명하게 병렬된 어구 사이에 쓴다.
:	완전한 인용문의 경우 인용부호와 함께 쓰거나, 화제 혹은 소표제어로서 문장을 이끄는 어구 뒤에 쓴다.
“ ” ‘ ’	직접 인용된 말이나 강조해야 하는 말을 나타내는 데 쓰되, 1차 인용에는 “ ”를, 2차 인용에는 ‘ ’를, 3차 인용에는 「 」를 쓴다.
【 】	原文의 註를 나타내는 데 쓴다.
·	서명부호(《 》) 안에서 서명과 편명 등을 구분하는 데 쓴다.
《 》	서명, 편명, 악곡명, 서화명 등을 나타내는 데 쓴다.
____	인명, 지명, 국명, 민족명, 건물명, 연호 등의 고유명사를 나타내는 데 쓴다.
□	빠진 글자의 자리에 쓴다.
▨	훼손된 글자의 자리에 쓴다.

차례

여헌성리설 제8권

旅軒性理說 卷7 校勘·標點

旅軒性理說 卷8 校勘·標點

여헌성리설

제7권

晩學要會
만학요회

7.1 만학요회 晩學要會[1]

7.1.1 이간편 易簡篇

《주역》 대전(大傳)[2]에 말하였다. "건(乾)은 큰 시작을 주관하고 곤(坤)은 물건을 만들어 이룬다.[3] 건은 쉬움으로써 주관하고 곤은 간략함으로써 능하니, 쉬우면 알기 쉽고 간략하면 따르기 쉬우며, 알기 쉬우면 친함이 있고 따르기 쉬우면 공이 있으며, 친함이 있으면 오래 할 수 있고 공이 있으면 크게 할 수 있으며, 오래 할 수 있으면 현인(賢人)의 덕이고 크게 할 수 있으면 현인의 업(業)이다. 쉽고 간략함에 천하의 리(理)가 얻어지니, 천하의 리가 얻어짐에 그 가운데에 자리를 이루는 것이다."

정자(程子)가 말씀하였다.[4] "건과 곤의 도는 쉬움과 간략함일 뿐이

1 만학요회(晩學要會) : 《여헌속집(旅軒續集)》 권5에도 〈만학요회〉 편이 있다. 그 원주에 《여헌속집》의 이 편은 초고(草稿)이며, 편목은 비록 같으나 글은 똑같지 않다고 하였다.

2 대전(大傳) : 《주역》의 전(傳)으로 공자가 지었다고 전하는 십익(十翼)을 가리킨다. 여기에 인용한 내용과 이 〈이간편〉의 아래에 '또 말하였다'로 인용한 내용은 모두 〈계사전〉에 보인다.

3 건은……이룬다 : 주자는 "큰 시작은 바로 물건이 생긴 시초이다.〔大始卽物生之始.〕"라고 하였다. 또 '큰 시작'은 건괘(乾卦) 단전(彖傳)의 '만물이 의뢰하여 시작함〔萬物資始〕'이고 '물건을 이룸'은 곤괘 단전의 '만물이 의뢰하여 생겨남〔萬物資生〕'이라 하였으며, "'의뢰하여 시작함'은 그 기를 얻는 것이고, '의뢰하여 생김'은 그 형체를 이루는 것이다.〔資始是得其氣, 資生是成其形.〕"라고 하였다. 《朱子語類 卷74, 卷68》

니, 건이 물건을 시작하는 도는 쉽고 곤이 물건을 이루는 능함은 간략하다. 평이하기 때문에 사람들이 알기 쉽고, 간략하고 곧기 때문에 사람들이 따르기 쉽다. 알기 쉬우면 친히 나아가서 받들어 순종하고, 따르기 쉬우면 법으로 취하여 공을 이룬다. 친히 합하면 변함없이 오래 할 수 있고, 일을 이루면 광대할 수 있으니, 성현의 덕과 업이 오래고 큰 것은 쉽고 간략한 도를 얻은 것이다. 천하의 리는 쉽고 간략함일 뿐이다."

○주자(朱子)가 말씀하였다.[5] "건은 굳세고 동하니, 주관하는 바가 곧바로 물건을 시작하여 어려운 바가 없다. 그러므로 쉬움으로써 큰 시작을 주관함이 되는 것이다. 곤은 순하고 고요하니, 무릇 그 능한 바가 모두 양을 따르고 스스로 만들지 않는다. 그러므로 간략함으로써 능히 물건을 이룸이 되는 것이다."

○'쉬움으로써 주관함'은[6] 다만 건이 이처럼 작용할 때에 힘을 허비하지 않음을 말한 것이다. 곤은 일을 최대한 줄여서 전혀 혼잡함이 없고 단지 건이 시작한 것을 받들어 받아 물건을 생겨나게 하니, 이에 그 능함을 알 수 있다.[7]

4 정자(程子)가 말씀하였다 : 정자는 정이천(程伊川)이다. 이 내용은 《주역전의대전》 〈계사전 상〉의 소주에 보인다.

5 주자(朱子)가 말씀하였다 : 이하 네 권점의 내용은 모두 주자의 말이며, 이 〈이간편〉에 인용한 주자의 말은 모두 《주역전의대전》 〈계사전〉의 〈본의(本義)〉 또는 그 소주에 보인다.

6 쉬움으로써 주관함은 : 인용하면서 생략된 앞부분은 다음과 같다. "건의 덕은 강건해서 작용할 때 바로 투철하게 통달해서, 차단되고 막혀서 멈추지 않는다. 강건한 사람도 이와 같다. '건은 쉬움으로써 주관함'은……〔乾德剛健, 他做時便通透徹達, 攔截障蔽他不住. 人剛健者亦如此. '乾以易知', ……〕" 《朱子語類 卷74》

7 곤은……있다 : 《주자어류》 권74의 원문은 다음과 같다. "'坤以簡能', 坤最省事. 更無勞攘, 他只承受那乾底生將出來. 他生將物出來, 便見得是能. 陰只是一箇順, 若不順,

○건은 굳세고 쉬지 아니하여 오직 물건을 낳는 것을 주관해서 허다한 어려움과 막힘이 전혀 없으므로 능히 쉬움으로써 큰 시작을 주관하는 것이다. 곤은 하늘을 순히 받들어서 오직 물건을 이루어 허다한 번거로움과 작위가 전혀 없으므로 능히 간략함으로써 물건을 만들어 이루는 것이다.

○사람의 행하는 바가 건의 쉬움과 같으면 그 마음이 명백하여 사람들이 알기 쉽고, 곤의 간략함과 같으면 그 일이 요약되어서 사람들이 따르기 쉽다. 알기 쉬우면 그와 마음을 함께하는 자가 많으므로 친함이 있고, 따르기 쉬우면 그와 더불어 협력하는 자가 많으므로 공이 있는 것이다. 친함이 있으면 내면에 한결같으므로 오래 할 수 있고, 공이 있으면 밖을 겸하므로 크게 할 수 있는 것이다.[8] 덕은 자기에게 얻은 것을 말하고 업은 일을 이루는 것을 말한다. 이는[9] 사람이 건과 곤의 도를 본받음을 말한 것이니, 이에 이르면 현인(賢人)이라 할 수 있는 것이다.

'자리를 이룸'은 사람의 자리를 이룸을 말하고 '그 가운데'는 하늘과 땅의 가운데를 말하니, 이에[10] 이르면 도를 체행하는 지극한 공부

如何配陽而生物?"

8 내면에……것이다 : 소주에 주자는 "'내면에 한결같으므로 오래 할 수 있음'은 이 현인의 덕을 오래할 수 있음을 말하니, 덕은 자기에게 얻은 것이며, '밖을 겸하므로 크게 할 수 있음'은 이 현인의 업을 크게 할 수 있음을 말하니, 사업은 밖에 나타나는 것이기 때문이다.〔'一於內故可久'者, 謂可久是賢人之德, 德則得於已者; '兼於外故可大'者, 謂可大是賢人之業, 事業則見於外者故爾.〕"라고 하였다.

9 이는 : 여기의 '이'는 위에 인용한 〈계사전〉에서 '쉬우면 알기 쉽고……현인의 업(業)이다'라고 한 부분을 가리킨다.

10 이에 : 여기의 '이'는 위에 인용한 〈계사전〉에서 '쉽고 간략함에 천하의 리가 얻어지니' 이하의 부분을 가리킨다.

와 성인의 능사(能事)가 하늘과 땅과 더불어 참여할 수 있는 것이다.

《주역》 대전(大傳)에 또 말하였다. "쉽고 간략한 선(善)은 지덕(至德)에 배합한다."

《주역》 대전에 또 말하였다. "건은 확연(確然)하니 사람에게 쉬움을 보여 주고, 곤은 퇴연(隤然)하니 사람에게 간략함을 보여 준다. 효(爻)는 이것을 본받은 것이고, 상(象)은 이것을 형상한 것이다."[11]

주자가 말씀하였다. "확연은 굳센 모양이고, 퇴연은 순한 모양이다."

《주역》 대전에 또 말하였다. "건은 천하의 지극히 굳셈이니 덕행이 항상 쉬움으로써 험함을 알고,[12] 곤은 천하의 지극히 순함이니 덕행이 항상 간략함으로써 막힘을 안다."

주자가 말씀하였다. "지극히 굳세면 행하는 바가 어려움이 없으므로 쉽고, 지극히 순하면 행하는 바가 번거롭지 않으므로 간략한 것이다. 그러나 일에 있어 모두 이로써 그 어려움을 알아서 감히 함부로 대처하지 않는다. 이 때문에 우환(憂患)이 있으면 굳센 자는 마치 높은 곳에서 아래에 임한 듯하여 그 험함을 알고, 순한 자는 아래에

11 효(爻)는……것이다 : 주자는 '이것'은 건·곤이 보여 준 리이니, 효의 기(奇)·우(偶), 괘의 소(消)·식(息)은 이것을 본받아 형상한 것이라고 하였다. 《周易傳義 繫辭傳下》

12 항상……알고 : 《주역언해》에는 '덛덛이 易ᄒᆞ야ᄡᅧ 險을 知ᄒᆞ고'로 풀이하였고, 이황(李滉)의 《주역석의(周易釋義)》에는 '덛덛이 易로ᄡᅧ 險을 知ᄒᆞ고'로 풀이하였다.

서 위로 달려가듯 하여 그 막힘을 아는 것이다.
비록 쉬우나 능히 험함을 알면 험함에 빠지지 않고, 간략하면서도 막힘을 알면 막힘에 곤궁하지 않으니, 이 때문에 능히 위태롭게 여기고 능히 두려워해서 쉽게 여겨 함부로 하는 자의 경복(傾覆)이 없는 것이다."

내가 생각건대 '쉬움'이라는 것은 오직 그 도를 따라서, 어려움과 험함을 하지 않고 마땅히 행해야 할 때에 마땅히 행하여 지체하고 어려운 바가 없음을 이르며, '간략함'이라는 것은 때에 따라 기미에 응해서, 번거롭게 하지 않고 형세를 따라 법을 본받아서 혼잡한 바가 없음을 이른다. 그렇다면 쉬움과 간략함은 별도로 한 종류의 기이한 방법이 있는 것이 아니고, 단지 본래 자연의 리를 한결같이 순종해서 일찍이 사사로운 뜻을 두어 감히 계교(計較)하는 마음을 용납하지 않고 다만 본분상 당연한 법칙을 다할 뿐인 것이다. 만약 혹시라도 굽혀서 좁은 길을 만들고 교묘하게 권모술수를 한다면 쉬움과 간략함이 아니다.

과연 능히 그 도를 쉽게 하고 간략하게 하면 각(刻)·분(分)·이(釐)·호(毫)의 시간에 미치지 못하는 때가 없을 것이고, 또 백(百)·천(千)·만(萬)·억(億)의 만물을 구비하지 못하는 것이 없을 것이다. 그러므로 쉽고 간략한 도는 바로 건·곤에서 근본한 것이다.

건은 위에서 굳세어 기(氣)로써 곤에 임하여 만물을 시작하고 만물을 통솔하는 자이니, 그 도가 쉽지 않으면 어떻게 건의 시작으로 시작하지 않는 것이 없고 건의 통솔로 통솔되지 않는 것이 없을 수 있겠는가. 곤은 아래에서 순종하여 형질로써[13] 건을 받들어 만물을 낳고 만물을 이루는 자이니, 그 도가 간략하지 않으면 어떻게 곤의 낳음으로 낳지 않는 것이 없고 곤의 이룸으로 이루지 않는 것이 없을 수 있겠는가.

굳셈은 건의 성정(性情)이고 순함은 곤의 성정이니, 건의 도가 쉬운 까닭은 능히 굳센 리(理)를 다하기 때문이고, 곤의 도가 간략한 까닭은 능히 그 순한 리를 다하기 때문이다. 굳셈이 그 성정인데, 능히 굳센 리를 다한다면 그 도가 쉽지 않겠는가. 순함이 그 성정인데, 능히 순한 리를 다한다면 그 도가 간략하지 않겠는가.

만물로 하여금 각각 시작하게 하여 한 물건도 시작하지 않는 것이 없고, 만물로 하여금 각각 성(性)을 타고나게 하여 한 물건도 성을 간직하지 않는 것이 없으니, 건의 도가 쉽지 않고서 능히 이럴 수 있겠는가. 만물로 하여금 각각 낳게 하여 한 물건도 낳지 않는 것이 없고, 만물로 하여금 각각 이루게 하여 한 물건도 이루지 않는 것이 없으니, 곤의 도가 간략하지 않고 능히 이럴 수 있겠는가.

건은 예전 만고(萬古)의 만물을 능히 시작하고 능히 통솔할 뿐만 아니라 장차 이후 만세(萬世)의 만물을 능히 시작하고 능히 통솔하며, 곤은 예전 만고의 만물을 능히 낳고 능히 이룰 뿐만 아니라 장차 이후 만세의 만물을 능히 낳고 능히 이룰 것이니, 건·곤의 도가 쉽지 않고 간략하지 않고서 무궁할 수 있겠는가. 그러므로 무릇 우주 사이의 도는 능히 리에 순종하고서 쉽고 간략하지 않은 것이 없으며, 리에 순종하지 않고서 능히 쉽고 간략한 것도 없다.

우주 사이의 크고 작은 사업은 능히 그 도를 쉽고 간략하게 하고서 성취하지 못하고 장구하지 못한 것이 없으며, 그 도를 쉽고 간략하게 하지 못하고서 능히 성취하고 능히 장구한 것도 없다.

이른바 리에 순종한다는 것은 무엇을 말한 것인가. 물건은 일정한

13 곤은……형질로써 : 〈역괘총설〉 2.1.22절에 "하늘은 음과 양을 기(氣)로 삼고 땅은 강과 유를 형질로 삼는다."라고 하였다.

성과 당연한 도가 없는 것이 없으니, 일정한 성을 능히 따르는 것이 바로 당연한 도이다. 일정한 성을 따르는 것은 이른바 리에 순종한다는 것이고, 당연한 도를 행하는 것은 이른바 쉽고 간략하다는 것이다.

진실로 순종하지 않을 수 없는 것은 리이다. 리가 반드시 동함에 있는데 동함에 미치지 못하는 것이 있으면 쉬움이 아니고, 동함에 너무 지나친 것 또한 간략함이 아니다. 리가 반드시 고요함에 있는데 고요함에 미치지 못하는 것이 있으면 쉬움이 아니고, 고요함에 너무 지나친 것 또한 간략함이 아니다. 리가 마땅히 굳셈에 있는데 굳셈에 미치지 못하면 쉬움이 아니고, 굳셈에 너무 지나친 것 또한 간략함이 아니다. 리가 마땅히 유순함에 있는데 유순함에 미치지 못하면 쉬움이 아니고, 유순함에 너무 지나친 것 또한 간략함이 아니다.

대저 쉽지 않고 간략하지 않은 도는 사사로운 뜻에 얽매인 것이 아니면 반드시 삿된 길에 빠진 것이다. 천지는 사사로운 뜻이 없고 삿된 길이 없으니, 그 도가 어찌 쉽고 간략하지 않겠는가.

음과 양이 쉬지 않고[14] 오행(五行)이 순차적으로 펴져서[15] 명(命)이 심원(深遠)하여 그치지 않는 것[16]은 천도(天道)의 쉬움이 아니겠

14 음과……않고 : '음과 양'은 하늘의 기(氣)이고, '쉬지 않음'은 그 운행이 굳셈을 말한 것으로 보인다. 《주역》 〈건괘(乾卦) 상전(象傳)〉에 "하늘의 운행이 굳세니 군자가 보고서 스스로 힘쓰고 쉬지 않는다.〔天行健, 君子以, 自彊不息.〕"라고 하였다.

15 오행(五行)이 순차적으로 펴져서 : 주염계(周濂溪)의 〈태극도설〉에 "양이 변하고 음이 합하여 수·화·목·금·토를 낳아 오행의 기가 순차적으로 펴짐에 사시(四時)가 행하게 된다."라고 하였는데, 주자는 "오행의 상생(相生)은 한 기의 미룸이 순환하여 서로 인해서 목은 화를 낳고 화는 토를 낳고 토는 금을 낳고 금은 수를 낳고 수는 다시 목을 낳으니, 이른바 '오행의 기가 순차적으로 펴짐에 사시가 운행하게 되었다'는 것이 이것이다."라고 하였다. 《近思錄集解 卷1》

16 명이……것 : 이는 《시경》 〈주송(周頌) 유천지명(維天之命)〉의 "하늘의 명이 아!

는가. 지극히 유순하면서도 동함이 강하고 지극히 고요하면서도 덕이 방정(方正)하여 하늘을 받들어 때로 행하는 것이[17] 지도(地道)의 간략함이 아니겠는가. 그렇다면 하늘과 땅이 굳셈과 순함 외에 별도로 쉽고 간략한 도가 있는 것이 아니다.

쉽고 간략한 도는 삼재(三才)에 있어서 똑같다. 삼재가 된 것은 이 리가 없는 것이 없으니, 이 리가 없는 것이 없다면 쉽고 간략한 도가 없는 것이 없는 것이다. 다만 하늘과 땅에서는 쉬움과 간략함을 나누어 말하고 사람에서는 쉬움과 간략함을 합하여 말하니, 이는 우리 인간은 하늘과 땅의 도를 겸하기 때문이 아니겠는가.

쉬움은 덕으로써 말한 것인데 덕 가운데 도가 있고, 간략함은 도로써 말한 것인데 도 가운데 덕이 있다. 쉬움을 잘하는 자는 반드시 간략함을 잘하니, 쉬움을 잘하고서 간략함을 잘하지 못하는 자는 있지 않으며, 간략함을 잘하는 자는 반드시 쉬움을 잘하니, 간략함을 잘하고서 쉬움을 잘하지 못하는 자는 있지 않다.

지극하다! 쉽고 간략함의 훌륭함이여. 덕은 쉽고 간략함이 아니면 지극한 덕이 될 수 없고, 도는 쉽고 간략함이 아니면 지극한 도가 될 수 없다. 도가 지극한 도가 아니고 덕이 지극한 덕이 아니고서 어찌 능히 허다하고 장구한 사업을 만들어 낼 수 있겠는가.

하늘과 땅도 오히려 쉽고 간략함으로써 큰 시작을 주관하고 물건을 만들어 이루지 않을 수 없는데, 하물며 하늘과 땅을 대신하고 만물을 총괄하여 우주 안의 사업을 책임진 우리 인간이 쉬움과 간략

심원하여 그치지 않는다." 한 것을 인용한 것이다. 주자는 이에 대하여 '하늘의 도가 다함이 없는 것'이라고 풀이하였다. 《詩經集傳》

17 지극히……것이 : 이는 《주역》 〈곤괘(坤卦) 문언전(文言傳)〉에서 곤도(坤道)에 대하여 말한 것이다.

함을 쓰지 않고 훌륭한 일을 할 수 있겠는가.

쉽고 간략함에 천하의 리가 얻어지므로 이로써 마음을 다스리면 마음이 그 리를 얻고, 이로써 몸을 다스리면 몸이 그 리를 얻고, 이로써 집안을 다스리고 나라를 다스리고 천하를 다스리면 집안과 나라와 천하의 리를 얻지 못함이 없는 것이다. 만일 쉽고 간략하지 못하다면 비록 자기의 한 마음과 한 몸도 오히려 올바른 마음이 되고 올바른 몸이 될 수 없는데, 하물며 집안과 나라와 천하에 있어서랴. 그렇다면 도가 되고 덕이 되는 쉽고 간략함은 실로 이 리의 밖에 있지 않고, 오직 이 리를 능히 체행하여 먼저 하지도 않고 뒤늦지도 않으며 왼쪽에 있지도 않고 오른쪽에 있지도 아니하여 지극한 선(善)이 있는 곳을 얻는 것이 바로 쉽고 간략함이다.

혹자가 말하였다. "리에 합당한 쉬움으로써 진실로 지극히 굳센 도를 할 수 있고, 리에 합당한 간략함으로써 진실로 지극히 순한 도를 할 수 있다. 그러나 만일 쉬움이 되는 리를 밝게 알지 못하고서 다만 쉬움에 뜻을 두면, 혹 천근(淺近)하고 성급한 병통이 있어서 도가 될 수 없지 않겠는가. 간략함이 되는 리를 밝게 알지 못하고서 다만 간략함에 뜻을 다하면, 구차하고 곧바로 요약하는 병통이 있어서 도리어 도에 해롭지 않겠는가."

이에 내가 말하였다. "성인이 말씀한 쉬움과 간략함은 바로 자연의 리를 순종해서 쉽고 간략함이 그 가운데 있는 것이다. 건은 쉬움에 뜻을 둔 것이 아닌데 자연 쉽지 않음이 없고, 곤은 간략함에 뜻을 둔 것이 아닌데 자연 간략하지 않음이 없으니, 이것이 지극히 굳세고 지극히 순한 도가 되어서 크게 시작하고 만들어 이루는 공을 얻게 된 이유이다. 쉽고 간략함에 뜻을 두는 것은 바로 사람이 사사로운 뜻에 얽매이고 샛된 길에 빠진 것이지 리를 순종하는 쉬움과 간략함이 아니니, 어찌 천하의 리를 얻겠는가."

혹자가 또 말하였다. “만약 반드시 쉬움과 간략함을 지극한 도와 지극한 덕이라고 한다면, 천하의 리는 얕음과 깊음, 정밀함과 거침, 가벼움과 중(重)함의 형세가 없을 수 없는데, 얕은 것과 거친 것과 가벼운 것에는 쉬운 도를 사용할 수 있지만 마땅히 깊어야 하고 마땅히 정밀해야 하고 마땅히 중해야 할 곳에는 어떻게 쉬운 도를 사용하여 제대로 할 수 있겠는가. 천하의 도는 또 굳이 쉽게 하거나 굳이 간략하게 할 필요가 없는 일이 있다. 예컨대 사람이 학문을 할 적에는 모름지기 온갖 리를 연구하고 온갖 선을 다한 뒤에 성취했다고 말할 수 있고, 예(禮)를 행할 적에는 모름지기 삼백 가지와 삼천 가지의 절목을 다한 뒤에 완비했다고 말할 수 있고, 정사를 다스릴 적에는 모름지기 만 가지 조목이 모두 거행되고 만물이 모두 길러진 뒤에 성하다고 말할 수 있는 것이니, 이것이 어찌 다만 간략함을 숭상하여 될 수 있겠는가.”

이에 내가 말하였다. “이른바 쉽고 간략함이 리를 순종한다고 이미 말했는데, 그렇다면 마땅히 깊어야 할 경우에 깊게 하고 마땅히 정밀해야 할 경우에 정밀하게 하고 마땅히 중해야 할 경우에 중하게 하는 것이 모두 리이니, 리에 따라 깊게 하고 리에 따라 정밀하게 하고 리에 따라 중하게 하는 것은 본래 쉽고 간략한 도이다. 만약 굳이 깊은 것을 버리고 얕은 것을 취하며, 정밀한 것을 버리고 거친 것을 취하며, 중한 것을 버리고 가벼운 것을 취하고자 한다면 자연의 리가 아니니, 어찌 이것을 쉽다고 말할 수 있겠는가.

한 가지 리라도 궁구하지 않고 한 가지 선이라도 부족하면 아직 성취하지 못한 학문이 되며, 경례(經禮) 삼백 가지와 곡례(曲禮) 삼천 가지[18] 중에 혹 하나라도 폐하면 완비하지 못한 예가 되며, 만 가지 조목 가운데 한 조목이라도 거행하지 못하고 만물 가운데 한 물건이라도 길러지지 못하면 극진하지 못한 정사가 되는 것이다.

마땅히 성취해야 하는데 성취하지 못하고, 마땅히 구비해야 하는데 구비하지 못하고, 마땅히 극진해야 하는데 극진하지 못하다면 어찌 간략한 도가 될 수 있겠는가. 성취하지 않는 바가 없고 구비하지 않는 바가 없고 극진하지 않는 바가 없는 뒤에야 자연의 리에 순하게 되어 천하와 만세에 시행하여 마땅히 병폐가 없을 것이니, 이것이 쉽고 간략한 도가 아니겠는가.

《주역》을 가지고 말하면 '태극(太極)이 양의(兩儀)를 낳고 양의가 사상(四象)을 낳고 사상이 팔괘(八卦)를 낳으니, 팔괘가 길흉을 정한다.' 한 것이 쉽고 간략함의 근본이 아니겠는가. 이를 확장하여 괘는 64괘가 있고 효는 384효가 된 것이 작위하고 억지로 안배해서 나온 것이 아니라 모두 자연의 상(象)과 자연의 수(數)이니, 이것이 쉽고 간략함이 아니겠는가.

문왕(文王)이 괘에 따라 말씀을 세우고 주공(周公)이 효에 따라 가르침을 베푼 것에[19] 이르러도 모두 쉽고 간략함의 뜻이다. 그러므로 만세의 뒤에 있는 자들이 점을 쳐서 길흉을 물을 적에 일과 서로 응하지 않음이 없어서 멀리 육합(六合 천지와 사방)의 밖에 있는 것에 가지 않아도 이르러[20] 마치 손바닥을 가리키는 것처럼 분명하니, 진

18 경례(經禮)……가지 : 경례는 예의 대강(大綱)이고 곡례는 세세한 예절이다. 《예기》 〈예기(禮器)〉에 "예는 큰 것이 있고 작은 것이 있으며……경례 삼백 가지와 곡례 삼천 가지가 그 이치가 하나이다.〔禮有大有小,……經禮三百、曲禮三千, 其致一也.〕" 라고 하였다. 삼백과 삼천은 수가 많음을 말한 것이고, 실제의 수는 아니다. 《三禮辭典》

19 문왕(文王)이……것에 : 문왕이 단사(彖辭)를 짓고 주공이 효사(爻辭)를 지은 것을 가리킨다.

20 가지 않아도 이르러 : 《주역》 〈계사전 상〉에 역(易)에 대하여 "신묘하기 때문에 빨리 하지 않아도 신속하며 가지 않아도 이른다.〔唯神也, 故不疾而速, 不行而至.〕"라고 하였다.

실한 리에서 나오지 않고서 능히 이럴 수 있겠는가. 도가 쉽고 간략함이 아니고 덕이 쉽고 간략함이 아니고서 능히 이와 같겠는가.

건과 곤의 쉽고 간략한 도를 얻어서 하늘과 땅 사이에서 태어난 것은 만물 가운데 오직 사람이 지극한 물건이 되고 여러 사람 가운데 오직 성인이 지극한 사람이 되니, 지극한 사람으로서 지극한 지위에 거한 자는 쉽고 간략한 도를 받들고 건과 곤의 덕을 체행할 뿐이다. 삼황(三皇)이 삼황이 된 소이와 오제(五帝)가 오제가 된 소이와 삼왕(三王)이[21] 삼왕이 된 소이가 이 간략하고 쉬운 도 아님이 없으며, 고요(皐陶)와 기(夔)와 후직(后稷)과 설(契),[22] 이윤(伊尹)과 부열(傅說),[23] 주공(周公)과 소공(召公)[24]이 재상의 사업을 이룩한 것도 이 쉽고 간략한 도이다.

성인이 별세한 뒤에 이 도가 이미 매몰되었는데, 남은 가르침과 전범(典範)으로 경전에 실려 있는 것은 쉽고 간략한 도 아님이 없다. 유자(儒者)가 학문이 있는 것은 이 쉽고 간략한 도를 강명(講明)하

21 삼황(三皇)이……삼왕(三王)이 : 삼황·오제·삼왕의 설은 여러 가지가 있는데, 장현광의 〈전통첩(傳統帖)〉에 의하면 삼황은 천황(天皇)·지황(地皇)·인황(人皇)이고, 오제는 복희(伏羲)·신농(神農)·황제(黃帝)·제요(帝堯)·제순(帝舜)이고, 삼왕은 하(夏)의 우왕(禹王), 상(商)의 탕왕(湯王), 주(周)의 문왕(文王)·무왕(武王)이다. 《旅軒集 卷5 宇宙要括帖》

22 고요(皐陶)와……설(契) : 모두 요순(堯舜)시대의 훌륭한 신하들로, 고요는 형법, 후직(后稷)은 농사를 관장하였고, 기(夔)는 음악을 맡은 전악(典樂), 설은 교화를 맡은 사도(司徒)였다.

23 이윤(伊尹)과 부열(傅說) : 모두 상(商)나라의 재상으로, 이윤은 탕왕(湯王)을 도와 하(夏)나라를 멸망시키고 탕왕의 손자 태갑(太甲) 때까지 왕을 보좌하였으며, 부열은 고종(高宗 무정(武丁))을 보좌하였다.

24 주공(周公)과 소공(召公) : 주공 단(周公旦)과 소공 석(召公奭)은 함께 주(周)나라 성왕(成王)을 보좌하였다.

기 위한 것이니, 《소학(小學)》과 《대학(大學)》이 바로 그 방법이고, 성인이 도통(道統)을 남긴 것은 이 쉽고 간략한 도를 전하려고 하신 것이니, 《중용(中庸)》 한 책이 바로 그 가르침이다.

덕이 지극한 것을 지목해서 말하면 쉽고 간략하다고 하고, 도의 실제〔實〕를 지목해서 말하면 중용이라고 한다. 그 덕이 쉽고 간략하기 때문에 그 도가 중용이 되고, 그 도가 중용이 되기 때문에 그 덕이 쉽고 간략함이 되는 것이다. 중용의 도를 구하고자 하는 자는 마땅히 쉽고 간략한 덕에서 구해야 할 것이고, 쉽고 간략한 덕을 구하고자 하는 자는 마땅히 중용의 도에서 구해야 할 것이다.

지극한 성인이 아니면 쉽고 간략한 덕을 체득하지 못하고, 지극히 성실한 분이 아니면 중용의 도를 다하지 못하니, 오직 능히 지극한 성인의 덕을 소유한 자라야 지극히 성실한 도를 능히 얻을 수 있는 것이다. 지극한 성인과 지극히 성실한 분은 두 사람이 아니고, 쉽고 간략함과 중용은 두 가지 도가 아니다."

7.1.2 근사편 近思篇

문자(文字)를 만든 이래로 하나하나의 물건과 일에 모두 명목(名目)이 있었으니, 그 명목이 된 바는 모두 각각의 글자인데, 글자마다 그 요지(要旨)가 없는 것이 없다. 물건이 한 가지 물건이 아니고 일이 한 가지 일이 아니어서 지금 모두 들 수가 없기에 매우 가까운 명목의 일곱 글자를 가지고 그 뜻을 발명하니, 나머지는 유추하여 통할 수 있을 것이다.

무엇을 일곱 가지 명목과 요지라고 말하는가. 몸의 요지는 법칙이고, 마음의 요지는 성실함이고, 성(性)의 요지는 선함이고, 정(情)의 요지는 바름이고, 도의 요지는 중(中)이고, 덕의 요지는 경(敬)[25] 이고, 배움의 요지는 이루는 것이다.[26]

몸·마음·성(性)·정(情)·도·덕·배움의 일곱 가지는 우리 인간이 반드시 가지고 있는 큰 명목이고, 법칙·성실·선(善)·바

25 경(敬) : 장현광은 "경(敬)은 마음이 스스로 전일(專一)함을 지극히 하여 겉과 속이 간격이 없고 시(始)와 종(終)이 변치 않는 것을 뜻한다. 공(恭)·건(虔)·각(恪)·지(祗)·흠(欽)·인(寅)이 모두 경(敬)의 뜻인데, 공(恭)의 뜻은 용모를 주장함이 많고 건(虔)의 뜻은 위엄을 주장함이 많고 각(恪)의 뜻은 일을 주장함이 많고 지(祗)의 뜻은 삼감을 주장함이 많고 인(寅)의 뜻은 두려워함을 주장함이 많고 흠(欽)의 뜻은 마음을 주장함이 많은바, 경은 이 여섯 자(字)의 뜻을 겸하여 포괄한다."라고 하였다. 《旅軒集 卷6 學部名目會通旨訣》 편의상 때때로 경(敬)이나 흠(欽)을 '공경함'으로 번역하였다.

26 몸의……것이다 : 장현광은 "성(性)의 실제는 바로 선함이요, 도의 실제는 바로 중(中)이요, 덕의 실제는 바로 경(敬)이요, 마음의 실제는 바로 성실함이요, 학문의 실제는 바로 생각함이니, 그 실제를 알면 요점이 그 가운데에 있는 것이다.〔性之實, 善是也; 道之實, 中是也; 德之實, 敬是也; 心之實, 誠是也; 學之實, 思是也. 得其實則要在其中矣.〕"라고 하였다. 《旅軒續集 卷5 晩學要會》

름·중(中)·경(敬)·이륨의 일곱 가지는 위 일곱 가지 큰 명목에 나아가서 그 본연의 리와 당연한 뜻을 분명하게 제시한 것이다.

사람이 사람이 되는 이유는 일곱 가지 큰 명목을 겸비하는 것에서 벗어나지 않고, 일곱 가지 큰 명목을 겸비하는 것은 일곱 가지 큰 뜻이 실제가 되는 것에서 벗어나지 않는다.

그러나 일곱 가지 큰 명목은 각자 한 물건이 되어서 서로 관여하지 않는 것이 아니다. 사람이 형체를 받아서 하늘과 땅 가운데 서 있는 것은 몸이고, 몸의 주재(主宰)는 마음〔心〕이고,[27] 마음의 리는 성이고,[28] 성의 용(用)은 정이고,[29] 정을 행하는 것은 도이고,[30] 도를 얻은

27 몸의 주재(主宰)는 마음이고 : 주자는 "마음은 몸의 주재이다.〔心者, 身之所主也.〕"라고 하였다.《大學章句 經1章》 장현광은 몸의 주재인 심(心)으로서 심장(心臟)과 심장에 머물러 있는 신명(神明)을 아울러 말하여, "심은 오장(五臟)의 하나인데 한 몸의 주재가 되어 이를 여러 형체의 군주라고 하는 까닭은 혼(魂)과 백(魄)과 정(精)과 지(智)가 각기 네 장기(臟器)를 주재하고 있으나 이들이 모여서 머물고 있는 것은 심(心)이기 때문이다."라고 하였고, "이른바 방촌(方寸)에 머물러 있는 신(神)이 네 장기(臟器)의 영(靈)을 통솔하고 육부(六腑)의 기관을 관장하며 오상(五常)의 덕을 갖추고 칠정(七情)을 활용하며 이·목·구·비의 기능을 통일시키고 사지(四肢)와 백해(百骸)의 법칙을 기준하여, 마침내 천지의 도에 참여하고 만물의 리에 응하여 인극(人極)을 세우고 한 몸을 주재한다. 그러므로 이것을 심(心)이라 한다."라고 하였다.《旅軒集 卷6 心說, 學部名目會通旨訣》

28 마음의 리는 성이고 : 주자는 "성은 마음의 리이다.〔性者, 心之理.〕"라고 하였다.《近思錄集解 卷1》 장현광은 "하늘의 리를 받아 마음의 성(性)이 된다." 하였고, "사람이 된 소이는 본래 하늘이 된 것과 땅이 된 것과 똑같은 리이니, 삼재(三才)의 도가 어찌 간격이 있겠는가. 리가 마음에 있는 것을 성이라 한다."라고 하였다.《旅軒集 卷6 學部名目會通旨訣》,《旅軒續集 卷4 人身說》

29 성의 용(用)은 정이고 : 주자는 "정은 마음의 용이다.〔情者, 心之用.〕"라고 하였다.《近思錄集解 卷1》 장현광은 "내 마음에 얻은 이 성의 덕이 사물에 응하여 나온 뒤에 그 용을 다하기 때문에 성이 발하는 것을 정이라 이르는바, 순경(順境)에 응하는 것은 희(喜)·낙(樂)·애(愛)·욕(欲)이며, 역경(逆境)에 응하는 것은 노(怒)·애(哀)·오(惡)이니, 이 일곱 가지는 정의 조목이다."라고 하였다.《旅軒集 卷6 學部名目

것은 덕이고, 말미암아 덕에 나아가는 것은 배움이다.

일곱 가지 큰 요지 또한 모두 큰 명목에 각각 실제의 뜻이 있어서 그 요점을 든 것이다. 몸은 법칙에 맞지 않으면 몸이 될 수 없고, 마음은 성실하지 않으면 마음이 될 수 없고, 성은 선하지 않으면 성이 될 수 없고, 정은 바르지 않으면 정이 될 수 없고, 도는 중이 아니면 도가 될 수 없고, 덕은 경에서 나오지 않으면 덕이 될 수 없고, 배움은 이루지 않으면 배움이 될 수 없다.

법칙이라는 것은 몸의 떳떳한 리이다. 법칙은 성실함으로써 떳떳함이 있고, 성실함은 선으로써 수립됨이 있고, 선은 바름으로써 통달함이 있고, 바름은 중으로써 표준이 있고, 중은 경으로써 한결같음이 있고, 경은 이룸으로써 시작하고 끝마친다. 그렇다면 일곱 가지 요지가 모두 한 리에서 근본하는 것이고, 각자 한 뜻이 되어서 서로 통하지 못하는 것이 아니다. 마땅히 명목을 세운 본의를 정밀하게 알아서 그 요지를 잃지 않는다면 사람이 되는 방법에 있어서 생각이 반을 넘을 것이다.

7.1.2.1 몸의 요지는 법칙이다 身惟則

《시경》에 이르기를 "하늘이 여러 사람을 내시니, 사물이 있으면 법칙이 있도다. 사람들이 마음에 떳떳한 본성을 가지고 있는지라 이 아름

會通旨訣》

30 정을……도이고 : 주자는 "사람과 물건이 각각 그 성의 자연을 따르면 일상생활하는 사이에 각각 마땅히 행하여야 할 길이 있지 않음이 없으니, 이것이 곧 이른바 도라는 것이다."라고 하였다. 《中庸章句 1章》 장현광은 "성을 몸에 행하는 것을 도(道)라 한다."라고 하였다. 《旅軒續集 卷4 人身說》

다운 덕을 좋아한다." 하였는데, 공자께서 말씀하시기를 "이 시를 지은 자는 아마도 도를 알았을 것이다. 그러므로 사물이 있으면 반드시 법칙이 있으니, 사람들이 떳떳한 본성을 가지고 있는지라 이 때문에 이 아름다운 덕을 좋아한다." 하셨다.[31]

내가 생각건대 사람의 몸은 바로 사물이며, 몸이 있으면 바로 몸이 된 리가 있으니, 이것이 이른바 '법칙'이다. 마음에 가지고 있는 바의 떳떳한 본성이기 때문에 이 아름다운 덕을 좋아하지 않는 이가 없는 것이니, 이 때문에 공자께서 '도를 알았을 것'이라고 칭찬하신 것이다.

《서경》에 요(堯)임금의 공이 큼〔放勳〕을 칭찬하여 말하였다.[32] "공경하고 밝고 문채가 빛나고 생각함이 편안하고 편안하시며 진실로 공손하고 능히 겸양하시어 광채가 사표(四表)에 입혀지시며 하늘과 땅에 이르셨다. 능히 큰 덕을 밝혀 구족(九族)을 친하게 하시니 구족이 이미 화목하거늘 백성을 고루 밝히시니 백성이 덕을 밝히며, 만방(萬邦)을 화합하여 고르게 하시니 여러 백성들이 아! 변하여 이에 화(和)하였다."

사관(史官)이 또 말하였다. "요임금의 인자함은 하늘과 같고 그 지혜는 신(神)과 같으며, 사람들이 해를 향해 나아가듯이 하고 구름을 우러

31 시경에……하셨다 : 이는 《맹자》 〈고자 상(告子上)〉에 보인다.

32 서경에……말하였다 : 이는 《서경》 〈요전(堯典)〉에 보인다. '방훈(放勳)'은 《맹자》에서는 요임금의 호(號)로 쓰였는데, 주자는 "방훈은 본래 사신(史臣)이 요를 칭찬한 말인데, 맹자께서 인하여 요의 호로 삼은 것이다."라고 하여 《서경》의 방훈을 호로 보지 않았다. 《孟子集註 滕文公上》

러보듯이 하였다."[33]

《서경》에 순(舜)임금이 거듭 빛남〔重華〕을 칭찬하여 말하였다.[34] "깊고 지혜로우며 문채가 나고 밝으시며 온화하고 공손하며 성실하고 독실하시어 그윽한 덕이 올라가 알려지시니, 요임금이 마침내 직위(職位)를 명하셨다. 오전(五典)[35]을 삼가 아름답게 하라 하시니 오전이 능히 순하게 행해지며, 백규(百揆)[36]에 앉히시니 백규의 일이 때에 맞아 차서(次序)가 있었으며, 사방 문에서 외국의 손님을 맞이하게 하시니 사방 문의 손님이 화목하였으며, 큰 산기슭에 들어가게 하시니 빠른 바람과 우레와 비에 혼미하지 않으셨다."

맹자가 말씀하였다. "성인은 인륜(人倫)의 지극함이다." 또 말씀하

33 요임금의……같다 : 이는 《사기(史記)》 〈오제본기(五帝本紀)〉에 보인다. 원문 '就之如日, 望之如雲'은 《사기색은(史記索隱)》에 "마치 위에서 비추는 해와 같은 것이니, 사람들이 요임금에게 나아가 따르는 것이 해바라기가 성심을 다하여 해를 향함과 같은 것이다.〔如日之照臨, 人咸依就之, 若葵藿傾心以向日也.〕" 하고, "마치 덮어 주고 적셔 주는 구름과 같은 것이니, 덕화가 광대하고 사람들에게 스며들어 살려 주어서 사람들이 모두 우러러봄을 말한 것이다. 그러므로 온갖 곡식이 단비를 우러러봄과 같다고 한 것이다.〔如雲之覆渥, 言德化廣大而浸潤生人, 人咸仰望之, 故曰如百穀之仰膏雨也.〕"라고 한 주석을 따라 번역하였다.

34 서경에……말하였다 : 이는 《서경》 〈순전(舜典)〉에 보인다. 중화(重華)는 요임금이 이미 광화(光華)가 있었는데 순임금이 또 광화가 있음을 말한 것이다. 중화는 순임금을 가리키는 말로 쓰이는데, 채침(蔡沈)의 주에서는 호칭으로 풀이하지 않았다. 《書經集傳 舜典》

35 오전(五典) : 채침(蔡沈)은 '오상(五常)이니, 부자유친(父子有親), 군신유의(君臣有義), 부부유별(夫婦有別), 장유유서(長幼有序), 붕우유신(朋友有信)'이라고 하였다. 《書經集傳 舜典》

36 백규(百揆) : 여러 정사를 헤아리는 관원으로 주대(周代)의 총재(冢宰)와 같다.

였다. "요임금과 순임금의 도는 효제(孝悌)일 뿐이다."[37]

사관이 우왕(禹王)을 칭찬하여 말하였다. "목소리는 음률에 맞았고 움직임은 법도에 부합하였으며, 왼쪽으로 운용(運用)하는 바는 사람들의 수준기와 먹줄이 되었고 오른쪽으로 거동하는 바는 그림쇠와 곱자에 부합하였다."[38]

탕왕(湯王)의 반명(盤銘)에 말하였다. "진실로 어느 날에 새로워졌으면 나날이 새롭게 하고 또 날로 새롭게 하라."[39]

《시경》에 말하였다. "심원(深遠)하신 문왕(文王)이여 아! 계속하여 밝혀서 공경하여 그치셨다." 또 말하였다. "하늘의 명이 아! 심원하여 그치지 않으니, 아! 드러나지 않겠는가. 문왕의 덕의 순수함이여."[40]

무왕(武王)은 홍범구주(洪範九疇)[41]를 기자(箕子)에게서 전수받으

37 맹자가……뿐이다 : 이는 《맹자》 〈이루 상(離婁上)〉과 〈고자 하(告子下)〉에 보인다.

38 사관이……부합하였다 : 이는 《사기》 〈하본기(夏本紀)〉에 보인다. 원문 '左準繩, 右規矩'는 《사기색은(史記索隱)》에 "左所運用, 堪爲人之準繩; 右所擧動, 必應規矩也."라고 풀이하였다.

39 탕왕(湯王)의……하라 : 이는 《대학장구(大學章句)》 전(傳) 2장에 보인다. 반명(盤銘)은 목욕하는 그릇에 경계하는 글을 새긴 것이다.

40 시경에……순수함이여 : 이는 《시경》 〈대아(大雅) 문왕(文王)〉과 〈주송(周頌) 유천지명(維天之命)〉에 보인다. 원문 '於緝熙敬止'의 지(止)는 《시경》에서 어조사이나 《대학》에서 '그침'의 뜻으로 인용하였다.

41 홍범구주(洪範九疇) : 천하를 다스리는 아홉 가지 대법(大法)으로, 《서경》 〈홍범〉에 나오는 오행(五行), 오사(五事), 팔정(八政), 오기(五紀), 황극(皇極), 삼덕(三德), 계의(稽疑), 서징(庶徵), 오복(五福)・육극(六極)이다.

셨다.

주공은 삼왕(三王)을 겸할 것을 생각하셨다.[42]

《중용》에 말하였다 "중니(仲尼)는 요·순을 조종(祖宗)으로 삼아 전술(傳述)하고 문왕·무왕을 본받으시며, 위로는 천시(天時)를 따르시고 아래로는 수토(水土)를 인하셨다. 비유하면 하늘과 땅이 실어 주지 않음이 없고 덮어 주지 않음이 없는 것과 같으며, 비유하면 사시(四時)가 번갈아 운행하는 것과 같으며 해와 달이 교대로 밝은 것과 같다."

이상은 모두 성인이 각각 그 도를 다함을 말하였다.

예(禮)에 '아홉 가지 모습[九容]'[43]은 머리의 모습은 곧으며, 눈의 모습은 단정하며, 입의 모습은 꼭 다물며, 얼굴빛은 장엄하며, 목소리는 고요하며, 숨 쉬는 모습은 엄숙하며, 발의 모습은 진중하며, 손의 모습은 공손하며, 서 있는 모습은 덕스러운 것이다.

예에 '아홉 가지 생각[九思]'[44]은 볼 때는 밝음을 생각하며, 들을 때는

42 주공은……생각하셨다 : 이는 《맹자》 〈이루 하(離婁下)〉에 "주공은 삼왕을 겸하시어 네 가지 일을 시행할 것을 생각하셨다.[周公思兼三王, 以施四事.]"라고 보인다. 그 앞에 삼왕의 '네 가지 일'로 "우왕은 맛있는 술을 싫어하고, 선언(善言)을 좋아하셨다. 탕왕은 중도(中道)를 지키시며, 어진이를 등용하되 일정한 방소가 없으셨다. 문왕은 백성을 보기를 다칠 듯이 여기셨으며, 도를 바라보시고도 보지 못한 듯이 여기셨다. 무왕은 가까운 자를 친압하지 않으시며, 먼 자를 잊지 않으셨다.[禹惡旨酒而好善言. 湯執中, 立賢無方. 文王視民如傷, 望道而未之見. 武王不泄邇, 不忘遠.]"라고 하였다.

43 아홉 가지 모습 : 군자가 취해야 하는 몸가짐으로, 《예기》 〈옥조(玉藻)〉에 보인다.

귀 밝음을 생각하며, 얼굴빛은 온화함을 생각하며, 용모는 공손함을 생각하며, 말은 진실함을 생각하며, 일은 공경함을 생각하며, 의심날 때는 물음을 생각하며, 분할 때는 어려움을 생각하며, 이득을 볼 때는 의(義)를 생각하는 것이다.

이 아홉 가지 모습과 생각은 모두 한 몸을 받들어 지키는 법칙이다.

내가 생각건대 사람에게 몸이 있는 것은 하늘의 기(氣)를 얻어 기로 삼고 땅의 형질을 받아 형질로 삼았으며, 하늘과 땅의 리를 받아 성(性)으로 삼고 하늘과 땅의 형체를 형상하여 몸으로 삼았으니, 진실로 머리를 옆으로 향하는 여러 동물과 머리를 땅에 두고 있는 여러 초목과는 다르다. 사람을 일러 가장 귀하고 가장 영특하다고 하였는데 어찌 스스로 경시하고 천대하여 형체를 실천하는 방도를 생각하지 않겠는가.

능히 몸에 있는 법칙을 스스로 다하는 것이 바로 형체를 실천하는 방도이다. 아홉 가지 모습 가운데 한 모습이라도 법과 다르면 법칙에 맞는 것이 아니며, 아홉 가지 생각 가운데 한 생각이라도 가르침과 다르면 법칙에 맞는 것이 아니다. 하물며 오상(五常)에 떳떳함을 잃은 것이 있고 오전(五典)에 법을 실추함이 있으며, 여러 품행에 한 품행을 갖추지 못하고 온갖 선(善)에 한 선을 갖추지 못하면 어찌 법칙을 다하였다고 할 수 있겠는가.

반드시 말에 사실(事實)이 있고 행실에 떳떳한 법도가 있어서,[45]

44 아홉 가지 생각 : 군자가 지니는 생각으로, 《논어》 〈계씨(季氏)〉에 보인다.

45 사실(事實)이……있어서 : 원문 '言有物而行有恒'은 《주역》 〈가인괘(家人卦) 대상전(大象傳)〉에 보이는데, 정이천의 주에 "물(物)은 사실을 이르고 항(恒)은 떳떳한 법도와 법칙을 이른다."라고 하였다.

보고 듣고 말하고 동함을 예에 따라 하며, 말하고 침묵하고 동하고 정(靜)함을 제때에 하며, 사양하고 받고 취하고 줌을 의(義)에 따라 하며, 출사(出仕)하고 물러나고 도를 행하고 은둔함을 도에 따라 해야 하니, 그런 뒤에야 몸에 있는 법칙을 다하였다고 말할 수 있어서 성현에게 부끄러움이 없으며 하늘과 땅을 저버리지 않게 된다. 성인이 이 때문에 몸을 닦는 가르침을 남기시어 그 말씀이 경전에 자세히 기재되어 있는 것이다.

7.1.2.2 마음의 요지는 성실함이다 心惟誠

《대학》에 말하였다. "그 뜻을 성실히 한다는 것은 스스로 속이지 않는 것이니, 〈악을 미워하기를〉 악취를 미워하는 것과 같이 하며, 〈선을 좋아하기를〉 아름다운 여색을 좋아하는 것과 같이 하여야 하니, 이것을 자겸(自慊 스스로 만족함)이라 이른다. 그러므로 군자는 반드시 그 홀로를 삼가는 것이다."

《중용》에 말하였다. "성(誠 성실함)은 하늘의 도이고, 성지(誠之 성실히 하려고 함)는 사람의 도이다."[46]

46 성(誠)은……도이다 : 《중용》의 이 다음에 "성실한 자는 힘쓰지 않고도 도에 맞으며 생각하지 않고도 알아서 종용히 도에 맞으니 성인이요, 성실히 하려고 하는 자는 선을 택하여 굳게 지키는 자이다."라고 하였다. 주자는 "성(誠)은 '진실하고 망령됨이 없음〔眞實無妄〕'을 이르니 천리(天理)의 본연이고, 성지(誠之)는 능히 진실하고 망령됨이 없지 못하여 진실하고 망령됨이 없고자 하는 것을 이르니 인사(人事)의 당연함이다. 성인의 덕은 혼연히 천리여서 진실하고 망령됨이 없어 생각함과 힘씀을 기다리지 않고도 종용히 도에 맞으니 그렇다면 이 또한 하늘의 도인 것이다. 성인에 이르지 못하면 인욕의 사사로움이 없지 못하여 그의 덕이 다 진실할 수가 없다. 그러므로 생각하지 않고 알 수가 없어서 반드시 선을 택한 뒤에야 선을 밝게 알 수 있고, 힘쓰지 않고

《중용》에 또 말하였다. "성(誠)으로 말미암아 밝아짐을 성(性)이라 이르고 명(明)으로 말미암아 성실해짐을 교(敎)라 이른다."[47]

《중용》에 또 말하였다. "오직 천하에 지극히 성실한 분이어야 능히 그 성(性)을 다할 수 있으니, 그 성을 다하면 능히 사람의 성을 다할 것이요, 사람의 성을 다하면 능히 물건의 성을 다할 것이요, 물건의 성을 다하면 천지의 화육(化育)을 도울 수 있을 것이요, 천지의 화육을 도울 수 있으면 천지와 더불어 참예하게 될 것이다."[48]

《중용》에 또 말하였다. "그 다음은 한쪽을 지극히 해야 하니, 한쪽을 지극히 하면 능히 성실할 수 있다. 성실하면 나타나고, 나타나면 더욱 드러나고, 더욱 드러나면 밝아지고, 밝아지면 감동시키고, 감동시키면 변하고, 변하면 화(化)할 수 있으니, 오직 천하에 지극히 성실한 분이어야 능히 화할 수 있다."[49]

도에 맞을 수가 없어서 반드시 굳게 잡은 뒤에야 몸을 성실히 할 수 있으니, 이것이 이른바 사람의 도란 것이다."라고 풀이하였다. 장현광은 "성(誠)은 진실하여 흠결(欠缺)이 없고 간단(間斷)함이 없음을 이른다."라고 하였다. 《中庸章句 20章》, 《旅軒集 卷6 學部名目會通旨訣》

47 성(誠)으로……이른다 : 주자는 '성(誠)으로 말미암아 밝아짐'에 대하여 '덕이 성실하지 않음이 없고 밝음이 비추지 않음이 없는 자'는 성인으로 하늘의 도라 하였고, '명(明)으로 말미암아 성실해짐'에 대하여 '먼저 선을 밝게 안 뒤에 그 선을 성실히 하는 자'는 현인으로 사람의 도라 하였다. 장현광은 "천지의 도는 리에 한결같아 망령됨이 없고 쉼이 없으니, 바로 이른바 성(誠)이란 것이다. 사람에게 있어서는 오직 성인만이 하늘과 하나가 되어 성실하니, 성실하면 밝지 않음이 없으므로 성명(誠明)이라 이른다."라고 하였다. 《中庸章句 21章》, 《旅軒集 卷6 學部名目會通旨訣》

48 오직……것이다 : 주자는 '천하에 지극히 성실한 분'은 "성인의 덕의 성실함이 천하에 더할 수 없음을 이른다."라고 하였고, 이 장은 하늘의 도를 말한 것이라 하였다. 《中庸章句 22章》

《중용》에 또 말하였다. "성(誠)은 스스로 성실한 것이고,[50] 도(道)는 스스로 행하는 것이다.[51] 성실함은 사물의 끝마침과 시작이니, 성실하지 않으면 사물이 없게 된다. 그러므로 군자는 성실히 하려고 함을

49 그 다음은……있다 : 주자는 "'그 다음'이란 대현(大賢) 이하로 무릇 성실함에 지극하지 못함이 있는 자를 통틀어 말한 것이다."라고 하였고, 이 장은 사람의 도를 말한 것이라 하였다. 《中庸章句 23章》

50 스스로 성실한 것이고 : 《중용》의 원문은 "성(誠)은 스스로 이루어지는 것이다.〔誠者, 自成也.〕"인데, 여기서는 '自成'을 '自誠'으로 바꾸었다. 장현광은 "내 망령된 생각으로는 '자성(自成)'의 성(成) 자는 마땅히 이 성(誠) 자가 되어야 하는데 등사(謄寫)하는 자가 잘못 편방(偏旁)의 언(言) 자를 제거하여 마침내 성(成) 자가 된 것이니, 아래의 절에 자성(自成)이란 글이 있기 때문에 옆의 것을 잘못 보아 오자(誤字)를 만든 것이라고 여겨진다. 글 뜻을 자세히 살펴보면 모름지기 성(誠) 자가 된 뒤에야 그 뜻이 명쾌해진다."라고 하였다. 주자는 이 장은 사람의 도를 말한 것이라 하였는데, 장현광은 "사람이 성실히 하려고 하는 공부를 지극히 하지 않을 수 없음을 말하려 하였으므로 장의 첫머리에 먼저 성인의 성(誠)을 말하여 이르기를, '성은 스스로 성실한 것이고 도는 스스로 행하는 것이다.'라고 한 것이다."라고 하여 '誠者, 自誠也, 而道, 自道也'는 하늘의 도를 말한 것이며, 아래의 '誠之爲貴'는 사람의 도를 말한 것이라 하였다. 또 "리가 천지에 있는 것은 본래 스스로 진실하고 망령됨이 없기 때문에 천지의 도는 성(誠)일 뿐이요, 성인이 천지에서 얻어 성(性)의 리가 된 것 또한 스스로 진실하고 망령됨이 없으니, 곧 이른바 '성은 스스로 성실한 것'이라는 것이다.……만약 '스스로 이루어지는 것'이라고 말하면 이루어짐은 아직 이루어지지 않음으로부터 이루어지는 것을 말한다. 성(誠)은 본래 스스로 성실한 것이니, 성인은 태어나면서부터 성실함이 이미 확립되어 있는데 어찌 이룬다고 말할 수 있겠는가."라고 하였다. 《旅軒續集 卷5 錄疑俟質》

51 스스로 행하는 것이다 : 주자는 "도는 사람이 마땅히 스스로 행하여야 함을 말씀한 것이다."라고 하여, '自道也'를 "도는 스스로 행하여야 할 것이다."라고 풀이한 반면에 장현광은 "성(性)이 발하여 정(情)이 되어 일상 생활하는 사이에 유행하는 것은 억지로 힘씀에서 나오지 않고 굳이 닦음에 말미암지 않고 모두가 당연한 도리이니, 이것이 이른바 '도는 스스로 행하는 것'이라는 것이다. 이미 스스로 성실하고 스스로 행한다고 말했으면 바로 이른바 하늘의 도의 성(誠)인 것이다."라고 하였다. 《中庸章句 25章》, 《旅軒續集 卷5 錄疑俟質》

귀하게 여기는 것이다.[52] 성실함은 스스로 자신을 이룰 뿐만 아니라 남을 이루어 주니, 자신을 이룸은 인(仁)이고 남을 이루어 줌은 지(智)이다. 이는 성(性)의 덕이니, 내외(內外)를 합한 도이다. 그러므로 때로 조처함에 마땅한 것이다."

《중용》에 또 말하였다. "지성(至誠)은 쉼이 없으니, 쉬지 않으면 오래 하고 오래 하면 징험이 나타나고, 징험이 나타나면 유원(悠遠)하고, 유원하면 박후(博厚)하고, 박후하면 고명(高明)하다. 박후는 물건을 실어 주는 것이요, 고명은 물건을 덮어 주는 것이요, 유구(悠久)는 물건을 이루어 주는 것이다. 박후는 땅에 배합하고, 고명은 하늘에 배합하고, 유구는 다함이 없다. 이와 같은 자는 보여 주지 않아도 드러나며, 동하지 않아도 변하며, 함이 없이도 이루어진다."[53]

《중용》에 또 말하였다. "오직 천하에 지극히 성실한 분이어야 천하의 대경(大經)을 경륜(經綸)하며 천하의 대본(大本)을 세우며 천지의 화육을 알 수 있으니, 어찌 딴 물건에 의지할 것이 있겠는가. 간곡하고

52 성실히……것이다 : 원문 '誠之爲貴'를 주자는 '以誠爲貴'로 풀이한 반면에 장현광은 '以誠之爲貴'로 풀이하였다. 주자는 "천하의 사물은 모두 진실한 리가 하는 것이다. 그러므로 반드시 이 리를 얻은 뒤에야 이 사물이 있는 것이니, 얻은 바의 리가 이미 다하여 없어지면 이 사물 또한 다하여 없어진다. 그러므로 사람의 마음이 한 번이라도 성실하지 못함이 있으면 비록 하는 바가 있더라도 또한 없는 것과 같으니, 군자는 반드시 '성실히 함〔誠〕'을 귀하게 여기는 것이다."라고 하였고, 장현광은 "성(誠)의 리가 이와 같기 때문에 모든 사물이 사물이 될 적에는 반드시 성실함이 있고 나서 시작도 끝마침도 할 수 있으니, 곧 이른바 '성실하지 않으면 사물이 없게 된다'는 것이다. 군자가 반드시 '성실히 하려고 함〔誠之〕'을 귀하게 여기는 것은 이 때문이다."라고 하였다. 《中庸章句 25章》, 《旅軒續集 卷5 錄疑俟質》

53 지성(至誠)은……이루어진다 : 주자는 이 장은 하늘의 도를 말한 것이라 하였다. 《中庸章句 26章》

지극한 그 인(仁)이며, 고요하고 깊은 그 못이며, 넓고 큰 그 하늘이다. 만일 진실로 총명하고 성지(聖智)가 있어 하늘의 덕을 통달한 자가 아니면 그 누가 이것을 알겠는가."[54]

위의 두 책에서 말한 것은 모두 이 성(誠)에서 벗어나지 않는데, 하늘의 도와 사람의 도는 두 가지 성실함이 아니다. 다만 사람의 도의 성실함을 이미 다한 뒤에 하늘의 도의 성실함에 이를 수 있는 것이다.

내 한번 논해 보건대, 성실함은 리의 고연(固然 본래 그러함)이고, 도의 당연함이고, 덕의 실제이니, 위아래를 모두 통하고 겉과 속을 모두 꿰뚫고 시작부터 끝까지 변함이 없어서, 조금도 가탁함이 없고 조금도 허위가 없고 조금도 간단(間斷)함이 없음을 이른다.[55] 하늘이 이 성실함이 없으면 하늘이 될 수 없고, 땅이 이 성실함이 없으면 땅이 될 수 없고, 사람이 이 성실함이 없으면 사람이 될 수 없는 것이다. 하늘과 땅에 있는 성실함은 애당초 성실하지 않음이 없고, 사람에게 있는 성실함은 자성(自誠 스스로 성실함)의 성실함이 있고 성지(誠之 성실히 하려고 함)의 성실함이 있어서 하늘의 도와 사람의 도의 구별이 있음을 면치 못한다. 자성의 성실함은 성인이 아니면 간직할 수가 없으나, 성지의 성실함도 끝내 자성의 성실함과 똑같이 될 수 있으니, 어찌 성지의 공부를 독실히 하지 않고서 지극히 성실함에 이를 수 있겠는가.

54 오직……알겠는가 : 주자는 대경(大經)은 오륜(五倫)이고 대본(大本)은 '본성에 간직하고 있는 전체(全體)'라고 하였고, 이 장은 하늘의 도를 말한 것이라 하였다. 《中庸章句 32章》

55 성실함은……이른다 : 위의 각주 46) 참조.

다만《대학》에서는 뜻을 성실히 한다고 하였고《중용》에서는 몸을 성실히 한다고[56] 하였는데, 여기서 마음에 성실함을 말한 것은 어째서인가. 뜻은 마음이 발하는 바이고[57] 몸은 마음이 머무는 곳이다.《대학》에서 뜻을 성실히 함을 말한 것은, 마음이 발하는 초기에 선과 악의 기미가 매번 나누어지기 때문에 반드시 이 뜻에 성실히 하는 공부를 가하여 선에 대해서는 아름다운 여색을 좋아하는 것과 같이하여 반드시 얻고자 하고 악에 대해서는 악취를 미워하는 것과 같이하여 반드시 제거하고자 하는 것인데, 이렇게 하면 스스로 속이는 바가 없어서 스스로 만족하는 바가 있으니, 이른바 '뜻이 성실해진다〔意誠〕'는 것이다.

뜻이 이미 성실해지면 마음이 바루어짐과 몸이 닦여짐은 실로 이 뜻이 성실함에서 근본한다. 그러므로 말하기를 "그 뜻을 성실히 하는 것은 스스로 닦음〔自修〕의 첫 번째이다."[58] 한 것이다. 그렇다면《대학》한 편 가운데 삼강령(三綱領)과 팔조목(八條目)[59]의 공부가 모두 성실함으로써 얻는 것이다. 뜻을 성실히 하기 전에 사물의 리를 연구하고 지식을 지극히 하는 것[60]이 이 성실함이 아니면 어떻게

56 몸을 성실히 한다고 :《중용장구》20장에 "몸을 성실히 함이 방법이 있으니, 선을 밝게 알지 못하면 몸을 성실히 하지 못할 것이다.〔誠身有道, 不明乎善, 不誠乎身矣.〕"라고 보인다.

57 뜻은……바이고 : 이는《대학장구》경(經) 1장의 주자의 주에 보인다.

58 그 뜻을……번째이다 : 이는《대학장구》6장의 주자의 주에 보인다.

59 삼강령(三綱領)과 팔조목(八條目) : 삼강령은 명덕을 밝힘〔明明德〕, 백성을 새롭게 함〔新民〕, 지선에 그침〔止於至善〕을 가리키고, 팔조목은 사물의 이치를 연구함〔格物〕, 지식을 지극히 함〔致知〕, 뜻을 성실히 함〔誠意〕, 마음을 바룸〔正心〕, 몸을 닦음〔修身〕, 집안을 가지런히 함〔齊家〕, 나라를 다스림〔治國〕, 천하를 균평하게 함〔平天下〕을 가리킨다.

60 사물의……것 : 격물・치지에 대하여 주자가 보망장(補亡章)을 만든 반면에 장현

능히 사물의 리를 연구하고 지식을 지극히 할 수 있겠는가. 뜻을 성실히 한 뒤에 마음을 바루고 몸을 닦는 것이 이 성실함이 아니면 어떻게 능히 마음을 바루고 몸을 닦을 수 있겠는가. 더구나 집안과 나라와 천하에 이르러서 이 마음의 성실함이 아니고서 능히 집안을 가지런히 하고 나라를 다스리고 천하를 균평하게 할 수 있겠는가.

《중용》의 몸을 성실히 함은 바로 《대학》의 몸을 닦는 것 이상의 공부이고, 지성(至誠)의 성실함이 이루는 바의 지극한 공은 바로 《대학》의 집안을 가지런히 하고 나라를 다스리고 천하를 균평하게 하는 사업이다.

마음은 뜻과 몸의 주재가 되기 때문에 이제 성실함을 이 마음에 요지로서 귀속하였다. 마음이 성실함은 뜻이 성실함에 연유하고, 몸이 성실함은 실로 마음이 성실함에 달려 있는 것이다. 한 번 일에 응하고 한 번 물건을 접하는 즈음에도 이 성실함이 없으면 일이 이루어지게 할 수 없고 물건이 순함을 볼 수 없는데, 하물며 큰 사업을 함에 있어서 성실함이 없이 이룩할 수 있겠는가. 이는 진실로 사람으로서 하늘의 도의 성실함에 이르는 것이 일찍이 성실히 하려고 함의 성실에 말미암지 않음이 없는 것이다. 그렇다면 성실함으로써 마음

광은 경(經) 1장의 두 절과 전(傳) 4장 등으로 격물·치지장을 다음과 같이 만들었다. "〈所謂致知在格物者,〉 物有本末, 事有終始, 知所先後, 則近道矣. 子曰'聽訟吾猶人也, 必也使無訟乎', 無情者不得盡其辭, 大畏民志, 此謂知本. 知止而後有定, 定而後能靜, 靜而後能安, 安而後能慮, 慮而後能得. 此謂(知本)〔物格〕, 此謂知之至也." 또 이를 해설하여 "격물·치지는 물건에 있는 리를 밝혀 마땅히 그쳐야 할 도를 아는 것이다. 물건의 리가 본과 말에 벗어나지 않고 일의 리가 모두 종과 시를 꿰뚫고 있다.……본과 말, 종과 시의 리를 알아서 마땅히 먼저 해야 할 것을 알고 마땅히 뒤에 해야 할 것을 안다면 그 나머지 만 가지 일과 만 가지 물건의 법칙이 어찌 여기에서 벗어남이 있겠는가. 마땅히 그쳐야 할 지선(至善)이 모두 이 안에 들어 있을 것이다."라고 하였다. 《旅軒續集 卷5 錄疑俟質》

의 종지(宗旨)를 삼는 것이 이 때문이 아니겠는가.

이미 말하기를 "성실하지 않으면 사물이 없게 된다." 하였으니, 만일 이 한 마음에 성실하지 않음이 있으면 온갖 행실이 다 없게 되는 것이다. 하물며 천지를 제자리에 편안히 있게 하고 만물을 길러 주는 방도가 있을 수 있겠는가. 이 때문에 성실함이 리가 되는 것은 하늘과 사람의 구분이 없으며 크고 작은 구분이 없으며 예와 지금의 차이가 없어서, 도가 되고 덕이 되는 것이 이 성실함 이외에는 할 만한 일이 없는 것이니, 성실함의 근본은 리이고 그 기틀은 마음이고 그 요점은 진실함이다.

7.1.2.3 성의 요지는 선함이다 性惟善

《서경》에 말하였다. "위대한 상제(上帝)가 하민(下民)들에게 충(衷)을 내려 주시어 그 자연스러운 리를 순히 따라서 떳떳한 성을 소유하게 하셨으니, 능히 하민으로 하여금 그 도에 편안하게 하는 이는 군주인 것이다."[61]

《대학》에 말하였다. "대학의 도는 명덕을 밝힘에 있으며 백성을 새

61 위대한……것이다 : 이는 《서경》〈탕고(湯誥)〉에 나오는 탕왕(湯王)의 말이다. 충(衷)은 중(中)으로 하늘이 명한 성(性)을 말하는데, 채침(蔡沈)은 하늘이 명을 내릴 적에 인·의·예·지·신의 리를 갖추어 편벽되거나 치우친 바가 없는 것이라 하였다. 장현광은 인·의·예·지·신이 성의 조목이라 하고, "다섯 가지의 성이 하늘로부터 부여되었으므로 이것을 명(命)이라 하며, 하늘의 명을 부여받아 내 마음의 리가 되었으므로 이것을 성(性)이라 하며, 사람이 성을 본래 소유하기 때문에 상(常)이라 하며, 이미 본래 소유한 떳떳한 성이어서 마치 굳게 잡고 있는 것과 같으므로 병이(秉彝)라 하며, 이 성명(性命)의 리는 정정당당하여 옮기거나 바꿀 수가 없으므로 충(衷)이라 한다."라고 하였다. 《書經集傳》, 《旅軒集 卷6 學部名目會通旨訣》

롭게 함에 있으며 지선(至善)에 그침에 있다."

《중용》에 말하였다. "하늘이 명한 것을 성(性)이라 하고, 성을 따름을 도(道)라 하고, 도를 조목조목 품별함을 가르침〔敎〕이라 한다."

맹자가 말씀하였다. "측은해하는 마음은 인(仁)의 단서이고, 부끄러워하고 미워하는 마음은 의(義)의 단서이고, 사양하는 마음은 예(禮)의 단서이고, 옳고 그름을 따지는 마음은 지(智)의 단서이다. 사람이 이 사단(四端)을 가지고 있음은 사지(四肢)를 가지고 있는 것과 같으니, 이 사단을 가지고 있으면서도 스스로 인의(仁義)를 행할 수 없다고 말하는 자는 자신을 해치는 자이고, 자기 군주가 인의를 행할 수 없다고 말하는 자는 군주를 해치는 자이다."[62]

맹자가 또 말씀하였다.[63] "인·의·예·지는 밖으로부터 나를 녹여 들어오는 것이 아니라 내가 본래 소유하고 있는[64] 것이다. 그 정(情)으

62 측은해하는……자이다 : 이는《맹자》〈고자 상(告子上)〉에 보인다.

63 맹자가 또 말씀하였다 : 이는《맹자》〈고자 상(告子上)〉 6장에서 발췌하여 인용한 것인데, 본래의 내용은 다음과 같다. "公都子曰: '……今曰「性善」, 然則彼皆非與?' 孟子曰: '乃若其情則可以爲善矣, 乃所謂善也. 若夫爲不善, 非才之罪也. 惻隱之心, 人皆有之; 羞惡之心, 人皆有之; 恭敬之心, 人皆有之; 是非之心, 人皆有之. 惻隱之心, 仁也; 羞惡之心, 義也; 恭敬之心, 禮也; 是非之心, 智也. 仁義禮智, 非由外鑠我也, 我固有之也, 弗思耳矣.'"

64 본래 소유하고 있는 : 원문은 '固有'로 장현광은 "이른바 부여(賦與)한다는 것은 하늘과 땅이 리(理)와 기(氣)의 큰 근원이 되어서 그 사이에 생명을 받아 형체를 간직한 것이 사람은 사람의 리가 있고 물건은 물건의 리가 있어서 사람마다 물건마다 모두 그러하지 않음이 없는 것이니, 진실로 사람에 따라 물건에 따라 명령하여 분부해 준 것과 같음이 있으므로 부여한다고 말한 것이다. 만약 준 뒤에 받는다면 어찌 사람마다 물건마다 똑같이 가지고 있어서 부족하거나 빠짐이 없겠는가. 이는 이른바 '본래 소유하

로 말하면 선을 할 수 있으니, 이것이 내가 말하는 선하다는 것이다. 불선을 하는 것으로 말하면 타고난 재질(材質)의 죄가 아니다."

내가 생각건대 상제가 내려 주신 충(衷)이 바로 하민의 떳떳한 성이 되었으니, 성은 충 밖의 성이 없고 충은 리 밖의 충이 없는 것이다. 이것이 성이 한결같이 선한 이유가 아니겠는가.
명덕의 밝음은 바로 덕이 본래 밝은 것이고 명덕의 덕은 바로 성이 순선(純善)함을 칭한 것이니, 성을 덕으로 말하고 덕을 밝음으로 칭한 것은 모두 이 성이 선함을 가리킨 것이다. 그러므로 '명덕을 밝힘'과 '백성을 새롭게 함'에서 한결같이 지선(至善)을 마땅히 그쳐야 할 표준〔準的〕으로 삼은 것이니,[65] 이것이 이른바 '본래 소유한' 성이 아니겠는가.

'하늘이 명한 것을 성이라 함'은 바로 이른바 '내려 준 충'의 성인데, 성을 따르는 도와 도를 조목조목 품별한 가르침이 모두 이 성을 벗어나지 않으니, 성이 선함이 아니고서 곧바로 도가 되고 가르침이 될 수 있겠는가.

맹자에 이르러서는 이 성의 선함을 곧바로 밝히셨는데, 성으로써 미발(未發) 이전의 성을 말하면 다만 혼연(渾然)하고 고요하여 편벽되지 않고 치우치지 않을 뿐이어서[66] 형용하여 가리킬 만한 것이

고 있다〔固有〕'는 것이다."라고 하였다. 《旅軒續集 卷6 平說》

65 명덕을……것이니 : 주자는 '지선(至善)에 그침'에 대하여 "지선은 사리(事理)의 당연한 극(極 표준)이다. 이는 '명덕을 밝힘'과 '백성을 새롭게 함'을 모두 마땅히 지선의 경지에 그쳐서 옮기지 않음을 말한 것이다."라고 하였다. 《大學章句 經1章》

66 미발(未發)……뿐이어서 : 정명도(程明道)는 "희노애락이 미발할 때에는 이 성이 혼연히(온전히) 가운데에 있어서 정정당당하고 한결같이 곧아서 편벽되고 치우친 바가 없다.〔喜怒哀樂未發之時, 此性渾然在中, 亭亭當當, 直上直下, 無所偏倚.〕"라고 하였

없다. 그러므로 발하여 정이 되어서 곧바로 근원으로부터 감동하여 흘러나와 사사로움과 거짓이 뒤섞이지 않고 순선(純善)하여 악이 없는 것을 지목하여 "측은해함은 인의 단서이고, 부끄러워하고 미워함은 의의 단서이고, 사양함은 예의 단서이고, 옳고 그름을 따짐은 지의 단서이다."라고 하신 것이다. 그 단서가 이미 본래 순선하다면 본래의 덕이 한결같이 선하여 악이 없다는 실제를 이로 인하여 알 수 있다.

이 성은 바로 어질거나 어리석거나 귀하거나 천하거나를 막론하고 똑같이 본래 소유한 것이다. 그러므로 맹자는 성의 선함을 말씀하실 적에 말씀마다 반드시 요(堯)・순(舜)을 칭하여[67] 반드시 그러함을 밝히신 것이다. 그렇다면 사람의 성이 악하다고 하고, 혹은 선과 악이 혼재되어 있다고 하고, 혹은 상・중・하의 세 등급이 있다고 하는 자들은[68] 모두 성의 리를 아는 자가 아니다.

고, 정이천(程伊川)은 "〈《중용》에〉 '희노애락이 미발한 것을 중이라 이른다.' 하였으니, 중은 〈《주역》의〉 '고요하여 동하지 않음'을 말한 것이다.〔'喜怒哀樂之未發, 謂之中', 中也者, 言'寂然不動'者也.〕"라고 하였다. 《近思錄集解 卷1》

67 성의……칭하여 : 이는 《맹자》 〈등문공 상(滕文公上)〉에 보이는데, 주자는 "일반인과 요・순이 처음에는 조금도 다름이 없었으나 다만 일반인들은 사욕에 빠져 이것을 잃었고 요・순은 사욕에 가리움이 없어 그 본성을 채웠을 뿐이다. 그러므로 맹자께서 세자(世子)와 더불어 말씀할 때에 매양 성의 선함을 말씀하면서 반드시 요・순을 칭하여 실증하신 것이다."라고 하였다. 《孟子集註》

68 사람의……들은 : 순자(荀子)는 성악설(性惡說)을 말하였고, 양웅(揚雄)은 선악혼재설(善惡混在說)을 말하여 "사람의 성은 선과 악이 혼재되어 있어서 선을 닦으면 선한 사람이 되고 악을 닦으면 악한 사람이 된다.〔人之性也善惡混, 修其善則爲善人, 修其惡則爲惡人.〕"라고 하였고, 한유(韓愈)는 성삼품설(性三品說)을 말하여 "성에는 상・중・하의 세 등급이 있는데, 상등의 성은 선할 뿐이고, 중등의 성은 인도함에 따라 선해질 수도 있고 악해질 수도 있으며, 하등의 성은 악할 뿐이다.〔性之品有上中下三, 上焉者善焉而已矣, 中焉者可導而上下也, 下焉者惡焉而已矣.〕"라고 하였다. 《揚子法言

맹자가 천지의 리에 근본해서 옛 성인들이 아직 발명하지 못한 것을 발명하여 이 성선(性善)의 의논을 세워 주시지 않았더라면, 후세의 사람들이 어떻게 이 성은 바뀔 수 없기에 선은 반드시 해야 하고 악은 반드시 해서는 안 됨을 알아, 선을 하고 악을 제거하는 학문에 스스로 힘쓸 수 있었겠는가.

송(宋)나라의 두 정자(程子)가 나옴에 이르러서는 또다시 기질지성(氣質之性)의 의논을 발명하였는데, 그 의논에 "형체가 있은 뒤에 기질지성이 있는 것이니, 기질지성을 잘 회복하면 천지의 성이 그대로 보존된다. 기질지성을 군자는 성으로 여기지 않는다."[69]라고 하였다. 이는 받은 기가 모두 순수할 수 없어서 강(剛)과 유(柔), 선과 악의 똑같지 않음이 있기 때문에 그 똑같지 않은 것을 지목하여 기질지성이라고 말씀한 것이 아니겠는가. 기질지성도 성이라고 말씀한 이유는 이 또한 생명을 받는 초기에 나와서 각자의 마음에 저절로 왕성하기 때문이다.

기질지성의 설은 맹자가 말씀한 본연지성이 순선하여 악이 없다는 것과 다른 듯하나, 이미 기질이라고 칭하고 또 뒤이어 "기질지성을 군자는 성으로 여기지 않는다." 하였다. 그렇다면 기질지성을 거

修身》, 《昌黎文集 卷11 原性》

69 형체가……않는다 : 이는 장횡거(張橫渠)의 말이다. '천지의 성'은 본연지성(本然之性)으로 섭채(葉采)의 주에 "천명이 유행하여 만물에 부여함에 본래 선하지 않은 것이 없으니 이른바 천지의 성이란 것이다."라고 하였고, 주자는 "천지의 성은 오로지 리만을 가리켜 말한 것이요, 기질지성은 리에 기가 섞인 것을 가지고 말한 것이다."라고 하였다. 정이천(程伊川)은 기질지성에 대하여 "성이 바로 리이니 리는 요·순으로부터 보통 사람에 이르기까지 똑같은 것이요, 재질은 기에서 받으니 기에는 청탁(淸濁)이 있어 맑은 기를 받은 자는 현인이 되고 탁한 기를 받은 자는 우인(愚人)이 된다. 그러나 배워서 알면 기의 청탁에 관계없이 다 선에 이르러 성의 근본을 회복할 수 있다."라고 하였다. 《近思錄集解 卷2》, 《孟子集註 告子上》

론한 것은 바로 본연지성(本然之性)을 밝히기 위한 것이니, 본연지성은 진실로 바꿀 수 없는 것이고 기질지성은 변하지 않을 수 없는 것이다. 바꿀 수 없는 선은 사람들이 반드시 지켜야 할 바이고, 똑같지 않은 성은 사람들이 마땅히 똑같게 해야 할 바이니, 이것이 어찌 떳떳한 도가 아니겠는가.

다시 생각하건대 하늘과 땅과 만물은 선이 아니면 단 하루도 하늘과 땅과 만물이 될 수 없는 것이다. 하여금 하늘이 되어 만물을 낳게 하고, 하여금 땅이 되어 만물을 이루게 하고, 하여금 만물이 되어 천지의 조화를 창달(暢達)하게 한 것이 선이 아니고 무엇이겠는가.

하늘이 없으면 만물을 낳을 수 없고, 땅이 없으면 만물을 이룰 수 없고, 만물이 없으면 천지의 조화를 창달할 수 없다. 과연 하늘과 땅과 만물이 모두 없어도 되는 물건이 된다면 무극이면서 태극[70]인 리가 있더라도 무엇을 하겠는가. 반드시 무극이면서 태극인 리가 있어서 하늘이 없을 수 없고 땅이 없을 수 없고 만물이 없을 수 없는 소이는 바로 이른바 선이다.

선에 근본한 것을 리라 하고, 선을 행함을 도라 하고, 선을 소유함을 덕이라 하고, 지선(至善)을 성실함〔誠〕이라 하니, 그렇다면 이른바 리와 도와 덕과 성실함은 모두 선으로써 이름을 얻은 것이다. 하늘과 땅과 만물이 어찌 리·도·덕·성실함에서 벗어난 것이 있겠는가. 그렇다면 그 리를 받고 그 도를 담당하고 그 덕을 얻고 그 성실함을 부여받아서 물건이 되어 하늘과 땅 사이에 몸을 소유한 것은 이 선을 성으로 간직할 뿐이다.

그 조목은 인·의·예·지이니, 맹자가 말씀한 사단(四端)의 근

70 무극이면서 태극 : 〈태극설〉 3.1.1.32~33절 참조.

본이다. 이를 사덕(四德)이라 하니, 천지의 원(元)·형(亨)·이(利)·정(貞)에 근원하여 본래 선하지 않음이 없으므로 덕이라 한 것이다. 혹은 오상(五常)이라고 말하는 것은 신(信)을 아울러 말하므로 넷에 하나를 더하여 다섯 가지가 되고,[71] 사람의 떳떳한 성이기 때문에 '상(常)'이라 한 것이다. 덕이라 하고 상이라 한 것은 모두 본연의 선 때문에 칭한 것이다.

그 인은 천지의 만물을 일체로 여기고, 의는 온갖 일의 마땅함을 제재하고, 예는 천하의 질서를 바르게 하고, 지는 만물의 리를 통하고, 신은 인·의·예·지를 진실하게 행하여 가탁함이 없다. 그렇다면 선하지 않고서 능히 일체로 여기고 마땅함을 제재하고 질서를 바르게 하고 리를 통하고 진실할 수 있겠는가. 이는 진실로 성이 선한 실제인 것이다.

이 하나의 선이 근본이 되고 근원이 되고 벼리가 되고 요령이 된 뒤에 무극이면서 태극인 리가 리답게 되어 이에 도를 행하게 되고 덕을 얻게 된다. 한 몸에서는 성정(性情)과 언행이 모두 떳떳함을 얻고, 한 집안에서는 부자·형제·부부가 모두 실정(實情)을 얻고, 한 나라에서는 군주와 신하, 백성과 만물, 위아래, 크고 작은 것이

71 그 조목은……되고 : 장현광은 "하늘에 있는 사덕(四德)의 원(元)이 사람에게 있으면 마음의 덕과 사랑하는 리가 되니, 이것을 인(仁)이라 하는바 측은(惻隱)이 그 단서이다. 하늘에 있는 이(利)가 사람에게 있으면 마음의 제재와 마땅하게 하는 리가 되니, 이것을 의(義)라 하는바 수오(羞惡)가 그 단서이다. 하늘에 있는 형(亨)이 사람에게 있으면 절문(節文)과 의칙(儀則)의 리가 되니, 이것을 예(禮)라 하는바 사양(辭讓)이 그 단서이다. 하늘에 있는 정(貞)이 사람에게 있으면 지각과 변별하는 리가 되니, 이것을 지(智)라 하는바 시비(是非)가 그 단서이다. 원·형·이·정의 진실한 덕이 사람에게 있으면 인·의·예·지의 진실한 덕이 되니, 이것을 신(信)이라 하는바 사단이 반드시 그러한 것이 바로 모두 그 단서이다. 이 다섯 가지가 성의 조목이다."라고 하였다. 《旅軒集 卷6 學部名目會通旨訣》

모두 제 분수를 얻으며, 천지가 제자리를 편안히 하고 만물이 잘 길러짐에 이르기까지 모두 이 도이다. 이것이 어찌 성이 선함에서 미루어 지극히 한 것이 아니겠는가.

7.1.2.4 정의 요지는 바름이다 情惟正

공자가 말씀하셨다. "나는 일흔 살에 마음에 하고자 하는 바를 따라도 법도를 넘지 않았다."[72]

이는 성인의 정이다. 법도를 넘지 않은 것은 하고자 한 바가 모두 마땅히 하고자 해야 할 바인 것이다. 어찌 성인에게 한 생각이라도 천리(天理)가 아닌 것이 있겠는가. 그러나 굳이 일흔 살 이후라고 말씀하신 것은, 열다섯 살에 학문에 뜻함과 서른 살에 자립함과 마흔 살에 의혹하지 않음과 쉰 살에 천명을 앎과 예순 살에 귀로 들으면 그대로 이해함이 이 앞에 있어서, 비록 하늘이 내신 성인이지만 순서에 따라 말씀하시어 마치 차츰차츰 쌓아서 이 지점에 이른 듯이 하신 것이다. 하물며 보통의 재주를 지닌 자가 공부를 쌓지 않고서 능히 대번에 바룰 수 있겠는가.

《대학》 성의장(誠意章)에 말하였다. "이른바 그 뜻을 성실히 한다는 것은 스스로 속이지 않는 것이니, 악을 미워하기를 악취를 미워하는 것과 같이하며, 선을 좋아하기를 아름다운 여색을 좋아하는 것과 같이 하여야 하니, 이것을 자겸(自慊)이라 이른다. 그러므로 군자는 반드시 그 홀로를 삼가는 것이다."

72 나는……않았다 : 이는 《논어》 〈위정(爲政)〉에 보인다.

이는 선을 좋아하고 악을 미워함을 반드시 이와 같이 한 뒤에야 능히 스스로 만족하여 뜻이 성실해짐을 말한 것이니, 그 공부가 오로지 홀로를 삼감에 있는 것이다.

또 《대학》 정심·수신장(正心修身章)에 말하였다. "마음에 분치(忿懥)하는 바를 두면 그 바름을 얻지 못하며, 공구(恐懼)하는 바를 두면 그 바름을 얻지 못하며, 좋아하는 바를 두면 그 바름을 얻지 못하며, 우환(憂患)하는 바를 두면 그 바름을 얻지 못한다."

이 네 가지 '하는 바를 둠〔有所〕'은 모두 정(情)이 구애되는 바가 있음으로 말미암아 곧바로 마음이 바루어지지 않고 몸이 닦이지 않음에 이르는 것이다.

또 《대학》 수신·제가장(修身齊家章)에 말하였다. "사람은 친히 하고 사랑하는 바에 편벽되며, 천히 여기고 미워하는 바에 편벽되며, 두려워하고 존경하는 바에 편벽되며, 가엽게 여기고 불쌍히 여기는 바에 편벽되며, 오만하고 태만히 하는 바에 편벽된다. 그러므로 좋아하면서도 그의 나쁨을 알며 미워하면서도 그의 아름다움을 아는 자가 천하에 적은 것이다."

이 다섯 가지 '……에 편벽됨〔之……辟〕'은 모두 정이 편벽됨으로 말미암아 곧바로 몸이 닦이지 않고 집안이 가지런해지지 못함에 이르는 것이다. 그러므로 '좋아하면서도 그의 나쁨을 알며 미워하면서도 그의 아름다움을 아는 자가 적다'는 말씀과 '사람들이 자기 자식의 악함과 자기 벼 싹이 큼을 알지 못한다〔人莫知其子之惡, 莫知其苗之碩〕'는 속담으로 이 장을 끝마친 것이다.

또《대학》제가·치국장(齊家治國章)에 말하였다. "군주의 한 집안이 인(仁)하면 온 나라가 인을 흥기하고, 한 집안이 겸양하면 온 나라가 겸양을 흥기하고, 한 사람이 탐하고 어그러지면 온 나라가 난을 일으키니, 그 기틀이 이와 같다. 이것을 일러 '군주의 한마디 말이 일을 그르치며 군주 한 사람이 나라를 안정시킨다'고 하는 것이다."

이는 모두 군주 한 사람의 정이 바르고 바르지 못함에 온 나라의 다스려지고 혼란함이 말미암는 것이다.

또《대학》평천하장(平天下章)에 말하였다. "윗사람에게서 싫었던 것으로써 아랫사람을 부리지 말며, 아랫사람에게서 싫었던 것으로써 윗사람을 섬기지 말며, 앞사람에게서 싫었던 것으로써 뒷사람을 이끌지 말며, 뒷사람에게서 싫었던 것으로써 앞사람을 따르지 말며, 오른쪽 사람에게서 싫었던 것으로써 왼쪽 사람과 사귀지 말며, 왼쪽 사람에게서 싫었던 것으로써 오른쪽 사람과 사귀지 말 것이니, 이것을 일러 혈구(絜矩)의 도라고 한다."

또 평천하장에 말하였다. "백성들이 좋아하는 바를 좋아하며 백성들이 싫어하는 바를 싫어하는 것, 이것을 일러 백성의 부모라 한다."

또 평천하장에 말하였다. "오직 인인(仁人)이어야 남을 제대로 사랑하고 남을 제대로 미워한다."

또 평천하장에 말하였다. "사람들이 싫어하는 바를 좋아하며 사람들이 좋아하는 바를 싫어하는 것, 이것을 일러 사람의 성(性)을 거스른다고 하는 것이다. 〈이러한 자는〉 재앙이 반드시 그 몸에 미친다."

이는 모두 윗사람이 능히 그 정을 공정하게 한 뒤에 상하와 사방이 고르고 방정(方正)하여 천하가 균평해지니, 그렇지 않으면 재앙이 반드시 윗사람의 몸에 미칠 것이라는 말이다.

《중용》에 말하였다. "희노애락의 정이 발하지 않은 것을 중(中)이라 이르고 발하여 모두 절도에 맞는 것을 화(和)라 이르니, 중은 천하의 큰 근본이고 화는 천하의 공통된 도이다. 중과 화를 지극히 하면 천지가 제자리를 편안히 하고[73] 만물이 잘 길러진다."

이는 천지가 제자리를 편안히 하고 만물이 잘 길러지는 지극한 공이 또한 중과 화를 지극히 하는 것에서 벗어나지 않음을 말하였다. 사람에게 있는 정이 관계되는 바가 어찌 크지 않겠는가.

맹자가 말씀하였다. "무릇 나에게 있는 사단을 모두 확충(擴充)할 줄 알면 마치 불이 처음 타오르며 샘물이 처음 나오는 것과 같을 것이니, 만약 능히 이것을 채운다면 충분히 사해(四海)를 보호할 수 있고, 만일 채우지 못한다면 부모도 섬길 수 없을 것이다."[74]

이는 사단을 확충한 것과 못한 것의 득실이 하늘과 땅의 차이뿐만이 아니라는 말이다.

73 천지가……하고 : 일식과 월식, 별의 변고, 가뭄, 홍수, 지진 등의 천재지변이 없음을 이른다. 옛날에는 이러한 천재지변이 모두 군주가 정치를 잘못함으로 인하여 발생하는 것으로 인식하였다.

74 무릇……것이다 : 이는 《맹자》 〈공손추 상(公孫丑上)〉에 보인다.

내가 생각건대 정은 성(性)에서 발하여 성의 쓰임이 된 것이니, 그 조목은 희(喜)·노(怒)·애(哀)·락(樂)·애(愛)·오(惡)·욕(欲)의 일곱 가지이다. 이것이 성의 본연에 있을 때에는 진실로 불선한 적이 없으나, 발하여 정이 됨에 이르러서는 처음으로 바름과 바르지 못함의 차이가 없지 못하여 선과 악이 이에 나누어진다. 사람이 성인이나 광인(狂人)이 되는 것과 도를 잘하고 잘못함과 덕이 길하고 흉함과 몸이 화(禍)와 복(福)을 받음과 집안이 성공하고 실패함과 나라가 다스려지고 혼란함과 세상이 비색(否塞)하고 통태(通泰)함이 모두 이 정에서 나오는 것이다.

사람의 성정이 비록 우리의 마음속에 있다고 말하나 그 리는 다만 같은 족속과 무리와 서로 관련될 뿐만 아니라 심지어 천지와 만물과 우주와 고금과도 반드시 서로 통한다. 그러므로 예전의 사적(事跡)을 일일이 살펴보면 그 리가 분명하고 그 작용이 반드시 그러하니, 두려워하지 않을 수 있으며 경계하지 않을 수 있겠는가.

보통 사람의 마음은 지각이 발달하지 못해서 이 리를 연구하지 못하니, 모두 생각하기를 미천한 이 몸은 만민(萬民)의 위에서 나라의 사업을 책임지는 왕공대인(王公大人)과는 다른데, 한 번 함부로 기뻐하고 노여워하며 한 번 정욕을 부린다 한들 천지·귀신과 무슨 상관이 있겠느냐고 한다. 저들은 자신이 이미 천지 가운데 한 물건이 되었으면 비록 지극히 미천한 지위에 있더라도 자신이 자뢰(資賴)하여 태어난 것은 천지의 기이고 의뢰하여 자신을 보전한 것은 천지의 리임을 알지 못한 것이다.

그리하여 자신이 자뢰한 기에 스스로 어긋나고 자신을 보전하는 리를 스스로 거슬러서, 정을 스스로 제어하지 못하여 천지가 덮어 주고 실어 주는 사이에서 제멋대로 행동하면 요행으로 화를 면할 수 있는 자가 열에 한둘도 못 되는 것이다. 비록 그 재앙과 실패가 왕공대인처럼 상실함이 지극히 크고 실패함이 막심하지는 않지만 천지와 귀신과 고금의 시대와 명교(名教)에 죄를 얻는 것은 윗자리에 있는 자와 똑같이 참혹하지 않은 적이 없다.

다만 그 지위가 미천하여 여러 사람의 귀와 눈에 널리 미치지 못할 뿐이니, 그 리에 어찌 크고 작으며 귀하고 천한 차이가 있겠는가. 보통 사람도 이와 같은데 하물며 윗자리에 있는 자의 화와 복에 있어서랴. 이는 모두 마음에서 발하는 정이 기틀이 된 것이다.

그렇다면 이른바 정의 바름과 바르지 못함을 무엇으로 살피는가. 정의 조목이 일곱 가지가 있으나 그 기틀의 작용은 똑같지 않음이 없다. 정이 처음 발할 적에 마땅히 발해야 하면 반드시 발하는 것은 바름이고, 마땅히 발해야 하는데 발하지 않는 것과 마땅히 발하지 말아야 하는데 발하는 것은 바르지 못함이다. 막 발하는 즈음에 마땅히 가볍게 해야 하면 가볍게 하고 마땅히 중하게 해야 하면 중하게 하는 것은 바름이고, 마땅히 가볍게 해야 하는데 중하게 하고 마땅히 중하게 해야 하는데 가볍게 하는 것은 바르지 못함이다. 정이 이미 발한 뒤에 마음이 마치 밝은 거울이 물건을 비춘 뒤에 절로 멈추어 있고 비어 있음과 같은 것은 바름이고, 혹 마음속에 남아 있어서 스스로 떨쳐 버리지 못하는 것은 바르지 못함이다. 능히 바른 효험과 바루지 못한 징험은 모두 이 리의 필연적인 것이어서 우리 인간이 힘써야 할 바를 알 수 있고 경계할 바를 알 수 있는 것이다.

힘쓰지 않을 수 있겠는가! 정이 이미 바루어지면 마음이 화(和)하고 기가 화하고 형체가 화하여 가향(家鄉)과 나라에서 모두 기뻐하고, 천지와 귀신이 모두 순할 것이니, 그 복경(福慶)이 어떠한가.

경계하지 않을 수 있겠는가! 정이 바르지 못하면 마음이 부끄럽고 기가 굶주리고 형체가 위축되어서 가향과 나라에서 모두 원망하고 천지와 귀신이 모두 노여워할 것이니, 그 화가 어떠한가. 그렇다면 이 정의 바르고 바르지 못함이 관계되는 바가 어떠한가.

7.1.2.5 도의 요지는 중이다 道惟中

요임금이 순임금에게 선양(禪讓)할 적에 말씀하였다. "진실로 그 중(中)을 잡아라."[75]

이는 대요(大堯)가 이 도를 대순(大舜)에게 전수해 주신 것이다.

순임금이 우왕(禹王)에게 선양할 적에 공부를 하는 요점을 덧붙여 말씀하였다. "인심은 위태롭고 도심은 은미하니, 정하게 살피고 한결같이 하여야 진실로 그 중을 잡을 것이다.〔人心惟危, 道心惟微, 惟精惟一, 允執厥中.〕"[76]

이는 대순이 또다시 이 도를 대우(大禹)에게 전수해 주신 것이다.

75 요임금이……잡아라 : 《논어》 〈요왈(堯曰)〉에 "요임금이 말씀하였다. '아! 너 순아, 하늘의 역수가 너의 몸에 있으니, 진실로 그 중을 잡아라. 사해가 곤궁하면 하늘의 녹이 영원히 끊길 것이다.' 순임금 또한 이 말씀으로써 우왕에게 명하셨다.〔堯曰: '咨! 爾舜! 天之曆數在爾躬, 允執其中. 四海困窮, 天祿永終.' 舜亦以命禹.〕"라고 보인다.

76 인심(人心)은……것이다 : 이는 《서경》 〈대우모(大禹謨)〉에 나오는데, 주자는 '惟精惟一'에 대하여 "정(精)은 인심과 도심 사이를 살펴 섞이지 않게 하는 것이고 일(一)은 본심의 올바름을 지켜 떠나지 않게 하는 것이다."라고 하였다. 《中庸章句 序》 장현광은 인심·도심에 대하여, 주자의 말씀에 의하면 형기(形氣)에서 나온 것은 인심이고 성명(性命)에서 근원한 것은 도심이라 하고, 이를 해설하여 "한 근본으로써 말하면 도심 또한 인심이며 인심 또한 도심인 것이다. 사람은 도를 떠나지 않고 도는 항상 사람에게 있으니, 과연 이것을 둘이라고 할 수 있겠는가. 사람이 도를 떠나서 도가 사람에게 있지 않음에 이른 뒤에야 이것을 나누어 사(私)로 지목하여 인심이라 하고, 정리(正理)로 지목하여 도심이라 한 것이다."라고 하였다. 《旅軒集 卷6 人心道心說》

탕왕(湯王)은 백성들에게 중을 세우셨다.[77]

이는 성탕(成湯)이 대우의 도를 전승한 것이다.

문왕(文王)은 순수함이 또한 그치지 않으시며,[78] 계속하여 밝혀서 공경하여 그치셨다.[79]

이 문왕이 순수한 것은 바로 중을 잡는 덕이고, 공경하지 않음이 없었던 것은 바로 중을 쓰는 도이다.

무왕(武王)은 황극(皇極)으로써 극(極)을 세우셨다.[80]

이 무왕이 세우신 극도 성인과 성인이 서로 전승한 도인데, '그 중(中)'에서 벗어나지 않는다.

주공(周公)은 삼왕(三王)을 겸할 것을 생각하셨다.[81]

77 백성들에게 중을 세우셨다 : 이는 신하인 중훼(仲虺)가 탕왕에게 아뢴 것으로《서경》〈중훼지고(仲虺之誥)〉에 보인다.

78 순수함이……않으시며 : 이는《중용장구》26장에 보이는데, 주자는 지성무식(至誠無息)의 뜻이라 하고, '순수함〔純〕'은 순일(純一)하고 잡되지 않은 것이라 하였다.

79 계속하여……그치셨다 : 이는《시경》〈대아(大雅) 문왕(文王)〉의 구절로《대학장구》전(傳) 3장에 인용되어 있는데, 주자는 '공경하여 그침〔敬止〕'은 "공경하지 않음이 없어서 그치는 바에 편안함을 말한다."라고 하였다.

80 황극(皇極)으로써 극(極)을 세우셨다 : 이는《서경》〈홍범(洪範)〉에 보인다. 채침(蔡沈)은 황(皇)은 군주이고 극(極)은 지극과 표준의 뜻으로, 군주가 인륜을 지극히 하여 백성들의 표준이 되는 것이라 하였다.《書經集傳》

81 주공(周公)은……생각하셨다 : 위의 각주 42) 참조. 삼왕은 하(夏)의 우왕(禹王), 상(商)의 탕왕(湯王), 주(周)의 문왕(文王)·무왕(武王)을 가리킨다.

이 주공이 겸할 것을 생각하신 것은 바로 삼왕의 도였으니, '그 중' 외에 어찌 다른 도가 있겠는가.

공자는 중용을 따르시어 세상에 은둔하여 인정을 받지 못해도 후회하지 않으셨다.[82]

또 공자께서 말씀하였다. "도가 행해지지 못하는 이유를 내가 알았으니, 지혜로운 자는 지나치고 어리석은 자는 미치지 못하기 때문이다. 도가 밝아지지 못하는 이유를 내가 알았으니, 어진 자는 지나치고 어질지 못한 자는 미치지 못하기 때문이다."[83]

이는 공자께서 요·순을 조종(祖宗)으로 삼아 전술(傳述)하시고 문왕·무왕을 본받으시며 위로는 천시(天時)를 따르시고 아래로는 수토(水土)를 인하신 도이다. 안자(顏子)·증자(曾子)·자사(子思)·맹자(孟子)와 같은 분은 한결같이 공자를 종주로 삼으셨으니, 그렇다면 그 따른 바가 중용의 도 아님이 없는 것이다.

내가 생각건대 도라는 것은 바로 일상생활에 항상 행하는 것이어서 잠시도 떠날 수 없는 것을 이른다. 한결같이 자연의 리를 따를 뿐이어서, 마음은 화평하고 몸은 편안하며, 말함에 법도에 맞고 행동함에 법칙에 맞으며, 동함에 마땅하고 고요함에 마땅하며, 나에게 마

82 공자는……않으셨다 : 이는 《중용장구》 11장에 공자의 말씀으로 "군자는 중용을 따라 세상에 은둔하여 인정을 받지 못해도 후회하지 않나니, 오직 성자(聖者)만이 이에 능하다."라고 한 것인데, 장현광은 이에 대하여 "능한 자가 공자가 아니고 누구이겠는가."라고 하였다. 《旅軒續集 卷4 記夢》

83 도가 행해지지……때문이다 : 이는 《중용장구》 4장에 보인다.

땅하고 남에게 마땅하다. 큰 일에도 마땅하고 작은 일에도 마땅할 수 있으며, 멀리해야 하면 멀리하고 가까이해야 하면 가까이하며, 곤궁하면 홀로 자기 몸을 선하게 하고 영달하면 천하를 겸하게 선하게 할 수 있다. 부자(父子)에 행하면 부자가 친하고, 군신(君臣)에 행하면 군신이 의롭고, 부부에 행하면 부부에 분별이 있고, 장유(長幼)에 행하면 장유에 질서가 있고, 붕우에 행하면 붕우가 신실하게 되어, 집안에서 행할 수 있고 나라에서 행할 수 있고 천하에서 행할 수 있다. 이를 삼왕(三王)에게 상고해도 틀리지 않고, 천지에 세워도 어그러지지 않고, 귀신에게 질정하여도 의심이 없고, 백세(百世) 뒤에 성인이 다시 나오기를 기다려도 의혹이 없으니,[84] 그런 뒤에 이것을 도라고 할 수 있는 것이다.

만일 한 번이라도 방해되는 바가 있고 한 번이라도 해로운 바가 있으며 한 번이라도 두루 미치지 못하는 바가 있고 한 번이라도 이어지지 못하는 바가 있다면 도라고 말할 수 없으니, 어찌 잠시도 떠날 수 없는 도라고 하겠는가. 그렇다면 이른바 중이 아니니, 이로써 천지를 다하고 고금에 통하고 만사와 만물을 순조롭게 할 수 있겠는가.

중은 형체가 있는 물건으로 말한 것이니, 상하와 사방으로부터 거리가 균등하고 가지런하여 차이가 없는 곳이다. 모든 물건이 왼쪽에 치우치면 오른쪽으로부터 멀고, 오른쪽에 치우치면 왼쪽으로부

84 삼왕(三王)에게……없으니 : 이는 《중용장구》 29장에서 인용한 것이다. 《중용》의 원문에서는 이 앞에 '군자의 도는 자기 몸에 근본하여 여러 백성들에게 징험하며,〔君子之道, 本諸身, 徵諸庶民,〕'라고 하였는데, 이는 여기의 앞에서 "마음은 화평하고……천하에서 행할 수 있다."라고 한 내용에 해당한다고 볼 수 있을 듯하다. 또 《중용》에 "귀신에게 질정하여도 의심이 없음은 하늘을 아는 것이요, 백세 뒤에 성인이 다시 나오기를 기다려도 의혹이 없음은 사람을 아는 것이다."라고 하였다.

터 멀고, 앞에 치우치면 뒤로부터 멀고, 뒤에 치우치면 앞으로부터 멀며, 위아래에 있어서도 그러하므로 오직 중에서만 치우침이 없는 것이다. 이 때문에 반드시 이 중으로써 일상생활에 항상 행하는 도를 말한 것이니, 편벽되지 않고 기울지 않고 지나침과 불급(不及)이 없는 것이 이것이다.

리로써 말하면 일정하여 바꿀 수 없고, 의(義)로써 말하면 당연하여 어길 수 없고, 덕으로써 말하면 지극히 선하여 흠이 없고, 마음으로써 말하면 매우 합당하여 유감이 없고, 일로써 말하면 십분 옳은 것이다.

하늘은 이 중을 도로 삼기 때문에 그 모든 것을 덮어 주는 것이 위에서 굳세고 심원하여 그치지 않아서 만고(萬古)가 하루와 같으며, 땅은 이 중을 도로 삼기 때문에 그 모든 것을 실어 주는 것이 아래에서 순하여 조금도 변동하지 않아서 만고가 하루와 같은 것이다.

삼황(三皇)·오제(五帝)·삼왕이 되신 옛 성인도 모두 이 중을 도로 삼으셨기 때문에 그 도가 만물을 발육하고 높음이 하늘에 이르렀으며 그 교화와 은택이 만세를 지나도 무궁한 것이다. 이는 이 도의 중이 지극한 것이 아니겠는가.

하늘은 위에서 이 중을 도로 삼고 땅은 아래에서 이 중을 도로 삼으며, 성인은 위에서 군주로서 이 중을 도로 삼고 아래에서 신하로서 이 중을 도로 삼아서, 상하와 존비를 막론하고 모두 중을 도로 삼는 것은, 또 어찌 중은 일정한 격식〔體〕이 없어서 자리에 따라 중이 있고, 때에 따라 중이 있고, 일에 따라 중이 있고, 물건에 따라 중이 있기 때문이 아니겠는가.

진실로 중은 리가 표준으로 삼는 것이기 때문에 리가 없는 때가 없고, 리가 없는 곳이 없고, 리가 없는 일이 없고, 리가 없는 물건이 없으니, 리가 어떤 경우이든 중이 되지 않겠는가.

그런데 하늘과 땅과 성인은 지극히 성실하고 거짓이 없으며 지극히 순수하고 잡됨이 없기 때문에 그 도가 자연 이 중을 떠나지 않아서 만고에 하늘이 되고, 만고에 땅이 되고, 성인 또한 만고에 스승이 되신 것이다. 사람은 모두 성인일 수 없으니, 태어나는 초기에는 똑같지 않은 기품(氣稟)에 구애되고, 태어난 뒤에는 외물에 따라 감동하는 물욕에 가리어져서, 행하는 도가 중에서 멀어지지 않을 수 없다. 이 때문에 학문에 학술〔術〕이 있고, 교화에 방법〔法〕이 있는 것이다.

중의 리는 반드시 강명(講明)한 뒤에 택할 수 있고, 중의 도는 반드시 체행한 뒤에 잡을 수 있으니, 순임금과 우왕의 유정(惟精)·유일(惟一)과 《대학》의 격물(格物)·치지(致知)·성의(誠意)·정심(正心)[85]과 공자 문하의 박문(博文)·약례(約禮)[86]가 그 학술과 방법[87]이 아니겠는가. 상고(上古) 시대에 '사사로운 지식을 쓰지 아니하여 상제(上帝)의 법칙을 순종한 것'[88]과 삼대(三代) 시대에 '그

85 유정(惟精)……정심(正心) : 장현광은 "격물·치지는 곧 유정(惟精)이고, 성의·정심은 곧 유일(惟一)이며, 수신·제가·치국·평천하는 곧 집중(執中)이다."라고 하였다.《旅軒集 卷6 人心道心說》

86 박문(博文) 약례(約禮) : 박문은 문(文)을 널리 배우는 것이고 약례는 예로 요약하는 것으로,《논어》〈옹야(雍也)〉의 '博學於文, 約之以禮'에서 나온 것이다. '예로 요약함'이란 '〈옹야〉의 주자 주에 의하면 '지킴을 요약하고자 하므로 그 행동을 반드시 예로써 하는 것'이지만,《논어》〈자한(子罕)〉의 '約我以禮'의 경우와 같이 '예로써 행실을 단속함'의 뜻으로 보기도 한다.

87 학술과 방법 : 유정·격물·치지·박문은 중의 리를 강명하는 지공부(知工夫)이고 유일·성의·정심·약례는 중의 도를 체행하는 행공부(行工夫)이므로 각각 학문의 학술과 교화의 방법으로 나누어 말한 듯하다.

88 사사로운……것 : 이는《열자(列子)》〈중니(仲尼)〉에 요임금을 찬미하는 동요로 "우리 백성을 풍족하게 하여 모두 그 극(중정(中正)의 준칙)을 얻게 하니, 사사로운

극(極)에 모여 그 극에 돌아온 것[89]은 모두 이 교화와 학문의 방법과 학술이다. 그러므로 지금 구경(九經)[90]에 실려 있는 것이 모두 성현이 중을 택하고 중을 쓴 도인데, 그 말씀이 자사(子思)의 《중용》에 가장 자세히 갖추어져 있다.[91]

지식을 쓰지 아니하여 상제의 법칙을 순종하네.〔立我烝民, 莫匪爾極. 不識不知, 順帝之則.〕"라고 한 것을 인용한 것이다. 이 내용은 《십팔사략(十八史略)》에도 인용되었는데, 그 주에 극(極)은 요임금의 지극한 덕으로, 제(帝)는 요임금으로 풀이하지만 여기의 문맥에는 맞지 않다. 《열자》의 장담(張湛)의 주에 '帝之則'을 하늘의 도라 한 것은 자연의 도의 의미인데, 여기서는 중의 도의 뜻이라 할 수 있을 듯하다. 원문 '不識不知, 順帝之則'은 《시경》 〈대아 황의(皇矣)〉의 구절이기도 하지만 〈황의〉는 문왕의 덕을 칭송한 것이므로 삼대(三代)에 해당한다.

89 그 극(極)에……것 : 이는 《서경》 〈홍범(洪範)〉에서 황극(皇極)에 대하여 말한 부분에 "편벽됨이 없고 기울이 없어 왕의 의(義)를 따르며, 뜻에 사사로이 좋아함을 일으키지 말아 왕의 도를 따르며, 뜻에 사사로이 미워함을 일으키지 말아 왕의 길을 따르라. 편벽됨이 없고 편당함이 없으면 왕의 도가 탕탕(蕩蕩)하며, 편당함이 없고 편벽됨이 없으면 왕의 도가 평평(平平)하며, 상도(常道)에 위배됨이 없고 기울이 없으면 왕의 도가 정직할 것이니, 그 극에 모여 그 극에 돌아올 것이다.〔無偏無陂, 遵王之義; 無有作好, 遵王之道; 無有作惡, 遵王之路. 無偏無黨, 王道蕩蕩; 無黨無偏, 王道平平; 無反無側, 王道正直, 會其有極, 歸其有極.〕"라고 보이는데, 채침(蔡沈)의 주에 '의를 따름'·'도를 따름'·'길을 따름'은 '그 극에 모임'이고 탕탕·평평·정직은 '그 극에 돌아옴'이라 하였다. 《書經集傳》

90 구경(九經) : 유가(儒家)의 아홉 가지 경서(經書)로 여러 설이 있는데, 일설에 삼경(三經), 삼례(三禮), 삼전(三傳)의 《시경》, 《서경》, 《역경》, 《주례(周禮)》, 《의례(儀禮)》, 《예기(禮記)》, 《좌전(左傳)》, 《공양전(公羊傳)》, 《곡량전(穀梁傳)》을 말한다.

91 중을 택하고……있다 : 문맥상 유정·유일도 '중을 택하고 중을 쓴 것〔擇中用中〕'라 할 수 있고, 장현광은 〈인심도심설〉에서 《중용》의 '선을 택하고 굳게 잡음〔擇善固執〕'이 바로 유정·유일의 법이라고 하였는바, 《중용》의 '擇善'도 '擇中'이라 할 수 있을 듯하다. 《중용》에 "성실히 하려고 하는 자는 선을 택하여 굳게 잡는 자이다.〔誠之者, 擇善而固執之者也.〕"라고 하여, 성실히 하려고 함에 말한 것이 자세하다. 또 《중용》의 '은벽(隱僻)한 것을 찾고 괴이한 것을 행함〔素隱行怪〕'에 대하여 주자의 주에 "이는

공자가 말씀하시기를 "중용은 지극할 것이다. 사람들이 능한 이가 적은 지 오래되었다." 하셨으니, 하물며 세월이 더 지난 후세에 있어서랴. 도는 한 근본일 뿐이고, 그 근본은 바로 무극이면서 태극인 리이다. 시초에 어찌 이설(異說)이 있었겠는가. 다만 교화가 밝지 못하고 학문을 힘쓰지 않은 뒤에 도가 그 중을 잃어서, 낮은 자는 모두 미치지 못하는 병폐가 있고, 높은 자는 또 반드시 지나치는 병폐가 있게 되었다. 이것이 바로 이른바 이단(異端)이 나와서 이 도가 어두워지고 행해지지 않음이 지극하였다는 것이다.

이단을 주장한 자가 어찌 리 밖에 있는 사람이겠는가. 이 중을 잃어서 털끝만 한 차이로 말미암아 천 리나 어긋나게 된 것이다. 예컨대 인(仁)이 그 중을 잃어 모든 사람을 똑같이 사랑하는 묵적(墨翟)이 되고, 의(義)가 그 중을 잃어 자신만을 위하는 양주(楊朱)가 된 것과[92] 선가(禪家)에서 심성과 도덕을 논한 것이 모두 이 중을

지(知)가 지나쳐서 선을 택하지 못하고 행(行)이 지나쳐서 그 중을 쓰지 못하는 것이다."라고 한 것도 관련된 내용이다. 직접 擇中과 用中이라 말한 것은 "안회(顏回)의 사람됨이 중용을 택하여 한 선을 얻으면 잘 받들어 가슴속에 두어 잃지 않는다.〔回之爲人也, 擇乎中庸, 得一善, 則拳拳服膺而弗失之矣.〕"라고 한 것과 "순임금은 큰 지혜이실 것이다. 순임금은 묻기를 좋아하시고 천근한 말씀을 살피기 좋아하시되, 악을 숨겨주고 선을 드러내시며 두 끝을 잡으시어 그 중을 백성에게 쓰시니, 이 때문에 순임금이 되신 것이다.〔舜其大知也與. 舜好問而好察邇言, 隱惡而揚善, 執其兩端, 用其中於民, 其斯以爲舜乎.〕"라고 한 것 등이 보인다. 참고로 율곡(栗谷)은 "선유가 말하기를, '중의 체는 알기 어려우며, 선의 실마리는 확충하기 쉽다.'라고 하였습니다. 그러므로 《중용》에는 하학(下學)의 공부를 논하면서 반드시 선을 택한다고 하고 중을 택한다고 하지 않았으며, 반드시 선을 밝힌다고 하고 중을 밝힌다고는 하지 않았으니, 어찌 중의 체가 알기 어렵다고 여긴 것이 아니겠습니까."라고 하였다. 《栗谷全書 卷9 答成浩原》

92 인(仁)이……것과 : 양주와 묵적은 중국 전국시대의 학자들로, 《맹자》 〈등문공하(滕文公下)〉에 "양주는 자신만을 위하니 이는 군주가 없는 것이요, 묵적은 똑같이 사랑하니 이는 아버지가 없는 것이다.〔楊氏爲我, 是無君也. 墨氏兼愛, 是無父也.〕"라고

잃은 것이다. 그렇다면 한 문공(韓文公)의 이른바 '선왕의 도를 밝혀 인도한다'는 것이[93] 과연 거의 가(可)할 것이다.

7.1.2.6 덕의 요지는 공경이다 德惟敬

덕이 사람에 있어서 참으로 중대하다. 덕은 마음이 의거(依據)하는 바이고 몸이 머무는 바이며, 리가 모인 바이고 도가 응집한 바이다.[94]

하였다. 정명도(程明道)는 "양주는 자신을 위하니 의와 비슷하고, 묵적은 똑같이 사랑하니 인과 비슷하다.〔楊氏爲我, 疑於義; 墨氏兼愛, 疑於仁.〕"라고 하였는데, 모성래(茅星來)의 주에 "의는 분변의 뜻이 있으니 자신을 위함이 이와 비슷하고, 인에는 일체(一體)의 뜻이 있으니 똑같이 사랑함이 이와 비슷하다.〔義有分辨意, 爲我似之; 仁有一體意, 兼愛似之.〕"라고 하였다.《近思錄集註 卷13》 주자는 "양주는 배워서 의를 하려고 한 자인데 자기만을 위하는 것에 치우쳤고, 묵적은 배워서 인을 하려고 한 자인데 똑같이 사랑하는 것에 흘러갔다. 그 마음가짐을 따져 보면 어찌 사악함이 있었겠는가. 모두 선이라 여기고 하였을 뿐이다. 다만 본원(本原)의 즈음에서 털끝만 한 오차가 미세하게 있었을 뿐이다.〔楊朱, 學爲義者也, 而偏於爲我; 墨翟, 學爲仁者也, 而流於兼愛. 本其設心, 豈有邪哉? 皆以善而爲之耳. 特於本原之際, 微有毫釐之差.〕"라고 하였다.《晦庵集 卷30 答汪尙書》

93 한 문공(韓文公)의……것이 : 문공은 당(唐)나라의 학자인 한유(韓愈)의 시호이다. 이 내용은 〈원도(原道)〉에 "노불(老佛)을 막지 않으면 우리의 도가 유행하지 못하고, 노불을 저지하지 않으면 우리의 도가 행해지지 못하니, 도사와 승려들을 평민으로 만들고 노불에 관한 책을 불태우고 그들이 거처하는 사원(寺院)을 평민의 집으로 만들고서 선왕의 도를 밝혀 그들을 인도한다면, 홀아비와 과부, 고아와 독신자, 폐질이 있는 자들이 봉양을 받게 될 것이니, 이렇게 하면 또한 거의 가할 것이다.〔不塞不流, 不止不行. 人其人, 火其書, 廬其居, 明先王之道以道之, 鰥寡孤獨廢疾者有養也, 其亦庶乎其可也.〕"라고 보인다.《古文眞寶 後集 卷2 原道》

94 리가……바이다 : 장현광은《여헌속집》〈만학요회〉에서 '德惟敬'에 대하여 "도를 응집한 것을 덕이라 하고 표리(表裏)가 한결같이 바름을 경이라 한다.〔凝道之謂德, 表裏一於正之謂敬.〕"라고 하였고,《여헌집》권2 〈병불취소소(病不就召疏)〉에서 "경은 도리를 응집하고 만선(萬善)을 모아서 온갖 복을 잉태하는 지극한 덕이다.〔敬者,

마음은 일정한 형체가 없으니 덕이 아니면 무엇에 의거하여 지키겠는가. 몸은 일정한 자리가 없으니 덕이 아니면 어디에 머물러 있겠는가. 덕이 아닌 것에 의거하면 마음이 올바른 마음이 될 수 없고, 덕이 아닌 것에 머물면 몸이 올바른 몸이 될 수 없다.

리는 본래 다함이 없으니 반드시 모인 뒤에야 마음으로 능히 통할 수 있고, 도는 본래 무궁하니 반드시 응집한 뒤에야 몸으로 능히 완전히 할 수 있는 것이다.[95] 이야말로 우리 인간이 숭상할 바가 덕인 것이 아니겠는가.

경(敬)이 덕에 있어서 참으로 주장이 된다. 경은 마음을 잡아 지키고 몸을 검속하는 중요한 법이고, 리를 밝히고 도에 나아가는 큰 근본이다. 마음을 모름지기 잡아 지킨 뒤에 마음의 리를 비로소 알게 되어 이로부터 일리(一理)가 모든 것의 근원이 됨과 만수(萬殊)의 쓰임이

凝道理, 聚萬善, 基百福之至德也.〕"라고 하였다. 《중용》에 "만일 지극한 덕이 아니면 지극한 도가 응집되지 않는다.〔苟不至德, 至道不凝焉.〕"라고 보이는데, 장현광의 말이 《중용》의 글과 같은 맥락은 아니지만 근거한 바가 있는 듯하다. 남헌(南軒) 장식(張栻)이 "덕으로 도를 응집한다.〔德以凝道.〕" 한 것에 대하여 이상정(李象靖)은 "도는 사물 공공의 리이고 덕은 이 도를 행하여 마음에 얻어지는 것이다. 몸소 실천하며 진정으로 쌓고 오래도록 힘써 얻은 것이 있게 되면 공공의 리가 나에게 쌓여 응집될 것이다."라고 하였는데, 장현광의 말과 비슷한 뜻인 듯하다. 《心經附註 卷1》, 《大山集 卷31 答金子河》

95 리는……것이다 : '다함이 없으니'의 원문은 무극(無極)인데, 〈태극설〉 3.1.1.32절에 무극은 형상이 없다는 뜻과 다함이 없다는 뜻이 있다고 하였다. 《춘추좌전》 희공(僖公) 33년 조에 "공경은 덕이 모인 것이다.〔敬, 德之聚也.〕" 한 것에 대한 명(明)나라 학자 설선(薛瑄)의 설명이 장현광의 논리와 유사한 점이 있으니 다음과 같다. "오묘한 도가 변화막측하여 일정한 바가 없는데, 오직 공경하면 능히 이 리를 응집하여 항상 있게 한다. 예컨대 마음을 공경하면 능히 덕을 응집하여 마음에 있게 하고, 용모를 공경하면 능히 덕을 응집하여 용모에 있게 한다.〔道妙莫測, 靡有攸定, 惟敬則能凝聚得此理常在. 如心敬則能凝聚得德在心上, 貌敬則能凝聚得德在貌上.〕" 《栗谷全書 卷21 聖學輯要3》

지극함을 밝힐 수 있으며, 몸을 모름지기 검속한 뒤에 몸의 도가 비로소 실행되어 온갖 선이 이에 모이고 온갖 행실이 모두 갖추어져 성인의 도에 나아갈 수 있는 것이다.

이는 사람이 사람이 된 이유는 오직 덕에 있고, 덕이 덕이 됨은 오직 경에 달려 있는 것이다. 공경하지 않고서 능히 덕을 지니는 것은 그럴 리가 없고 그런 방도가 없다. 경은 밖으로부터 만들어 오는 것이 아니며 스스로 마음으로 리를 알고 몸으로 도를 체행하는 강령이니, 실로 사람의 참된 본성이다.[96]

공경하여 진작(振作)하는 뜻이 있는 것은 바로 인(仁)이고, 신중하고 세밀한 뜻이 있는 것은 바로 예(禮)이고, 엄하게 검속하는 뜻이 있는 것은 바로 의(義)이고, 밝고 통달하는 뜻이 있는 것은 바로 지(智)이고, 완전하고 견실한 뜻이 있는 것은 바로 신(信)이다.[97] 그렇다면 오상(五常)의 덕이 모두 이 경의 가운데에 있는 것이다.

희(喜)・노(怒)・애(哀)・락(樂)・애(愛)・오(惡)・욕(欲)이 발한 정(情)에 있어서도 경이 한 마음의 주재(主宰)가 되므로, 기뻐해야 할 적에 반드시 기뻐하고, 노여워해야 할 적에 반드시 노여워하고,

96 경은……본성이다 : 《여헌속집》 〈만학요회〉에는 "경은 비록 우리 인간이 스스로 행한 뒤에야 될 수 있는 것이나 실제는 리에 원래부터 저절로 있는 것이다. 참되어 망령됨이 없고 바루어 간사함이 없고 한결같아 이랬다저랬다 하지 않고 항상 있으면서 변하지 않는 것이 이 리가 아니겠는가. 경은 스스로 이 리를 보존하는 것일 뿐이요 별도로 딴 일이 있는 것이 아니다."라고 하였다.

97 공경하여……신(信)이다 : 《여헌속집》 〈만학요회〉에 경의 공효를 말하여 "광대(光大)하고 관화(寬和)하여 생의(生意)가 활발하여 인(仁)의 덕이 확립되며, 안의 마음이 이미 정직해지고 밖의 일이 저절로 방정하여 의(義)의 덕이 확립되며, 거두고 억제하고 공경하고 두려워하며 겸손하고 공손하여 예(禮)의 덕이 확립되며, 청명(淸明)하고 통철(洞徹)하여 은미한 것을 밝게 비추어 지(智)의 덕이 확립되며, 하나를 주장하여 딴 데로 가지 않고 시종 간격이 없어 신(信)의 덕이 확립된다."라고 하였다.

슬퍼해야 할 적에 반드시 슬퍼하고, 즐거워해야 할 적에 반드시 즐거워하고, 사랑해야 할 적에 반드시 사랑하고, 미워해야 할 적에 반드시 미워하고, 하고자 해야 할 적에 반드시 하고자 한다. 또 발하는 정을 함부로 하지 못하게 하여 모두 절도에 맞게 하니, 칠정(七情)의 덕이 모두 이 경에 말미암아 나오는 것이다. 경을 '덕이 모인 것'[98]이라 하고 '복의 기반'[99]이라고 한 것은 이 때문이 아니겠는가.

하나의 경[100]이 중심에 있어서 좌우에서 근원을 만나지 않음이 없으면[101] 보고 듣고 말하고 동함을 예로써 하며, 방향을 돌고 꺾는 동작이

98 덕이 모인 것 : 춘추 시대 진(晉)나라의 극결(郤缺)이 밭에서 김을 매면서 그 아내와 서로 공경하였는데, 대부 구계(臼季)가 이를 보고 문공(文公)에게 극결을 천거하면서 "공경은 덕이 모인 것이니, 능히 공경한다면 반드시 덕이 있을 것입니다."라고 하였다. 《春秋左傳 僖公 33年》

99 복의 기반 : 《국어(國語)》 〈진어(晉語)6〉에 진(晉)나라가 언릉(鄢陵)의 전투에서 초(楚)나라를 물리치자 대부 범문자(范文子 사섭(士燮))가 경계하는 말을 군주에게 진언하여 "무릇 덕은 복의 기반입니다. 덕이 없는데 복이 융성한 것은 기반이 없이 두터운 담을 세운 것과 같으니, 무너질 날이 머지않을 것입니다.〔夫德, 福之基也. 無德而福隆, 猶無基而厚墉也, 其壞也, 無日矣.〕"라고 하였다. 《국어》와 달리 여기서는 경이 복의 기반이라 한 것이다.

100 하나의 경 : 경(敬)은 공부의 요점이고 공부의 전체를 관통하기 때문에 '하나의 경〔一敬〕' 또는 '한 글자의 경'이라는 표현을 쓰는 경우가 있다. 예컨대 《맹자집주대전》 〈고자 상(告子上)〉의 소주에 "하나의 경이 천 가지의 간사함을 대적할 수 있다.〔一敬足以敵千邪.〕"라 하고, 《심경부주(心經附註)》의 서(序)에 "〈주자가〉 '경은 성학(聖學)의 시종(始終)의 요점이다.' 하였으니, 이 《심경》에서 가르친 것은 경 한 글자에서 벗어나지 않는다."라고 하였다.

101 좌우에서……없으면 : '좌우에서 근원을 만남〔左右逢原〕'은 자득하여 일상의 가까운 모든 것에서 학문의 근본을 알게 되고 모든 일이 순조롭다는 뜻이다. 《맹자》 〈이루 하(離婁下)〉에 "군자가 깊이 나아가기를 방도로써 함은 자득하고자 해서이니, 자득하면 거함에 편안하고, 거함에 편안하면 이용함이 깊고, 이용함이 깊으면 좌우에서 취하여 씀에 그 근원을 만나게 된다.〔君子深造之以道, 欲其自得之也. 自得之則居之安, 居之安則資之深, 資之深則取之左右, 逢其原.〕"라고 하였다. 주자의 주에 "조(造)는 나아감

그림쇠와 곱자에 맞으며, 온갖 간사함이 범하지 못하고 온갖 유혹이 모두 물러가는 것이 기약하지 않아도 저절로 그렇게 되니, 경이 오래되면 성실해지는 것이다. 《중용》에 "성실하면 나타나고, 나타나면 더욱 드러나고, 더욱 드러나면 밝아지고, 밝아지면 감동시키고, 감동시키면 변하고, 변하면 화(化)할 수 있으니, 오직 천하에 지극히 성실한 분이어야 능히 화할 수 있다."라고 하였으니, 이는 지극히 성실한 교화가 경에서 말미암는 것이다.

또 《중용》에 "나아가 신명(神明)을 감동시킬 적에 말이 없어 이에 다투는 이가 있지 않다."라는 시를 인용하고 말하기를 "이 때문에 군자는 상을 주지 않아도 백성들이 권면하며 노하지 않아도 백성들이 작도와 도끼보다 더 두려워하는 것이다." 하였으니, 이는 백성들이 권면하고 백성들이 두려워하는 것도 경에서 말미암는 것이다.

또 《중용》에 "드러나지 않는 덕을 여러 제후들이 본받는다."라는 시를 인용하고 말하기를 "이 때문에 군자는 공손함을 돈독히 함에 천하가 균평해진다." 하였으니, 이는 천하가 균평해지는 성대함도 경에서 말미암는 것이다.

그러므로 예로부터 성현이 성인이 되고 현인이 된 덕은 모두 경으로써 이룬 것이다. 요임금이 '공경하고 밝으며 진실로 공손한 것〔欽明允恭〕'과 순임금이 '깊고 지혜로우며 온화하고 공손한 것〔濬哲溫恭〕'과[102] 우왕이 '정밀하게 살피고 한결같이 한 것〔惟精惟一〕'과 탕왕의 '성스러움과 공경이 날로 올라감〔聖敬日躋〕'[103]과 문왕이 '계속하고 밝혀서 공

이니, 깊이 나아간다는 것은 나아가고 그치지 않는 뜻이다." 하였으니, 여기서는 경을 그치지 않고 오래 하여 자득함을 말한 듯하다.

102 요임금이……것과 : 7.1.2.1절 참조.

103 성스러움과……올라감 : '올라감'은 진전됨을 이른다. 《시경》 〈상송(商頌) 장발

경하여 그침〔緝熙敬止〕'과 무왕이 '마음을 둘로 하지 않음〔無貳〕[104]'이 모두 이 경이다. 그러므로 덕을 진전하고〔進德〕, 덕에 들어가고〔入德〕, 덕을 밝히고〔明德〕, 덕을 이루는〔成德〕 것에 있어서 그 문과 그 길과 그 공부는 비록 일률적으로 말할 수 있는 것이 아니나 그 요점은 이 경보다 절실한 것이 없다.[105] 만약 이 경을 벗어나서 덕을 말한다면 덕을 제대로 아는 자가 아니다.

(長發)〉에 "탕왕의 탄생이 늦지 않으시며 성스러움과 공경이 날로 올라가, 하늘에 밝게 이름을 오래 하고 오래 하시어 상제를 이에 공경하시니, 상제께서 명하셔서 구주(九州)에 모범이 되게 하시니라〔湯降不遲, 聖敬日躋. 昭假遲遲, 上帝是祗, 帝命式于九圍.〕"라고 하였다.

104 마음을……않음 : 《시경》 〈대아 대명(大明)〉에 "상제가 그대에게 임하셨으니 그대의 마음에 의심하지 말지어다.〔上帝臨女, 無貳爾心.〕"라고 하였다. 시에서는 무왕이 주왕(紂王)을 칠 때에 중과부적(衆寡不敵)이라 하여 두려워하는 사람들을 권면하기 위한 것이므로 이(貳)를 '의심함'으로 풀이하나, 여기서는 경을 말한 것이므로 이(貳)를 마음이 전일(專一)하지 못한 것으로 해석하였다.

105 덕을 진전하고……없다 : 《여헌속집》 〈만학요회〉에 "덕은 선(善)을 소유함을 이른다. 인·의·예·지·신의 오상(五常)을 하늘에서 받아 자신의 본성으로 삼으면 이것을 명덕(明德)이라 이르고, 이 성(性)을 밝혀 온전히 다하면 대덕(大德)이라 이르고, 다하여 더할 수 없으면 지덕(至德)이라 이르며, 한마디 말과 한 가지 행실의 선에 이르러도 이것을 덕이라 이른다. 그러므로 덕은 크고 작음과 높고 낮음이 있으니, 만일 총명(聰明)하고 예지(叡智)하여 성(誠)으로 말미암아 밝아지는 성인이 아니면 모름지기 닦은 뒤에야 이루어지는바, 닦는 것은 반드시 작은 데에서부터 큰 데에 이르고 낮은 데에서부터 높은 데에 이르러야 한다. '덕에 들어간다〔入德〕'는 것은 밖으로부터 들어가는 것이요 '덕을 진전한다〔進德〕'는 것은 아래로부터 올라가는 것이니, 들어가고 나아감이 모두 닦는 자의 일인데, 혹은 공부의 절목(節目)을 말하고 혹은 차례의 등급을 말한다. 그러나 그 실제를 구명해 보면 경(敬)보다 중요한 것이 없으니, 경은 성인을 만드는 기본으로 시작을 이루고 끝마침을 이루는 큰 방법이다."라고 하였다.

7.1.2.7 배움의 요지는 이룸이다 學惟成

하늘과 땅과 만물이 하늘과 땅과 만물이 되기 전에 먼저 그 리가 있었다. 하늘이 이 리를 얻어 위에서 하늘이 되어 하늘의 도가 있게 되었고, 땅이 이 리를 얻어 아래에서 땅이 되어 땅의 도가 있게 되었고, 만물이 이 리를 얻어 하늘과 땅 사이에서 만물이 되었으니, 모두 각자 그 도가 있는 것이다.

우리 인간은 또한 만물의 가운데에 있으면서 가장 귀하고 가장 영특하여 하늘과 땅의 아들이 되고 만물의 영장이 되었다. 그러므로 하늘과 땅과 만물의 리가 하나의 마음 가운데에 모두 갖추어져 있고 이 몸은 하늘과 땅 사이의 일을 자신의 책임으로 삼아 빠트리는 바가 있어서는 안 되는 것이니, 인간의 도가 어찌 크지 않겠는가. 만약 인간이 되어 스스로 책임을 다하지 못하여 자신의 큰 도에 미치지 못한다면 어찌 인간의 형체를 지니고서 부끄럽지 않겠는가.

인간의 책임을 다하고자 한다면 반드시 그 리가 있는 바에 알지 못하는 바가 없고, 그 도가 포함하는 바에 능하지 못한 바가 없어야 하니, 그런 뒤에 우리의 책임을 다했다고 말할 수 있는 것이다. 만일 지극한 성인과 지극히 성실한 분이 아니면 어떻게 알지 못하는 바가 없고 능하지 못한 바가 없을 수 있겠는가. 이른바 지극한 성인과 지극히 성실한 분은 알고 능해야 하는 바의 10분(分)을 모두 완성한 자이니, 과연 천지와 도가 같고 덕이 같게 된 것이다.

이 이하는 비록 이미 9분에 이르러도 아직 1분이 부족하니, 지극한 것이 아니다. 반드시 '공력을 다하여〔致功〕' 나머지 1분을 채운 뒤에 10분에 이르는 것이니, 8분 이하가 모두 그러하여 미치지 못하는 분수를 반드시 채워 10분을 이루어야 지극한 것이다.

이른바 '공력을 다한다'는 것이 바로 이른바 배움〔學〕이다. 배우지 않고서 스스로 10분의 경지에 이르는 리는 없다. 이른바 배움은 내가 알지 못하는 것을 아는 자에게 물어서 나도 알게 되는 것이고, 내가 능하지 못한 것을 능한 자에게 물어서 나도 능하게 되는 것이다.[106] 앎이 미치지 못하고 능함이 미진한 자가 만약 배움에 종사하지 않는다면 9분이나 8분인 경지가 모두 그대로 9분이나 8분에 그칠 뿐이어서 끝내 10분에 이르는 날이 없을 것이다.

배우고서 10분의 경지에 이르지 못했다면 이른바 '이룸〔成〕'이 아니니, 배우고서 이루지 못했다면 비록 배우지 않았다고 말하더라도 괜찮은 것이다. 산술(算術)을 배우고서 예수(隷首)[107]에 이르지 못했다면 산술이 지극한 경지가 아니고, 율려(律呂)를 배우고서 영륜(伶倫)[108]에게 이르지 못했다면 율려가 지극한 경지가 아니다. 그러므로 도덕을 배우고서 요·순과 주공·공자에 이르지 못했다면 도덕이 지극한 경지가 아닌 것이다.

학업이 지극하지 못한 것은 바로 배움을 이루지 못한 것이다. 아홉 길의 산을 만드는데 공이 한 삼태기 때문에 무너지니,[109] 한 삼태기의 흙이 부족해도 산을 이루지 못한 것이라 하지 않을 수 없고, 우물을

106 배움은……것이다 : 《여헌속집》 〈만학요회〉에는 "학문〔學〕의 종지(宗旨)는 생각함이다. 마음을 다스림을 학문이라 하고, 미루어 지극히 하여 궁극에 도달함을 생각이라 한다.〔學惟思. 治心之謂學, 推致窮到之謂思.〕"라고 하고, "학문은 이 마음을 거두어 다스려 이 도를 강명(講明)하고 이 덕을 진수(進修)하고 이 성을 온전히 다하는 것이다."라고 하였으니, 여기서 學을 말한 것과 취지가 다르다. 이 때문에 《여헌속집》 〈만학요회〉에서 學을 '학문'이라 번역하였지만 여기서는 '배움'으로 번역하였다.

107 예수(隷首) : 황제(黃帝)의 신하이며 처음으로 산술을 만들었다.

108 영륜(伶倫) : 황제(黃帝)의 악관(樂官)으로 12개의 관(管)을 만들어 12율의 음을 정하였다. 음높이의 순서가 홀수 번째인 관을 율(律)이라 하고 짝수 번째인 관을 여(呂)라 하는데, 율과 여의 관을 아울러 율려라 하며 그 음을 또한 율려라 한다.

109 아홉……무너지니 : 이는 《서경》 〈여오(旅獒)〉에 보인다.

파는데 샘물에 이르지 못하면[110] 또한 우물을 이루지 못한 것이라 하지 않을 수 없다. 배우고서 지극한 성인과 지극히 성실한 분에 이르지 못하면 어떻게 배움을 이루었다고 말할 수 있겠는가.

혹자가 말하였다. "사람은 각기 역량이 있으니, 역량을 높이는 것은 아무리 힘써도 능히 할 수 없다. 그러므로 안자(顔子)와 같이 탁월한 분도 끝내 한 칸을 도달하지 못하셨고[111] 증자(曾子)와 같이 독실한 분도 다만 증자가 되셨다.[112] 하늘이 내신 성인[113]을 의지하고 따랐으니 스승으로 큰 성인이 있었던 것이고, 칠십 제자들과 동문이었으니 벗으로 여러 현인이 있었던 것이다.[114] 그런데도 공자를 이어 성인이 되지

110 우물을……못하면 : 《맹자》〈진심 상(盡心上)〉에 "우물을 아홉 길을 팠더라도 샘물에 미치지 못하면 오히려 우물을 버림이 되는 것이다.〔掘井九軔, 而不及泉, 猶爲棄井也.〕"라고 하였다.

111 한 칸을……못하셨고 : 《양자법언(揚子法言)》〈문신편(問神篇)〉에 "안연 또한 중니에 마음을 침잠하였지만 다만 한 칸을 도달하지 못하였다.〔顔淵亦潛心於仲尼矣, 未達一間耳.〕"라고 보인다. 또 《논어》〈자한(子罕)〉에 안연이 "비록 부자의 도를 따르고자 하나 말미암을 데가 없도다.〔雖欲從之, 末由也已.〕" 하였는데, 그 주에 양시(楊時)는 "사람들이 좋아할 만한 선인(善人)에서부터 채워서 대인(大人)에 이르기까지는 역행(力行)을 쌓아서 될 수 있지만, 대인이면서 저절로 화(化)하는 성인으로 말하면 역행으로 미칠 수 있는 것이 아니니, 이 때문에 안자가 성인의 경지에 한 칸을 도달하지 못한 것이다."라고 하였다. 《論語集註》

112 증자(曾子)와……되셨다 : 《논어》〈선진(先進)〉에 "삼(參 증자)은 노둔하다.〔參也魯.〕" 하였는데, 그 주에 정이천(程伊川)은 "증자의 학문은 성실과 독실함 뿐이었다. 성인 문하의 배우는 자들이 총명하고 재주 있으며 말을 잘한 자가 많지 않은 것이 아니었으나 끝내 그 도를 전수한 것은 바로 질박하고 노둔한 사람이었다."라고 하였다. 《論語集註》

113 하늘이 내신 성인 : 원문은 천종(天縱)으로 공자를 가리킨다. 《논어》〈자한(子罕)〉에 자공(子貢)이 공자를 '天縱之將聖'이라 하였는데, 주자는 종(縱)은 풀어놓음〔肆〕이니, 한량할 수 없음을 말한다고 하였다.

114 칠십……것이다 : 《사기》〈공자세가(孔子世家)〉에 "공자는 제자가 대략 3천 명

못하였으니, 이는 역량을 확충하기 어려운 것이 아니겠는가."

이에 내가 말하였다. "사람이 배움에 있어서 능히 자신의 역량을 다하면 그것으로 된 것인데, 능히 그 역량을 다하는 자가 드물다. 공자 문하의 칠십 제자는 모두 스스로 역량을 다한 자인데, 혹 지극한 경지에 이르지 못한 것은 불행이 있었기 때문이다. 기품(氣稟)에 구애되지 않을 수 없고 아는 것이 부족한 자의 경우에도 만일 능히 정성이 쌓이고 역행(力行)이 오래 계속되었다면[115] 끝내 자신의 한계를 벗어나지 못한 자는 없었을 것이다.

안자와 증자는 공자 문하 중에 나이가 가장 적었고 수학한 것이 모두 공자의 말년에 있었으나,[116] 안자가 도달하지 못한 것은 한 칸뿐이었고 증자도 이미 일이관지(一以貫之)의 도를 들었으니,[117] 실로 자품

이었는데, 육예를 통달하여 체득한 자가 72명이었다.〔弟子蓋三千焉, 身通六藝者七十有二人.〕"라고 하였다.

115 정성이……계속되었다면 : 《순자(荀子)》 〈권학편(勸學篇)〉에 "정성이 쌓이고 역행이 오래 계속되면 배움에 들어간다.〔眞積力久則入.〕"라고 하였다.

116 안자와……있었으나 : 《사기》 〈중니제자열전(仲尼弟子列傳)〉에 의하면 안자는 공자와 30세 차이이고, 증자는 46세 차이이다. 주요 제자들을 보면 자로(子路)가 공자와 9세 차이, 자공(子貢) 31세 차이, 염유(冉有) 29세 차이, 자하(子夏) 44세 차이, 자장(子張) 48세 차이이므로 증자는 제자 중에 나이가 적은 편이나 안자는 그렇지 않다. 제자들이 문하에서 수학한 시기는 알 수 없는데, 안자의 경우 공자가 55세에 광(匡) 땅에서 경계하는 마음을 품고 있었을 때 함께 있었고, 공자가 70세였을 때 32세의 나이로 별세하였다. 공자는 73세에 별세하였다. 《鍾肇鵬 저, 金孝信 역, 孔子의 年代記, 중국문학 42집, 2004》

117 일이관지(一以貫之)의 도를 들었으니 : 이는 《논어》 〈이인(里仁)〉에 "공자께서 말씀하시기를 '삼(參)아! 우리 도는 한 가지 이치가 만 가지 일을 꿰뚫고 있다.〔吾道, 一以貫之.〕' 하시니, 증자가 '예' 하고 대답하였다. 공자께서 나가시자, 문인들이 '무슨 말씀입니까?' 하고 물으니, 증자가 대답하셨다. '부자의 도는 충(忠)과 서(恕)일 뿐이다.'"라고 한 것을 가리킨다. 주자는 일이관지에 대하여 '부자의 한 리가 혼연하여 널리 응하고 곡진히 마땅한 것〔夫子之一理, 渾然而泛應曲當〕'이라고 풀이하였다. 《論語

(資品)이 높고 공력이 독실한 것이다. 만약 요・순의 장수(長壽)를 능히 누려서 안자가 요절하지 않고 증자가 오랫동안 공자를 모셨다면[118] 두 분이 도달하는 경지는 아성(亞聖)[119]에 그치지 않았을지도 모를 일이 아닌가.

이는 하늘의 명(命)이니 인간의 힘으로 미칠 수 있는 바가 아니다. 그러므로 이 배움에 종사하는 자가 능히 자신의 역량을 다하면 그것으로 된 것이라 한 것이다. 배움에 스스로 역량을 다한 자는 군자가 되지 못한 자가 있지 않다. 역량을 다하는 것은 인간에게 달려 있는 것이니, 내가 마음을 씀에 달려 있을 뿐이다. 더구나 하늘과 땅에서 태어나 이미 인간이 되었다면 인간은 모두 인간으로서 역량을 가지고 있는 것이다. 저 지극한 성인과 지극히 성실한 분도 본래 우리 인간의 범상한 분수 외에 별도로 특별히 받은 역량이 있는 것이 아니고, 그분들도 인간이 할 수 있는 일을 능히 다하여 곧바로 지극한 성인과 지극히 성실한 분의 경지에 능히 이른 것이다.

비록 기질이 범상하더라도 인간의 분수를 다하는데 능히 독실한 뜻을 두면 역량은 내가 스스로 갖출 수 있어서, 이르지 못할 경지가 없게 될 것이다. 만약 나의 역량은 여기에서 그칠 뿐이니 지극한 성인과

集註》

118 요・순의……모셨다면 : 이는 안자가 32세로 요절하지 않고, 공자가 73세 이상으로 장수하여 증자를 가르치는 것을 가리킨다. 또 순이 오랫동안 요의 신하로 있으면서 도를 전수받았다는 뜻도 있는 듯하다. 요・순의 수(壽)는 설이 일정하지 않은데《상서주소(尚書注疏)》〈순전(舜典)〉의 공안국(孔安國)의 전(傳)에 의하면 요임금은 117세이고 순임금은 112세이며, 순은 30년 동안 요임금의 신하로 있었다.

119 아성(亞聖) : 도덕이 공자의 다음인 사람을 말하는데, 문묘(文廟)에서 사성(四聖)으로 안자・증자・자사(子思)・맹자를 공자에 배향한다. 원(元)나라 때 이들을 추봉(追封)하여 안자는 복성공(復聖公), 증자는 종성공(宗聖公), 자사는 술성공(述聖公), 맹자는 아성공(亞聖公)이라 하였다.

지극히 성실한 분을 내 어찌 바랄 수 있겠느냐고 말한다면 이것은 이른바 '스스로 포기〔自棄〕'하는 것이다."

혹자가 말하기를 "그대가 이룸을 배움의 요지라고 하였는데, 이룸은 진실로 상세히 말하였지만 어찌하여 배움을 이루는 공부는 말하지 않는가?" 하기에 내가 말하였다. "배우는 공부의 본말과 차례는 경전 가운데에 선성(先聖)과 선현(先賢)이 남긴 가르침이 구비되어 있으니, 다만 사람들이 스스로 힘쓰지 않는 것을 근심할 뿐이다."

7.1.3 분합편 分合篇

무릇 도리(道理)[120]는 처음에는 하나가 되지 않을 수 없고, 변화하면 나뉨이 없을 수 없고, 끝내는 합함이 없을 수 없으니, 마치 물의 근원과 물줄기, 나무의 뿌리와 가지, 그물의 벼리와 그물눈과 같다. 근원이 되고 뿌리가 되고 벼리가 될 적에는 하나가 되지 않을 수 없으며, 물줄기가 되고 가지가 되고 그물눈이 될 적에는 나뉨이 없을 수 없는 것이다.

나뉨이 없을 수 없는 것에 또한 두 가지가 있으니, 하나에서 변하면 근원은 반드시 물줄기가 되고 뿌리는 반드시 가지가 되고 벼리는 반드시 그물눈이 되는 것이 바로 그 나뉨이고, 또 변하여 나뉘는 가운데 물줄기는 홀로 물줄기가 될 수 없고 가지는 홀로 가지가 될 수 없고 그물눈은 홀로 그물눈이 될 수 없는 것이 또한 나뉨이다. 비록 나뉨이 없을 수 없으나 근원과 물줄기가 모두 물이고 뿌리와 가지가 모두 나무이고 벼리와 그물눈이 모두 그물이니, 이것이 끝내 합함이 아니겠는가.

비록 한 가지 도리이나 이에 본말·선후·상하·내외가 없을 수 없어서 서로 계승하고 서로 배합하고 서로 필요로 하고 서로 구제함이 있다. 그러므로 자연 나뉘지 않을 수 없고 또 합하지 않을 수 없는 것이니, 이는 자연스러운 형세이다. 그렇지 않다면 어찌 조화의 기틀과 경륜(經綸)의 도가 될 수 있겠는가.

120 도리(道理) : 7.1.3.17절 〈도리분합(道理分合)〉에서 "도는 바로 이 리가 항상 보존하고 항상 행해지는 것의 명칭이니, 이 리 밖에 별도로 도가 되는 것이 아니다."라고 하였고, 또 "도가 일정하여 변역(變易)함이 없는 것을 리라 하고, 리가 항상 행해져 간단(間斷)함이 없는 것을 도라 한다."라고 하였다.

배우는 자들은 이 리를 인식할 적에 또한 반드시 능히 나누고 능히 합하여 하나에서 둘이 되고 둘에서 하나가 되는 것을 인식하여야 하니, 그런 뒤에야 서로 계승하고 서로 배합하고 서로 필요로 하고 서로 구제하는 묘함을 체득하게 되어 '근원이 하나〔一原〕'인 뜻을 알게 될 것이다. 이 때문에 나눠고 합함에 대하여 말하게 된 것이니, 말하지 않은 나머지는 유추(類推)하여 통할 수 있다.

7.1.3.1 리 · 기의 분합 理氣分合

7.1.3.1.1

리는 바로 기의 근본이고 주재로, 통합하여 총괄하고 조목마다 꿰뚫는데 상(象)이 없고 다함이 없는 것이 이것이다. 기는 바로 리에서 나와 리를 행하는 것으로, 충만하여 운행하는데 빈틈과 쉬는 시간이 없는 것이 이것이다. 리가 있기 때문에 이에 기가 나오고 기가 나오기 때문에 그 리가 되니, 리는 기의 리이고 기는 리의 기이다. 어찌 리가 없는 기가 있고 또 어찌 기가 없는 리가 있겠는가.

기가 된 소이(所以)를 구명(究明)하여 리라고 하고, 그 리를 행하는 유이(有以 작용이 있는 것)를 가리켜 기라고 하니, 소이는 그 근본이고 유이는 그 쓰임이다. 이는 그 명목을 나누지 않을 수 없는 이유이다. 그러나 소이가 없으면 어찌 유이가 있을 수 있겠는가. 이는 합하려고 하지 않아도 자연히 합하는 것이다.

그러므로 리가 존재하는 바에 기가 곧 존재하고 기가 행하는 바에 리가 절로 행해지니, 리를 말하면 기가 이 가운데 들어 있고 기를 말하면 리가 이 가운데 들어 있다. 그렇다면 분석하여 둘로 나눈 것은 명목을 설정한 것이고, 합하여 일체가 되는 것은 리 · 기의 떳떳함이다.

만약 그 명목이 나뉜 것으로 인하여 마침내 구별되어 상대하는 물건이라고 여긴다면 리와 기가 곧바로 각자 근본이 되어서 우주의 사이에 양립(兩立)하고 나란히 행해질 것이니, 리가 어찌 기의 리가 될 수 있고 기가 어찌 리의 기가 될 수 있겠는가. 반드시 그럴 리가 없다.

공자의 《주역》 〈계사전〉에 이르기를 "태극이 양의(兩儀)를 낳고 양의가 사상(四象)을 낳고 사상이 팔괘를 낳았다." 하였고, 주염계(周濂溪)의 〈태극도설(太極圖說)〉에 이르기를 "무극(無極)이면서 태극이니, 태극이 동(動)하여 양을 낳아 동함이 극에 달하면 정(靜)하고, 정하여 음을 낳아 정함이 극에 달하면 다시 동한다. 한 번 동하고 한 번 정함이 서로 그 뿌리가 되어 음으로 나뉘고 양으로 나뉨에 양의(兩儀)가 확립되었다. 양이 변하고 음이 합하여[121] 수(水)·화(火)·목(木)·금(金)·토(土)를 낳아서 다섯 기가 순히 펴짐에 사시(四時)가 운행하게 된다. 오행(五行)은 하나의 음·양이고 음·양은 하나의 태극이니, 태극은 본래 무극이다." 하였으니, 이는 모두 리·기가 근본이 하나임을 말한 것이 아니겠는가.

그러므로 예로부터 성현이 가르침을 설립할 적에 일찍이 리와 기를 변별한 적이 없었다. 다만 선과 악, 간사함과 바름, 의(義)와 이로움, 공변됨과 사사로움, 옳음과 그름, 잘함과 잘못함의 사이에 반드시 경계를 나누기를 물과 불, 검은색과 흰색이 뒤섞일 수 없는 것처럼 하여, 하여금 선을 하고 악을 제거하며, 바름을 행하고 간사함을 막으며, 의를 취하고 이로움을 버리며, 공변됨을 따르고 사사로움을 없애며, 옳음만 있고 그름이 없으며, 반드시 잘함이 있고

121 양이……합하여 : 주자는 '양이 동하면 음이 따르는 것〔陽動而陰隨之〕'이라 풀이하였다. 《近思錄集解 卷1》

잘못이 없게 할 뿐이었다.

학문을 배우는 《대학》과 도를 배우는 《중용》과[122] 가르침을 드리운 《논어》·《맹자》와 위로 경(經)이 되는 《시경》·《서경》·《예경》·《악경》·《역경》·《춘추》에 이르기까지 리와 기를 나누어 입언(立言)한 적이 있지 않다.

선을 하고 악을 제거하며, 바름을 행하고 간사함을 막으며, 의를 취하고 이로움을 버리며, 공변됨을 따르고 사사로움을 없애며, 옳음만 있고 그름이 없으며, 반드시 잘함이 있고 잘못이 없다면 무엇이 리·기의 바름에 어긋나는 것이 있겠는가. 이와 같다면 기를 주재하는 리가 모두 온전하고 리에서 나온 기도 모두 순할 것이니, 이와 같고서 성립되지 못하는 도와 성취되지 못하는 덕이 있겠는가.

리와 기의 변별이 후세의 학자에 이르러 그 설이 분분하였으니, 이 또한 부득이한 것이다. 진실로 세상이 후대로 내려온 이래로 성인의 시대가 멀어지고 성인의 말씀이 매몰되어서 가르침이 해이해지고 도가 어두워지니, 선한 자가 적고 악한 자가 많으며, 바른 자가 적고 간사한 자가 많으며, 의로운 자가 적고 이로움을 구하는 자가 많으며, 공변된 자가 적고 사사로운 자가 많으며, 옳은 자가 적고 그른 자가 많으며, 잘하는 자가 적고 잘못하는 자가 많아졌다. 그러한즉 어찌 근원을 구명하여 판별해서 사람들로 하여금 기를 주재하는 리는 불선한 적이 없으나 리에서 나온 기는 때로 뒤섞임이 없지 못하기 때문에 선과 악, 바름과 간사함, 의와 이로움, 공변됨과 사사

122 학문을……중용과 : 장현광은 본성을 다하는 학문과 도에 대하여 "그 학문은 곧 《대학》의 법이니, 이 학문 밖에 딴 학문이 없으며, 이 학문을 배우면 온갖 행실이 이 가운데에 들어 있습니다. 그리고 그 도는 곧 《중용》의 도이니, 이 도 밖에 딴 도가 없으며, 이 도를 행하면 지극한 덕이 그 가운데에 다 들어있습니다."라고 하였다. 《旅軒集 卷2 告歸進言疏》

로움, 옳음과 그름, 잘함과 잘못함이 나란히 서서 서로 이겼다 졌다 하게 마련인 것을 알게 하지 않을 수 있겠는가. 이 때문에 리와 기의 분별에 대하여 많은 설명을 하지 않을 수 없는 것이다. 그러나 그 설이 모두 리를 위주하여 기를 말하였으니, 이 리가 본래 하나인 것에 무슨 문제가 되겠는가. 이는 진실로 나뉨과 합함이 없을 수 없는 것이다.

7.1.3.1.2

또 말하였다. "하늘과 땅과 만물이 반드시 하늘과 땅과 만물이 되게 한 소이는 리이고, 하늘과 땅과 만물이 능히 하늘과 땅과 만물이 되게 한 바는 기이니, '반드시 되게 한 소이'인 리가 없으면 하늘과 땅과 만물이 무엇으로부터 생겨나며, '능히 되게 한 바'인 기가 없으면 하늘과 땅과 만물이 무엇으로부터 이루어지겠는가. 그렇다면 하늘과 땅과 만물이 하늘과 땅과 만물이 된 것은 바로 리・기가 만든 것인데, 리・기가 리・기가 된 것은 누가 만들어서 이 리・기가 있는 것인가?"

이에 대답하였다. "리라는 것은 본래 있어서 한 시각도 없을 수 없고 한 틈도 없을 수 없어서 앞에 있는 것이 없고 뒤에 있는 것이 없으며, 위에 있는 것이 없고 아래에 있는 것이 없으며, 저쪽에 있는 것이 없고 이쪽에 있는 것이 없다. 있기를 기다린 연후에 있는 것이 아니고 만들기를 기다린 뒤에 만들어진 것이 아니다. 이러한 것을 리라고 하니, 무극이면서 태극인 것이 아니겠는가.

기라는 것은 리의 큰 쓰임이다. 리가 있고서 기가 없으면 리가 홀로 사업을 이룰 수 없으니, 사업을 이루지 못하면 리가 어찌 능히 역할이 있어서 리라고 말할 수 있겠는가. 리가 있으면 잠시도 기가 없을 수 없기 때문에, 때는 리가 없는 때가 없어서 기 또한 모든 때마다 있으며, 장소는 리가 없는 장소가 없어서 기 또한 모든 장소마다 있다. 이 때문에 하늘과 땅과 만물을 능히 생성하여 리가 큰 사업을 이룰 수 있는 것이다.

그렇다면 기는 따로 기가 된 것이 아니라 리에서 생겨난 것이며, 기가 공을 이룬 것은 바로 리의 사업을 이룬 것이니, 기가 어찌 일찍이 리와 떨어져 있을 때가 있겠는가.

하늘과 땅이 나뉘기 전에는 리·기가 혼돈[123]의 가운데에 있고, 하늘과 땅이 나뉜 뒤에는 리·기가 하늘과 땅 가운데에 있고, 만물이 생긴 뒤에는 리·기가 만물의 가운데에 있다. 리가 있는 곳에는 기가 반드시 있고, 기가 있는 곳에는 리가 반드시 있어서, 리만 있고 기가 없는 물건은 없으며 기만 있고 리가 없는 물건도 없다.

다만 리는 참되어 망령됨이 없고, 순수하여 뒤섞임이 없고, 선하여 악함이 없고, 중(中)이 되어 편벽됨이 없고, 올발라서 간사함이 없고, 공변되어 사사로움이 없고, 곧아서 굽음이 없고, 순하여 거스름이 없고, 평이하여 험함이 없고, 기강이 있어서 문란함이 없고, 충실하여 누락함이 없고, 통하여 막힘이 없고, 온전하여 이지러짐이 없고, 한결같아 다름이 없고, 일정하여 변함이 없는데, 기는 혹 망령됨이 없지 못하고, 뒤섞임이 없지 못하고, 악함이 없지 못하고, 편벽됨이 없지 못하고, 간사함이 없지 못하고, 사사로움이 없지 못하고, 굽음이 없지 못하고, 거스름이 없지 못하고, 험함이 없지 못하고, 문란함이 없지 못하고, 누락함이 없지 못하고, 막힘이 없지 못하고,

123 혼돈 : 장현광은 "앞 천지〔前天地〕가 소멸하여 없어지고 뒤 천지〔後天地〕가 아직 생기지 아니하여, 소멸하여 없어지고 아직 생기지 않은 사이에 원기(元氣)가 닫혀 있어 혼돈(混沌)이 된다."라고 하였다.《旅軒續集 卷6 平說》

이지러짐이 없지 못하고, 다름이 없지 못하고, 변함이 없지 못하다. 이는 기가 리를 위반함이 있어서 리와 나뉨이 없을 수 없는 것이다.

그러나 이것은 바로 기의 말류(末流)의 병폐로, 능히 스스로 면할 수 없는 병통일 뿐이니, 어찌 리의 본체에 해롭겠는가. 더구나 또 온전한 리・기를 얻어서 리・기의 조화를 주재하는 자[124]가 한결같이 리로써 제재해서 똑같지 않은 기를 모두 리에 돌아가게 한다면 결국에는 기가 모두 리 가운데의 기가 될 것이다. 이는 바로 나뉨이 없을 수 없으나 끝내는 합하지 않을 수 없는 도인 것이다."

7.1.3.2 하늘과 땅의 분합 天地分合

위에 형체가 있는 것은 하늘이고, 아래에 형체가 있는 것은 땅이다.[125] 그 모습은 하늘은 덮어 주고 땅은 실어 주며, 그 자리는 하늘은 높고 땅은 낮으며, 그 몸〔體〕은 하늘은 기(氣)이고 땅은 형질이며,[126]

124 온전한……자 : 이는 삼재(三才)에 참여하는 사람을 가리키는 듯하다. 장현광은 사람에 대하여 "빼어난 기를 받고 온전한 리를 얻어서 천지의 사이에 자리하고 만물의 위에 우두머리인 것을 사람이라 한다." 하였고, 삼재의 재(才)에 대하여 "리・기를 합하여 조화를 만들고 사업을 이룸을 말한다.〔合理氣, 爲造化, 致事業之謂也.〕"라고 하였다. 또 "하늘은 하늘의 사업이 있고 땅은 땅의 사업이 있고 사람은 사람의 사업이 있으니, 삼재 중에 한 재가 없으면 우주가 우주다운 우주가 되지 못한다. 그러므로 하늘과 땅이 비록 하늘에 있고 땅에 있는 사업을 다한다 하더라도 반드시 우리 인간이 사람에게 있는 사업을 다한 뒤에야 하늘과 땅의 사업이 그 사업을 이루고 우주가 우주다운 우주가 될 수 있는 것이니, 우리 인간의 사업이 크게 삼재에 참여되고 중하게 삼재를 꿰뚫고 있는 것이 어떠하겠는가."라고 하였다. 《旅軒集 卷6 學部名目會通旨訣, 卷7 孔聖》

125 위에……땅이다 : 한유(韓愈)의 〈원인(原人)〉에 "形於上者, 謂之天; 形於下者, 謂之地."라고 보인다. 《古文眞寶 後集 卷2》

126 몸은……형질이며 : 장현광은 "하늘은 기를 몸으로 삼고 땅은 형질을 몸으로 삼으며, 사람은 하늘과 땅 가운데에 생명을 받아 하늘에서 기를 받고 땅에서 형질을 얻어

그 상(象)은 하늘은 둥글고 땅은 방정하며,[127] 그 색깔은 하늘은 검고 땅은 누르며,[128] 그 기품은 하늘은 가볍고 맑고 땅은 무겁고 탁하며,[129] 그 덕은 하늘은 높고 밝고 땅은 넓고 두터우며,[130] 그 성정(性情)은 하늘은 굳세고 땅은 순하며,[131] 그 떳떳함은 하늘은 동하고 땅은 정하며,[132] 그 도는 하늘은 만물이 의뢰하여 시작하고 땅은 만물이 의뢰하여 생겨나니,[133] 이는 하늘과 땅이 나누어지는 바이다.

그러나 하늘의 덮어 줌이 있기 때문에 땅의 실어 줌이 있으니 실어

기와 형질을 합하여 몸이 되었다."라고 하였다. 《旅軒續集 卷4 人身說》

127 상(象)은……방정하며 : '天圓地方'은 하늘과 땅의 실제 형체가 원형과 방형이라는 설과 형체가 아니라 하늘과 땅의 도를 형상하면 그런 것이라는 설이 있다. 〈태극설〉 3.1.1.36절에 '형상을 가지고 말하면, 둥근 하늘과 네모난 땅으로부터 크고 작고 길고 짧은 만물에 이르기까지'라고 한 것을 참조하면 장현광은 형체로서 말한 듯하다. 하늘과 땅의 도가 둥글고 방정하다는 설은 《대대례기(大戴禮記)》 〈증자천원(曾子天圓)〉에 보인다.

128 색깔은……누르며 : 이는 《주역》 〈곤괘(坤卦) 문언전(文言傳)〉에 보인다.

129 기품은……탁하며 : 주자는 "이른바 하늘은 양이 가볍고 맑아서 위에 위치한 것이며, 이른바 땅은 음이 무겁고 탁하여 아래에 위치한 것이다.〔所謂天者, 陽之輕清而位乎上者也; 所謂地者, 陰之重濁而位乎下者也.〕"라고 하였다. 《周易傳義大全 周易朱子圖說》

130 덕은……두터우며 : 이는 《중용》에 "넓고 두터움은 땅의 덕에 배합하고, 높고 밝음은 하늘의 덕에 배합한다.〔博厚配地, 高明配天.〕"라고 보인다.

131 성정은……순하며 : 《주역》 〈설괘전(說卦傳)〉에 건(乾)은 굳셈이고, 곤(坤)은 순함이라 하였는데, 주자는 팔괘의 성정(性情)을 말한 것이라 하였다. 《周易傳義》

132 떳떳함은……정하며 : 《주역》 〈계사전 상(繫辭傳上)〉에 "동과 정이 떳떳함이 있다.〔動靜有常.〕" 하였는데, 주자는 "동은 양의 떳떳함이고 정은 음의 떳떳함이다."라고 하였다. 《周易傳義》

133 도는……생겨나니 : 《주역》 〈건괘(乾卦) 단전(彖傳)〉에 "만물이 의뢰하여 시작한다.〔萬物資始.〕" 하였고, 〈곤괘(坤卦) 단전〉에 "만물이 의뢰하여 생겨난다.〔萬物資生.〕" 하였다.

주지 않으면 덮어 줄 것이 없고, 높은 것이 있기 때문에 낮은 것이 있으니 낮은 것이 없으면 높음을 이루지 못한다. 또 기와 형질이 서로 필요로 하고, 둥근 것과 방정한 것이 서로 구제하고, 검은색과 누런색이 서로 빛나게 하고, 굳셈과 순함이 서로 응하고, 동(動)과 정(靜)이 서로 사귀며, 가볍고 맑은 것은 반드시 무겁고 탁한 것을 인하고, 높고 밝은 것은 반드시 넓고 두터운 것을 의지하니, 어찌 하늘만 있고 땅이 없으며, 하늘이 없이 능히 땅이 될 수 있겠는가.

하늘과 땅이 아직 생기지 않았을 때에 그 시초는 한 원기(元氣)[134]였으니, 한 원기가 원기가 될 뿐이면 조화의 도를 이룰 수 없다. 그러므로 이에 하늘이 되어 위에 있고 땅이 되어 아래에 있어서 하늘과 땅이 자리를 정한 뒤에 산과 못이 기를 통하고 우레와 바람이 서로 부딪히고 물과 불이 서로 해치지 아니하여[135] 조화가 행해져서 하늘과 땅 사이의 만물이 갖추어져 우주가 빈 그릇이 되지 않은 것이다. 이것은 바로 하늘과 땅을 합하여 우주가 된 것이니, 마치 군주와

134 원기(元氣) : 시초에 하늘과 땅을 만드는 기로 〈태극설〉 3.1.1.33절에 "리가 태극이 되면 이때에 가장 먼저 있는 것은 원기인데, 이 원기 또한 음과 양으로 나뉘지 않을 수 없다. 그러므로 그중 가볍고 맑은 것은 둥글어서 하늘이 되고 무겁고 탁한 것은 네모져서 땅이 된다."라 하였고, 〈경위설〉 4.1.3.1절에 원기는 태극의 리에서 나오는데, 태극이 경(經)이 되고 원기가 위(緯)가 되어 하늘과 땅을 만든다고 하였다.

135 자리를……아니하여 : 이는 《주역》 〈설괘전〉을 인용한 것인데, 하늘은 건(乾 ☰) , 땅은 곤(坤 ☷), 산은 간(艮 ☶), 못은 태(兌 ☱), 물은 감(坎 ☵), 불은 리(離 ☲), 우레는 진(震 ☳), 바람은 손(巽 ☴)에 해당하여 복희 팔괘에서 건과 곤, 간과 태, 진과 손, 리와 감이 서로 상대함을 가리킨다. 여기서는 천지의 조화를 말한 것으로 〈역괘총설〉 2.1.18절에 "하늘이 위에 자리하고 땅이 아래에 자리함은 하늘과 땅이 자리를 정한 것이요, 산이 서북쪽을 누르고 못이 동남쪽으로 흘러듦은 산과 못이 기를 통하는 것이요, 해가 동쪽에서 생기고 달이 서쪽에서 생김은 물과 불이 서로 해치지 않는 것이요, 우레가 동북쪽에서 동하고 바람이 서남쪽에서 일어남은 우레와 바람이 서로 부딪히는 것이니, 이는 복희의 팔괘가 천지의 조화와 합하는 것이다."라고 하였다.

신하를 합하여 한 나라가 되고 남편과 부인을 합하여 한 집안이 되는 것과 같다. 그렇다면 하늘과 땅의 사업이 어찌 하나의 리와 하나의 기로써 있게 된 것이 아니겠는가.

하늘과 땅은 바로 하나의 리와 하나의 기 가운데의 하늘과 땅이니, 어찌 하늘은 따로 하늘이고 땅은 따로 땅이어서 전혀 서로 소속되지 않는 것이겠는가. 그 물건은 하늘이 땅 밖을 감싸서 땅이 하늘 안에 있으며, 그 도와 사업은 하나의 조화가 유행하는 것일 뿐이니, 어찌 하늘과 땅을 나누어 둘로 할 수 있겠는가.

7.1.3.3 음과 양의 분합 陰陽分合

리만 있고 기가 없으면 물건을 낳을 수 없으니, 리는 모름지기 기가 있은 뒤에야 능히 허다한 사업을 해낼 수 있다. 그러므로 기는 리 가운데에서 생기지 않을 수 없는 것이다.

기를 하필 음과 양의 양의(兩儀)로 나눈 이유는 무엇인가. 동하고 정(靜)함과 닫히고 열림은 기의 성(性)이고, 선창하고 화답함과 감동하고 응함은 기의 정(情)[136]이니, 동하고 정함과 닫히고 열림이 없으면 어떻게 조화의 기틀이 되며, 선창하고 화답함과 감동하고 응함이 없으면 어떻게 물건을 낳고 이루는 공을 다할 수 있겠는가.

동함이 있으면 반드시 정함이 있고 정한 뒤에는 또 반드시 동하며, 닫힘이 있으면 반드시 열림이 있고 열린 뒤에는 또 반드시 닫혀서, 한 번 동하고 한 번 정하며 한 번 닫히고 한 번 열려서 서로 필요로 하지 않을 수 없다.

선창함이 있으면 반드시 화답함이 있고 화답한 뒤에는 또 반드시

136 정(情) : 〈근사편〉 7.1.2절에 성(性)의 용(用)은 정이라 하였다.

선창하며, 감동함이 있으면 반드시 응함이 있고 응한 뒤에는 또 반드시 감동해서, 한 번 선창하고 한 번 화답하며 한 번 감동하고 한 번 응하여 서로 필요로 하지 않을 수 없다. 이 때문에 조화의 기틀이 쉬지 않으며 물건을 낳고 이루는 공이 무궁해서, 하늘과 땅이 하늘과 땅이 되고 만물이 만물이 된 것이 일찍이 동함과 정함, 닫힘과 열림, 선창함과 화답함, 감동함과 응함의 가운데에 있지 않은 적이 없는 것이다.

동함과 열림과 선창함과 감동함은 이른바 기의 양이고, 정함과 닫힘과 화답함과 응함은 이른바 기의 음이니, 이는 음과 양이 나뉘지 않을 수 없는 이유이다.

그러나 동함은 바로 정했던 것이 동하는 것이고 정함은 또한 동했던 것이 정하는 것이며, 닫힘은 바로 열렸던 것이 닫히는 것이고 열림은 또한 닫혔던 것이 열리는 것이다. 선창해야 할 때 선창하면 반드시 화답할 때가 되어 화답하게 되고, 화답해야 할 때 화답하면 또 반드시 선창할 때가 되어 선창하게 된다. 감동해야 할 때 감동하면 반드시 응할 때가 되어 응하게 되고, 응해야 할 때 응하면 또 반드시 감동할 때가 되어 감동하게 된다. 그렇다면 음과 양은 바로 하나의 기인데, 다만 때에 따라 변함이 있기 때문에 마치 두 가지 기가 있는 듯한 것이다.

음·양으로 나뉘지 않을 수 없는 까닭은 결국 하나의 리의 쓰임을 지극히 하기 위함이니, 이것이 음·양이 합하는 것이 아니겠는가. 그러므로 말하기를 "한 번 음하고 한 번 양함을 도라고 한다."[137] 한 것이다.

137 한 번……한다 : 이는 《주역》 〈계사전 상〉에 보이는데, 주자는 음·양의 기가 번갈아 운행하는 리가 이른바 '도'라고 하였다. 《周易傳義》

7.1.3.4 음양과 오행의 분합 陰陽五行分合

우주 사이의 만변 만화(萬變萬化)가 모두 음·양의 양의(兩儀)에 벗어나지 않을 뿐이니, 횡(橫)으로 보면 대대(對待)가 되고 종(縱)으로 보면 유행(流行)이 되는 것이 모두 이 음·양이다.[138]

실체로 말하면 크나큰 하늘과 땅으로부터 작은 만물에 이르고 원(元)·회(會)·운(運)·세(世)와 세(歲)·월(月)·일(日)·시진〔辰〕으로부터 각(刻)·분(分)·리(釐)·호(毫)와 사(絲)·홀(忽)·묘(眇)·몰(沒)[139]에 이른다. 《주역》으로 말하면 사상(四象)이

138 횡(橫)으로……양이다 : 대대는 음·양이 상대하여 존재하고 행해지는 것을 말하고, 유행은 음이 자라면 양이 사라지고 양이 오면 음이 가는 것을 말한다. 예컨대 어두움과 밝음이 있는 것은 대대이고, 하루 동안 어두움과 밝음이 순환하는 것은 유행이다. 〈역괘총설〉 2.1.39절에 "역의 명칭과 실제는 음·양 두 가지에서 벗어나지 않을 뿐이다. 사람은 남자와 여자가 있고 새는 자웅(雌雄)이 있고 짐승은 빈모(牝牡)가 있으며, 식물에 이르러도 또한 빈모에 비견될 만한 것이 많이 있으니, 이는 대대의 역이다. 하루는 하루의 음·양이 있고 한 달은 한 달의 음·양이 있고 한 해는 한 해의 음·양이 있으며 1원(元)에 이르러도 또한 1원의 음·양이 있으니, 이는 유행의 역이다."라고 하였고, 2.1.44절에 "음·양은 시세(時世)를 가지고 말해야 할 경우가 있으니 크고 작으며 멀고 가까운 시기와 같은 것이 이것이고, 방위를 가지고 말해야 할 경우가 있으니 동·서·남·북과 같은 것이 이것이고, 기후(氣候)를 가지고 말해야 할 경우가 있으니 따뜻함과 서늘함, 추위와 더위와 같은 것이 이것이고, 형질을 가지고 말해야 할 경우가 있으니 방형과 원형, 위로 올라간 것과 아래로 내려간 것과 같은 것이 이것이고, 동류(同類)의 물건을 가지고 말해야 할 경우가 있으니 자웅과 빈모와 같은 것이 이것이고, 사정(事情)을 가지고 말해야 할 경우가 있으니 끝마침과 시작, 모음과 흩어짐과 같은 것이 이것이다."라고 하였다.

139 원(元)……몰(沒) : 1세(世)는 30세(歲 년), 1운은 12세(世), 1회는 30운, 1원은 12회로 129,600년이다. 시진 이하의 시간 단위는 사용하는 역법(曆法)에 따라 다른데, 한 예로 1일은 12시진, 1시진은 10각, 1각은 50분, 1분은 10리, 1리는 10호, 1호는 10사, 1사는 10홀이다. 〈역괘총설〉의 각주 14)와 15) 참조. 〈역괘총설〉 2.1.1절에 "세(歲)는 양을 주장하는데, 1년 가운데 봄과 여름은 양이 되고 가을과 겨울은 음이 되며,

되고 팔괘가 되고 4획인 16이 되고 5획인 32가 되고 64괘가 되고 384효가 되는 것이 이 음·양 아님이 없다.[140] 그런데 또다시 오행으로 나누는 것은 어째서인가.

이에 대답한다. 음·양의 두 기로써 천지의 변화를 다할 수 있는 것은 맞다. 그러나 음이 음이 되고 양이 양이 되는 것은 실로 경계가 분명하게 음이 되고 양이 되는 것이 아니어서 만들어질 때에 기미가 있고 행할 때에 점진함이 있다. 그러므로 어리고 왕성함의 차이가 없지 못한데, 어릴 때의 상태〔候〕가 왕성할 때의 상태에 미치지 못하고, 왕성할 때의 상태가 어릴 때의 상태와 분명히 다르니, 어린 기는 작고 연약하고 왕성한 기는 충실하고 완전한 것이다. 마땅히 작고 연약해야 할 때에 충실하고 완전한 것도 불가하고, 마땅히 충실하고 완전해야 할 때에 작고 연약한 것도 불가하다.

음·양의 두 기가 이미 어리고 왕성함으로 나뉘어 둘이 되지 않을 수 없으므로 두 기에 각각 두 행(行)이 있어서 이에 네 행이 되니, 바로 이른바 목(木)·화(火)·금(金)·수(水)이다.[141] 그런데 네 행

월(月)은 음을 주장하는데 한 달 가운데 보름 이전은 양이 되고 보름 이후는 음이 되며, 일(日)은 양을 주장하는데 하루 가운데 낮은 양이 되고 밤은 음이 되며, 시진은 음을 주장하는데 1시진 가운데 앞의 5각(刻)은 양이 되고 뒤의 5각은 음이 되는 것이다. 또 각·분(分)·리(釐)·호(毫)에 이르러도 모두 각각 음·양이 있다."라고 하였다. 묘(眇)·몰(沒)은 《성리대전서》 권8 〈황극경세서 찬도지요하(纂圖指要下)〉에 "刻、分、毫、釐、絲、忽、眇、沒, 亦有數焉."이라고 보이는데, 뜻이 자세하지 않다. 일반적으로 홀(忽) 이하의 작은 수는 10분의 1씩 줄어 미(微)·섬(纖)·사(沙)·진(塵)·애(埃)·묘(渺)·막(漠)의 순서이다.

140 사상(四象)이……없다 : 《주역》에서는 음·양의 양의(兩儀)를 우(耦 ⚋)와 기(奇 ⚊)의 획으로 나타내고, 이 위에 다시 기와 우의 획을 더하여 태양(太陽 ⚌)·소음(少陰 ⚍)·소양(少陽 ⚎)·태음(太陰 ⚏)의 사상이 되고, 이를 반복하여 6획의 64괘에 이르면 그 효의 수가 384개이다. 4획의 16가지 괘와 5획의 32가지 괘는 따로 이름이 없어서 '四畫之十六', '五畫之三十二' 등으로 말한다.

이 토를 얻지 못하면 이루어지지 못하므로[142] 토를 아울러 오행이 되는 것이다.

생겨난 순서를 가지고 말하면 수·화·목·금·토이고, 펴져서 운행하는 순서로 말하면 목·화·토·금·수이다.[143] 생겨난 것으로 말하면 수와 목은 양이고 화와 금은 음이고[144] 토는 오행의 끝마침

141 어리고……수(水)이다 : 주자는 〈태극도해(太極圖解)〉에서 수는 음이 왕성하고 금은 음이 어리며 화는 양이 왕성하고 목은 양이 어리다고 하였는데, 면재 황씨(勉齋黃氏 황간(黃榦))는 이를 수·화·목·금의 생겨나는 순서를 말한 것으로 보아 수는 양이 어린 것이고 목은 양이 왕성한 것이며 화는 음이 어린 것이고 금은 음이 왕성한 것이라고 의심하였다. 이에 대하여 퇴계 이황은, 〈태극도해〉에서 생겨나는 순서를 말한 듯하므로 면재가 의심한 것인데, 만약 운행하는 순서(목·화·금·수)로 바꾸어 본다면 의심할 만한 것이 없을 것이라고 하였다. 《性理大全書 太極圖, 易學啓蒙 本圖書》, 《退溪集 卷39 答李公浩》

142 토를……못하므로 : 수·화·목·금의 생수 1·2·3·4가 토의 생수 5를 얻어 수·화·목·금의 성수 6·7·8·9가 되는 것이 토를 얻어 네 행을 이루는 것이다. 〈도서발휘〉 1.1.4절 참조. 아래의 각주 146) 참조.

143 생겨난……수이다 : 주자는 수·화·목·금·토는 형질로써 태어난 순서이고, 목·화·토·금·수는 기로써 운행하는 순서라고 하였고, 섭채(葉采)는 "수·화·목·금·토는 음·양이 오행을 낳은 순서이고, 목·화·토·금·수는 오행이 스스로 상생(相生)하는 순서이다."라고 하였다. 주자는 "오행의 생겨남은 음·양 두 기의 사귐이 변하고 합하여 각각 이루어지니, 하늘이 1로 수를 낳고 땅이 2로 화를 낳고 하늘이 3으로 목을 낳고 땅이 4로 금을 낳고 하늘이 5로 토를 낳으니, 〈태극도설〉에 이른바 '양이 변하고 음이 합하여 수·화·목·금·토를 낳는다.'는 것이 이것이다. 오행의 상생은 한 기의 미룸이 순환하여 서로 인해서 목은 화를 낳고 화는 토를 낳고 토는 금을 낳고 금은 수를 낳고 수는 다시 목을 낳으니, 〈태극도설〉에 이른바 '오행의 기가 순차적으로 펴짐에 사시(四時)가 운행하게 되었다.'는 것이 이것이다."라고 하였다. 《近思錄集解 卷1》

144 생겨난 것으로……음이고 : 생겨난 순서가 홀수 번째인 것이 양이고 짝수 번째인 것이 음이다. 주자는 "하늘이 1로 수를 낳고 땅이 2로 화를 낳았으며 하늘이 3으로 목을 낳고 땅이 4로 금을 낳았으니, 1과 3은 양이고 2와 4는 음이다."라고 하였다. 《性理大全書 卷1 太極圖》

이 되며, 운행으로 말하면 목과 화는 양이고 금과 수는 음이고[145] 토는 사시(四時)에 붙어 왕성하니,[146] 이는 반드시 오행이 음・양과

145 운행으로……음이고 : 주자는 이는 사시(四時)로 말한 것이니, 봄인 목과 여름인 화는 양이 되고 가을인 금과 겨울인 수는 음이 되는 것이라 하였다.《性理大全書 卷1 太極圖》 주염계는 "기의 운행으로 말하면 한 음과 한 양이 왕래하여 서로 교대하는 것이니, 목・화・금・수라고 하는 것은 각각 그 가운데에 나아가 노(老)와 소(少)를 나눈 것일 뿐이다. 그러므로 그 순서가 각각 소에서 노가 되고 토는 네 계절에 나뉘어 왕성하여 자리가 중앙에 있는 것이다.〔以氣之行而言, 則一陰一陽往來相代, 木、火、金、水云者, 各就其中而分老少耳. 故其序各由少而老, 土則分旺四季而位居中者也.〕" 라고 하였다.《性理大全書 卷27 理氣2》

146 토는……왕성하니 : 목・화・금・수는 사시에 각각 왕성한데, 토는 왕성한 기간이 나뉘어 사시의 끝에 붙어 있는 것을 가리킨다. 장현광은 '토가 사계에 왕성한 그림〔土旺四季之圖〕'에서 "오행의 기가 펴져 사시가 되니, 목이 왕성한 것은 기가 따뜻하여 봄이 되고, 화가 왕성한 것은 기가 더워 여름이 되고, 금이 왕성한 것은 기가 서늘하여 가을이 되고, 수가 왕성한 것은 기가 차서 겨울이 되고, 토는 네 계절에 붙어 왕성하여 그 기가 두텁게 엉기고 조화로운 것이 이것이다. 목・화・금・수는 각각 72일간 왕성하고 그치며, 토는 네 계절에 왕성한 것이 각각 18일이어서 이들을 합하면 또한 72일이 된다. 목・화・금・수의 기가 두텁게 엉기는 토의 기를 얻지 못하면 스스로 충실해질 수 없고, 조화로운 토의 기를 얻지 못하면 상생할 수 없으므로 토에 시작을 이루고 끝마침을 이루는 리가 있는 것이다. 이는 〈후천 팔괘에서〉 간토(艮土)가 겨울과 봄이 교차하는 곳에 있고 곤토(坤土)가 여름과 가을의 사이에 있는 것이다. 그러나 한 해의 기가 사시를 두루 도는 것에서 사시 가운데 봄과 여름이 위의 절반이 되고 가을과 겨울이 아래 절반이 되므로 두 절반의 사이가 한 해의 중앙이 되어서 중앙의 토가 이때에 더욱 왕성하다. 이는 여름철의 토가 사시의 왕성한 가운데 가장 왕성함이 되어 위로 화를 잇고 아래로 금을 생하여 조화의 추뉴(樞紐)가 되는 것이다.〔五行之氣, 播爲四時, 木旺氣燠爲春, 火旺氣熱爲夏, 金旺氣涼爲秋, 水旺氣寒爲冬, 土則寄旺四季, 其氣凝厚沖和者是也. 木、火、金、水各旺七十二日而止. 土旺四季者, 各十八日而合之亦爲七十二日也. 蓋木、火、金、水之氣不得土氣之凝厚, 則不能自實, 不得土氣之沖和, 則不能相生, 故土有成始成終之理. 此艮居冬春之交, 坤居夏秋之間者也. 然而一歲之氣周於四時, 而四時之中春夏爲上半, 秋冬爲下半, 故兩半之間正是一歲之中, 而中央之土於斯乎益盛. 此夏季之土爲四旺中之最旺, 而上以承乎火, 下以生乎金, 以爲造化之樞紐也.〕"라고 하였다.《易學圖說 卷2 本原》

나뉨이 있는 것이다. 그러나 오행의 운행은 음・양을 마치고 시작하여 한 해의 일을 이루지 않음이 없으니, 그렇다면 반드시 음・양에 합하는 것이 아니겠는가. 그러므로 말하기를 "오행은 하나의 음・양이다."[147] 한 것이다.

그러나 오행이 오행이 됨은 바로 음・양에서 나왔다. 그러므로 수・화・금・목이 비록 음・양에 각각 소속된 바가 있으나, 양에 속한 것은 진실로 홀로 양만 생겨난 것이 아니어서 반드시 음과 나란히 생겨나고, 음에 속한 것은 또한 홀로 음만 생겨난 것이 아니어서 반드시 양과 나란히 생겨나는 것이다. 하물며 중앙에 있는 토에 있어서랴.

각각의 한 행이 됨을 말하면 수에도 양수(陽水)와 음수(陰水)가 있고 화에도 양화(陽火)와 음화(陰火)가 있으며 금・목・토 또한 그러하니, 오행이 모두 각각 음・양이 있는 것이다.[148] 이는 이기(二氣)와 오행이 한 리와 한 기인 것이 아니겠는가. 또 단지 모두 각각 받은 바의 음・양이 있을 뿐 아니라 오행이 각 행이 되는 것도 모두 각각 오행의 리와 기를 갖춘 뒤에 스스로 각 행이 될 수 있는 것이니,

147 오행은 한 음양이다 : 이는 〈태극도설〉에 보인다.

148 수에도……것이다 : 하도의 수로 말하면, 수・화・목・금・토의 생수인 1・2・3・4・5와 성수인 6・7・8・9・10에서 기수는 양이고 우수는 음이 되어, 1은 양수(陽水)이고 6은 음수(陰水)이며, 2는 음화(陰火)이고 7은 양화(陽火)이며, 3은 양목(陽木)이고 8은 음목(陰木)이며, 4는 음금(陰金)이고 9는 양금(陽金)이며, 5는 양토(陽土)이고 10은 음토(陰土)이다. 또 주자는 "오행을 버리고 따로 음・양을 찾을 곳이 없으니, 예컨대 갑(甲)・을(乙)은 목에 속하는데 갑은 바로 양이고 을을 바로 음이며 병(丙)・정(丁)은 화에 속하는 데 병은 바로 양이고 정은 바로 음이다.〔舍五行, 無別討陰陽處, 如甲、乙屬木, 甲便是陽, 乙便是陰, 丙、丁屬火, 丙便是陽, 丁便是陰.〕"라고 하였다.《性理大全書 理氣2》이는 십간(十干)을 목・화・토・금・수의 오행에 배속하고 기수는 양이 되고 우수는 음이 되어 갑은 양목, 을은 음목 등이 되는 것이다.

오행마다 또한 각각 오행이 있는 것이다. 이는 이기와 오행이 한 리·기의 분합(分合)인 것이다.

7.1.3.5 사덕과 오행의 분합 四德五行分合

문왕(文王)이 지으신 건괘(乾卦)와 곤괘(坤卦)의 괘사(卦辭)에 모두 원(元)·형(亨)·이(利)·정(貞)을 말씀하셨는데,[149] 공자는 《주역》 〈문언전(文言傳)〉[150]에서 이를 나누어 말씀하셨으니, "위대하다. 건의 원이여. 만물이 의뢰하여 시작하니, 이에 하늘을 통합하였도다."[151] 한

149 문왕(文王)이……말씀하셨는데 : 건괘의 괘사에 "건은 원하고 형하고 이하고 정하다.〔乾, 元, 亨, 利, 貞.〕"라고 하였고, 곤괘의 괘사에 "곤은 원하고 형하고 이하고 암말의 정함이다.〔坤, 元, 亨, 利, 牝馬之貞.〕"라고 하였다. 주자는 문왕의 괘사를 점치는 말로 보아 "건은 크게 형통하고 정함이 이롭다."와 "곤은 크게 형통하고 암말의 정함이 이롭다."로 풀이하고, "공자께서 역(易)에 말을 다시어 〈단전(彖傳)〉·〈상전(象傳)〉·〈문언전(文言傳)〉을 지음에 이르러서는 원·형·이·정을 건괘의 사덕(四德)으로 삼으셨으니, 이는 또 문왕의 역이 아니다."라고 하였다. 반면에 정이천(程伊川)은 괘사의 원·형·이·정을 사덕으로 풀이하여 "원은 만물의 시초〔始〕이고 형은 만물의 성장〔長〕이고 이는 만물의 이룸〔遂〕이고 정은 만물의 완성〔成〕이다. 오직 건괘·곤괘만이 이 사덕을 모두 소유하였다." 하고, 건괘와 곤괘의 정(貞)이 다른 것에 대하여 "건괘는 강고(剛固)를 정으로 삼고, 곤괘는 유순하여 정하다."라고 하였다. 《周易傳義》 장현광은 여기서 원·형·이·정을 사덕으로 말한 것이다.

150 문언전(文言傳) : 여기서 〈문언전〉의 인용이라 한 것은 건괘 〈단전(彖傳)〉에 보인다. 《여헌속집》 권6 〈평설(平說)〉에도 이와 비슷한 내용이 보이는데, 〈평설〉에서는 이를 원·형·이·정의 사업이라 하고, 〈문언전〉에 "원은 선의 으뜸이요, 형은 아름다움의 모임이요, 이는 의(義)에 조화로움이요, 정은 일의 근간이다.〔元者, 善之長也; 亨者, 嘉之會也; 利者, 義之和也; 貞者, 事之幹也.〕" 한 것은 원·형·이·정의 실제라고 하였다.

151 하늘을 통합하였도다 : 주자는 건의 원이 사덕의 머리가 되어 천덕(天德)의 처음과 끝을 꿰뚫으므로 말한 것이라 하였다. 《周易傳義》

것은 바로 원이고, "구름이 흘러가고 비가 내려 만물이 형체를 갖춘다." 한 것은 바로 형이고, "건도(乾道)가 변화함에 각각 성명(性命)을 바르게 얻었다." 한 것은 바로 이이고, "대화(大和)를 보합(保合)하였다." 한 것은 바로 정이니,[152] 이것이 바로 사덕(四德)이다.

원은 물건을 낳음의 시초〔始〕이고, 형은 물건을 낳음의 형통〔通〕이고, 이는 물건을 낳음의 이룸〔遂〕이고, 정은 물건을 낳음의 갈무리〔藏〕이니, 시초는 봄이 되고, 형통함은 여름이 되고, 이룸은 가을이 되고, 갈무리는 겨울이 된다. 이는 바로 사덕이 천도의 떳떳함이 되는 것이다.

그리고 기자(箕子)가 홍범(洪範)을 말씀하기를, 구주(九疇)의 첫 번째는 오행(五行)이니, 오행의 첫 번째는 수(水)이고, 두 번째는 화(火)이고, 세 번째는 목(木)이고, 네 번째는 금(金)이고, 다섯 번째는 토(土)라고 하셨다. 주염계(周濂溪)의 〈태극도설(太極圖說)〉에 "양이 변하고 음이 합하여 수・화・목・금・토를 낳아서 다섯 기가 순차적으로 펴짐에 사시(四時)가 운행하게 된다."라고 하였다. 이것은 바로 오행이 상생(相生)하여 시작을 이루고 상극(相克)하여 끝마침을 이루어서 아울러 음・양의 두 기로 나뉘고 조화를 갖추는 것이다.

오행은, 기는 하늘에 운행하고 형질은 땅에 갖추어지며 순서에 따라 세(歲)・월(月)・일(日)・시진(時辰)에 유행한다. 팔괘에서는 건

152 건도(乾道)가……정이니 : 이는 주자와 정이천의 주에 차이가 있는데, 주자의 주를 따른 것으로 보인다. 원문은 '乾道變化, 各正性命, 保合大和, 乃利貞'으로 주자는 "건도가 변화하여 이롭지 않은 바가 없는데 만물이 각기 그 성명(性命)을 얻어 스스로 온전히 함을 말하였으니, 이(利)와 정의 뜻을 해석한 것이다."라고 한 반면에, 정이천은 "대화를 보합하기 때문에 이롭고 또 정한 것이다."라고 하였다. 또 주자는 '대화(大和)'는 음・양이 모여 조화로운 기이며, '각정(各正)'은 만물이 태어나는 초기에 얻는 것이고 '보합(保合)'은 이미 생겨난 뒤에 온전히 보존하는 것이라 하였다. 《周易傳義》

(乾)과 태(兌)는 금이 되고, 진(震)과 손(巽)은 목이 되고, 감(坎)은 수가 되고, 리(離)는 화가 되고, 간(艮)과 곤(坤)은 토가 된다.[153] 방위에서는 동쪽은 목이 되고, 남쪽은 화가 되고, 서쪽은 금이 되고, 북쪽은 수가 되고, 중앙은 토가 된다. 사시에서는 봄은 목이 되고, 여름은 화가 되고, 가을은 금이 되고, 겨울은 수가 되고, 사시에 붙어 왕성한 것은 토가 된다.

그렇다면 사덕의 원과 오행의 목이 똑같이 동쪽과 봄을 주재하고, 사덕의 형과 오행의 화가 똑같이 남쪽과 여름을 주재하고, 사덕의 이와 오행의 금이 똑같이 서쪽과 가을을 주재하고, 사덕의 정과 오행의 수가 똑같이 북쪽과 겨울을 주재하는 것이다. 그 명목이 다른데 그 계절과 방위가 똑같은 것은 어째서인가. 비록 계절과 방위는 같으나 맡은 바의 조화는 다른 것인가.

이는 다음과 같다. 사덕과 오행이 하나의 리이니, 덕으로 말하면 원·형·이·정이고, 기로 말하면 목·화·금·수이다. 덕은 리를 온축(蘊蓄)한 것이고 기는 리를 행하는 것이니, 덕이 펴지면 기가 이 가운데 있고 기가 행해지면 덕이 이 가운데 있는 것이다.

원의 덕이 시작함은 목기(木氣)의 따뜻함에 인하고, 형의 덕이 형통함은 화기(火氣)의 혁혁(赫赫)함에 인하고, 이의 덕이 거둠은 금기(金氣)의 서늘함에 인하고, 정의 덕이 갈무리함은 수기(水氣)의 차가움에 인한다.[154] 이는 진실로, 사덕과 오상(五常 오행)의 명목이 다른 것은

153 건(乾)과……된다 : 건은 양금(陽金)이고 태는 음금(陰金)이며, 진은 양목(陽木)이고 손은 음목(陰木)이며, 간은 양토(陽土)이고 곤은 음토(陰土)이다. 〈역괘총설〉의 각주 237) 참조.

154 원의……인한다 : 《여헌속집》 권6 〈평설(平說)〉에는 "원이 만물이 의뢰하여 시작하게 하는 것은 목의 기가 행하는 것이요, 형이 만물의 형체를 갖추게 하는 것은 화의 기가 행하는 것이요, 이가 각기 만물의 성명을 바르게 얻게 하는 것은 금의 기가

덕과 기로 나뉜 것이고, 계절과 방위가 합하는 것은 바로 하나의 리이고 그 조화 또한 하나인 것이다.

7.1.3.6 삼도의 분합 三道分合

삼도(三道)라는 것은 하늘의 도와 땅의 도와 사람의 도이니, 위에 위치하여 하늘이라 이르고, 아래에 위치하여 땅이라 이르고, 하늘과 땅 가운데에 위치하여 사람이라 이른다. 우주의 리가 위에는 하늘이 없을 수 없기 때문에 이에 반드시 하늘이 있게 되었고, 아래에는 땅이 없을 수 없기 때문에 이에 반드시 땅이 있게 되었고, 가운데에는 사람이 없을 수 없기 때문에 이에 반드시 사람이 있게 된 것이다.

하늘이 없을 수 없는 리가 있기 때문에 하늘이 그 리를 얻어서 하늘의 도가 되었고, 땅이 없을 수 없는 리가 있기 때문에 땅이 그 리를 얻어서 땅의 도가 되었고, 사람이 없을 수 없는 리가 있기 때문에 사람이 그 리를 얻어서 사람의 도가 된 것이다.

공자가 《주역》의 전(傳)을 지으시기를 "하늘의 도를 세움은 음과 양이고, 땅의 도를 세움은 유(柔)와 강(剛)이고, 사람의 도를 세움은 인(仁)과 의(義)이다."[155] 하셨으니, 이것은 바로 하늘과 땅과 사람의 도가 나뉘는 바이다. 하늘과 땅과 사람을 일러 삼재(三才)라 하니, 재(才)라는 것은 능히 그 도를 다하는 것의 칭호이고, 도라는 것은 능히 그 리를 순히 따르는 것의 칭호이다.

행하는 것이요, 정이 만물을 보합(保合)하게 하는 것은 수의 기가 행하는 것이요, 사덕이 모두 그 쓰임을 진실하게 하는 것은 토의 기가 행하는 것이다. 그렇다면 오행의 밖에 따로 사덕이 있겠는가."라고 하였다.

155 하늘의……의(義)이다 : 이는 《주역》 〈설괘전(說卦傳)〉에 보인다.

그렇다면 하늘이 음・양을 도로 삼는 것은 하늘이 된 리를 순히 따름이 이 음・양의 두 기에서 벗어나지 않기 때문이며, 땅이 강・유를 도로 삼는 것은 땅이 된 리를 순히 따름이 이 강・유의 두 형질에서 벗어나지 않기 때문이며, 사람이 인・의를 도로 삼는 것은 사람이 된 리를 순히 따름이 이 인・의의 두 덕에서 벗어나지 않기 때문이다.

그렇다면 똑같은 도인데, 하늘은 반드시 기를 도로 삼고, 땅은 반드시 형질을 도로 삼고, 사람은 반드시 덕을 도로 삼는 것은 어째서인가. 만물이 의뢰하여 시작하게 하는 것은 하늘인데, 만물이 의뢰하여 시작하게 하는 도는 기가 아니면 불가능하고,[156] 만물이 의뢰하여 생겨나게 하는 것은 땅인데, 만물이 의뢰하여 생겨나게 하는 도는 형질이 아니면 불가능하고, 하늘과 땅에 참여하여 도와서 윤기(倫紀 윤리와 기강)를 경륜(經綸)하는 것은 사람인데, 윤기를 경륜하고 하늘과 땅의 도에 참여하여 돕는 것은 덕이 아니면 불가능하다.[157]

기(氣)는 조화의 기틀이고, 형질은 조화의 기(器)이고, 덕은 경륜하고 참여하여 돕는 리이다. 기・형질・덕의 세 가지는 실로 하나의 리인데, 기가 비록 능히 시작하더라도 형질을 얻지 못하면 만물을 낳지 못하고, 형질이 비록 능히 낳더라도 기를 얻지 못하면 만물을 시작하지

156 기가 아니면 불가능하고 : 장현광은 "기가 있지 않으면 조화의 기틀이 될 수 없으므로 위를 덮고 있는 하늘은 반드시 기를 도로 삼으며, 형질이 있지 않으면 조화의 공을 이룰 수 없으므로 아래에서 싣고 있는 땅은 반드시 형질을 도로 삼으며, 덕이 있지 않으면 화육(化育)의 도에 참여하여 재성 보상(裁成輔相)하는 사업을 낼 수 없으므로 중간에 위치한 인간은 반드시 덕을 도로 삼는다."라고 하였다. 《旅軒集 卷7 道統說》

157 하늘과……불가능하다 : 《중용》에 오직 천하에 지극히 성실한 분이어야 천지의 화육을 도울 수 있고〔可以贊天地之化育〕, 천지에 참여할 수 있으며〔可以與天地參〕, 천하의 대경(大經 오품의 인륜)을 경륜할 수 있다고〔爲能經綸天下之大經〕 하였다.

못한다. 이는 기만 있거나 형질만 있으면 조화를 이루지 못해서 하늘과 땅이 함께 자리한 뒤에야 만물이 있을 수 있는 것이다. 또 하늘과 땅이 비록 능히 조화를 행하지만 반드시 가운데에 자리한 사람이 있은 뒤에야 윤기를 경륜하는 도를 세워서 하늘과 땅의 조화의 공을 도울 수 있는 것이다.

그렇다면 그 기가 되고 형질이 되고 덕이 된 것은 도가 나뉜 바이고, 하늘이 있은 뒤에 땅이 있고, 하늘과 땅이 있은 뒤에 사람과 물건이 있어서 사람이 능히 하늘과 땅의 자리를 편안히 하고 만물을 길러 주는 것은[158] 도가 합하는 바이다.

그렇지만 이것은 삼재의 도를 가지고 나뉨과 합함을 말한 것이다. 또 사람의 도를 가지고 말하면 마음에 오상(五常)의 성이 있고 몸에 오륜(五倫)의 법칙이 있는 것은 모두 리는 하나이나 나뉨이 다른 것이니, 이는 바로 합한 것은 나뉨이 없을 수 없고 나뉜 것은 합함이 없을 수 없는 이유이다.

7.1.3.7 삼재의 분합 三才分合

위에서 덮어 주는 것이 하늘이 되고, 아래에서 실어 주는 것이 땅이 되고, 하늘과 땅 가운데 있는 것이 사람이 되니, 이것을 삼재라 한다. 위에서 덮어 주는 것은 물건을 낳는 것을 도로 삼고, 아래에서 실어 주는 것은 물건을 이루는 것을 도로 삼고, 하늘과 땅의 중간에 있는 것은 하늘과 땅의 도를 재성(裁成)하고 보상(輔相)하여 하늘과

158 사람이……것은 : 《중용》에 "중(中)과 화(和)를 지극히 하면 천지가 제자리를 편안히 하고 만물이 잘 생육된다.〔致中和, 天地位焉, 萬物育焉.〕"라고 하였는데, 주자는 이를 '성인의 능사(能事)'라고 하였다. 《中庸章句》

땅의 화육(化育)에 참여하여 돕는 것[159]을 도로 삼는다. 재(才)라는 것은 사업이 있음을 이르니,[160] 삼재라는 명칭이 있는 것은 바로 이 때문이다.

하늘의 도를 음과 양이라 하고, 땅의 도를 유와 강이라 하고, 사람의 도를 인과 의라 한다.[161] 하늘·땅·사람의 형체가 이미 다르고 그 자리가 이미 나뉘고 그 도가 이미 분별되고 그 사업이 이미 다르니, 서로 관계되지 않을 듯하다. 그렇지만 이들을 함께 칭하여 삼재라 하니, 어찌 하늘은 따로 하늘이 되고 땅은 따로 땅이 되고 사람은 따로 사람이 되어서 서로 상관없겠는가.

형체가 다름은 함께함을 이루는 것이고, 자리가 나뉨은 배합함을 이루는 것이고, 도가 분별됨은 하나의 도리를 이루는 것이고, 사업이 다름은 서로 구제하는 것이다. 덮어 줌이 있기 때문에 실어 줌이 있으

159 재성(裁成)하고……것 : 재성(裁成)과 보상(輔相)은 하늘과 땅의 도를 이루고 돕는 성인의 교화나 임금의 일을 말하는데, 《주역》〈태괘(泰卦) 대상전(大象傳)〉에 "하늘과 땅이 사귐이 태(泰)이니, 군주가 이것을 보고서 하늘과 땅의 도를 재성하고 하늘과 땅의 마땅함을 보상하여 백성을 도와준다."라고 보인다. 정이천은 재성은 '군주가 천지의 교태(交泰)하는 도를 체행하여 재제해서 시행하는 방법을 이루는 것'이며, 보상은 '군주가 천지가 통태(通泰)하여 만물이 이루어짐을 체행하여 법제(法制)를 만들어서 화육(化育)의 공을 보조해서 풍성하고 아름다운 이로움을 이루게 하는 것'이라 하였으며, 주자는 "재성하여 과(過)함을 억제하고, 보상하여 불급(不及)함을 보충하는 것이다."라고 하였다. 《周易傳義》 장현광은 〈경위설〉 4.1.4.1절에서 성인이 군주가 되어 "음과 양이 과한 것을 제재하여 이루어주고[裁成], 미치지 못하는 것을 도와주며[輔相], 하늘이 덮어 주고 땅이 실어 주면서 낳고 이룬 것 중에 한쪽으로 치우친 것을 천지에 참여하여 도와준다."라고 하였다.

160 재(才)라는……이르니 : 7.1.3.6절에서는 '재라는 것은 능히 그 도를 다하는 것의 칭호'라 하였다. 또 장현광은 "재라는 것은 리·기를 합하여 조화가 되고 사업을 이룸을 말하며, 사업이란 그 도를 행하여 다함을 말한다."라고 하였다. 《旅軒集 卷7 孔聖》

161 하늘의……하니 : 7.1.3.6절 참조.

며 또 반드시 덮이고 실리는 물건이 있으니, 그렇다면 덮어 줌과 실어 줌과 물건이 서로 필요로 하는 것이다. 위가 있기 때문에 아래가 있고 또 반드시 위와 아래의 중간이 있으니, 그렇다면 위와 아래와 중간이 서로 필요로 하는 것이다. 둥근 하늘의 형상과 방정한 땅의 형상이 나타난 뒤에 길고 짧은 형상이 뒤따르니, 그렇다면 둥근 것과 방정한 것과 길고 짧은 것이 서로 필요로 하는 것이다.

음과 양은 기이고, 강과 유는 형질이고, 인과 의는 덕이다. 기는 홀로 행할 수 없어서 형질을 기다려 행하고, 형질은 홀로 이룰 수 없어서 기를 기다려 이루고, 또 기와 형질만으로는 구비될 수 없어서 반드시 덕이 있기를 기다려 천지조화를 이룬다.[162] 낳고 낳는 하늘과 화(化)하고 화하는 땅에 이르러도 반드시 경륜(經綸)하고 참여하여 돕는 사람을 기다려서 그 도를 다하고 그 사업을 끝마칠 수 있으니, 삼재가 세워진 것이 어찌 한 리에 의한 것이 아니겠는가.

그렇다면 하늘이 되고 땅이 된 리는 바로 사람이 된 리이고, 사람이 된 도는 바로 하늘이 되고 땅이 된 도인 것이다. 우리 인간이 된 자가 어찌 스스로 하찮게 여겨서 하늘이 덮어 주고 땅이 실어 주는 사이에서 취생몽사(醉生夢死)해서야 되겠는가.

혹자가 말하였다. "삼재에 참여하는 도를 책임지는 것은 성현의 일이고, 또 모름지기 영달하여 군주와 정승의 윗자리에 있는 자이어야 비로소 그 사업을 펼 수 있는 것이다. 밭두둑에서 농기구를 잡는 무리와

162 기는……이룬다 : 장현광은 "한갓 기만으로는 도가 될 수 없으므로 하늘이 있으면 반드시 땅이 있고, 한갓 기와 형질만으로는 도가 될 수 없으므로 하늘과 땅이 있으면 반드시 사람이 있으니, 그렇다면 삼재의 도가 반드시 우리 인간의 덕이 있은 뒤에야 비로소 구비되어 하늘이 하늘다운 하늘이 되고 땅이 땅다운 땅이 된다. 그리하여 하늘과 땅이 우리 인간을 얻은 뒤에야 비로소 덮어 주고 실어 주는 큰 조화[大化]를 하여 태극의 리가 태극이 된 묘함을 다할 수 있는 것이다."라고 하였다. 《旅軒集 卷7 道統說》

도끼·톱·칼·삭도(削刀) 등 공구를 잡는 무리와 시정(市井)에서 장사하는 무리는 이름은 비록 사람이지만 어찌 우주 안의 일을 책임질 수 있겠는가."

이에 내가 말하였다. "사람이 아닌 이가 없어서 오상(五常)의 성을 받지 않은 자가 없고 오륜(五倫)의 도가 있지 않은 자가 없다. 각기 분수를 지키고 각기 직책을 맡아서 받은 바의 성(性)을 잃지 아니하여 능히 오륜의 떳떳함을 순히 따르는 것이 또한 스스로 다하는 방도로서 군주와 정승의 교화를 어기지 않고 사람의 형체를 지닌 것에 부끄러움이 없는 것이 아니겠는가.

더구나 식량과 실은 농사짓지 않으면 어디에서 나오며, 기물은 공인(工人)이 작업하지 않으면 어디에서 만들어지며, 재화는 장사하지 않으면 어떻게 유통되겠는가. 이는 모두 사람의 일에 없을 수 없는 것이다."

혹자가 말하였다. "사람은 그렇지만 새·짐승·물고기·갑각류와 동식물의 경우에는 무슨 책임을 맡고 있기에, 함께 길러지는 가운데에 포함되지 않을 수 없어서 촘촘하게 무리로 모여 분분(紛紛)함을 이루어 세상에 번다하게 가득 차 있는가."

이에 내가 말하였다. "이 또한 조화의 자연이다. 하늘과 땅이 물건을 낳을 적에 어찌 간택(簡擇)하여 버리고 취하는 뜻이 있었겠는가. 갖추지 않은 바가 없는 리로써 부족한 바가 없는 기를 내어 구비하지 않는 바가 없는 품휘(品彙)를 생산함에 자연 무리를 이루고 자연 촘촘하게 많은 것이니, 어찌 반드시 귀한 것과 큰 것만 있고 천한 것과 작은 것은 없겠는가. 또한 모두 각자의 삶을 살고 각자의 조화를 이루어서 비록 지극히 천하고 지극히 작더라도 모두 함께 귀한 자와 큰 자의 부리는 바와 필요한 바가 되는 것이니, 이것이 하늘과 땅의 마음과 자연의 리가 아니겠는가.

이는 마치 사람과 물건의 몸 가운데 이루 셀 수 없이 많은 터럭도 모두 각각의 몸에 없을 수 없는 것이고 모두 몸을 가리고 호위하는 도구이니, 리를 벗어난 물건이라고 말할 수 없는 것과 같다. 이는 바로 하늘과 땅 사이에 가득한 온갖 종류가 하늘이 반드시 낳아야 하는 것이고 땅이 반드시 생산해야 하는 것이고 사람이 반드시 인자하게 대해야 하는 것이어서, 삼재의 도가 이로 인해 더욱 지극한 것이다."

7.1.3.8 성과 명의 분합 性命分合

무릇 하늘과 땅 사이에서 형체를 받은 것은 사람과 물건이다. 사람은 진실로 이루 셀 수 없이 많은데, 하물며 물건에 있어서 어찌 다 셀 수 있겠는가. 그러나 성(性) 밖의 물건이 없어서 물건이 있으면 반드시 성이 있고, 명(命) 밖의 성이 없어서 성이 있으면 모두 하늘이 명한 것이다.

성은 바로 물건이 된 소이의 리이니, 진실로 이 물건이 된 리가 있기 때문에 이에 생겨나서 이 물건이 되고, 또 저 물건이 된 리가 있기 때문에 이에 생겨나서 저 물건이 된 것이다. 이미 다만 그 리만 있고 그 물건이 없는 것이 없으니, 또 어찌 이미 그 물건만 있고 그 리가 없는 것이 있겠는가. 이 때문에 물건은 모두 그 성을 가지고 있는 것이다.

물건이 이미 모두 그 성을 가지고 있으니, 성이 어찌 물건이 된 것이 스스로 만든 것이겠는가. 물건은 물건이 된 뒤에 그 리가 있는 것이 아니고 본래 그 리가 있기 때문에 그 물건이 된 것이니, 리가 말미암아 나온 것이 하늘이 아니겠는가. 하늘에 그 리가 있어서 그 물건을 낳았으니, 물건이 된 리가 하늘이 명한 바가 아니겠는가. 이 때문에 물건은 성 밖의 물건이 없고 성은 명 밖의 성이 없는 것이다. 그렇다면 하늘이 물건에게 명한 것은 과연 하나하나 하늘이 임하여 명한 것인가? 물건이 명을 받은 것은 과연 물건마다 하늘에 나아가서 받은 것인가?

대답은 다음과 같다. 그렇지 않으니, 하늘에는 이 리가 있어서 리가 두루 있지 않은 곳이 없고, 리에는 이 기가 있어서 기가 충만하지 않은 것이 없다. 이미 기가 없는 땅이 없기 때문에 땅에 따라 물건이 있고, 또 리가 없는 기가 없기 때문에 물건에 따라 리를 부여한다. 이 때문에 낳지 않는 물건이 없고 리를 부여하지 않은 것이 없어서 물건마다 모두 성이 있고 성이 있는 것마다 모두 명한 것이다.

그렇다면 하늘의 명과 물건의 성이 바로 한 리인데, 이것을 명이라 하고 성이라 하는 것은 어째서인가. 이는 하늘은 위에 있어 하늘에 있는 리를 아래에 있는 물건에 부여하였으므로 리를 명이라 하였고, 물건은 하늘의 명을 받아서 이것이 각각 고유한 리가 되었으므로 리를 성이라 한 것이다.

명이라는 것은 하늘이 부여함으로써 명명한 것이고, 성이라는 것은 물건의 리로써 명명한 것이다. 하늘로부터 나온 명이 바로 물건에 있는 성이고, 물건에 있는 성이 곧 하늘로부터 나온 명이니, 두 가지 리가 아니다. 그러므로 "성을 알면 하늘을 알게 된다."[163]라고 하였고, 또 "성을 다하여 명에 이른다."[164]라고 한 것이다.

163 성을……된다 : 이는 《맹자》 〈진심 상(盡心上)〉에 "그 마음을 다하는 자는 그 성을 아니, 그 성을 알면 하늘을 알게 된다.〔盡其心者, 知其性也, 知其性則知天矣.〕"라고 보인다.

164 성을 다하여……이른다 : 이는 《주역》 〈설괘전(說卦傳)〉에 "이치를 궁구하고 성을 다하여 명에 이른다.〔窮理盡性, 以至於命.〕"라고 보인다.

7.1.3.9 오상의 분합 五常分合

7.1.3.9.1

성에는 가지고 있는 바의 떳떳함[彝]이 있으니 그 덕으로서 지목하면 다섯 가지가 있으므로 이것을 오상이라 한다. 상(常)은 바로 떳떳함을 말한 것인바, 인(仁)·의(義)·예(禮)·지(智)·신(信)이 이것이다. 오직 하나의 성인데 다섯 가지의 조목이 있는 것은 어째서인가. 일원(一原)의 리는 애당초 나눌 만한 형체가 있는 것이 아니고 계산할 만한 수(數)가 있는 것이 아니며 다만 무극이면서 태극이라고 말할 수 있을 뿐인데, 만일 때에 따르고 변화에 따라 발(發)하는 것을 정밀히 인식해보면 또한 본래 조목과 경계의 나뉨이 있는 것이다.

하늘과 땅에 있는 것으로 말하면, 하늘과 땅이 조화의 낳고 시작함을 통괄하는 것을 원(元)이라 하고, 원이 낳은 바를 인하여 왕성함을 형(亨)이라 하고, 형이 왕성한 바를 인하여 거두고 이루는 것을 이(利)라 하고, 이가 이루어지는 바를 인하여 감추어 정(定)하고 견고하게 닫는 것을 정(貞)이라 하니, 이는 하늘과 땅의 사덕(四德)이다.

오상의 신(信)은 하늘과 땅에 있어서 무슨 명목이 되는가. 이른바 성(誠)이 이것이다. 성이라는 것은 진실함을 이르니, 사덕 중에 진실하지 않고서 능히 덕이 될 수 있는 것이 하나라도 있겠는가.

태극에 조화가 있어 물건을 낳는 것은, 조화의 시초에 원을 하지 않으면 낳을 수 없고, 이미 낳았어도 형을 하지 않으면 왕성할 수 없고, 이미 왕성하여도 이(利)를 하지 않으면 이룰 수 없고, 이미 이루었어도 정을 하지 않으면 견고히 할 수 없다. 사덕이 낳고 왕성하게 하고 이루고 견고히 하는 것은 성(誠)이 아니면 공을 이룰 수 없으니, 이는 진실로 다섯 가지가 구비되지 않을 수 없어서 한 가지라도 빠져서는 안 되는 것이다.

이 리가 하늘과 땅에 있어서 이와 같기 때문에 이 리를 얻어 성이 된 것은 모두 한 성 가운데 또한 다섯 가지 조목으로 경계의 나뉨이 있는 것이다. 인은 사랑의 리가 되고, 예는 공경의 리가 되고, 의는 마땅함의 리가 되고, 지는 분별함의 리가 되고, 신은 진실함의 리가 되니, 이것은 바로 오상의 나뉨이다. 리가 사람에게 있어야 이 나뉨이 있는 것이 아니고, 하늘과 땅에 있을 때에 이미 나뉨이 있는 것이다. 한 리 가운데 만일 다섯 가지 조목의 나뉨이 없다면 어떻게 하늘과 땅의 조화를 행하며 어떻게 우리 인간의 사업을 이루겠는가.

그러나 구비하지 않을 수 없고 나뉘지 않을 수 없는 것은 리에 대용(大用)이 있는 이유이며, 구비한 뒤에 덕의 온전함이 되고 나뉜 뒤에 도의 통달함이 되는 것은 리가 전체(全體)가 되는 이유이다. 전체가 아니면 대용이 될 수 없고, 대용이 아니면 전체가 될 수 없으니, 이는 지극한 리가 되는 이유가 아니겠는가.

7.1.3.9.2

또 말하였다. "인은 여러 선(善)의 으뜸이며 낳고 낳는 근본이다. 그 큼은 포함하지 않는 바가 없고 그 멂은 이르지 않는 바가 없으니, 오직 이 한 가지 덕이 충분히 이 도의 무궁함이 될 수 있는 것이다. 그런데 또 반드시 예가 있고 의가 있고 지가 있고 신가 있어서 인과 나란히 있는 것은 어째서인가?"

이에 답하였다. "인이 있으면 예・의・지・신의 네 가지가 자연 갖추어지지 않을 수 없으니, 이것이 바로 인이 선의 으뜸이 되고 낳는 근본이 되는 이유이다.

예는 공경하고 순종하는 덕이고, 의는 제재하여 마땅하게 하는 덕이고, 지는 밝게 분별하는 덕이고, 신은 성실한 덕이다. 인은 본래 여러 선의 으뜸이며 낳고 낳는 근본이니, 여러 선의 쓰임을 한 가지 선으로 다할 수 없고, 낳고 낳는 도를 한 가지 덕으로 다할 수 없는 것이다. 그러므로 반드시 공경하고 순종하는 덕이 있어야 그 아름다움을 모아서 존비(尊卑)·귀천(貴賤)·친소(親疏)·대소(大小)가 각각 그 질서를 얻고 각각 그 법칙을 편안히 하여, 낳고 낳는 도가 통창(通暢)할 수 있는 것이다.

또 반드시 제재하여 마땅하게 하는 덕이 있어야 그 형통함을 거두어서, 한계가 있는 일은 한계를 기준하여 그치고 법도가 있는 물건은 법도에 이르러 정하여, 한계를 넘는 일이 있지 않게 하면서 일이 천서만단(千緖萬端)을 다 갖추고, 법도를 넘는 물건이 있지 않게 하면서 물건이 시(始)와 종(終)을 갖추게 된다. 그러므로 낳고 낳는 도가 이에 성립되는 것이다.

또 반드시 밝게 분별하는 덕이 있어야 이로써 쓰임에 감추어,[165] 하늘

165 쓰임에 감추어 : 원문 '藏諸用'은 《주역》 〈계사전 상〉에 "〈천지의 도가〉 인(仁)에 드러나며 쓰임에 감추어져 만물을 고무하되 성인과 함께 근심하지 않는다.〔顯諸仁, 藏諸用, 鼓萬物而不與聖人同憂.〕"라고 보이는데, 주자는 '쓰임'을 '사물을 열고 닫는 묘용〔機緘之妙〕'으로 풀이하였다. 주자는 또 "이 '용(用)'자는 장횡거(張橫渠)가 '순일하므로 신묘하다.' 한 것과 같으니, '신(神)'자와 '용'자가 똑같다.〔這用字, 如橫渠說'一故神'. 神字、用字一樣.〕"라고 하였는데, 섭채(葉采)의 주에 '신(神)'자는 '신묘하여 통하지 않음이 없음〔神妙而無不通〕'을 이른다고 하였다. 주자는 '藏諸用'이 지극히 말하기 어렵다고 하며 비유를 들어 설명하기를, "'인에 드러남'은 예컨대 봄이 낳고 여름이 길러서 발생하여 드러나 볼 수 있는 것이다. '쓰임에 감춤'은 낳고 자라는 소이이니, 내면에 감추어져 볼 수 없는 것이다.〔顯諸仁, 如春生夏長, 發生彰露可見者. 藏諸用, 是所以生長者, 藏在裏面而不可見.〕"라고 하였고, "'인에 드러남'은 서(恕)와 비슷하고 '쓰임에 감춤'은 충(忠)과 비슷하며, '인에 드러남'은 관(貫)과 비슷하고 '쓰임에 감춤'은 일(一)과 비슷하다.〔'顯諸仁'似恕, '藏諸用'似忠; '顯諸仁'似貫, '藏諸用'似一.〕"라고 하였다. 이는 《논어》에서 공자의 도를 '一以貫之'라고 하고 이를 증자(曾子)가 충서(忠恕)라 말한

과 땅의 리를 통하고 성(性)과 명(命)의 근원을 알고 일과 물건의 떳떳함을 다하여, 낳고 낳는 도가 이에 이루어지는 것이다.

또 반드시 성실한 덕이 있어야 능히 그 진실함을 지극히 하여 마땅히 낳아야 하면 반드시 낳아서 그 리를 막을 수 없고, 마땅히 질서가 있어야 하면 반드시 질서가 있어서 순서를 어지럽힐 수 없고, 마땅히 제재하여야 하면 반드시 제재하여 마땅함을 잃을 수 없고, 마땅히 분별해야 하면 반드시 분별하여 정고(貞固)함을 흔들 수 없다. 그러므로 낳고 낳는 도가 어긋남이 없을 수 있는 것이다.

그렇지 않고 다만 인만 있어서 예가 없고 의가 없고 지가 없고 신이 없다면 인은 인의 덕을 다할 수 없어서 낳고 낳는 도가 궁해지는 바가 있을 것이다. 그렇다면 예는 또한 인의 예이고, 의는 또한 인의 의이고, 지는 또한 인의 지이고, 신은 또한 인의 신인 것이다. 그러므로 말하기를 '한쪽으로 말하면 한 가지 일이고 전체로 말하면 네 가지를 통합한다.'[166] 하였으니, 이것이 하나이면서 다섯이고 다섯이면서 하나인 이유

것을 인용한 것인데, 주자의 주에 일(一)을 '한 리가 혼연한 것〔一理渾然〕'으로 풀이하였고, 충(忠)을 '만수가 일본인 것〔萬殊之所以一本〕'에 비유한 것이라 하였다. 《周易傳義大全 繫辭傳上》, 《近思錄集解 卷1》, 《論語集註 里仁》

166 한쪽으로……통합한다 : 이는 《주역》 〈건괘(乾卦) 단전(彖傳)〉의 정이천(程伊川)의 주에 "사덕의 원은 오상의 인과 같으니, 한쪽으로 말하면 한 가지 일이요, 전체로 말하면 네 가지를 모두 포함한다.〔四德之元, 猶五常之仁. 偏言則一事, 專言則包四者.〕" 라고 보인다. '한쪽으로 말함'은 원·형·이·정으로 나누어 말하여 원이 그중의 하나인 것이고, '전체로 말함'은 원·형·이·정을 통합하는 원으로서 말하는 것이다. 정이천의 주에 대하여 주자는 "원은 처음 발생하여 나오는 것이고, 발생한 후에 비로소 회통하고, 통한 후에 비로소 이룸을 향한다. 이(利)는 물건이 이루어짐이니 막 6~7분을 이룬 것이고, 정의 단계에 이르러 비로소 10분을 이루니, 이것이 '한쪽으로 말함'이다. 그러나 발생하는 가운데 이미 뒤의 여러 도리를 이미 갖추고 있으니, 이것이 '전체로 말함'이다.〔元是初發生出來, 生後方會通, 通後方始向成. 利者物之遂, 方是六七分, 到貞處方是十分成, 此偏言也. 然發生中已具後許多道理, 此專言也.〕"라고 하였다. 《周易傳義大

이다."

7.1.3.10 성과 정의 분합 性情分合

하늘과 땅의 기를 얻어서 그 사이에 태어나 물건이 된 것은 모두 물건이 된 리가 있고, 그 정영(精英)한 기가 반드시 모이는 바가 있어서 허명(虛明)하여 그 몸을 주재하는 것이 바로 이른바 마음이라는 것이니,[167] 이 가운데 있는 리가 바로 이른바 성(性)이다. 그 글자가 심(心)과 생(生)으로 이루어졌으니, 마음이 리를 얻어 능히 영묘(靈妙)하고 리가 마음을 얻어 작용이 있기 때문이다.

그러나 그 영묘함과 작용은 반드시 물건을 접하고 일에 응한 뒤에야 발하니, 이것이 바로 이른바 정(情)이다. 미발(未發)일 때에는 다만 영묘함과 작용의 본체만 있고 영묘함과 작용의 실제 쓰임을 볼 수 없어서, 안정되고 고요하여 비어 있는 거울과 멈춰 있는 물과 같으니, 이 가운데 들어 있는 리가 성이 아니겠는가.

성의 조목은 인·의·예·지·신이 이것이다. 그러나 이른바 인·의·예·지·신은 성 가운데 경계가 있는 것이 아니고, 다만 그 이발

全 乾卦》

167 정영(精英)한……것이니 : 주자는 "마음은 기의 정상(精爽)이다.〔心者, 氣之精爽.〕" 하였고, "사람의 한 마음은 담연(湛然)하게 허명하여 마치 비어 있는 거울과 같고 평평한 저울과 같아서 한 몸의 주재가 되는 것이 진실로 그 참된 실체의 본연이다.〔人之一心, 湛然虛明, 如鑑之空, 如衡之平, 以爲一身之主者, 固其眞體之本然.〕" 하였다. 《朱子語類 卷5》, 《四書或問 卷2》 장현광은 "기가 모이고 질(質)이 응집됨에 반드시 모두 정영(精英)이 있으니, 리가 이 가운데에 있어서 자연스러운 신령함이 되는 것이 바로 그 마음이다.……마음은 형체를 가지고 있는 모든 물건들이 반드시 가지고 있는 것인바, 정영한 기로 성명(性命)이 붙여 있으니, 곧 한 몸의 주재이고 중앙에 위치하여 밖을 통솔하며, 하나로써 만 가지를 대응한다."라고 하였다. 《旅軒集 卷6 心說》

(已發)을 인하여 떳떳한 행실에 드러나고 미루어 사업[168]으로 삼은 뒤에 다섯 가지의 떳떳함이 있어서 각자 성이 됨을 아는 것이다.

이발에 이르러서는 일이 이르면 일을 따라 응하고 물건이 오면 물건을 따라 감동하는 것을 그칠 수 없으니, 이것이 정이 아니겠는가. 정의 조목은 기쁨 · 노여움 · 슬픔 · 즐거움 · 사랑 · 미워함 · 하고자 함이다.

이 칠정(七情) 가운데 마땅히 측은해하여야 하면 측은해하고, 마땅히 부끄러워하고 미워해야 하면 부끄러워하고 미워하며, 마땅히 사양해야 하면 사양하고, 마땅히 옳고 그름을 따져야 하면 옳고 그름을 따지는 것이 바로 그 순선(純善)한 조목이니, 이른바 인 · 의 · 예 · 지의 사단(四端)[169]이다. 이는 진실로 오상의 성이 칠정을 말미암아 행해지는 것이다. 만약 다섯 가지의 떳떳함이 이 가운데 있어서 미발의 성이 되지 않는다면 일곱 가지의 정이 무엇을 근본으로 하여 이발의 정이 되겠는가. 그렇다면 성과 정은 애당초 두 가지 리가 아니고 다만 미발과 이발로써 이름을 달리한 것일 뿐이다.

다만 성이 되어 미발일 때에는 기가 격동하지 아니하여 리에 순수하기 때문에 성에 불선(不善)이 없는 것이고,[170] 이발하여 정이 되어서는 리를 받들어 용사(用事)하는 기가 모두 당연한 리에 순종하여 법칙에 부합할 수만은 없다. 그리하여 법칙에 지나친 자는 이단(異端)이 되고

168 사업 : 장현광은 오상에 대하여 "사업에 있어서는 지로써 알고 인으로써 행하고 예로써 차례를 펴고 의로써 제재하고 신으로써 이루는 것이 이것이다."라고 하였다. 《旅軒續集 卷6 平說》

169 사단(四端) : 사단과 칠정의 관계는 7.1.3.13절 참조.

170 미발일……것이고 : 주자는 "미발의 이전에는 기가 용사하지 않는다. 그러므로 선만 있고 악은 없는 것이다.〔未發之前, 氣不用事. 所以有善而無惡.〕"라고 하였다. 《近思錄集解 卷1》

법칙에 미치지 못하는 자는 보통 사람이 되는데, 이는 모두 성의 본연이 아니니, 도가 날로 멀어져서 천하의 악이 모두 이로부터 나오는 것이다. 이는 성의 죄가 아니고 바로 정이 치우쳐서이니, 이는 성현이 가르침을 남기신 이유이고 후학들이 마땅히 공부해야 할 곳이다. 과연 능히 정을 단속해서 당연한 법칙에 부합하게 한다면 당연한 법칙이 바로 본성의 리이니, 이것이 성과 정이 합하여 하나가 되는 것이 아니겠는가.

7.1.3.11 본연과 기질 두 성의 분합 本然氣質兩性分合

태극의 리는 참되어 망령됨이 없고, 순수하여 뒤섞임이 없고, 선하여 악함이 없고, 중(中)이 되어 편벽됨이 없고, 올발라서 간사함이 없고, 공변되어 사사로움이 없고, 곧아서 굽음이 없고, 순하여 거스름이 없고, 평이하여 험함이 없고, 기강이 있어서 문란함이 없고, 충실하여 누락함이 없고, 통하여 막힘이 없고, 온전하여 이지러짐이 없고, 한결같아 다름이 없고, 일정하여 변함이 없다. 이 리의 밖에 다른 리가 없다. 그러므로 하늘과 땅 사이에 생겨난 물건이 이 리를 받아서 성으로 삼으니, 바로 이른바 본연지성(本然之性)이다.

오직 품부받아 태어나는 즈음에 기(氣)는 깨끗함과 혼탁함이 없지 못하고 질(質)은 순수함과 잡박함이 없지 못하여, 깨끗한 것은 밝고 혼탁한 것은 어두우며, 순수한 것은 순일하고 잡박한 것은 잡되다. 이는 주자(周子)가 말씀한 강(剛)과 유(柔), 선과 악이 똑같지 않다는 것이고,[171] 정자(程子)가 말씀한 형체가 있은 뒤에 기질지성(氣質之性)

171 강(剛)과……것이고 : 주염계는 "성은 강·유·선·악·중일 뿐이다.〔性者, 剛柔善惡中而已矣.〕"라고 하였는데, 이에 대하여 주자는 "이 성은 바로 기질지성을 말한

이 있다[172]는 것이 이것이다.

본연지성은 마치 오장(五臟)과 몸의 각 부분이 똑같아 지혜로운 이와 어리석은 이, 어진 이와 불초한 이를 막론하고 모든 사람에게 본래 있는 것과 같고, 기질지성은 마치 수많은 얼굴과 모양이 각각 달라서 길고 짧음과 두껍고 얇음이 반드시 똑같지 않은 것과 같다.

그런데 이 둘을 똑같이 성이라고 말하는 이유는 무엇인가. 본래 있는 성은 일정하여 바꿀 수 없어서, 비록 자포자기(自暴自棄)하는 하우불이(下愚不移)[173]인 경우에도 받은 바의 리는 일찍이 없어지지 않으니, 주된 성이 아니고서 그러하겠는가. 똑같지 않은 성은 비록 품부받은 바의 기에서 연유하였으나 또한 이미 마음에 충만하고 왕성해서 변화하지 않으니, 성이라고 말하지 않을 수 없는 것이다.

바로 본연의 리가 기질 가운데 붙어 있어서 유행하는 즈음에 똑같이 나오기 때문에 서로 현격히 다른 상지(上智)와 하우(下愚)가 아니라면 반드시 서로 비슷한 것이다. 그러므로 공자와 맹자도 일찍이 본연과 기질을 나누어 말씀하지 않으셨는데, 송(宋)나라 정자가 처음으로 기질지성을 말씀하시자, 비로소 배우는 자들이 본연과 기질의 두 성이

것이다. 네 가지 가운데 강악(剛惡)과 유악(柔惡)을 버리고 강선(剛善)과 유선(柔善)의 가운데에서 중을 택하여 주(主)로 삼는다.〔此性便是言氣質之性. 四者之中, 去刦剛惡柔惡, 刦於剛柔二善中, 擇中而主焉.〕"라고 하였다.《性理大全書 卷2 通書1 師》

172 형체가……있다 : 이는 본래 장횡거(張橫渠)의 말이고, 정이천(程伊川)은 기질의 청탁(淸濁)을 말하였다.

173 자포자기(自暴自棄)하는 하우불이(下愚不移) : '하우불이'는 지극히 어리석어서 변화되지 않는 자로《논어》〈양화(陽貨)〉에 보인다. '자포'와 '자기'는《맹자》〈이루상(離婁上)〉에 나오는데, 정이천(程伊川)은 "오직 자포(自暴)하는 자는 〈예의를〉 막아서 믿지 않으며 자기(自棄)하는 자는 〈인의를〉 체념하여 하지 않으니, 비록 성인과 더불어 거처하더라도 교화하여 들어갈 수 없다. 이것이 이른바 '하우불이'라는 것이다."라고 하였다.《孟子集註》

있음을 알게 되었다.

그렇다면 본연지성은 리에서 근본한 것인데 리는 본래 변함이 없으므로 이 성은 반드시 서로 같은 것이며, 기질지성은 기에서 나온 것인데 기는 변함이 있으므로 이 성은 반드시 똑같지 않은 것이다. 기 역시 리에서 나온 것이니 본래 두 근원이 있는 것은 아니나, 다만 성함과 쇠함, 후함과 박함, 정(精)함과 거침, 편벽됨과 바름의 차이가 없지 못하다.

사람이 품부받은 것이 성하고 후하고 정하고 바른 기를 얻었으면 그 기질이 자연 능히 청명하고 순수하고 중정(中正)하고 화평해서 성현과 군자가 되고, 쇠하고 박하고 편벽되고 거친 기를 얻었으면 그 기질이 혼탁하고 혼암(昏暗)하고 어긋나고 편사(偏邪)함이 많아서 어리석고 미친 자와 소인이 되니, 이는 바로 기질지성이 똑같지 않은 것이다.

그러나 리는 변함이 없지만 기는 변함이 있으므로, 변함이 있는 기를 변화시켜 변함이 없는 리를 회복하면 어리석은 자가 변화하여 지혜로운 자가 될 수 있고, 미친 자가 변화하여 성인이 될 수 있고, 소인이 변화하여 군자가 될 수 있는 것이다. 그러므로 능히 훌륭한 일을 하고서 훌륭한 자가 되지 못하는 이치는 없는 것이다. 그러므로 말씀하기를 "기질지성을 군자는 성으로 여기지 않는다."[174] 하셨으니, 이는 본연지성이 주된 성이 되기 때문에 기질지성은 끝내 성이 될 수 없는 것일 것이다.

174 기질지성을……않는다 : 이는 장횡거(張橫渠)의 말인데, 7.1.2.3절에 정이천(程伊川)의 말로 인용하였다.

7.1.3.12 정과 의의 분합情意分合

마음은 성(性)과 정(情)을 통섭(統攝)하여[175] 한 몸의 가운데 있으니, 성은 바로 리인바 정 이외에 마땅히 다른 지각(知覺)이 없을 터인데 의(意)라는 이름이 존재하는 것은 어째서인가. 내 한번 이를 말해 보겠다. 정 또한 마음의 정이고 의 또한 마음의 의이니, 글자가 모두 심(心)을 부수로 하는데 다만 옆에 있고 아래에 있는 것이 다를 뿐이다.

정은 마음에 있는 성이 사물의 접촉으로 인하여 즉시 지각을 따라 발하여서 마땅히 기뻐해야 하면 기뻐하고, 마땅히 노여워해야 하면 노여워하고, 마땅히 슬퍼해야 하면 슬퍼하고, 마땅히 즐거워해야 하면 즐거워하고, 마땅히 사랑해야 하면 사랑하고, 마땅히 미워해야 하면 미워하고, 마땅히 하고자 해야 하면 하고자 하는 것이 이것이다.

의(意)는 정이 감동한 사물을 인하여 스스로 지각을 사용해서 이해와 득실을 헤아리거나 혹은 정이 감동한 새로운 일이 없는데도 때로 어떤 일과 어떤 물건에 생각〔念〕을 일으켜서 계교하는 것이 이것이다.[176]

175 마음은……통섭(統攝)하여 : 원문은 '심통성정(心統性情)'으로 장횡거의 말이다. 주자는 이에 대하여 "통(統)은 주재(主宰)이니, 성은 마음의 리요 정은 마음의 용이요 마음은 성·정의 주재이다." 하였다. 《近思錄集解 卷1》 장현광이 '심통성정'을 해설한 것은 보이지 않으나 《여헌집》 〈심설(心說)〉에서 "마음이 군주의 도리를 스스로 다하여 오상(五常)의 성을 온전히 함이 있고 칠정(七情)의 쓰임을 절제함이 있다." 한 것이 이 뜻인 듯하다. 참고로 퇴계 이황은 '성을 담아 간직하여 갖추어 싣고 있는 것〔盛貯該載此性者〕'이 마음이고 '정을 베풀어 운용하는 것〔敷施發用此情者〕'이 마음이므로 '심통성정'이라 한다고 하였다. 《退溪集 卷18 答奇明彦》

176 의(意)는……이것이다 : 장현광은 "정(情)은 이 마음의 계교함을 따르지 않고 타고난 성에 따라 자연히 나오는 것이다. 정이 향하는 바가 있는데 통하지 못하는 바가 있으면 자연히 지각(知覺)을 운용하여 통할 것을 구하는바, 이것을 사(思)라 하며, 정에 연연하고 애착하여 항상 잊지 않는 것을 억(憶)이라 하며, 마음속에 기억하고 있는 것을 염(念)이라 하며, 염(念)하여 사(思)를 극진히 하는 것을 여(慮)라 하며,

그렇다면 정과 의가 모두 마음의 쓰임인데, 가리켜서 붙인 이름이 다른 것이다. 성이 발한 것[177]을 정이라 하고 마음이 발한 것을 의라 하는데,[178] 성은 바로 마음의 리이고 마음은 바로 성의 집이니, 정은 바로 의의 기틀이고 의는 바로 정이 이끈 것이다.

정은 의가 없는 초기에 발하고 의는 정이 발한 뒤에 일어나서, 혹은 서로 돕기도 하고 혹은 서로 제재하기도 한다. 정이 이미 바른데 그 의도 바르면 이에 서로 돕고 서로 이루어 주어 바른 도가 되는 경우가 있다. 정은 처음에 바르나 그 의가 바르지 못하면 이에 정으로써 그 의를 제재하는 경우가 있으며, 정은 바르지 못하나 그 의가 혹 바르면 이에 의로써 그 정을 제재하는 경우가 있다.

또 정과 의가 모두 바르지 못하여 간사함으로써 서로 돕고 서로 이루어 주는 경우가 있다. 과연 정과 의가 모두 바르지 못해서 서로 간사함을 이루어 준다면 그 성을 멸하고 몸을 해침에 이르지 않을 자가 있겠는가. 그러므로 《대학》의 공부에서 성의(誠意)가 선과 악의 관문이 되고,[179] 맹자와 정자(程子)가 모두 '정을 단속〔約情〕'하라는 가르침을 남기신 것이다.[180]

여(慮)를 계교(計較)하고 헤아림을 의(意)라 한다."라고 하였다. 《旅軒集 卷6 學部名目會通旨訣》

177 성이 발한 것 : 7.1.3.13절에서 사단의 리발(理發)에 대하여 리가 '발하는 주체〔所發之主〕'인 것이라 하였다. 성이 발함도 같은 의미로 볼 수 있을 듯하다.

178 마음에서……하는데 : 《대학장구》 경(經) 1장의 주자의 주에 의는 '마음의 발하는 바〔心之所發〕'라 하였다.

179 성의(誠意)가……되고 : 주자는 "격물은 꿈을 깨는 관문이고 성의는 선과 악의 관문이다.〔格物是夢覺關, 誠意是善惡關.〕"라고 하였다. 《朱子語類 卷15》

180 맹자와……것이다 : 정이천은 "정이 이미 성해져 더욱 방탕해지면 그 본성이 해롭게 된다. 그러므로 선각자는 정을 단속하여 중도에 합하게 하고, 그 마음을 바루어 본성을 기를 뿐이다.〔情旣熾而益蕩, 其性鑿矣, 故覺者約其情, 使合於中, 正其心, 養其

7.1.3.13 사단과 칠정의 분합 四端七情分合

사단(四端)의 설은 처음 맹자에게서 나왔고, 칠정(七情)은 여러 책에 나온 설에서 혹은 칠정을 다 말하기도 하였고 혹은 두 가지 정을 짝하여 거론하기도 하였고[181] 혹은 한 가지 정만 말하기도 하였으나 모두 일곱 가지를 벗어나지 않는다.

사단도 또한 정인데 인・의・예・지 사덕(四德)의 단서로서 말하였으므로 주자(朱子)가 리발(理發)이라고 말씀하였지만,[182] 칠정을 기발(氣發)이라고 말하면 후학들이 그 사이에 의심을 두지 않을 수 없는 것이다.

性而已.]"라고 하였다.《論語集註 雍也》 맹자가 정의 단속에 대하여 직접 말한 것은 없으니, 맹자의 '정을 단속하라는 가르침'은 사단(四端)의 확충을 말하는 듯하다. 장현광은 "이른바 사단을 확충하는 것은 다른 방법이 있는 것이 아니요 또한 칠정에 나아가서 그 참됨을 잃지 않게 할 뿐이다.……사단의 나옴이 애당초 칠정에서 벗어나지 않으며, 확충하는 공부 또한 칠정을 단속함〔約〕에 있는 것이다. 사단은 확충하기 어렵기 때문에 확충〔擴〕이라고 말하였고 칠정은 방탕하기 쉽기 때문에 단속〔約〕이라고 말하였으니, 확충함은 그 근본을 밝히는 것이요 단속함은 그 용을 바로잡는 것이다. 확충함은 단속함에 달려 있고 단속함은 확충함에 달려 있으니, 그 실제는 곧 한 가지 일이다."라고 하였다.《旅軒續集 卷6 平說》

181 칠정을……하였고 : 경서에 언급되는 정은 그 수와 종류가 각각 다른데,《예기》〈예운(禮運)〉에는 희(喜)・노(怒)・애(哀)・구(懼)・애(愛)・오(惡)・욕(欲)의 칠정을 말하였고,《춘추좌전》 소공(昭公) 25년 조에는 호(好)・오(惡)・희・노・애・락의 육정(六情)을 말하였고,《중용》에는 희・노・애・락을 말하였고,《예기》〈악기(樂記)〉에는 애(哀)・락・희・노・경(敬)・애(愛)를 말하였다. '두 가지 정을 짝하여 거론함'은 희・노와 애・락과 호・오와 같이 짝을 지어 여섯 가지, 네 가지, 두 가지로 말한 것을 가리키는 듯하다.

182 주자(朱子)가 리발(理發)이라고 말씀하였지만 : 주자는 "사단은 리가 발한 것이고, 칠정은 기가 발한 것이다.〔四端是理之發, 七情是氣之發.〕"라고 하였다.《朱子語類 卷53》

성이 발한 것을 정이라 하면 사덕의 밖에 다른 성이 없으니, 칠정이 만일 사덕이 발한 것이 아니라면 어떤 성을 따라 발하여 정이 되었다고 하겠는가. 또 사단이 이미 사덕에 근원하여 바로 이발(已發)이라 칭하는데, 사단만 유독 정이 될 수 없는 것인가. 그렇다면 칠정은 진실로 모두 사덕의 쓰임이고, 사단 또한 칠정을 벗어나서 별도로 단서가 된 것이 아니다.

사단을 가지고 말하면 측은(惻隱)은 바로 칠정의 사랑이고, 수오(羞惡)는 바로 칠정의 미워함이고, 사양(辭讓)은 바로 사랑과 미워함을 겸한 것이고, 시비(是非)는 바로 칠정의 조목을 분별한 것이다. 옳다고 여기는 것은 항상 순경(順境)에 있고 그르다고 여기는 것은 항상 역경(逆境)에 있으니, 기쁨·즐거움·사랑·하고자 함의 네 가지는 순경에 응함이 아니겠는가. 노여움·슬픔·미워함의 세 가지는 역경에 응함이 아니겠는가.

칠정을 가지고 말하면 슬픔·사랑·하고자 함은 바로 인이 발한 것이고, 노여움·미워함은 의가 발한 것이고, 기쁨·즐거움은 예가 발한 것이며, 일곱 가지 정이 일과 물건에 따라 감동하고 응함이 각기 마땅함은 지가 발한 것이다. 기쁨 또한 인이 발했다고 말할 수 있고, 슬픔 또한 예가 발했다고 말할 수 있다. 이로써 통합하여 보면 사단은 반드시 칠정의 밖에 있지 않고 칠정은 과연 모두 사덕의 쓰임이 되는 것이다.

다만 네 가지에 반드시 단(端)이라고 말한 것은, 측은은 바로 인을 따라 발하고 수오는 바로 의를 따라 발하고 사양은 바로 예를 따라 발하고 시비는 바로 지를 따라 발하는데, 마땅히 감동할 때에 따라 곧바로 근원하는 덕을 따라 사사로운 뜻이 붙지 않고 마침내 자신도 모르는 사이에 어느새 발현되기 때문에 이것을 일러 어떤 덕의 단서라 한 것이다. 그러나 그 리를 가지고 지목하면 성이고, 그 선을 가지고 지목하면 덕이고, 그 덕이 나온 것으로 말하면 단이라 하고, 그 성이 발한 것으로 말하면 정이라 한 것이다. 성은 바로 덕이고 덕은 바로 성이며, 단은 바로 정이고 정은 바로 단이다.

다만 그 정이 근본한 것은 성의 리이고 정이 발한 것은 기가 동한 것이어서 성은 정의 체가 되고 정은 성의 용이 되므로, 근본한 바를 가리키면 단지 리라고 말할 수 있고 기라고 말할 수 없으며, 발한 바를 가리키면 단지 기라고 말할 수 있고 리라고 말할 수 없는 것이다.

사단을 리발(理發)이라 하고 칠정을 기발(氣發)이라 한 것은, 근본한 바가 모두 리이고 발한 바가 모두 기인 것과는 그 뜻이 다르니, 이는 사람들이 의심할 만한 곳이다.

사단을 리발이라 한 것은 어찌 사단이 발할 적에 본래 성이 사물을 접촉하면 곧 감응되어 사사로움과 거짓을 범하지 않기 때문에 리를 발하는 주체로 삼은 것이 아니겠는가. 칠정을 기발이라고 한 것은 어찌 칠정이 발할 적에 혹 사사로움과 거짓에 관계되어서 순선하지 못하기 때문에 기를 발하는 주체로 삼은 것이 아니겠는가. 이 설은 대순(大舜)의 도심(道心)과 인심(人心)의 구별에 대하여 조술(祖述)한 것과 비슷하다.[183]

그러나 사단은 순선(純善)하므로 리발이라 하고 칠정은 잡되므로 기발이라 하는 것은, 바꿀 수 없는 뜻이 되는 이른바 정이 근본하는 바가 모두 리이고 성이 발하는 바가 모두 기라는 말만 못하다.

자사자(子思子)가 말씀하기를[184] "기쁨·노여움·슬픔·즐거움이

183 대순(大舜)의……비슷하다 : 7.1.3.14절에 인심과 도심의 구별은 공(公)과 사(私)의 차이일 뿐이며, 공은 리에서 나오고 사는 몸에서 나온다고 하였다.

184 자사자(子思子)가 말씀하기를 : 이하의 내용과 연관된 문답이 《여헌속집》에 보인다. 장현광이 사단과 칠정을 배합하는 설을 말하자 혹자가 주자의 "칠정을 나누어

발하지 않은 것〔未發〕을 중(中)이라 이르고 발하여 절도에 맞는 것을 화(和)라 이르니, 중은 천하의 큰 근본이고 화는 천하의 공통된 도이다." 하셨다. 주자가 이를 해석하기를 "기쁨・노여움・슬픔・즐거움은 정이고, 이것이 발하지 않은 것은 성이다." 하셨으니, 맹자가 어찌 칠정을 벗어나 사단을 말씀하셨겠는가. 다만 칠정 가운데에서 곧바로 본연지성을 따라 첫 번째로 감동하여 나오는 순선한 것을 들어 지목하여 사단이라 하신 것이니, 만일 능히 정밀하게 연구하고 자세히 인식한다면 사단이 과연 칠정 가운데에서 벗어나지 않는다.

7.1.3.14 인심과 도심의 분합 人心道心分合

순(舜)임금이 우왕(禹王)에게 선양할 적에 요(堯)임금에게서 받은 '윤집궐중(允執厥中 진실로 그 중을 잡아 지킨다)'의 말씀을 들면서 '인심은 위태롭고 도심은 은미하니 정(精)하게 살피고 한결같이 지켜야 한다〔人心惟危, 道心惟微, 惟精惟一〕'는 세 구를 그 위에 더하셨으니, 이것은 바로 윤집궐중의 공부를 함께 발명하신 것이다.

이미 인심과 도심이라고 하면 두 마음이 있는 듯하므로 회암(晦庵) 주자가 논하기를 "마음의 지각(知覺)은 하나일 뿐인데 인심과 도심의 다름이 있다고 한 것은, 혹은 형기(形氣)의 사사로움에서 나오고 혹은 성명(性命)의 올바름에서 근원하여, 지각을 한 것이 똑같지 않기 때문

사덕에 짝할 수 없다."라는 말을 인용하여 이의를 제기하였다. 이에 장현광은 "주자의 '나누어 짝할 수 없다.'는 말씀은 사단은 감응되어 나옴이 순선하고, 칠정은 혹 거짓과 사사로움에 관계됨을 가지고 말씀한 것이다. 그러나 중(中)과 화(和)의 뜻을 해석하기를 '기쁨・노여움・슬픔・즐거움은 정이고, 이것이 발하지 않은 것은 성이다.' 하였으니, 성이 발하여 정이 된다면 맹자가 어찌 칠정을 벗어나 사단을 말씀하셨겠는가."라고 답하였다. 《旅軒續集 卷9 拜門錄》

이다. 이 때문에 혹은 위태로워 편안하지 못하고 혹은 미묘하여 보기가 어렵다……"[185] 하였다. 그런데 후세 사람들은 아직도 두 마음의 근본이 둘이라고 의심하니, 아! 슬프다. 어찌 이 마음에 애당초 두 근본이 있겠는가.

사람이 생명을 받을 적에 리와 기를 합하여 한 몸이 되었다. 그러므로 몸이 있은 뒤에 또 리와 기를 합하여 한 마음이 되었다. 그러나 이른바 기는 이 리의 밖에 따로 기가 된 것이 아니다. 그렇다면 그 기는 바로 이 리의 기인 것이니, 리와 기가 두 근본이 아니다.

인(人)과 도(道)를 각각 심(心)에 붙인 것은 다만 하나는 공적이고 하나는 사적인데 마음은 모두 이 마음임을 밝힌 것이다. 인은 바로 몸이고 도는 바로 리이다. 사람이 되는 리가 먼저 있기 때문에 태어나서 사람의 몸을 가지고 있는 것이니, 사람이 된 소이는 도이고 도가 붙어 있는 것은 사람이다. 사람 밖에 도가 없고 도 밖에 사람이 없으니, 사람은 바로 도의 사람이고 도는 바로 사람의 도인 것이다.

형기로써 지목하여 인이라 하고 성명으로써 지목하여 도라 한 것이니, 애당초 어찌 일찍이 인심과 도심의 구분이 있었겠는가. 마음은 똑같은 한 마음이고 도는 똑같은 한 도이다.

마음의 리를 성이라 하니, 이른바 오상이라는 것으로 인·의·예·지·신이 이것이다. 이 성의 밖에 다른 성이 없다. 성이 발하는 것을 정이라 하니, 이른바 칠정이라는 것으로 기쁨·노여움·슬픔·즐거움·사랑·미워함·하고자 함이 이것이다. 이 정의 밖에 다른 정이 없다. 성에 있을 때는 일찍이 인심과 도심의 구별이 없고, 발하여 정이 된 뒤에야 인심과 도심이 이에 나누어지는 것이다.

185 마음의……어렵다 : 이는 〈중용장구 서(中庸章句序)〉에 보인다.

만약 기쁨이 공적인 기뻐함이 되고, 노여움이 공적인 노여움이 되고, 슬픔이 공적인 슬픔이 되고, 즐거움이 공적인 즐거움이 되고, 사랑이 공적인 사랑이 되고, 미워함이 공적인 미워함이 되고, 하고자 함이 공적인 하고자 함이 된다면 이것은 도심이다. 혹은 기쁨이 사적인 기쁨이 되고, 노여움이 사적인 노여움이 되고, 슬픔이 사적인 슬픔이 되고, 즐거움이 사적인 즐거움이 되고, 사랑이 사적인 사랑이 되고, 미워함이 사적인 미워함이 되고, 하고자 함이 사적인 하고자 함이 된다면 이것은 인심이다.

일곱 가지가 정인 점은 똑같은데 인심과 도심으로 구별되는 것은 공적이냐 사적이냐의 차이일 뿐이다. 공적인 것은 리에서 나왔으므로 도라고 하였고, 사적인 것은 몸에서 나왔으므로 인이라 한 것이니, 인이란 몸을 가리켜 말한 것이다.

안자(顏子)가 인(仁)을 묻자, 공자가 답하시기를 "기(己)를 이겨 예로 돌아가는 것이다.〔克己復禮〕" 하셨고, 문인들이 공자를 칭찬하기를 "사사로운 뜻이 없으셨으며 기필함이 없으셨으며 집착함이 없으셨으며 아(我)가 없으셨다.〔毋意, 毋必, 毋固, 毋我〕" 하였으니,[186] 이른바 '기'와 '아'라는 것은 모두 몸을 가리킨 것이다.

다만 공자와 안자의 문답은 스승과 제자 사이의 절근(切近)한 말씀이므로 곧바로 가리켜 '기'와 '아'라고 하였고, 순임금이 우왕에게 선양할 때 말씀한 것은 공적으로 천하를 주고받는 즈음이므로 범연히 가리켜 '인'이라 한 것이다. 그렇다면 인심은 배우는 자에게는 반드시 이겨 제거해야 할 것이고 성인에게는 이겨 제거하지 않아도 저절로 없는 것이다.

186 안자(顏子)가……하였으니 : 이는 각각 《논어》 〈안연(顏淵)〉과 〈자한(子罕)〉에 보인다.

'유정(惟精 정하게 살핌)'은 마음의 공과 사를 살피는 것이니, 정하게 살피는 공부는 모름지기 '유일(惟一 한결같이 지킴)'의 앞에 있어야 한다. '유일'은 결국 반드시 순수하게 도심이 되어서 인심이 사이에 끼어들지 못하게 하는 것이므로 '유정'의 뒤에 있는 것이다.

그 중을 잡아 지키는 어려움은 언제나 인심의 위태로움에 있으므로, 이미 도심을 한결같이 한 뒤에는 중을 과연 진실로 잡아 지킬 수 있는 것이다. 이것을 가지고 관찰하면 인심과 도심의 구분은 바로 발하여 정(情)과 의(意)가 된 것이 공적인가 사적인가를 가지고 조목을 분별한 것이지, 인심과 도심이 고유하게 각각 성립한다고 한 것은 아니다. 만약 인심과 도심이 과연 한 사람 안의 두 마음으로 각각 성립한다고 하면, 인심은 따로 한 근본이 있고 따로 한 길이 되며 도심은 따로 한 근본이 있고 따로 한 길이 되어서 서로 통하지 못할 것이니, 이것이 어찌 이치이겠는가.

만일 형기에서 나온 것을 인심이라 한다면 형기는 리에서 나온 것이 아닌가. 성명에서 나온 것을 도심이라 한다면 성명은 사람의 리가 아닌가. 형기는 바로 리에서 나온 것이고 성명은 사람에게 리가 되니, 형기는 바로 성명 가운데의 형기이고 성명은 바로 형기 가운데의 성명인 것이다. 그 처음에 과연 각기 마음이 되어서 양립할 수 있겠는가. 이것이 어찌 대순(大舜)의 본의이겠는가.

정이 발하는 즈음에 공적으로 발한 것은 리가 되므로 이것을 일러 도심이라 하고, 사적으로 발한 것은 자기에게 속하므로 이것을 일러 인심이라 한 것이다. 도심은 마땅히 보존해야 하고 인심은 제거해야 한다. 그러므로 유정(惟精)과 유일(惟一)로 그 공부를 말씀하여 중을 잡아 지키는 법으로 삼은 것이다. 그렇다면 인심과 도심이 과연 공적인가 사적인가의 구분이 아니겠는가. 그러므로 반드시 인심을 제거하여 도심을 한결같게 지키는 것이다.

만약 사람은 모두 형체가 있어서 인심이 없을 수 없다고 한다면 어찌하여 공자에게 아(我)가 없다고 하였으며, 이러한 아를 과연 없앨 수 있겠는가. 어찌하여 안연에게 기(己)를 이기라고 말씀하셨으며, 이러한 기를 과연 제거할 수 있겠는가. 아라고 하고 기라고 한 것은 모두 사적인 것을 가리켜 말한 것이므로 '없다'고 하고 '이긴다'고 한 것이다. 인심은 바로 사적인 것을 가리켜 말한 것임을 여기에서 알 수 있다.

이른바 '유일'이라는 것은 바로 공자에게 '아'라고 한 것을 없애는 것이고 안자에게 '기'라고 한 것을 이기는 것이다. 인심이 다시는 마음이 되지 못하고 도심이 이에 주장이 되어야 비로소 덕이 온전한 사람이 되어서, 지극한 성인과 지극히 성실한 자로서 천지와 더불어 참예할 수 있을 것이다.

7.1.3.15 칠정의 분합 七情分合

우리 인간이 하늘과 땅 사이에 있을 적에 접촉하는 것은 다 물건이고 만나는 것은 다 일이다. 일은 한두 가지가 아니고 물건은 천만 가지가 있는데, 일이 똑같지 않고 물건이 똑같지 않은 것이 또 백・천・만・억뿐이 아니니, 모두 내가 응하는 일이고 모두 내가 접하는 물건이다. 이를 응접하는 기틀은 칠정(七情)에서 벗어나지 않으니, 기쁨・노여움・슬픔・즐거움・사랑・미워함・하고자 함이 이것이다. 이 일곱 가지의 정을 가지고 천하의 일을 모두 응하고 천하의 물건을 다 접한다면 그 기틀이 크고 또 중요하지 않겠는가.

일곱 가지가 똑같이 정인데, 기쁨・즐거움・사랑・하고자 함의 네 가지는 다 순경(順境)을 따라 발한 것이고, 노여움・슬픔・미워함의 세 가지는 다 역경(逆境)을 따라 발한 것이다. 기쁨과 노여움이 반대이고, 슬픔과 즐거움이 반대이고, 사랑과 미워함이 반대이다. 하고자 함은 기뻐할 만하고 즐거워할 만하고 사랑할 만한 것이 모두 하고자 하는 바이고, 노여워할 만하고 슬퍼할 만하고 미워할 만한 것은 모두 하고자 하지 않는 바이니, 하고자 함의 반대는 위 여섯 가지 정의 반대에서 벗어나지 않는다.

그렇다면 칠정은 다 서로 반대가 되고 또 서로 이루어 주는 것이니, 마땅히 기뻐해야 하면 기뻐하고 마땅히 노여워해야 하면 노여워하는 것이 바로 하나의 리이다. 어찌 기쁨만 있고 노여움이 없으며, 노여움만 있고 기쁨이 없는 정이 있겠는가. 마땅히 슬퍼해야 하면 슬퍼하고 마땅히 즐거워해야 하면 즐거워하는 것도 하나의 리이니, 어찌 슬픔만 있고 즐거움이 없으며 즐거움만 있고 슬픔이 없는 정이 있겠는가. 마땅히 사랑해야 하면 사랑하고 마땅히 미워해야 하면 미워하는 것도 하나의 리이니, 어찌 사랑만 있고 미워함이 없으며 미워함만 있고 사랑이 없는 정이 있겠는가. 마땅히 하고자 해야 하면 하고자 하는 것도 하나의 리이니, 어찌 사람이 하고자 하는 정이 전혀 없을 수 있겠는가. 이는 칠정의 바름이다.

마땅히 기뻐해야 하는데 기뻐하지 않고, 노여워해야 하는데 노여워하지 않고, 슬퍼해야 하는데 슬퍼하지 않고, 즐거워해야 하는데 즐거워하지 않고, 사랑해야 하는데 사랑하지 않고, 미워해야 하는데 미워하지 않고, 하고자 해야 하는데 하고자 하지 않는 경우는 모두 리가 아니다. 이는 칠정이 미치지 못하는 것이다.

또 마땅히 기뻐하지 말아야 하는데 기뻐하고, 노여워하지 말아야 하는데 노여워하고, 슬퍼하지 말아야 하는데 슬퍼하고, 즐거워하지 말아야 하는데 즐거워하고, 사랑하지 말아야 하는데 사랑하고, 미워하지 말아야 하는데 미워하고, 하고자 하지 말아야 하는데 하고자 하며, 혹은 마땅히 기뻐해야 할 경우에 치우치게 기뻐하고, 노여워해야 할 경우에 치우치게 노여워하고, 슬퍼해야 할 경우에 치우치게 슬퍼하고,

즐거워해야 할 경우에 치우치게 즐거워하고, 사랑해야 할 경우에 치우치게 사랑하고, 미워해야 할 경우에 치우치게 미워하고, 하고자 해야 할 경우에 치우치게 하고자 하며, 또 혹은 이미 기뻐한 뒤에 기쁨이 남아 있고, 이미 노여워한 뒤에 노여움이 남아 있고, 이미 슬퍼한 뒤에 슬픔이 남아 있고, 이미 즐거워한 뒤에 즐거움이 남아 있고, 이미 사랑한 뒤에 사랑이 남아 있고, 이미 미워한 뒤에 미워함이 남아 있고, 이미 하고자 한 뒤에 하고자 함이 남아 있는 것은 모두 칠정이 지나친 것이다. 지나친 것과 미치지 못하는 것은 모두 리가 아니다.

리라는 것은 내 몸에 있어서 성이 된 것이니, 성은 바로 인・의・예・지・신의 오상이다. 칠정이 모두 오상에서 나왔는데, 발할 때에 혹 지나치고 미치지 못하는 병통이 있는 것은 어째서인가. 이는 바로 생명을 받는 초기에 기품(氣稟)에 편벽됨이 있고 이미 장성한 뒤에 사사로운 마음에 많이 얽매이면 강선(剛善)・강악(剛惡)・유선(柔善)・유악(柔惡)의 차이가 없지 못하여, 칠정이 될 적에 능히 당연한 법칙에 맞는 것이 얼마 없고, 지나치고 미치지 못한 것이 항상 많은 것이다. 이는 오상의 성에 똑같지 않은 바가 있어서가 아니고, 바로 기품에 구애됨과 사사로운 마음에 얽매임이 그 병통이 되어서이다.

이 때문에 성인이 만든 학문하는 방도에 기질을 변화시키고 사사로운 마음을 이겨 제거하는 방법이 없을 수 없는 것이니, 그 방법이 경전 가운데 자세히 기재되어 있다.

아! 정이 바르고 성이 회복되면 천지가 자리를 편안히 하고 만물이 길러지는 공을 이룩할 수 있고, 정이 어긋나고 성이 손상되면 다만 몸이 죽고 집안이 패망할 뿐만 아니라 혹 나라와 천하가 멸망하여 천지가 비색(否塞)함에 이를 수 있으니, 칠정에 관계되는 바가 어찌 적다고 말하겠는가. 그러므로 학문하는 요점은 오직 성정이 그 리를 얻는 것에 있을 뿐이다.

7.1.3.16 정·신·혼·백의 분합 精神魂魄分合

하늘과 땅 사이에서 생겨난 물건은 하늘의 기를 얻고 땅의 질(質)에 응하여 그 몸을 소유하니, 질을 갖추지 않은 것이 없고 기를 구비하지 않은 것이 없는데 리가 이 가운데 있는 것이다.

밖에 나타나 있는 것은 귀·눈·입·코 등의 구멍이고, 안에 감춰져 있는 것은 심장(心臟)·간장(肝臟)·비장(脾臟)·폐장(肺臟)·신장(腎臟)의 장기이니, 구멍이 된 것은 각각 맡은 바가 있고 장기가 된 것은 각각 주재하는 바가 있다. 그러므로 각각 주재하는 바가 있는 것은 반드시 주재하는 바의 떳떳함을 다해야 하고, 각각 맡은 바가 있는 것은 능히 맡은 바의 법칙을 다해야 하니, 그런 뒤에 그 물건이 된 리를 이루고 그 몸을 소유한 도를 마땅히 성취할 수 있는 것이다.

편벽되고 부족한 물건은 비록 안과 바깥의 구멍과 장기가 있더라도, 편벽되어 온전하지 못하고 부족해서 통하지 못하니, 굳이 논할 것이 없다. 사람은 가장 빼어나 이미 가장 신령한 물건이 되었으니, 어찌 보존하고 갖추고 있는 리를 스스로 알아서, 보호하여 기르고 채워서 확대하는 도를 행하지 않을 수 있겠는가.

마음이라 하는 것을 한 몸의 군(君)이라 칭하고[187] 영대(靈臺)라 이름하고[188] 또 신명사(神明舍)라 이름하니,[189] '군'은 주재하지 않는 바

187 군(君)이라 칭하고 : 《순자(荀子)》 〈천론(天論)〉에 "마음은 몸의 중앙 텅 빈 곳에 있어 오관을 다스리니, 이를 일러 천군(天君)이라 한다.〔心居中虛, 以治五官, 夫是之謂天君.〕"라고 하였다.

188 영대(靈臺)라 이름하고 : 《장자(莊子)》 〈경상초(庚桑楚)〉에 "〈여러 재난이 이르는 것을〉 영대에 들여서는 안 된다.〔不可內於靈臺.〕"라고 하였는데, 곽상(郭象)의 주에 "영대는 마음이다."라고 하였다.

189 신명사(神明舍)라 이름하니 : 주자는 "마음은 신명의 집이니, 한 몸의 주재가 된

가 없는 것으로 이름한 것이고, '대(臺)'는 통하지 않는 바가 없는 것으로 이름한 것이고, '사(舍)'는 모이지 않는 바가 없는 것으로 이름한 것이다.

심장도 오장 가운데 한 장기인데 반드시 심장을 한 몸의 주(主)로 삼는 것은 어찌 정(精)과 신(神)과 혼(魂)과 백(魄)이 비록 각각 주재하는 장기에서 나왔으나[190] 바로 모두 심장에 모여서 능히 신령함을 발휘하기[191] 때문이 아니겠는가.

신은 본래 심장의 주재가 되고 정은 신장의 주재가 되고 혼은 간장의 주재가 되고 백은 폐장의 주재가 되는데, 정·신·혼·백 가운데 신이 다시 나머지 세 주재의 주재가 된다. 그러므로 반드시 모두 심장에 모여서 한 몸의 조화를 내는 것이다.

비장이라는 장기는 의(意)와 지(智)를 주재로 삼으니, 정·신·혼·백이 주재하는 신령함을 능히 이루는 것은 바로 모두 의와 지가 그 기축(機軸)이 되기 때문이다.

오직 심장의 신도 따로 한 장기의 주재인데 반드시 세 주재의 주재가 되고, 의와 지도 한 장기의 주재인데 정·신·혼·백의 용사(用事)에

다.〔心是神明之舍, 爲一身之主宰.〕"라고 하였다. 《朱子語類 卷98》

190 정(精)과……나왔으나 : 장현광은 "안으로 오장이 있어 오행의 질(質)에 응하는 것을 심장·간장·비장·폐장·신장이라 한다.……심장의 영(靈)을 신(神)이라 하는바 기관을 운용하는 것이며, 간장의 영을 혼(魂)이라 하는바 미래를 아는 것이며, 비장의 영을 사(思)라 하는바 활동을 지극히 하는 것이며, 폐장의 영을 백(魄)이라 하는바 지나간 것을 기억하는 것이며, 신장의 영을 정(精)이라 하는바 옳고 그름을 분별할 수 있는 것이다."라고 하였다. 《旅軒集 卷6 學部名目會通旨訣》

191 심장에……발휘하기 : 장현광은 "심장은 홀로 장기가 되어 스스로 리를 다할 수 없으므로 신령함을 발휘할 적에는 모름지기 간장에서 혼(魂)을 취하고 비장에서 의(意)를 취하고 폐장에서 백(魄)을 취하고 신장에서 정(精)을 취하며 스스로는 신(神)으로써 이들을 총합(總合)하고 통어(統御)한다."라고 하였다. 《旅軒集 卷6 心說》

관여하지 않는 것은 어째서인가. 이는 진실로 네 가지 주재 가운데 신이 항상 총합하고 통솔하여 능히 하나로 만들고 의와 지는 용사에 관여하지 않으나, 용사하는 자가 각각 그 직책을 수행하는 것이 모두 의와 지의 운용(運用)에 의뢰하는 것이다.

의(意)라는 것은 마음이 발하는 바이니 마땅히 심화(心火)[192]의 장기에 소속되어야 할 것이고, 지(智)의 덕은 오행의 수에 속하니[193] 마땅히 신수(腎水)의 장기에 소속되어야 할 것인데, 의와 지가 모두 비토(脾土)에 소속된 것은 어째서인가. 의는 진실로 마음이 발하는 바이고 화는 토를 낳기[194] 때문에 심화에서 발하는 의가 심장에 소속되지 않고 비장에 소속된 것이다.

수가 의지하는 것이 토이므로 신수에 소속되어야 할 지가 신장에 소속되지 않고 비장에 소속되어 있는 것이다. 화의 장기에서 발하는 것이 화가 낳은 토의 장기에 소속되는 것은 순하고 마땅하지만, 수의 장기에 소속된 것이 수를 이기는 토[195]의 장기에 소속된 것은 역(逆)이 되지 않는가. 이는 어찌 수의 성질이 모름지기 자기를 이기는 바를 얻어야 의지함이 있고, 지의 덕이 반드시 토의 신(信)에 의뢰하여야 밝게 드러나기 때문이 아니겠는가.

그러나 의와 지는 소속된 바가 비장에 있지만 성심을 다하여 보좌하

192 심화(心火) : 화에 소속된 심장을 가리킨다. 나머지 오행과 오장의 배속은 신장은 수, 간장은 목, 폐장은 금, 비장은 토이다.

193 지의……속하니 : 오상과 오행의 배속은 인은 목, 의는 금, 예는 화, 지는 수, 신은 토이다.

194 화는 토를 낳기 : 오행의 상생(相生)은 목생화(木生火)·화생토(火生土)·토생금(土生金)·금생수(金生水)·수생목(水生木)이다.

195 수를 이기는 토 : 오행의 상극(相克)은 목극토(木克土)·토극수(土克水)·수극화(水克火)·화극금(火克金)·금극목(金克木)이다.

는[196] 대상은 심군(心君)이고 공을 바치는 대상은 신명사(神明舍)이니, 이는 실로 토의 장기가 능히 실어 줌에 말미암는 것이다. 그렇다면 다음과 같은 것이다. 정과 신은 밝음을 주재하는데 정(精)은 바로 밝음의 정(靜)이고 신은 바로 밝음의 동(動)이며, 혼과 백은 신령함을 주재하는데 백은 바로 신령함의 정(靜)이고 혼은 바로 신령함의 동이다. 정·신을 가지고 혼·백을 상대하면 정·신은 양이고 혼·백은 음이다. 정을 가지고 신을 상대하면 정은 음이고 신은 양이며, 혼을 가지고 백을 상대하면 혼은 양이고 백은 음이다. 비장을 주재하는 의와 지는 음·양의 중(中)에 있으니, 좌우를 알맞게 조절하여 〈정·신의〉 밝음을 드날리고 〈혼·백의〉 신령함을 이루는 것이다.

그렇다면 모여서 지각의 쓰임이 된 정·신·혼·백과 의·지는 각자 능한 것에만 능하고 각자의 일만 일삼아서 서로 통하지 못하는 것이 아니고, 모두 심군을 보좌하여 가장 귀하고 가장 신령하며 여러 리를 갖추고 만사에 응하는 사업을 하는 것이다.

정과 백이 사귀어 정(靜) 가운데의 밝음이 되면 정(靜)의 신령함이 능히 실어 주지 않는 바가 없고, 혼이 신과 사귀어 동(動) 가운데의 밝음이 되면 동의 신령함이 능히 통달하지 않는 바가 없는데, 동과 정의 사이에 추기(樞機)가 되는 것은 의와 지이다.

마음은 비어 있는 거울과 멈춰 있는 물과 같은 체를 잃지 않고 몸은 규구준승(規矩準繩)[197]의 쓰임을 잃지 않아서 사지(四肢)가 법대로 움

196 성심을 다하여 보좌하는 : 원문의 '계옥(啓沃)'은 《서경》 〈열명 상(說命上)〉에 "네 마음을 열어 내 마음에 대도록 하라.[啓乃心, 沃朕心.]"라고 한 데에서 유래한 것으로, 신하가 임금을 성심으로 계도함을 말한다.

197 규구준승(規矩準繩) : 규구는 원과 방형을 그리는 공구이고 준승은 수준기와 먹줄로, 여기서는 언행의 예법과 표준을 이른다.

직이고 온몸이 모두 법대로 움직이며 오상의 덕을 간직하고 칠정의 응함을 순리로 해서 미발의 중(中)에 대본(大本)을 세우고 이발의 화(和)에 달도(達道)를 행하게 하며, 지혜의 높음이 고명(高明)한 하늘에 배합하고 덕의 두터움이 박후(博厚)한 땅에 배합하여 온갖 변화에 수응(酬應)하고 온갖 조화를 경륜하여 천지가 자리를 편안히 하고 만물이 길러지는 지극한 공을 이룩하고 옛 성인을 잇고 오는 후학을 열어주는 능사(能事)를 마련하게 하는 것이 모두 그 도움이다. 이는 정・신・혼・백・의・지가 합하여 한 마음의 묘함이 되는 것이다.

오직 우리 인간이 이를 각각 잘 보호하여 길러 상해를 입히지 말고 마땅히 써야 할 자리에 쓰며 써서는 안 되는 일에 쓰지 말아서 항상 청명하고 광대한 기상을 보존함에 달려 있을 뿐이니, 이것이 어찌 다만 도를 닦고 덕을 기르는 요점이 될 뿐이겠는가. 능히 장수와 복을 누려서 천수를 다하는 것이 또한 여기에서 벗어나지 않을 것이다.

7.1.3.17 도와 리의 분합 道理分合

7.1.3.17.1

혹자가 물었다. "도라고 말하면 리가 이 가운데 있고 리라고 말하면 도가 이 가운데 있는데, 성인이 반드시 두 명목을 병립하여 도라 하고 리라 한 것은 어째서입니까?"

내가 말하였다. "비록 도가 바로 리이고 리가 바로 도이나, 가리켜서 명목을 붙일 적에는 두 가지를 병립하지 않을 수 없다. 이는 진실로 하늘과 땅에 앞서 있는 한 리가 일찍이 잠시도 그치지 않는데, 하늘과 땅과 만물을 만드는 때에 이르러서는 그 대소(大小)가 비록 다르나 모두 각기 성을 가지고 각기 직분을 가지고 각기 사업이 있어서 스스로 그칠 수 없게 한 것이 바로 도이며, 그치지 않는 도가 되어서 도로 하여금 하늘과 땅을 만들고 만물을 만들어 각각 형체가 있고 성이 있고 직분이 있고 사업이 있어서 일정하여 바뀌지 않게 하는 것이 본래 리이다."

묻기를 "그렇다면 도와 리는 병립하는 것입니까?" 하기에 내가 말하였다. "리는 도 가운데 있고 도는 리 가운데 있으니, 리가 존재하는 곳은 바로 도가 존재하는 곳이고, 도가 행하는 것은 바로 리가 행하는 것이다. 명목을 붙인 것은 비록 분별되지만 도는 바로 리 때문에 도가 된 것이고 리는 바로 도 때문에 리가 된 것이니, 어떻게 병립한다고 말할 수 있겠는가."

묻기를 "병립하지 않는 것은 그렇지만 그 선후(先後)도 나눌 수 없습니까?" 하기에 내가 말하였다. "우주를 통틀어 들어서 거슬러 올라가 보면 진실로 리보다 앞선 것이 없다. 이것으로 말하면 도 역시 리에서 나온 것이니, 리가 마땅히 도의 먼저가 되어야 할 듯하다. 그러나 이미 리라고 하면 본래 도인 것이고, 리가 있는 곳은 곧 도가 있는 곳이니, 도 또한 뒤라고 말할 수 없는 것이다. 이는 어찌 리가 바로 도이고 도가 바로 리인 것이 아니겠는가."

묻기를 "선후를 나눌 수 없는 것은 그렇지만 그 대소도 나눌 수 없습니까?" 하기에 내가 말하였다. "리는 바로 피차가 없고 상하가 없고 내외가 없으니, 그 크기를 어찌 한정할 수 있겠는가. 도는 바로 이 리가 항상 보존되고 항상 행해지는 명칭이니, 이 리의 밖에서 별도로 도가 되는 것이 아니다. 리가 크기가 곧 도의 크기이니, 어찌 각각 그 대소를 찾을 수 있겠는가.

그 크기가 이와 같은데, 미세한 한 일과 한 물건에 이르러도 모두 존재하는 리가 있고 행해지는 도가 있으니, 또 안이 없는 작음이 아니겠는가. 이 때문에 도와 리에 무극이면서 태극이란 이름을 붙인 것이다.

참여하여 삼재가 되어서 이 도와 리를 온전히 하는 자는 사람이니, 리의 바꿀 수 없음을 알아서 능히 이를 체행하고 도의 떠날 수 없음을 알아서 능히 이를 다한 뒤에야 인극(人極)이 이에 세워질 수 있는 것이다."

7.1.3.17.2

또 말하였다. "도는 리로써 도라는 이름이 있고 리는 도로써 리라는 이름이 있는 것이다. 도가 바로 리이고 리가 바로 도이니, 도가 리를 행하지 않으면[198] 어떻게 도가 될 수 있으며 리가 도를 행하지 않으면 어떻게 리가 될 수 있겠는가.

도가 일정하여 변역(變易)함이 없는 것을 리라 하고, 리가 항상 행하여 간단(間斷)함이 없는 것을 도라 하니, 만일 일정하여 변역함이 없는 리가 아니면 어찌 능히 항상 행하여 간단함이 없는 도가 될 수 있겠는가. 또 항상 행하여 간단함이 없는 도가 아니면 어찌 능히 일정하여 변역함이 없는 리가 되겠는가.

일정하여 변역함이 없는 리가 항상 행하여 간단함이 없는 도가 되니, 항상 행하여 간단함이 없는 도는 바로 일정하여 변역함이 없는 리이다. 이미 리가 있기 때문에 리가 행하여 도가 되니 리가 도의 앞에 있는 듯하고, 도가 행한 뒤에 크고 작은 사물의 리를 각각 얻게 되니 도가 리의 앞에 있는 듯하다. 이는 어찌 도가 리 밖의 도가 아니고 리가 도 밖의 리가 아니기 때문에 리를 말하면 도가 이 가운데 있고 도를 말하면 리가 이 가운데 있어서, 앞서지도 않고 뒤에 있지도 않으며

198 리를 행하지 않으면 : 원문 '不理'의 理는 아래 설명을 참조하면 '리를 따라 행하여 리가 됨'의 뜻인 듯하다.

피(彼)도 없고 차(此)도 없는 것이 아니겠는가.

하늘과 땅을 가지고 말하면 하늘은 본래 하늘이 되는 리가 있으므로 그 리를 얻어 하늘이 되었고, 하늘이 된 뒤에는 그 리를 순히 따라 도를 행하기 때문에 만고에 능히 하늘이 되었으며, 땅은 본래 땅이 되는 리가 있으므로 그 리를 얻어 땅이 되었고, 땅이 된 뒤에는 그 리를 순히 따라 도를 행하기 때문에 만고에 능히 땅이 된 것이다. 사람 또한 본래 사람이 되는 리가 있으므로 그 리를 얻어 사람이 되었고, 사람이 된 뒤에는 그 리를 순히 따라 도를 행해야 사람이라는 이름을 능히 저버리지 않아서 성인이 되고 현인이 되는 것이다.

하늘과 땅은 능히 그 리를 순히 따르기 때문에 항상 고명(高明)한 하늘과 박후(博厚)한 땅이 되는데, 사람은 능히 리를 순히 따르는 자도 있고 순히 따르지 못하는 자도 있기 때문에 모두 성인과 현인이 되지 못하고 중인(衆人)이 되는 자가 많은 것이다. 리를 순히 따르고서 도가 아니며 도를 다하고서 리에 어긋나는 경우는 있지 않으니, 이는 도와 리가 하나이면서 둘이고 둘이면서 하나인 것이 아니겠는가."

혹자가 말하기를 "도와 리가 과연 하나라면 도에는 군자의 도가 있고 소인의 도가 있는데, 소인의 도도 리와 하나라고 말할 수 있습니까?" 하기에 내가 말하였다. "도에 소인의 도가 있는 것은 한 문공(韓文公)의 이른바 우리가 말하는 도가 아니라는 것이다.[199] 성현의 도는 리로써 도가 되니, 리 밖의 도를 어찌 굳이 말할 것이 있겠는가. 리에 어긋난 도는 사람에게 죄를 얻지 않으면 반드시 하늘에게 죄를 얻으니, 과연

199 도에……것이다 : 문공은 당(唐)나라의 학자인 한유(韓愈)의 시호이다. 이 내용은 〈원도(原道)〉에, 도에는 군자의 도와 소인의 도가 있다고 하여 소인의 도로서 노자(老子)를 언급하고, 노자가 말한 도는 "그가 도라고 여기는 바를 도라 한 것이지 우리가 말하는 도가 아니다."라고 한 것이다. 《古文眞寶 後集 卷2 原道》

우리 유가(儒家)에서 말하는 도가 아니다. 오직 리를 아는 군자만이 도의 진위(眞僞)를 알 수 있을 것이다."

7.1.3.18 도와 덕의 분합 道德分合

더없이 충실(充實)한 것은 리이니, 본래 비어 있는 틈이 없고 또 휴식하는 틈이 없다. 이 리의 가운데 물건이 되어서 이 리를 얻어 성으로 삼는 자들은 잠시도 이 리를 체행하지 않는 때가 없고, 말하고 행할 적에 이 리를 행하지 않는 시절이 없는 것이다. 이 리를 마음에 체인(體認)하고 이 리를 몸에 행하는 것이 바로 이른바 도이니, 도를 어찌 잠시도 떠날 수 있겠는가.

동(動)하고 정(靜)할 때에는 동하고 정하는 리가 있고, 말하고 침묵할 때에는 말하고 침묵하는 리가 있으며, 일에는 일에 응하는 리가 있고, 물건에는 물건을 접하는 리가 있다. 집안에는 집안에 거처하는 리가 있고, 고을에는 고을에 거처하는 리가 있고, 나라에는 나라에 거처하는 리가 있어서, 있는 곳에 따라 그 리를 순히 행하는 것이 모두 도이다.

덕은 그 도가 지극히 선한 것을 이름한 것이고, 이 도 밖에 별도로 이른바 덕이 있는 것이 아니다. 도는 바로 행함을 이르니 몸을 가리켜 말한 듯하고, 덕은 바로 얻음을 이르니 마음을 가리켜 말한 듯하다. 그러나 도의 체가 마음에 수립된 뒤에야 그 용이 몸에 행해지고, 덕의 교화가 몸에서 발로된 뒤에야 그 효험이 마음에 귀속되니, 이는 도와 덕이 서로 표(表)와 리(裏)가 되고 서로 종(終)과 시(始)가 되는 것이다.

도라는 것은 덕의 모범(模範)이고, 덕이라는 것은 도의 실제 효험이다. 도가 있는 자는 반드시 덕이 있고, 덕이 있는 자는 반드시 도가 있으니, 진실로 도만 있고 덕이 없으며 덕만 있고 도가 없는 자는 있지 않다. 도가 있는 사람에게서 덕을 구하니 덕이 도 가운데 있는 것이고, 덕이 있는 사람에게서 도를 구하니 도가 덕 가운데 있는 것이다.

그러나 사람에게 있는 도와 덕도 크고 작음이 있으니, 예컨대 온갖 행실을 모두 구비하고 온갖 선이 다 지극한 것은 도와 덕이 큰 것이다. 한 가지 행실과 한 가지 선이 의리에 부합하는 것은, 도가 아니고 덕이 아니라고 말할 수는 없으나 어찌 도가 온전하고 덕이 구비한 것과 함께 말할 수 있겠는가. 이는 다만 도 가운데의 일부분이고 덕 가운데의 작은 선이니, 도·덕이란 이름을 온전히 붙일 수 없는 것이다. 그러므로 도가 크면 덕이 크고, 도가 작으면 덕이 작으니, 도가 큰데 덕이 작고, 도가 작은데 덕이 큰 경우는 있지 않다.

아! 성인이 아니면 누가 큰 도와 큰 덕을 소유할 수 있겠는가. 하나의 말과 하나의 행실이 능히 도·덕에 부합하는 자도 쉽게 볼 수 없는데, 하물며 큰 도와 큰 덕을 간직한 성인이랴. 《중용》에 도를 말하면 '지극히 성실함〔至誠〕'이라 하고 덕을 말하면 '지극한 성인〔至聖〕'이라 하였으니, 지극한 성인의 덕이 아니면 지극히 성실한 도를 다하지 못하고, 지극히 성실한 도가 아니면 지극한 성인의 덕을 소유하지 못한다. 이는 도와 덕이 두 가지 사업이 아닌 것이다.[200]

200 중용에……것이다 : 《중용장구》 31장에 "오직 천하의 지극한 성인이어야 총명예지(聰明睿智)가 충분히 임할 수 있으니, 관유온유(寬裕溫柔)가 충분히 용납함이 있으며, 발강강의(發强剛毅)가 충분히 잡음이 있으며, 재장중정(齋莊中正)이 충분히 공경함이 있으며, 문리밀찰(文理密察)이 충분히 분별함이 있는 것이다."라고 하였는데, 주자의 주에 '관유온유' 이하 '문리밀찰'까지 네 가지는 인·의·예·지의 덕이라고 하였다. 또 《중용장구》 32장에 "오직 천하에 지극히 성실한 분이어야 천하의 대경(大經)을 경륜하며 천하의 대본(大本)을 세우며 천지의 화육(化育)을 알 수 있다." 하였는데, 주자의 주에 31장은 지성(至聖)의 덕을 말하고 32장은 지성(至誠)의 도를 말하였다고 하고 "지성(至誠)의 도는 지성(至聖)이 아니면 능히 알지 못하고, 지성(至聖)의 덕은

7.1.3.19 의와 리의 분합 義理分合

모든 일이 되고 물건이 된 것은 모두 소이연(所以然)이 있으니 이것을 리(理)라 하고, 나의 입장에서 일에 응하고 물건을 접할 때에는 모두 소당연(所當然)이 있으니 이것을 의(義)라 한다.

시작이 있고 종말이 있는 것은 일의 리이니, 시작을 종말이라 하고 종말을 시작이라 하면 일의 리가 아니다. 본(本)이 있고 말(末)이 있는 것은 물건의 리이니, 본을 말이라 하고 말을 본이라 하면 물건의 리가 아니다.

의는 제재하여 마땅하게 함을 말하고 리는 조리(條理)를 말한다. 사물의 조리를 순히 따르는 것이 제재하여 마땅하게 하는 의가 아니겠는가. 제재하여 마땅하게 하는 의를 다하는 것이 조리의 리가 아니겠는가.

리 또한 도의 리이고 의 또한 도의 의이며, 도는 사물과 내가 함께 행하는 것이니, 이른바 의와 이른바 리가 모두 도 가운데의 조목이다. 리는 의로 말미암아 순하고 의는 리를 따라 이루어진다. 그러므로 의가 있는 곳에는 리가 반드시 존재하고, 리가 있는 곳에는 의가 항상 존재하는 것이다.

리는 사물에 있는 것으로 말하였지만 나에게 있는 의에 부합하지 않는 것이 아니고, 의는 나의 성에 있는 것으로 말하였지만 사물에 있는 리에 부합하지 않는 것이 아니니, 이는 어찌 사물과 나에게 두 가지 도가 없기 때문이 아니겠는가.

지성(至誠)이 아니면 능히 하지 못하니, 그렇다면 또한 두 가지 일이 아니다."라고 하였다.

7.1.3.20 체와 용의 분합 體用分合

체는 형체(形體)의 체이고 용은 공용(功用)의 용이다. 모든 물건은 형체가 있은 뒤에 공용이 있으니, 만약 먼저 갖추어진 형체가 없었다면 공용이 어디로부터 나오겠는가. 하늘의 형체가 있기 때문에 비로소 하늘의 공용이 있고, 땅의 형체가 있기 때문에 비로소 땅의 공용이 있으며, 또 사람의 형체가 있기 때문에 비로소 사람의 공용이 있는 것이다. 형체가 있는 이유는 공용이 있기 위해서이고, 공용이 있는 이유는 형체가 있음에 말미암는 것이다. 이는 바로 형체와 공용이 서로 없을 수 없고 빠뜨릴 수 없는 것이다. 이 어찌 체와 용이 병행한다고 말할 수 있는 것이 아니겠는가.

그러나 형체의 체는 체에 형상이 있어 볼 수 있는 것으로서 그 공용에 각각 형체의 크기에 따라 제한된 한계가 있는 반면에, 형체가 없는 체로서 측량할 수 없는 공용이 있는 경우는 또한 체와 용으로 말할 수는 있지만 형체가 있어 보기 쉬운 체와 한계가 있어 측량 가능한 용과는 같지 않다.

예컨대 무극이면서 태극인 리가 체가 되고 음양과 오행의 기가 용이 되는 것이 바로 형체가 없는 체와 측량할 수 없는 용이 아니겠는가. 이는 형체가 있는 체와 한계가 있는 용이 아니니, 그 체가 본래 형체가 없는 체이므로 그 용도 한계가 없는 용인 것이다.

형체가 없고 한계가 없는 것을 또한 체와 용에 비견하는 것은 어째서인가. 무극이면서 태극인 리는 비록 형체가 없으나 실로 만유(萬有)가 조종(祖宗)으로 삼는 바이기 때문에 체에 비견하는 것이고, 음양과 오행의 기는 스스로 기가 되지 못하여 실로 한 리에서 나오는 바이므로 용에 비견하는 것이다.

이는 마치 본(本)과 말(末)의 칭호가 나무에서 처음 나왔으나 모든 사물 중에 선후가 있는 것이 본・말과 유사하면 나무가 아니더라도 모두 본・말이라고 말하고, 원(源 본원)과 류(流 지류)의 칭호가 처음 물에서 나왔으나 모든 사물 중에 시작과 종말이 있는 것이 원・류와 유사하면 물이 아니더라도 모두 원・류라고 말하는 것과 같다. 그물의 강(綱 벼리)과 목(目 그물눈), 옷의 영(領 옷깃)과 예(裔 옷자락), 물건의 수(首 머리)와 미(尾 꼬리) 등의 설에 이르러도 본래의 물건이 아닌데 비견하는 것이 매우 많으니, 체・용의 말 또한 이와 같다. 어찌 저것을 취하여 이것을 비유한 것이 아니겠는가.

체・용의 비유는 우리 인간의 마음에 가장 절실하다. 자사(子思)가 말씀하신 미발(未發)의 중(中)은 바로 체이고 이발(已發)의 화(和)는 바로 용이다. 성(性)이 체이고 정(情)이 용이며, 심(心)이 체이고 의(意)가 용이며,[201] 적(寂)이 체이고 감(感)이 용이며,[202] 정(靜)이 체이고 동(動)이 용이며, 인(仁)이 체이고 의(義)가 용이며, 충(忠)이 체이고 서(恕)가 용이며,[203] 자기가 체이고 남이 용이라고 하는 것에 이르기까지 체와 용을 가지고 말하는 것을 이루 다 들 수 없다.

배우는 자들은 존덕성(尊德性)의 체를 진실로 엄격히 하지 않을 수 없으나 도문학(道問學)의 용을 또한 어찌 치밀히 하지 않을 수 있겠는가.[204] 체가 확립된 뒤에 용이 행해지니 체를 먼저 하지 않을 수

201 심(心)이……용이며 : 7.1.3.12절 '정(情)과 의(意)의 분합' 참조.

202 적(寂)이……용이며 : 《주역》 〈계사전 상〉에 "역(易)은 생각이 없고 함이 없어 적연(寂然)히 동하지 않다가 감동하여 마침내 천하의 원인을 통한다." 하였는데, 주자의 주에 "적연은 감(感)의 체이고 감통(感通)은 적의 용이다."라고 하였다. 《周易傳義》

203 충(忠)이……용이며 : 정명도(程明道)는 "충은 체이고 서는 용이니, 대본(大本)과 달도(達道)이다."라고 하였다. 《論語集註 里仁》

204 존덕성(尊德性)의……있겠는가 : 《중용장구》에 "군자는 덕성을 높이고〔尊德性〕 학문을 말미암으니〔道問學〕, 광대함을 지극히 하고 정미함을 다하며, 고명(高明)을

없고, 용이 행해진 뒤에 체가 높아지니 용에 힘을 다하지 않을 수 없는 것이다.

그러나 체와 용에 비견하는 것은 하나를 고집하여 말할 수 없고 또 서로 체와 용이 되는 것이 있다. 하도(河圖)와 낙서(洛書)를 가지고 말하면 하도의 좌선(左旋)하여 상생(相生)함이 체가 되고 낙서의 우선(右旋)하여 상극(相克)함이 용이 되는 것이[205] 일설이고, 낙서에서 기수(奇數)가 정위(正位)에 있고 우수(偶數)가 사우(四隅)에 있음이[206] 체가 되고 하도에서 생수(生數)와 성수(成數)가 같은 방위에 있음이[207] 용이 된다는 것이 일설이다.

음과 양이 서로 빈주(賓主)가 되고, 도(道)와 기(器)가 서로 선후가 되는[208] 경우도 모두 서로 체・용이 되는 뜻이니, 이 또한 배우는 자가

다하고 중용을 따르며, 옛것을 잊지 않고 새로운 것을 알며, 후함을 돈독히 하고 예(禮)를 높이는 것이다."라고 하였는데, 주자는 "존덕성은 마음을 보존하여〔存心〕 도체(道體)의 큼을 다하는 것이요, 도문학은 지식을 지극히 하여〔致知〕 도체의 세세함을 다하는 것이다."라고 풀이하였다.

205 좌선(左旋)하여……것이 : 하도는 시계 방향으로 좌선하여 수(1・6)의 북쪽에서 목(3・8)의 동쪽으로 가고, 화(2・7)의 남쪽으로 가고, 토(5・10)의 중앙으로 가고, 금(4・9)의 서쪽으로 가고, 수의 북쪽으로 가니, 오행의 상생하는 순서이다. 낙서는 반시계 방향으로 우선하여 수의 북쪽에서 화의 서쪽으로 가고, 금의 남쪽으로 가고, 목의 동쪽으로 가고, 토의 중앙으로 가고, 수의 북쪽으로 가니, 오행의 상극하는 순서이다.

206 기수(奇數)가……있음이 : 낙서에서 1・3・5・7・9의 기수는 동서남북 정방향과 중앙의 바른 자리에 있고, 2・4・6・8의 우수는 동북・동남・서남・서북의 네 모퉁이에 있음을 말한다.

207 생수(生數)와……있음이 : 1・2・3・4・5는 각각 수・화・목・금・토를 낳는 생수이고, 6・7・8・9・10은 각각 수・화・목・금・토를 이루어 주는 성수이다. 하도에서 생수와 성수가 같은 방위에 있어서 1・6이 북쪽에 있고, 2・7이 남쪽에 있고, 3・8이 동쪽에 있고, 4・9가 서쪽에 있음을 말한다.

알지 않으면 안 되는 것이다.

7.1.3.21 지와 행의 분합 知行分合

내가 내가 된 이유와 물건이 물건이 된 이유는 다 모두 리이다. 나의 입장에서 내 자신을 보면 비록 나라고 하지만 물건의 입장에서 나를 보면 나 또한 물건이고, 나의 입장에서 물건을 보면 비록 물건이라고 하지만 물건의 입장에서 물건 자신을 보면 물건 또한 나이니, 리에 어찌 피차(彼此)가 있겠는가.

나에게 있는 리를 가지고 물건에 있는 리를 밝혀서 내 마음에 아는 것이 지(知)이고, 알게 된 리를 체행하여 이 리를 마음에 지니고 이 리를 몸으로 하는 것이 행(行)이다. 지는 허(虛)하고 높아서 두루 미치지 않는 바가 없고, 행은 실(實)하고 두터워서 선을 지극히 하면 그치는 것이다. 《주역》에 "지(知)는 높고 예(禮)는 낮으니, 높음은 하늘을 본받고 낮음은 땅을 본받은 것이다."[209]라고 하였다.

지라는 말은 바로 지(至 지극함)이고 예란 말은 바로 이(履 이행함)이니, 통달하지 않은 바가 없어야 지극하다고 말할 수 있고 몸소 반드시 실천해야 이행하였다고 말할 수 있다. 지극함이 어찌 지가 높음이 아니겠는가. 이행함이 어찌 행이 낮음이 아니겠는가. 한 번 높이고 한 번 낮추어서 하늘과 땅의 덕이 나의 몸에 갖추어지는 것이다. 그렇다면

208 도(道)와……되는 : 기(器)는 형이하의 물건을 말한다. 형이상의 도가 물건에 의탁하므로, 도에 상대하여 형체·형기(形氣)·형상이 있는 물건을 기(器)라 한다. 7.1.3.23절에 도와 기의 선후에 대하여, 도가 먼저이고 기가 뒤인데 또 기가 있어야 도가 작용이 있으니, 도와 기가 서로 선후가 되는 것이라 하였다.

209 지(知)는……것이다 : 이는 《주역》 〈계사전 상〉에 보인다.

성학(聖學)의 지와 행은 어찌 도에 나아가고 덕에 들어가는 요점이 아니겠는가.

자사자(子思子)가 말씀하기를 "성실함으로 말미암아 밝아짐을 성(性)이라 이르고 밝음으로 말미암아 성실해짐을 교(教)라 이르니, 성실하면 밝아지고 밝아지면 성실해진다."[210] 하셨으니, 밝음은 바로 지를 말한 것이고 성실함은 바로 행을 말한 것이다.

그렇다면 본성대로 하여 간직한 지는 행의 뒤에 있고 가르침을 말미암은 지는 행의 앞에 있으니,[211] 어찌 성지(性之)의 덕[212]은 성을 받은 초기에 이미 성실하기 때문에 힘쓰지 않아도 도에 맞고 생각하지 않아도 도를 알아서 밝음이 성실함 가운데 있기 때문이 아니겠는가. 반지(反之)의 공부[213]는 선을 가린 뒤에야 알고 굳게 잡아 지킨 뒤에야 행한다. 그러므로 지가 행의 앞에 있는 것이다. 이는 도에 나아가고 덕에 들어가는 학문에서 반드시 지와 행을 함께 지극히 해야 하는 것이 마치 수레의 두 바퀴와 같고 새의 두 날개와 같아서, 차서를 어지럽힐 수 없고 공부를 빠트릴 수 없음이 또 이와 같은 것이다.

210 성실함으로……성실해진다 : 이는 《중용장구》 21장에 보인다.

211 본성대로……있으니 : '본성대로 하여 간직한 지'와 '가르침을 말미암은 지'의 원문은 '性者之知'와 '教者之知'로, 앞에 인용한 《중용》의 성(性)과 교(教)에 대하여 주자는 '성인의 덕으로서 본성대로 하여 간직한 것'과 '현인의 배움으로서 가르침을 말미암아 들어가는 것'으로 풀이하였다. 《中庸章句 21章》

212 성지(性之)의 덕 : 성인의 천성(天性)이 완전하여 닦고 익히지 않아도 간직하고 있는 덕을 말한다. 《맹자》 〈진심 상(盡心上)〉에 "요(堯)·순(舜)은 본성대로 하신 것이요〔性之也〕, 탕(湯)·무(武)는 몸으로 실천하신 것이요, 오패(五霸)는 빌린 것이다."라고 보인다.

213 반지(反之)의 공부 : 수행으로 본성을 회복하여 성인에 이르는 공부를 말한다. 《맹자》 〈진심 하(盡心下)〉에 "요·순은 본성대로 하셨고 탕·무는 본성을 회복하셨다.〔反之也〕"라고 보인다.

역의 풍괘(豐卦 ䷶)는 하체(下體)가 리(離 ☲)가 되는데, 초구(初九)의 효사(爻辭)에 이르기를 "배주(配主)를 만나되 비록 똑같은 양(陽)이나 허물이 없으니, 가면 가상(嘉尙)한 일이 있다." 하였고, 그 상체(上體)는 진(震 ☳)이 되는데 구사(九四)의 효사에 이르기를 "이주(夷主)를 만나면 길하다." 하였다.[214] 이에 대하여 〈정전(程傳)〉에 이르기를 "밝음이 아니면 동함이 갈 곳이 없고 동함이 아니면 밝음이 소용이 없다." 하였으니, 이는 지와 행이 반드시 서로 필요로 함을 말씀한 것이다. 그러므로 성현의 가르침은 일찍이 지와 행을 겸하여 말씀하지 않은 적이 없는 것이다.

그러나 비록 지가 먼저이고 행이 뒤라고 하지만, 지와 행은 역시 모름지기 동시에 함께 나아가야 한다. 지가 밝으면 행에 반드시 힘쓰고, 행에 이미 힘쓰면 지가 더욱 정밀해지며, 지가 이미 정밀해지면 행이 또한 더욱 돈독해져서 반드시 성공에 이른 뒤에 그치게 된다. 이는 지와 행이 함께 나란히 나아가는 방도인데, 성공에 이르면 밝음으로 말미암아 성실해진 것이 결국 본성대로 성실함에 말미암아 밝아진 것과 똑같게 된다.

7.1.3.22 예의와 예법의 분합 禮義禮法分合

예라는 것은 천리(天理)의 절문(節文)이고 인사(人事)의 의칙(儀則)인데, 혹 의(義)에 배합하여 말하는 경우가 있고 혹 법(法)을 아울러

214 풍괘(豐卦)는……하였다 : 풍괘의 하체(아래 세 효)인 리(離)는 밝음의 뜻이 있고 상체(위의 세 효)인 진(震)은 동함의 뜻이 있는데, 밝음의 처음인 초구와 동함의 처음인 구사가 서로 필요하고 의뢰하는 뜻이 있으므로 이를 인용한 것이다. 배주(配主)는 구사를 말하고 이주(夷主)는 초구를 말하는데, 서로 응하는 자리에 있으면서 짝이 되고 대등하다는 뜻이다.《周易傳義》

말하는 경우가 있음은 어째서인가. 예와 의는 모두 오상의 하나이다. 예는 따로 예이고 의는 따로 의이어서 리는 하나이나 분수는 다르다.

공경하고 차서를 지키는 것은 예이며 재단하여 합당하게 하는 것은 의이니, 예는 존비와 친소의 사이에 행해지고 의는 선악과 시비의 즈음에 행해진다. 존비와 친소의 사이에서 혹 한 가지 예의(禮儀)와 예절이라도 하늘의 법칙에 위배되면 어그러짐〔乖戾〕을 이룸이 큰 것이고, 선악과 시비의 즈음에서 혹 한 가지 일과 단서라도 천리에 어긋나면 착오〔舛謬〕를 이룸이 먼 것이다.

어그러짐의 재앙은 떳떳한 법도를 어지럽히고 훼손함에 이르는 경우가 있고 착오의 폐해는 떳떳한 윤리를 해치고 무너뜨림에 이르는 경우가 있다. 그러므로 옛 성현이 일찍이 예와 의를 중시하지 않은 적이 없었던 것이다.

그렇다면 예라 하고 의라 하는 것이 명목이 비록 다르고 쓰임이 똑같지 않으나 모두 바른 자리[215]를 밝히고 바른 길[216]을 통달하는 것이다. 이 때문에 예와 의를 짝하여 말해서 예가 의 밖에 있지 않고 의가 예 밖에 있지 않은 것이다. 예를 어기는 자는 반드시 의를 손상하고, 의를 잃은 자는 반드시 예에 어긋나니, 어찌 리가 똑같은 것이 아니겠는가.

법에 이르러는 성명(聖明)한 제왕이 만든 것이다. 이는 무지하고 염치없는 사람들이 욕심을 함부로 부려 예를 무너뜨리고 이익을 따라

215 바른 자리 : 원문의 '正位'는 예(禮)를 가리킨다. 《맹자》 〈등문공 하(滕文公下)〉에 대장부는 "천하의 넓은 집에 거하며 천하의 바른 자리에 서며 천하의 대도(大道)를 행한다.〔居天下之廣居, 立天下之正位, 行天下之大道.〕"라고 하였는데, 주자의 주에 '바른 자리'는 예라고 하였다. 《孟子集註》

216 바른 길 : 원문의 '正路'는 의(義)를 가리킨다. 《맹자》 〈이루 상(離婁上)〉에 "인은 사람의 편안한 집이요, 의는 사람의 바른 길이다.〔仁, 人之安宅也; 義, 人之正路也.〕"라고 보인다.

의를 버리면 사람의 도리가 다 없어지고 하늘의 기강이 실추되어서 반드시 사람은 사람답지 못하고 나라는 나라답지 못하게 될까 염려한 것이다. 그러므로 일을 따라 제도를 세우고 때에 따라 법을 창제해서 정사를 두어 가르치고 형벌을 두어 다스린 것이니, 또한 모두 예의의 대방(大防)[217]을 만들어서 백성들이 범하지 못하게 한 것이다.

그렇다면 예의의 가르침은 법제(法制)를 쓰기 전에 바로잡는 것이고, 법제는 예의가 행해지지 않은 뒤에 사용하는 것이니, 이 때문에 예와 법을 함께 말하는 경우가 있는 것이다.

예의는 바로 하늘이 부여한 리이고, 법제는 바로 성인이 만든 제도이다. 인(仁)은 사람의 주된 덕이나 예의로써 절제하지 않으면 주된 덕이 될 수 없고, 도(道)는 나라의 원기(元氣)이나 법제로써 유지하지 않으면 원기가 될 수 없는 것이다. 그렇다면 예의와 법제에 비록 본말과 경중의 구분이 있으나 폐할 수 없는 점은 똑같다. 사람이 어찌 단 하루라도 예의가 없을 수 있으며, 나라가 어찌 단 하루라도 법제를 폐할 수 있겠는가.

7.1.3.23 도와 기의 분합 道器分合

공자의 《주역》 〈계사전(繫辭傳)〉에 "형이상(形而上)을 도(道)라 하고 형이하(形而下)를 기(器)라 한다."라는 말씀이 있는데, 이른바 '형'은 무슨 물건을 가리키며, 이른바 '이상'과 '이하'는 어느 곳을 가리키는 것인가. 형이라는 것은 하늘과 땅으로부터 이하로 모든 기(氣)가 있고 형상〔象〕이 있는 크고 작은 물건이 다 이것이고, 도라는 것은 바로

217 대방(大防) : 중요하고 원칙적인 한계를 뜻하는데, 혼란을 미연에 방지하는 예법을 흔히 일컫는다.

그 물건의 리이다.

리는 바로 물건이 되는 리이니 물건이 떠날 수 없는 것이므로 리를 도(道)라 하였고, 물건은 바로 리 가운데의 물건이니 리가 물건에 의탁하기 때문에 물건을 기(器)라 한 것이다. 리는 본래 형체가 없으나 형체가 있는 물건에서 벗어나지 않기 때문에 물건의 도를 일러 형이상이라 한 것이니, 그 도가 형체가 없는 리임을 말한 것이다. 물건은 형체가 있으나 주재하는 것이 형체가 없는 리이기 때문에 리의 기(器)를 일러 형이하라 한 것이니, 그 기가 형체가 있는 물건임을 말한 것이다.

반드시 먼저 물건이 되는 리가 있기 때문에 물건이 그 리를 얻어 그 물건이 되었으니, 물건은 바로 리의 물건이고 리는 바로 물건의 리이다. 리 밖에 물건이 있고 물건 밖에 리가 있는 것이 아니니, 이른바 '도가 바로 기이고 기가 바로 도'[218]라는 것이다.

도는 기 때문에 도가 되고 기는 도 때문에 기가 된다. 도가 있으면 반드시 기가 있으니 진실로 기가 없는 도가 있지 않고, 기가 있으면 반드시 도가 있으니 또 도가 없는 기가 있지 않은 것이다. 도는 기에 의탁하지 않으면 도를 사용할 곳이 없고, 기는 도를 따르지 않으면 기가 될 수 없는 것이다.

정조(精粗)를 가지고 말하면 도는 정(精)하고 기는 거치니, 정함과 거침이 서로 필요로 하지 않을 수 없는 것이다. 허실(虛實)을 가지고 말하면 기는 실하고 도는 허하니, 허와 실이 서로 필요로 하지 않을 수 없는 것이다.

218 도가……도 : 정명도(程明道)는 "도가 바로 기이고 기가 바로 도이니, 둘은 일찍이 서로 떨어진 적이 없다.〔道卽器, 器卽道, 兩者未嘗相離.〕"라고 하였다. 《性理大全書 卷34 性理6》

선후를 가지고 말하면 도가 먼저이고 기가 뒤인데, 또 기가 있어야 도에 작용이 있으니, 도와 기가 서로 선후가 되는 것이다. 경중을 가지고 말하면 도는 중하고 기는 가벼운데, 기가 없는 도는 도가 될 수 없고 도가 없는 기는 기가 될 수 없으니, 도와 기 또한 서로 경중이 되지 않을 수 없는 것이다. 그렇다면 도와 기가 어찌 각각 나뉜 것이겠는가.

무릇 방소가 있고 때가 있는 기(氣)와 형상이 있고 질이 있는 물건이 모두 이른바 기(器)이고, 기(氣)가 되고 물건이 되는 리는 모두 이른바 도이다. 큰 것으로 말하면 위에서 창창(蒼蒼)하고 끝없이 넓은 하늘은 기(器)인데 하늘이 되는 리는 도이고, 아래에서 비옥하고 장구한 땅은 기인데 땅이 되는 리는 도이다. 하늘이 어찌 단 하루라도 하늘이 되는 도가 없이 능히 하늘이 될 수 있겠는가. 땅이 어찌 단 하루라도 땅이 되는 도가 없이 능히 땅이 될 수 있겠는가.

음양에서는 음양은 기(器)이고 음양이 되는 소이의 리는 도이며, 오행에서는 오행은 기이고 오행이 되는 소이의 리는 도이다. 하늘에 형상을 가지고 있는 일(日)·월(月)·성(星)·신(辰)과 땅에 질을 가지고 있는 수(水)·화(火)·토(土)·석(石)에 이르러도 모두 기인데, 일·월·성·신과 수·화·토·석이 되는 소이의 리는 모두 도이다.

또 작은 한 동물과 한 식물에 이르러도 모두 기이고 도이다. 사람의 한 몸을 가지고 말하면 몸이 기가 되고 성이 도가 되는 것은 바로 그중의 큰 것이며, 귀에는 오성(五聲)을 듣는 리가 있고, 눈에는 오색(五色)을 밝게 보는 리가 있고, 코가 오취(五臭)를 알고, 입이 오미(五味)를 알고,[219] 오장에 오령(五靈)이 있고,[220] 사지(四肢)에 사칙(四則)이

219 귀에는……알고 : 오성(五聲)은 궁(宮)·상(商)·각(角)·치(徵)·우(羽)이고, 오색(五色)은 청(青)·황(黃)·적(赤)·백(白)·흑(黑)이고, 오취(五臭)는 누린

있고,[221] 구용(九容)[222]과 구사(九思)[223]가 되고, 삼강(三綱)이 강령이 되고, 오륜(五倫)이 윤리가 됨에 이르기까지 모두 기가 되고 도가 되는 것이다.

그렇다면 기에 어찌 도가 없는 기가 있으며, 도에 어찌 기가 없는 도가 있겠는가. 이 기가 있으면 반드시 이 도가 있고, 이 도가 있으면 반드시 이 기가 있는 것이다. 도를 구하는 자는 마땅히 기에서 구해야 할 것이고, 기를 본 자는 그 도를 알아야 할 것이다. 도와 기가 과연 두 가지 사물이 아닌 것이다.

우리 인간은 오직 도와 기가 서로 떨어질 수 없음을 알아서 기로써

내〔羶〕·향내〔香〕·비린내〔腥〕·탄내〔焦〕·썩은 내〔腐〕이고, 오미(五味)는 신맛〔酸〕·짠맛〔鹹〕·매운맛〔辛〕·단맛〔甘〕·쓴맛〔苦〕이다.

220 오장에 오령(五靈)이 있고 : 오령은 심장·간장·비장·폐장·신장의 다섯 가지 신령함으로, 장현광은 심장의 영(靈)인 신(神)은 기관을 운용하며, 간장의 영인 혼(魂)은 미래를 알며, 비장의 영인 사(思)는 활동을 지극히 하며, 폐장의 영인 백(魄)은 지나간 것을 기억하며, 신장의 영인 정(精)은 옳고 그름을 분별한다고 하였다.《旅軒集 卷6 學部名目會通旨訣》

221 사지(四肢)에 사칙(四則)이 있고 : 좌우의 팔과 다리에 각각의 법칙이 있다는 뜻인 듯하다. 장현광은 마음이 "사지와 백해의 법칙을 기준한다.〔準四肢、百骸之則.〕"라고 하였다.《旅軒集 卷6 學部名目會通旨訣》

222 구용(九容) : 군자가 지녀야 할 아홉 가지 모습으로《예기》〈옥조(玉藻)〉에 "발 모양은 무겁게 하고, 손 모양은 공손히 하고, 눈 모양은 단정히 하고, 입 모양은 얌전히 하고, 소리 모양은 조용히 하고, 머리 모양은 곧게 하고, 숨 쉬는 모양은 엄숙하게 하고, 서 있는 모양은 덕이 있게 하고, 얼굴빛 모양은 장엄하게 한다.〔足容重, 手容恭, 目容端, 口容止, 聲容靜, 頭容直, 氣容肅, 立容德, 色容莊.〕"라고 보인다.

223 구사(九思) : 군자의 아홉 가지 생각으로《논어》〈계씨(季氏)〉에 "봄에는 밝음을 생각하며, 들음에는 귀밝음을 생각하며, 얼굴빛은 온화함을 생각하며, 용모는 공손함을 생각하며, 말은 진실함을 생각하며, 일은 공경함을 생각하며, 의심스러움은 물음을 생각하며, 분함은 어려움을 생각하며, 이득을 보면 의를 생각하는 것이다.〔視思明, 聽思聰, 色思溫, 貌思恭, 言思忠, 事思敬, 疑思問, 忿思難, 見得思義.〕"라고 보인다.

도를 생각하고 도로써 기를 유지하여, 기는 항상 도를 담는 기가 되고 도는 항상 기를 규율(規律)하는 도가 되게 해야 하니, 그렇다면 《대학》의 규모의 큼[224]을 이루고 《중용》의 중화(中和)를 지극히 하는 것에 어찌 부족함이 있겠는가.

구용은 바로 기로써 도를 생각하는 방법이고, 구사는 바로 도로써 기를 유지하는 요점이다. 이는 바로 배우는 자가 공력을 씀에 마땅히 먼저 해야 할 것이니, 능히 여기에 공력을 쓰는 자는 도와 기의 분합(分合)을 알 것이다. 《주역》에 있는 64괘와 384효의 괘사(卦辭)와 효사(爻辭)가 모두 이 리이다.

7.1.3.24 귀와 신의 분합 鬼神分合

공자는 "귀신의 덕 됨이 성대하구나. 보아도 보이지 않으며 들어도 들리지 않으나 사물의 체가 되어 빠뜨릴 수 없다."[225]라고 하셨다. 정자(程子)는 "귀신은 하늘과 땅의 공용(功用)이고 조화의 자취이다."라고 하였다. 장자(張子)는 "귀신은 음・양 두 기의 양능(良能)[226]이다."라고 하였다. 주자는 "두 기로 말하면 귀는 음의 신령이고 신은 양의

224 대학의 규모의 큼 : 주자는 《대학》에 대하여 "밖으로는 그 규모의 큼〔規模之大〕을 다함이 있고 안으로는 그 절목의 상세함을 다함이 있다."라고 하였는데, '규모의 큼'은 삼강령(三綱領)이라는 설과 평천하(平天下)라는 설 등이 있다. 《大學章句大全 大學章句序》

225 귀신의……없다 : 이는 《중용》에 보이며, 아래의 정이천・장횡거・주자의 말은 《중용장구》의 주에 보인다.

226 양능(良能) : 자연히 그렇게 되어서 하려고 하지 않아도 절로 되는 것을 말하는데, 주자는 "양능은 왕래(往來)와 굴신(屈伸)을 말한 것이니, 바로 리의 자연함이요 안배하거나 조처함이 있는 것이 아니다."라고 하였다. 《近思錄集解 卷1》

신령이며, 한 기로 말하면 이르러 펴짐은 신이 되고 되돌려 돌아감은 귀가 되니, 그 실제는 한 물건일 뿐이다. '덕 됨〔爲德〕'은 성정(性情)과 공효(功效)라는 말과 같다."라고 하였다.

내 생각건대 귀와 신은 리와 기의 정미한 것을 지목한 것이다. 하늘과 땅과 만물에 있는 이 리와 기가 실로 정미하고 영묘하기 때문에 귀신이라 한 것이니, 실제는 리와 기 외에 별도로 이른바 한 종류의 사물이 있어서 귀신이 되는 것이 아니다.

'음의 신령'과 '양의 신령'이라고 말했으니, 모든 우주 사이의 형체가 되고 형상이 되고 방위가 있고 처소가 있는 것 중에 무엇이 음·양을 떠날 수 있겠는가. 또 음·양이 된 것 중에 무엇이 리와 기를 떠날 수 있겠는가. 또 어찌 이르러 펴짐이 없이 되돌려 돌아감이 있을 수 있겠는가.

이로써 말하면 하늘과 땅 또한 음·양을 가지고 하늘과 땅이 된 것이다. 이미 하늘과 땅이 되어서 자연히 이르러 펴짐이 없을 수 없으면 또 어찌 되돌려 돌아감이 없겠는가. 더구나 하늘과 땅 사이에서 만물이 된 것에 있어서랴. 이는 모두 귀신이 하는 것이다.

"사물의 체가 되어 빠뜨릴 수 없다"라고 한 것은 바로 귀신의 떳떳한 리이니, 우리 인간이 한 몸에 돌이켜보면 또한 모두 귀신의 리인 것이다. 이제 귀·눈·입·코를 닫고 열며 팔다리의 사지(四肢)를 거두고 그치는 것은 음이고, 귀·눈·입·코를 활용하고 팔다리의 사지를 움직이는 것은 양이다. 호흡이 나가고 들어오고 혈기(血氣)가 오르고 내리고 혼·백이 동하고 그치고 정·신이 허하고 신령한 것에 이르러도 모두 한 몸의 음·양인데, 이로써 지각하고 영묘(靈妙)하며 운용하고 수응하는 것이 바로 사람에게 있는 귀신이니, 다만 죽은 뒤에야 귀신이 되는 것은 아니다.

다만 산 사람이 세상에 있을 때에는 혼·백·정·신이 오장에 간직

되어 보고 듣고 말하고 행동함에 발로되고 사물을 응접하는 사이에 행해져서 사람들이 모두 항상 접할 수 있기 때문에 이를 보고 들어서 괴이하게 여기지 않는 것이다. 사람이 이미 죽은 뒤에 이르면 하늘로 올라간 혼과 땅으로 내려간 백과 흩어져 다한 정・신은 사람이 귀와 눈으로 접할 수 없고 오직 제사를 지낼 적에 훈호처창(焄蒿悽愴)[227]한 기를 알 뿐이므로 귀신이라 한 것이다. 그 리는 살아서는 명(明)이 되고 죽어서는 유(幽)가 되는 두 가지가 있는 것이 아니니, 리는 하나이다.

하늘과 땅도 따로 하늘과 땅의 귀신이 있고 만물도 각자 모두 귀신이 있다. 하늘과 땅의 귀신은 하늘과 땅의 도 밖에 별도로 각각 귀신이 있는 것이 아니다. 하늘과 땅이 하늘과 땅이 되는 소이는 리와 기이므로 리와 기가 모인 곳이 바로 귀신이 있는 곳이다. 만물이 만물이 되는 소이도 모두 리와 기이므로 크고 작은 것과 정하고 거친 것을 막론하고 모두 각각 귀신이 있는 것이다.

혹자가 말하였다. "하늘에 형상을 이루고 있는 일(日)・월(月)・성(星)・신(辰)과 땅에 형체를 이루고 있는 산악과 하천은 진실로 물건 가운데 정하고 큰 것이지만 작고 거친 초목에 이르러도 과연 귀신이 있는가?"

이에 내가 말하였다. "풀 한 포기, 나무 한 그루도 능히 때를 알아 낳고 때를 알아 말라서 능히 그 성(性)을 순히 따르고 능히 열매를 이루는 것은 귀신이 있어 그런 것이 아니겠는가."

혹자가 말하였다. "하늘과 땅이 낳은 물건에 모두 귀신이 있을 뿐만 아니라 사람이 만들어 설치한 거처에 이르러도 오사(五祀)[228]의 제사가

227 훈호처창(焄蒿悽愴) : 제사를 지낼 때 귀신의 기가 위로 올라와〔焄蒿〕 사람의 정신을 오싹하게 하는〔悽愴〕 것을 말한다.

있으니, 과연 그곳에 각각 신이 있어서 옛 성인이 제사하는 예를 세웠는가?"

이에 내가 말하였다. "이미 명목이 있고 이미 방소가 있다면 모두 리와 기가 있는 곳이고 음・양이 겸비된 곳이다. 그러므로 명목에 따라 관련된 것이 다르고 방소에 따라 구역이 나누어지니, 사람이 집에 사는 경우에도 거처하고 출입하고 이용하고 생활함을 의뢰하는 곳이 각각 있다. 그러므로 반드시 공경을 지극히 하고 정성을 다하는 일이 있으니, 이것이 오사가 세워지게 된 이유이다. 대부(大夫)가 된 뒤에야 그 예가 있고 서인(庶人)은 다만 돌아가신 부모의 신을 제사할 뿐이니, 역시 귀천에 따른 분수가 없을 수 없는 것인데, 이 또한 리이다. 여기에서 귀신의 리가 진실하고 넓어서 싫어할 수 없는 것을 볼 수 있다."

혹자가 말하였다. "이는 모두 귀신의 바른 것이지만, 그중에 어두침침한 곳, 벼랑, 우거진 숲, 그릇에서 생기는 요괴가 있고 또 혹 죽어서 괴이한 일을 초래하는 사람이 있는 것은 이 무슨 리인가?"

내가 대답하였다. "음양・오행・사시(四時)・주야(晝夜)는 정해진 리이고 바른 기이다. 다만 정해진 리와 바른 기가 유행하는 가운데 또 혹 천지의 기가 쇠하고 인사(人事)의 떳떳한 도가 어긋남으로 인해서, 뒤섞여 떠도는 기가 변하지 않을 수 없게 되면 요망한 사람과 괴이한 물건이 혹 그 사이에서 나오는 것이다.

그러나 조화의 근본을 잡고 있는 자(군주)가 능히 바른 도를 밝히고 인사를 잘 닦고 다스리면 여러 간사함과 온갖 간특함이 이에 저절로 사라지니, 어찌 요괴가 될 수 있겠는가. 이는 마치 태양이 중천에 있으면 음침한 날씨가 저절로 걷히는 것과 같다.

228 오사(五祀) : 집의 작은 문〔戶〕・부엌〔竈〕・안방의 중앙〔中霤〕・대문〔門〕・길〔行〕의 다섯 신에게 철에 따라 지내는 제사를 말한다.

그렇다면 귀신의 리는 하늘과 땅과 만물이 함께 본래 소유한 것이고 귀신이라는 것은 리·기와 음·양에서 벗어나지 않을 뿐인데, 오직 리·기의 묘함과 음·양의 신령함을 궁구한 자만이 실제로 그 정상(情狀)을 아는 것이다. 그 큰 것을 말하면 하늘과 땅의 시작과 끝이 다 귀신인데, 한 작은 물건과 한 작은 기(器)의 시작과 끝도 귀신인 것이다.

다만 사람들은 그 리를 알지 못하고 그 형체를 보지 못하고 그 소리를 듣지 못하기 때문에 그 정상을 알기 어렵다고 생각하나, 그 이른바 정상은 실로 하늘과 땅과 만물이 위아래에 밝게 드러나고 더위와 추위, 낮과 밤이 왕래하고 오르내림에서 벗어나지 않을 뿐이다.

국가에서는 예악·상벌과 사람의 몸에서는 동정(動靜)·어묵(語默)·성쇠·생사가 무엇인들 귀신의 도가 아니겠는가. 그렇다면 양이면 신(神)이 되고 음이면 귀(鬼)가 되며, 펴면 신이 되고 굽히면 귀가 되는 것이 바로 하나의 리인 것이다."

7.1.3.25 성과 경의 분합 誠敬分合

경(敬)은 모름지기 덕에 들어가는 초기에 해야 하는데 또한 덕이 이루어지는 끝까지 항상 관철해야 하는 것이고, 성(誠)은 반드시 도가 극진한 뒤에 이루어지는데 실로 도에 뜻을 두는 초기부터 세워야 하는 것이다. 처음 배우는 자의 경은 바로 힘써서 경을 하는 것이고, 덕이 이루어진 자의 경은 바로 힘쓰지 않고 경을 하는 것이다. 처음 세우는 성은 바로 뜻을 두어 하는 성이고, 도가 극진한 성은 바로 전체의 성[229]

229 뜻을……성 : 《중용》에 "성(誠)은 하늘의 도이고, 성지(誠之)는 사람의 도이다. 성실한 자는 힘쓰지 않고도 도에 맞으며 생각하지 않고도 알아서 종용히 도에 맞으니

인 것이다.

오직 경에서 공부를 쌓은 자라야 비로소 능히 힘쓰지 않는 경을 할 수 있다. 이는 경의 시작과 끝인데, 중요한 것은 시작에 있다. 뜻을 두어 하는 성은 근본을 세울 뿐이고, 도가 극진함에 이른 뒤에야 비로소 전체의 성이 된다. 이는 성의 시작과 끝인데, 지극한 공부는 뒤에 있다.

그렇다면 공부를 쌓는 경과 뜻을 두어 하는 성은 바로 배우는 자의 경과 성이고, 힘쓰지 않는 경과 전체의 성은 바로 성인의 경과 성인 것이다. 배우는 자의 경을 잘하지 못하고서 능히 성인의 경을 하는 자는 있지 않으며, 배우는 자의 성을 세우지 못하고서 능히 성인의 성을 이루는 자도 있지 않다. 항상 조심하고 두려워하는 마음을 보존해서 감히 방과(放過)하지 않는 것은 경의 공부이고, 확고하여 간단(間斷)함이 없고 순수하여 잡됨이 없는 것은 성의 지극함이다.

마음을 보존하기를 경으로써 하고, 몸을 받들기를 경으로써 하고, 동하고 정하기를 경으로써 하고, 말하고 침묵하기를 경으로써 하고, 일에 응하기를 경으로써 하고, 물건을 접하기를 경으로써 함은 항상 삼가고 두려워하는 마음을 보존하여 감히 방과하지 않는 것이다. 중(中)을 지극히 하여 대본(大本)을 세우고 화(和)를 지극히 하여 달도(達道)를 행해서, 천지와 그 덕이 합하고 해와 달과 그 밝음이 합하고 사시(四時)와 그 질서가 합하고 귀신과 그 길흉이 합함은 확고하여 간단이 없고 순수하여 잡됨이 없는 것이다.

확고하여 간단이 없는 것은 삼가고 두려워하는 마음을 항상 보존함

성인이요, 성실히 하려고 하는 자는 선을 택하여 굳게 지키는 자이다."라고 하였는바, 이로써 말하면, 성(誠)이 '전체의 성'이고 성지(誠之)가 '뜻을 두어 하는 성'이라 할 수 있을 것이다.

으로 말미암아 이루어지고, 순수하여 잡됨이 없는 것은 감히 방과하지 않음으로 말미암아 이루어지니, 이는 성을 이룸이 경의 쌓임에 의한 것이 아니겠는가.

그렇다면 경은 성을 처음 세울 적에 생기고 성은 경이 쌓인 바에서 이루어진다. 힘쓰지 않는 경은 바로 성 가운데의 경이고, 전체의 성은 바로 경이 지극한 성이니, 성과 경이 하나의 도가 아니겠는가. 그러므로 말하기를 경이 오래되면 성실해진다고 하는 것이다.

그러나 경이 경이 되고 성이 성이 되는 것은 본래 천리(天理)의 자연한 것이고 사람이 억지로 만들어 내는 것이 아니니, 경은 덕 밖에 다른 종류의 덕을 이루는 것이 아니고 성은 도 밖에 다른 종류의 도를 이루는 것이 아니다. 다만 덕의 진실함을 이루는 것이 바로 경이고, 도의 진실함을 이루는 것이 바로 성인 것이다.

덕을 진전시키는 것에 혹 잠시라도 해이함이 있으면 경이 아니어서 덕이 반드시 손상되고, 도에 나아가는 것에 혹 잠시라도 망령되고 잡됨이 있으면 성이 아니어서 도가 반드시 훼손된다. 이 경과 성은 바로 덕을 진전시키고 도에 나아가는 것의 시작과 끝으로서 그 기본이 되고 그 요지가 되는 것이다.

7.1.3.26 경과 권의 분합 經權分合

도이면서 떳떳함을 지키는 것을 경(經)이라 하고, 도이면서 변고에 응하는 것을 권(權)이라 하니, 경은 진실로 도의 경이고, 권 또한 도의 권이다. 그러므로 도 밖의 경이 없고 도 밖의 권이 없는 것이다.

도는 만사와 만물의 리이니 바로 이른바 형이상이라는 것이고, 경·권은 만사와 만물의 공용(功用)이니 바로 이른바 형이하라는 것이다.

사물은 반드시 본래 형이상의 도가 있기 때문에 마침내 반드시 형이하의 경・권이 있는 것이다. 만약 리를 체행하는 도가 없다면 어떻게 공용의 경・권이 있을 수 있으며, 만약 공용의 경・권이 없다면 어떻게 리를 체행하는 도가 될 수 있겠는가.

리를 체행하는 도는 똑같은데, 도가 공용에 행해지면 경이 있고 권이 있는 것은 어째서인가. 경이란 경위(經緯 날줄과 씨줄)의 경이고, 권이란 권형(權衡 저울추와 저울대)의 권이니, 베 짜는 실에서는 평평하게 당겨 곧게 뻗어서 굽음이 없는 것이 경이고, 저울에서는 물건에 따라 내려가고 올라가서 한쪽에 정체되지 않는 것이 권이다.

다만 위치한 곳이 달라서 이에 대처하는 것이 다르지 않을 수 없고, 만난 때가 똑같지 않아서 이에 응하는 것이 똑같을 수 없는 것이다. 예컨대 마땅히 가야 하면 가고, 마땅히 멈춰야 하면 멈추고, 마땅히 말해야 하면 말하고, 마땅히 침묵해야 하면 침묵하는 것은 떳떳한 도이며, 만약 마땅히 가야 하는데 가지 않고, 마땅히 멈춰야 하는데 멈추지 않고, 마땅히 말해야 하는데 말하지 않고, 마땅히 침묵해야 하는데 침묵하지 않는다면 도가 아니다. 그러므로 가고 멈추고 말하고 침묵함을 오직 합당하게 할 뿐이니, 이는 떳떳함을 지키는 경이다.

혹 여기에서는 마땅히 가야 하나 저기에서는 가서는 안 되고, 혹 여기에서는 마땅히 멈춰야 하나 저기에서는 멈춰서는 안 되고, 혹 앞에서는 마땅히 말해야 하나 뒤에서는 말해서는 안 되고, 혹 앞에서는 마땅히 침묵해야 하나 뒤에서는 침묵해서는 안 되는 것은 바로 처지가 다르고 때가 변한 것이다. 그렇다면 어찌 떳떳함을 굳게 지켜서 때에 따라 다르게 응하고 곳에 따라 변하지 않을 수 있겠는가. 이는 변화에 응하는 권이다. 그러므로 말하기를 경은 진실로 도의 경이고, 권 또한 도의 경이라 하는 것이다.

떳떳함으로 이름하여 경이라 하고, 변화함으로 이름하여 권이라 한다. 경이라 하고 권이라 하는 명칭은 비록 다르나 경이 되고 권이 되는 리는 똑같으니, 이 때문에 경과 권이 바로 하나의 도인 것이다.

마땅히 떳떳함을 지켜서 그 떳떳함을 바꾸지 않아야 할 경우, 떳떳함은 바로 경이다. 경이면서 리에 마땅한 것은 바로 그 도이다. 마땅히 변화에 응해서 그 변화에 걸맞게 해야 할 경우, 변화함은 바로 권이다. 권이면서 리에 마땅한 것은 바로 그 도이다. 경과 권이 과연 하나의 도가 아니겠는가.

그렇다면 리를 체행하는 도가 어찌 오직 우리 인간이 가고 멈추고 말하고 침묵하는 사이에만 있겠는가. 도가 있는 곳에 경·권이 있지 않은 곳이 없는 것이다.

예컨대 아버지의 사업을 자식에게 전하는 것이 경인데, 요(堯)임금과 순(舜)임금은 대업을 어진 이에게 전해 주었다. 천하는 9주(州)가 되는 것이 경인데, 혹 나누어 12주를 만들었다.[230] 신하가 군주를 의(義)로써 섬기는 것이 경인데, 이윤(伊尹)은 태갑(太甲)을 추방하였고,[231] 굉요(閎夭)와 산의생(散宜生)은 미녀와 보물을 주왕(紂王)에게 뇌물로 바쳐 서백(西伯)을 유리(羑里)에서 석방시켰다.[232] 자식이 아버

230 9주(州)가……만들었다 : 순임금이 섭정을 하고 우(禹)가 치수(治水)하던 시기에는 천하를 9주로 나누었는데, 순임금이 즉위한 뒤에 처음으로 12주를 만들었다. 9주는 기(冀)·연(兗)·청(靑)·서(徐)·형(荊)·양(揚)·예(豫)·양(梁)·옹(雍)의 아홉 주이고, 12주는 기주와 청주를 나누어 유(幽)·병(幷)·영(營)의 세 주를 더 만든 것이다.《書經集傳 舜典》

231 이윤(伊尹)은 태갑(太甲)을 추방하였고 : 이윤은 상(商)나라의 재상으로, 탕왕(湯王)을 도와 하(夏)나라를 멸망시키고 탕왕이 죽은 뒤에는 탕왕의 아들 외병(外丙)과 중임(中壬)을 보좌하였다. 탕왕의 손자 태갑이 즉위하여 탕왕의 법을 따르지 않자 이윤이 그를 동(桐)에 유폐시켰는데, 태갑이 과오를 뉘우치자 다시 돌아오게 하였다.

232 굉요(閎夭)와……석방시켰다 : 굉요와 산의생은 주(周)나라 문왕(文王)·무왕(武王) 때의 신하로, 문왕 서백이 모함을 받아 유리에 수감되자 유신씨(有莘氏)의 미녀, 여융(驪戎)의 얼룩말 등의 기이한 물건을 주왕에게 뇌물로 바쳤다.

지에게서 도망하지 않는 것이 경인데, 태백(泰伯)과 중옹(仲雍)은 형만(荊蠻)으로 도망하였고,[233] 백이(伯夷)와 숙제(叔齊)는 도망하여 바닷가에 있었다.[234] 우(禹)와 후직(后稷)이 자기 집 문 앞을 지나면서도 들어가지 못한 것은 직책을 다하는 경인데,[235] 안회(顔回)는 누추한 골목에서 죽었고[236] 민자건(閔子騫)은 문수(汶水) 가에 있었다.[237] 천하에 도가 없으면 은둔하고 써 주면 도를 행하는 것이 도의 경인데, 공자와 맹자는 수레를 타고 온 천하를 두루 다녔다. 이는 모두 성현이 권을 행한 것이다.

또 어찌 다만 성현뿐이겠는가. 한 해에는 열두 달이 있는 것이 달의 경인데 혹 윤달이 있고, 한 달에는 30일이 있는 것이 날의 경인데 혹

233 태백(泰伯)과 ……도망하였고 : 태백은 주(周)나라 고공단보(古公亶父)의 장자(長子)로, 고공단보가 왕위를 창(昌 문왕)의 아버지인 계력(季歷)에게 전하려 하자 아우 중옹과 함께 형만으로 달아나 은둔하였다.

234 백이(伯夷)와……있었다 : 백이와 숙제는 은(殷)나라 말기 고죽국(孤竹國)의 두 왕자이다. 《사기(史記)》 〈백이 열전(伯夷列傳)〉에 의하면, 백이와 숙제는 아버지가 죽은 뒤에 왕위를 서로 사양하고 도망하였는데, 주(周)나라 무왕이 주왕(紂王)을 토벌하자 주나라의 곡식을 먹지 않고 수양산(首陽山)에 숨었다. 또 《맹자》 〈이루 상(離婁上)〉에는 백이가 주왕(紂王)을 피하여 북해(北海) 바닷가에 살았다고 하였다.

235 우(禹)와……경인데 : 《맹자》 〈이루 하(離婁下)〉에 "우와 후직이 태평한 시대를 만나 세 번 자기 집 문 앞을 지나면서도 들어가지 못하였다."라고 보인다. 우는 신하로서 홍수를 다스렸다. 후직은 주(周)나라 시조인 기(棄)로 요임금 때 농사(農師)가 되었고 순임금 때 농사를 관장하는 장관인 후직이 되었다.

236 안회(顔回)는……죽었고 : 안회는 공자에게 "한 대그릇의 밥과 한 표주박의 음료로 누추한 골목에 있는 것을 딴 사람들은 그 근심을 견뎌내지 못하는데, 안회는 그 즐거움을 변치 않는다."라는 칭찬을 받았으나 단명(短命)하였다.

237 민자건(閔子騫)은……있었다 : 공자의 제자 민자건은 계씨(季氏)가 그를 읍재(邑宰)로 삼으려 하자, "만일 다시 나를 부르러 온다면 나는 반드시 〈노(魯)나라를 떠나 제(齊)나라의〉 문수(汶水) 가에 있을 것이다."라고 하며 벼슬하지 않았다. 《論語 雍也》

29일의 작은달이 있다. 이는 달에 윤달을 두지 않으면 해와 달이 반드시 어긋나고, 날에 소진(小盡)[238]이 없으면 그믐과 초하루가 불일치하는 것이다. 춥고 더움과 비가 오고 날이 갬이 제때에 맞지 않으며 화복과 재해가 바르지 않은 경우도 모두 천도의 경・권이다.

그러나 권에는 경 밖의 권이 있지 않고 경에는 권이 없는 경이 있지 않으니, 경은 도의 정(正 바른 원칙)이고 권은 도의 기(奇 임시의 변칙)인 것이다. 떳떳함과 변화함이 다 일이고, 경과 권이 다 도이고, 기(奇)와 정(正)이 다 형세이니, 이 어찌 한 리의 자연한 것이 아니겠는가.

7.1.3.27 중과 용의 분합 中庸分合

중(中)은 땅으로 말하면 사방에서 거리가 똑같은 곳이 이것이고, 물건으로 말하면 각각 중심에 해당하는 곳이 이것이다. 용(庸)은 형질과 모습으로 말하면 귀가 있는 사람은 다 듣고 눈이 있는 사람은 다 보고 마음이 있는 사람은 다 알고 입이 있는 사람은 다 말해서 여기서도 그러하고 저기서도 그러하며 옛날도 그러하고 지금도 그러한 것이 이것이다.

땅에 중이 없으면 사방에서 법을 취할 수 없고, 물건에 중이 없으면 물건의 사체(四體)가 법칙을 취할 수 없다. 그러므로 중이 없고서 능히 땅이 되고 물건이 되는 경우는 있지 않은 것이다. 일정한 형질과 모습은 천만 구역을 지나도 똑같고 천만 대를 지나도 똑같다. 그러므로 열 눈이 보는 바와 열 손가락이 가리키는 바에 모두 의혹하는 바가 없는 것이다. 이는 중이라 하고 용이라 하는 칭호가 있게 된 이유이다.

중이라 칭하고 용이라 칭하는 것이 이와 같이 요긴하므로 성인이

238 소진(小盡) : 29일까지 있는 달의 말일을 이른다.

그 명칭을 취하여 이 도와 이 리가 표준이 됨을 밝히신 것이다. 이 때문에 이 도와 이 리가 지극하여 사람들이 능한 이가 적은 것이다.

그러나 이 중용을 형질과 모습이 있는 것에서 찾아보면 진실로 보기 쉽고 알기 쉽지만, 만일 소리도 없고 냄새도 없는 도리에서 구하면 어찌 알기 어렵지 않겠는가. 더구나 마음으로 체득하고 몸으로 행함에 있어서랴.

그렇다면 이른바 도리는 바로 그 명칭인데 또다시 중용을 취하여 지목한 것은 어째서인가. 도리는 본래 있고 항상 행하는 것을 가지고 이름한 것이니 바로 그 본래의 명칭이고, 중용은 도리의 실체를 가리켜서 말한 것이니 바로 그 적확한 칭호이다.

반드시 도리라고 말한 뒤에 중용의 본원(本原)을 알 수 있고, 반드시 중용이라고 말한 뒤에 도리의 표준을 밝힐 수 있다. 이 때문에 공자가 중용을 가르치시고 자사(子思)가 《중용》을 지은 것이다.

그렇다면 도리가 중용이 되고 중용이 도리가 됨을 어떻게 설명할 것인가. 도가 본래 있는 것〔固有〕을 리라 하고 리가 유행하는 것을 도라 하니, 도와 리는 두 가지 종류가 아니다. 도가 지극히 합당한 것을 중이라 하고 리가 떳떳한 것을 용이라 하니, 중과 용은 두 근본이 아니다. 그러하니 도리는 바로 중용의 도리이고 중용은 바로 도리의 중용인 것이다.

그러나 전체를 가지고 말하면 중이 바로 용이고 용이 바로 중이어서, 용이 아니면 중이 되지 못하고 중이 되지 못하면 용이 아니니, 이는 중과 용을 나눌 수 없는 것이다. 대용(大用)을 가지고 말하면 중은 일정한 체가 없어서 때에 따라 있고, 용은 떳떳한 덕이 되어서 바꿀 수 없으니, 이는 중과 용이 분별이 없을 수 없는 것이다.

중을 칭하는데 또 반드시 용을 칭하고 용을 칭하는데 반드시 먼저 중을 칭하니, 진실로 두 명목을 아울러 들지 않을 수 없는 것이다.

일정한 체가 없는 것은 바로 이로써 떳떳한 덕을 행하는 것이고 바꿀 수 없는 것은 바로 이로써 때를 따르는 것이니, 또 두 뜻을 합하여 칭하지 않을 수 없는 것이다.

그러므로 이천 정자(伊川程子)가 말씀하기를 "편벽되지 않음을 중이라 하고 바뀌지 않음을 용이라 하니, 중은 천하의 바른 도이고 용은 천하의 정해진 리이다." 하였다. 성인의 시대가 멀어지고 훌륭한 말씀이 매몰된 뒤에 《대학》과 《중용》을 《대기(戴記)》[239]에서 얻어 별책으로 드러내어 뜻을 밝힌 분은 두 정자(程子)이니, 이 말씀이 어찌 중용의 적확한 뜻이 아니겠는가.

내 한번 또다시 말해 보겠다. 이미 중을 바른 도라 하고 용을 정해진 리라고 하였으면 도에 리 밖의 도가 있고 리에 도를 벗어난 리가 있겠는가. 리가 정해져 있음에 말미암지 않고서 도가 바를 수 있겠는가. 도의 바름이 없고서 능히 리가 정해질 수 있겠는가.

도가 편벽되지 않은 것을 가리켜 중이라 하고 리가 바뀌지 않는 것을 가리켜 용이라 한다. 이미 리의 바뀌지 않음에 말미암기 때문에 정(正)하여 편벽되지 않은 도가 되고, 능히 도의 편벽되지 않음이 있기 때문에 정(定)해져 바뀌지 않는 리가 되는 것이니, 중에 용이 아닌 중이 있고 용에 중이 아닌 용이 있겠는가.

이미 중을 말하면 용이 이 중에 들어 있고 용을 말하면 중이 이 용에 있는데, 성인이 반드시 두 명칭을 아울러 든 것은 바로 이 도가 반드시 이 리에 근본하고 이 리에 반드시 이 도가 있음을 밝히려면 또 모름지기

239 대기(戴記) : 지금의 《예기》를 가리킨다. 예에 관한 기(記) 가운데 서한(西漢)의 대덕(戴德)과 대성(戴聖)이 편찬한 것을 각각 《대대례기(大戴禮記)》와 《소대례기(小戴禮記)》라 하였는데, 후대에 《예기》 또는 《대기》라 하면 주로 《소대례기》를 가리킨다. 《대대례기》와 《소대례기》가 실제는 동한(東漢) 때 편찬된 것으로 대덕과 대성의 이름을 가탁한 것이라는 설도 있다. 《三禮辭典》

두 글자의 뜻을 함께 들어 칭해야 비로소 도와 리의 요점을 다하여 공용(功用)의 실제를 드러낼 수 있기 때문이다.

회암(晦庵) 주자에 이르러서는 말씀하기를 "중은 편벽되지 않고 치우치지 않고 과(過)와 불급(不及)이 없음의 명칭이고, 용은 평상(平常)이다." 하였으니, 이는 중의 체와 용(用)을 합하여 구비해서 말하고 용(庸)의 적확한 뜻을 드러내어 곧바로 말한 것이다.

'편벽되지 않고 치우치지 않음'은 마음속에 있는 중을 가지고 말한 것이니 중의 체이고, '과와 불급이 없음'은 일에 있는 중을 가지고 말한 것이니 중의 용이다. '평상'이라는 것은 하늘에 있어서는 동하고 굳세며, 땅에 있어서는 정(靜)하고 순하며, 사람에 있어서는 귀와 눈이 총명하고, 코와 입이 호흡하고 삼키고 내뱉으며, 손과 발이 움직이고 걷고, 이 마음이 지각하는 것과 부자가 친하고, 군신(君臣)이 의롭고, 부부가 분별하고, 장유에 질서가 있고, 붕우가 믿음이 있는 것에 이르기까지 바로 평상의 도가 아니겠는가.

그렇다면 중용은 바로 도리의 적확한 칭호이니, 《주역》의 태극과 《서경》의 황극(皇極)[240]과 《춘추》의 권형(權衡)[241]과 《시경》의 성정(性情)이 다 이 중용의 도리인데, 이른바 명(命)과 충(衷)[242]과 성(誠)

240 황극(皇極) : 군주가 인륜을 지극히 하여 백성들의 표준이 되는 것을 말한다. 《書經集傳 洪範》

241 춘추의 권형(權衡) : 《춘추》의 서법(書法)을 말한 것이다. 《춘추좌전》 성공(成公) 14년 조에 "《춘추》의 칭(稱)은 문사(文辭)는 은미하되 뜻은 드러내고, 사실을 서술하되 뜻은 미묘하게 하고, 문사는 완곡하되 문장을 이루고, 사실을 다 말하되 왜곡하지 않고, 악을 징계하고 선을 권장한 것이다."라고 하였는데, 임희일(林希逸)의 주에 "칭(稱)은 권형(權衡 저울추와 저울대)이니, 《춘추》의 서법은 일의 경중을 저울질한다."라고 하였다. 《左傳杜林合注》

242 충(衷) : 《서경》 〈탕고(湯誥)〉에 "위대한 상제가 하민(下民)들에게 충을 내려주시어 그 자연스러운 리를 순히 따라서 떳떳한 성을 소유하게 하셨다."라고 보인다.

과 경(敬)과 명덕(明德)과 지선(至善)과 인 · 의 · 예 · 지인 것이다.

하늘이 하늘이 되고 땅이 땅이 되고 사람이 사람이 되고 물건이 물건이 되는 것은 이 중용의 도리를 얻지 못하면 단 하루와 한 시각도 하늘이 되고 땅이 되고 사람이 되고 물건이 되지 못한다. 만약 중용의 도리를 얻지 못하면 마음이 되고 몸이 되고 덕행이 되고 사업이 된 것이 모두 구차하게 고식적으로 된 것일 뿐이다.

아! 일은 도 밖의 일이 없고 물건은 리 밖의 물건이 없다. 일과 물건은 이미 도리에 의한 것이라 하였는데, 이 중과 이 용이 아니고서 어떻게 그 도리가 될 수 있겠는가.

7.1.3.28 오학의 분합 五學分合

우리 유가(儒家)의 학문을 지목하는 것에 이학(理學) · 도학(道學) · 심학(心學) · 경학(經學) · 성학(聖學)이 있다. 이 다섯 가지는 과연 각기 일정한 명목이 되어 서로 통할 수 없는가. 또한 말할 만한 본말과 경중이 있는가.

내가 생각건대 인간은 하늘과 땅의 중간에 있고 만물의 으뜸이므로 모름지기 자기의 성을 다하고, 미루어서 남의 성을 다하고, 또 미루어서 물건의 성을 다하고, 또 천지의 화육(化育)에 참여하여 도움에 이르러 마침내 천지와 함께 삼재(三才)로서 참여할 수 있어야 하니, 그런 뒤에야 사람이라는 이름을 저버리지 않을 수 있는 것이다.

만일 혹시 지극히 조금이라도 본래 있는 성분(性分)과 당연히 해야 하는 직분에 미진함이 있으면 이는 완성된 사람이 될 수 없는 것이니,

장현광은 "성명(性命)의 리는 정정당당하여 옮기거나 바꿀 수가 없으므로 충(衷)이라 한다."라고 하였다.《旅軒集 卷6 學部名目會通旨訣》

사람으로서 완성된 사람이 되지 못한다면 도대체 무엇이 범상한 동식물과 다르겠는가.

성인은 사람들이 가장 귀하고 가장 신령하면서도 결국 초목과 금수와 똑같이 되는 것을 가엾게 여겨서 반드시 사람들로 하여금 스스로 닦아, 사람 된 도에 미진함이 있는 자들은 모두 마땅히 스스로 공력을 다하여 반드시 이를 다한 뒤에 그치게 한 것이 바로 이른바 학문이다.

이 학문은 리(理)로 지목할 수도 있고, 도(道)로 지목할 수도 있고, 심(心)으로 지목할 수도 있고, 경(經)으로 지목할 수도 있고, 성(聖)으로 지목할 수도 있으니,[243] 이학이라고 한 것은 리를 하늘이 부여해 주고 사람이 품부받은 것이 완전히 구비한 점을 주장한 것이고, 도학이라는 것은 도가 일상생활에 항상 행하여 떠날 수 없는 점을 주장한 것이고, 심학이라는 것은 심이 체・용의 성(性)・정(情)을 통섭하고 통합하는 점을 주장한 것이고, 경학이라는 것은 경에 모범과 전형(典刑)이 모두 기술된 점을 주장한 것이고, 성학이라는 것은 조예가 극진한 지위를 주장한 것이다.

리로써 학문을 말하면, 리는 바로 이른바 태극이다. 조화의 앞에 있어서는 만물의 근저(根柢)가 되고, 품휘(品彙)의 뒤에 있어서는 만물의 추뉴(樞紐)가 되며, 사람의 한 몸에 있어서는 한 몸의 태극이 되고, 만물에 있어서는 만물의 태극이 되니, 한 몸의 태극과 만물의 태극이 두 극이 되는 것이 아니다. 반드시 인욕(人欲)을 깨끗이 다하여

243 학문은……있으니 : 장현광은 "학문은 이 도를 배우는 것이므로 도학(道學)이라 이르고, 도는 이 본연의 당연한 리이므로 이학(理學)이라 이르고, 도리의 학문은 마음에서 벗어나지 않으므로 심학(心學)이라 이르고, 이 리를 밝히고 이 도를 체행하고 이 마음을 다스리는 학문은 이보다 바른 학문이 없으므로 정학(正學)이라 이르고, 이른바 학문이란 배워서 성인에 이르는 것이므로 성학(聖學)이라 이른다."라고 하였다. 《旅軒集 卷6 學部名目會通旨訣》

만사를 법칙대로 한 뒤에야 학문이 이루어지는 것이다.

도로써 학문을 말하면, 정(靜)할 때에는 안을 곧게 하는 경(敬)[244]을 느슨히 하지 않고 동할 때에는 밖을 방정하게 하는 의(義)를 어김이 없으며, 비(費)에는 안이 없는 작음을 다하고 은(隱)에는 밖이 없는 큼을 다해서,[245] 말하면 대대로 천하의 법도가 되고 행하면 대대로 천하의 준칙이 되는 것이니, 그런 뒤에야 학문이 이루어지는 것이다.

심(心)으로 학문을 말하면, 생각하지 않아도 도를 앎에 이르지 못하면 모름지기 배우고 묻고 생각하고 분변하는 공부를 다하고, 힘쓰지

244 안을……경(敬) : 《주역》 〈곤괘(坤卦) 문언전(文言傳)〉에 "군자가 경(敬)을 하여 안을 곧게 하고 의(義)를 지켜 밖을 방정하게 한다.〔君子敬以直內, 義以方外.〕"라고 보인다.

245 비(費)에는……다해서 : 비(費)와 은(隱)은 《중용》에 "군자의 도는 비(費)하고 은(隱)하다. 부부(夫婦)의 어리석음으로도 참예하여 알 수 있으나 그 지극함에 이르러서는 비록 성인이라도 또한 알지 못하는 바가 있으며, 부부의 불초함으로도 행할 수 있으나 그 지극함에 이르러서는 비록 성인이라도 또한 능하지 못한 바가 있으며, 천지의 큼으로도 사람이 오히려 한(恨)하는 바가 있는 것이다. 그러므로 군자가 큰 것을 말할진댄 천하가 싣지 못하며, 작은 것을 말할진댄 천하가 깨뜨리지 못한다."라고 한 것에 보인다. '안이 없는 작음〔無內之小〕'과 '밖이 없는 큼〔無外之大〕'은 주자가 '비'를 용이 넓음으로 풀이하여 "군자의 도는 가까이는 부부가 집에 거처하는 사이로부터 멀리는 성인과 천지도 다할 수 없음에 이르러서 그 큼이 밖이 없고 그 작음이 안이 없으니, 비(費)하다고 이를 만하다."라고 보인다. 비와 은에 대하여 장현광은 주자와 다르게 풀이하였는데, 차이점을 정리하면 다음과 같다. 《旅軒續集 卷5 錄疑俟質》

주자	費	用이 넓음	無外, 無內	부부에서 성인·천지에 이름
	隱	體가 은미함		소이연이 드러나지 않음
장현광	費	用이 낮고 얕고 가깝고 작은 것에 두루하여 빠뜨림이 없음	無內	부부도 알고 행함
	隱	用이 지극히 높고 깊고 멀고 커서 측량하고 헤아리기 어려움	無外	성인도 알지 못하고 능하지 못함

않아도 도에 맞음에 이르지 못하면 반드시 존양(存養)하고 성찰(省察)하는 공부[246]를 다해서, 보지 않고 듣지 않는 때에는 편벽되지 않고 치우치지 않는 중을 지극히 해서 천하의 대본(大本)이 되고, 나타나지 않고 드러나지 않는 즈음에는 정(情)이 발함에 반드시 절도에 맞는 화(和)를 지극히 해서 천하의 달도(達道)가 되어야 한다. 이렇게 하면 천지가 제자리를 편안히 할 수 있고 만물이 잘 길러질 수 있으니, 그런 뒤에야 학문이 이루어지는 것이다.

경(經)으로 학문을 말하면, 성현이 옛 성인을 잇고 오는 후학들을 열어 준 학문과 자기 몸을 닦고 남을 다스리는 방도가 경전 가운데 실려 있지 않은 것이 없으니, 성인의 시대가 멀어지고 훌륭한 말씀이 매몰된 뒤에 태어난 자라도 과연 능히 돌아가 찾는다면 저절로 훌륭한 스승이 많이 있을 것이다. 경전을 다만 귀로 듣고 입으로 말하여 외면을 꾸미는 데 종사하지 말고 모름지기 마음과 몸에 체행하여 다른 기예(技藝)에 유혹되지 않고 또 중도에 폐지함을 면한다면 다른 학문을 구하지 않고도 학문이 이루어질 것이다.

성(聖)으로 학문을 말하면, 이른바 성인은 중인(衆人)들이 알 수 없고 능할 수 없는 특별한 방법을 따로 가지고 있는 것이 아니고, 다만 본래 보통 사람들이 마땅히 함께 알아야 하는 리를 알고 보통 사람들이 마땅히 함께 행해야 하는 도를 행하는 것이다. 관유하고 온유한〔寬裕溫柔〕 인(仁)과 분발하고 굳센〔發強剛毅〕 의(義)와 장엄하고 중정한〔齊莊中正〕 예(禮)와 조리가 있고 상세하게 분변하는〔文理密察〕 지(智)는

246 존양(存養)하고 성찰(省察)하는 공부 : 존양은 마음을 보존하여 성을 기르는 것〔存心養性〕이고 성찰은 자신의 사욕을 살피는 것을 말한다. 존양은 정(靜)할 때의 공부로 《중용》의 '보지 않는 바에도 삼가며 듣지 않는 바에도 두려워함〔戒愼恐懼〕'과 '중을 지극히 함〔致中〕'에 해당하며, 성찰은 동할 때의 공부로 《중용》의 '나타나지 않으나 자신만은 홀로 아는 것을 삼감〔愼獨〕'과 '화를 지극히 함〔致和〕'에 해당한다.

성인만이 홀로 가지고 있는 성(性)이 아니고 중인들이 함께 가지고 있는 성이며, 부자간에 친함을 다하고 군신 간에 의리를 다하고 부부간에 분별을 다하고 장유 간에 질서를 다하고, 붕우 간에 신의를 다하는 것은 성인만이 홀로 행하는 도가 아니고 중인들이 함께 행하는 도이다.

다만 성인은 능히 그 성과 도를 다하기 때문에 성인이 되고, 중인은 능히 그 성과 도를 다하지 못하기 때문에 중인이 될 뿐이다. 중인이라도 진실로 능히 성인이 먼저 아신 것을 다 알고 성인이 먼저 행하신 것을 다 행할 수 있다면 이 또한 바로 성인이니, 이것이 학문이 이루어진 것이 아니겠는가. 이는 진실로 다섯 가지 명목이 모두 우리 유가(儒家)의 정학(正學)을 이름할 수 있는 것이다.

이학(理學)이라고 말하였으면 잡박하고 허황한 학문이 아니고, 도학이라고 말하였으면 글을 외고 시문(詩文)을 짓는 학문이 아니고, 심학이라고 말하였으면 다만 귀로 듣고 입으로 말하며 장구(章句)의 풀이에 얽매이는 학문이 아니고, 경학이라고 말하였으면 백가(百家)의 여러 기예(技藝)의 학문이 아니고, 성학이라고 말하였으면 괴이하고 치우치고 간사한 학문이 아니다.

이 명목들을 합하여 살펴보면, 리를 말하면 도가 이 가운데 들어 있고, 도를 말하면 리가 이 가운데 들어 있다. 만약 그 근원을 궁구하여 말한다면 리가 있은 뒤에 도가 있어서 도는 리에서 나온 것이다. 만약 그 운행하는 통체(統體)를 가지고 말하면 리는 숨겨져 있고 도는 드러나 있어서 리가 항상 도 가운데 들어 있다. 그렇다면 도와 리는 호언(互言)하여 자연 서로 겸할 수 있는 것이다.

심(心)은 이 리를 갖추어 이 도를 체행하는 것이고, 경(經)은 이 리를 기재하여 이 도를 밝힌 것이고, 성(聖)은 이 리를 온전히 하여 이 도를 다한 것이다. 이는 정학의 명목에 다섯 가지가 있어서 위기지학(爲己之學)의 실제를 상호(相互) 갖추는 것이니, 경중과 본말로 말할 수 있는 것이 아니다.

배우는 자가 오직 마음을 다하여 경전의 가르침을 가슴속에 간직하고, 마음을 두세 가지로 분산하지 않아 경(敬)으로써 주장하고 성(誠)으로써 한결같이 해야 하니, 이렇게 하면 리와 도가 이 가운데 있어서 성인의 경지에 이를 수 있을 것이다.

7.1.3.29 도덕과 사업의 분합 道德事業分合

모든 형체가 있는 것은 다 물건이다. 이미 형체가 있는 물건이 되었으면 반드시 자연 물건이 된 리가 있고, 이미 물건이 된 리가 있으면 또 자연 리를 행할 책무가 있으니, 이것이 도덕과 사업이 나오는 이유이다. 그러므로 물건은 크고 작음과 귀하고 천함을 막론하고 모두 마음이 있고 몸이 있는 것이다. 가운데에 장기(臟器)가 되어 몸의 주재가 되는 것은 마음이고, 밖에 형체가 되어 마음의 집이 되는 것은 몸이다.

마음의 분수(分數)[247]를 성(性)이라 하니, 성은 이른바 리가 아니겠는가. 몸의 분수를 직(職)이라 하니, 직은 이른바 책무가 아니겠는가. 그러므로 물건은 모두 성분(性分)이 있고 또 모두 직분(職分)이 있는 것이다.

성분으로 말하면 도덕이라 하고 직분으로 말하면 사업이라 하니, 성분이라 한다면 바꿀 수 없는 정해진 리이고, 직분이라 한다면 폐할 수 없는 떳떳한 책무인 것이다.

그러나 마음과 몸이 두 체(體)가 아니고 성분과 직분이 두 분수가

247 분수(分數) : 원문은 분(分)으로, 장현광은 "분(分)이란 그 받은 바의 형기(形氣)에 따라 도리(道理)에 한계가 있는 것이다."라고 하였다. 《旅軒集 卷6 明分》

아니니, 도덕은 바로 사업의 도덕이고 사업은 바로 도덕의 사업인 것이다.

성을 따라 행하는 것을 도라 하고 도를 행하여 이룬 것을 덕이라 한다. 물건마다 각기 함이 있는 것을 일〔事〕이라 하고 능히 그 일에 종사하는 것을 업(業)이라 한다. 도덕은 사업을 얻어 도덕이 되고 사업은 도덕을 얻어 사업이 되어서, 도는 일을 떠난 도가 없고 일은 도 밖의 일이 없으며, 덕은 업을 떠난 덕이 없고 업은 덕 밖의 업이 없다.

도덕을 닦는 것은 사업을 하는 것이고, 사업을 하는 것은 도덕을 닦는 것이다. 그러므로 사업을 벗어나서 도덕을 하는 것은 올바른 도덕이 아니고, 도덕을 벗어나서 사업을 하는 것은 참된 사업이 아니다.

다만 도덕은 성분에 근본하여 마음에 있어서 형이상이므로 자취가 없고, 사업은 직분에 근본하여 몸에 있어서 형이하이므로 자취가 있다. 자취가 없는 도덕이 있지 않으면 자취가 있는 사업이 어디로부터 나오겠는가. 자취가 있는 사업이 있지 않으면 자취가 없는 도덕이 무엇에 의거하여 이루겠는가. 그러므로 도덕을 말하면 사업이 이 가운데 있고 사업을 말하면 도덕이 이 가운데 있으니, 어찌 사업의 밖에서 도덕을 구하고 도덕의 밖에서 사업을 구하겠는가. 자취가 없는 것은 쉽게 볼 수 없으나 자취가 있는 것은 쉽게 볼 수 있으니, 어찌 사업에 나아가 도덕을 말하지 않을 수 있겠는가.

이제 삼재를 가지고 말하면 하늘은 하늘의 사업이 있고 땅은 땅의 사업이 있고 사람은 사람의 사업이 있다. 미세한 만물에 이르러도 또한 각기 그 사업이 있지 않은 것이 없는데, 다만 만물의 사업은 모두 하늘과 땅의 조화 가운데 포함되고 우리 인간이 화육하는 가운데 통솔되는 것이다. 바꿀 수 없는 정해진 리와 폐할 수 없는 떳떳한 책무가 되는 것으로 말한다면 삼재와 만물의 차이가 있지 않다.

"그렇다면 미세한 만물에 있는 것도 또한 도덕과 사업이라고 말할 수 있는가?" 하기에 내가 말하였다. "이미 똑같이 성분과 직분에서 나왔는데 성분은 리 밖의 성분이 없고 직분은 도 밖의 직분이 없다면 비록 미세한 만물에 있어서도 또한 한 종류의 도덕이고 한 종류의 사업이라고 말하지 않을 수 없는 것이다.

무릇 도덕에는 정(精)한 것과 거친 것이 없을 수 없고, 무릇 사업에는 큰 것과 작은 것이 없을 수 없다. 그러므로 도덕의 정한 것으로부터 사업이 된 것은 그 사업이 또한 크지 않은 적이 없고, 도덕의 거친 것으로부터 사업이 된 것은 그 사업이 또한 작지 않은 적이 없는 것이다.

이는 진실로 정한 것은 거친 것이 없을 수 없고 큰 것은 작은 것이 없을 수 없어서, 모름지기 두 가지가 다 갖추어지고 서로 구비한 뒤에야 만물이 함께 길러져 서로 해치지 않고 도가 함께 행해져 서로 위배되지 않아 삼재의 도덕과 사업이 이에 비로소 다하는 것이다.

혹시라도 만물 가운데 한 물건이 그 일에 종사하지 않고 그 업을 업으로 삼지 않으면 이는 비단 한 물건이 스스로 그 사업을 잃을 뿐만 아니라 천지조화의 도에 대해서도 온전히 갖추어졌다고 말할 수 없고 우리 인간의 화육의 덕도 크게 이루었다고 말할 수 없는 것이다.

미물에 있어서도 그러한데 하물며 가장 귀하고 가장 신령해서 삼재에 참여하여 천지의 중간에 서 있는 우리 인간이 어찌 그 사업을 스스로 잃어서 사람 된 도리를 다하지 않을 수 있겠는가.

농민·공인·상인의 사업은 식량과 실을 생산하고 그릇을 만들고 재화를 유통하는 것에 불과하나 한 가지 사업이라도 없으면 천하와 국가가 될 수 없는데, 하물며 사민(四民) 가운데 선비는 그 사업으로 자기 한 몸의 도리를 스스로 다할 뿐만 아니라 반드시 우주 안의 일을 모두 자신의 책무로 삼아서 사람과 물건의 성을 다하고 천지의 화육을 도와주어야 비로소 우리 인간의 성분과 직분을 다할 수 있으니, 그 관계되는 바가 어떠한가.

아! 오직 하늘과 땅은 그 리가 항상 온전하고 그 덕이 항상 한결같기 때문에 지극히 성실하고 쉼이 없는 것이 그 도이고, 심원하여 그치지 않는 것이 그 명(命)이다.

호(毫)가 쌓여 리(釐)가 되고, 리가 쌓여 분(分)이 되고, 분이 쌓여 각(刻)이 되고,[248] 각이 쌓여 시진(時辰)이 되고, 시진이 쌓여 일(日)이 되고, 일이 쌓여 월(月)이 되고, 월이 쌓여 세(歲)가 되는 것이 모두 일에 종사하고 업을 업으로 삼는 시절(時節)이다. 그러하니 봄에는 낳고 여름에는 자라고 가을에는 거두고 겨울에는 갈무리하는 한 해의 일이 혹시라도 미치지 않는 때가 있겠는가.

세(世)가 쌓여 운(運)이 되고, 운이 쌓여 회(會)가 되고, 회가 쌓여 원(元)에[249] 이르는 시간은 커서 볼 수 없는 것이다. 호(毫) 가운데 사(絲)가 있고, 사 가운데 홀(忽)이 있고, 홀 가운데 묘(妙)와 몰(沒)의[250] 짧은 시간은 미세하여 끝을 알 수 없는 것이다. 그러나 이 또한 천지의 사업이 그치지 않는 즈음이 아니겠는가.

사람이 하늘과 땅의 가운데에 있으면서 과연 능히 건(健)・순(順)의 도를 체행해서, 먼 곳에 가려면 가까운 곳에서부터 시작하고 높은 곳에

248 호(毫)가……되고 : 호・리・분・각은 시간의 단위인데, 역법(曆法)에 따라 계산법이 다르다. 〈역괘총설〉의 각주 14), 15) 참조.

249 세(世)가……원(元)이 : 30년이 1세(世), 12세가 1운, 30운이 1회, 12회가 1원으로, 1원은 129,600년이다.

250 사(絲)가……몰(沒)의 : 일반적으로 1호는 10사, 1사는 10홀이다. 묘(妙)는 7.1.3.4절에는 묘(眇)로 썼다. 묘(眇)・몰(沒)은 《성리대전서》 권8 〈황극경세서 찬도지요하(纂圖指要下)〉에 홀 아래의 시간 단위로 나오는데 계산법은 언급하지 않았다. 일반적으로 홀 이하의 작은 수는 10분의 1씩 줄어 미(微)・섬(纖)・사(沙)・진(塵)・애(埃)・묘(渺)・막(漠)의 순서이다.

오르려면 낮은 곳에서부터 시작하여, 쇄소응대(灑掃應對)로 말미암아 진성지명(盡性至命)[251]에 이르고 격물치지(格物致知)로 말미암아 궁신지화(窮神知化)[252]에 이른다면 어찌 성분과 직분을 다하는 것이 어렵겠는가.

다만 기품(氣稟)에 구애되고 물욕(物欲)에 가려짐을 면치 못해서 자포자기를 편안히 여기기 때문에 마침내 금수가 되어서 초목과 함께 썩음을 면치 못할 뿐이다.

그러나 금수는 비록 사람을 위해 쓰이는 육축(六畜)[253]에는 참여하지 못하나 각각 가죽·털·고기·뼈를 거두어 쓰며, 초목은 비록 백성의 하늘[254]이 되는 오곡(五穀)에는 참여하지 못하나 각기 재목·과일·채소·약재로 모두 취하니, 전혀 쓸모없는 물건이 된다고 할 수 없는 것이다.

우리 인간으로서 그 일에 종사하지 않고 그 업을 업으로 삼지 않는 자는 어찌하여 취생몽사(醉生夢死)하는 우매함을 취하는 것인가.

성인의 사업은 '하늘을 바라는 것'이 이것이고, 현인의 사업은 '성인을 바라는 것'이 이것이니,[255] 하늘을 바라는 것은 천지의 사업을 자기

251 진성지명(盡性至命) : 성을 다하여 명(命)에 이른다는 뜻으로, 《주역》 〈설괘전〉에 "이치를 궁구하고 성을 다하여 명에 이른다.〔窮理盡性, 以至於命.〕"라고 보인다. 주자는 "인물(人物)의 성을 다하여 천도(天道)에 합한다."라고 풀이하였다. 정이천(程伊川)은 "진성지명이 반드시 효제(孝悌)에 근본한다." 하고, "쇄소응대와 진성지명 같은 것도 한 계통의 일이다." 하였다. 《周易傳義》, 《近思錄集解 卷6》

252 궁신지화(窮神知化) : 신(神)을 궁구하여 조화를 안다는 뜻으로, 《주역》 〈계사전 하〉에 보인다. 정이천은 '지극히 신통한 묘리를 궁극하여 화육의 도를 아는 것'으로 풀이하였다. 《周易傳義 咸卦》

253 육축(六畜) : 소·말·양·개·돼지·닭을 이른다.

254 백성의 하늘 : 《사기(史記)》 〈역생·육가 열전(酈生陸賈列傳)〉에 "왕은 백성을 하늘로 삼고, 백성은 식량을 하늘로 삼는다."라고 하였다.

의 사업으로 삼는 것이고, 성인을 바라는 것은 성인의 사업을 자신의 사업으로 삼는 것이다. 사업이 하늘을 바라고 성인을 바라는 것에 이르면 이 뒤의 공부는 거의 자신에게 있는 것이 아니다.[256] 만약 보통 선비로서 현인을 바라지 않는다면 이는 마음을 쓰는 바가 없는 자이니, 도덕과 사업에서 매우 멀리 떨어져 있지 않겠는가.

그러나 도덕은 곤궁하고 영달함과 귀하고 천함의 차이가 없다. 그러므로 영달하여 도를 행한다고 해서 더 늘어나지 않고 곤궁하여 은둔한다고 해서 더 줄어들지 않으니, 이는 도덕이 성분에 본래 있는 것이 아니겠는가. 사업은 영달한 자는 영달한 자의 사업이 있고 곤궁한 자는 곤궁한 자의 사업이 있으니, 이는 때에 따라 장소에 따라 형세가 변하지 않을 수 없는 것이다.

대순(大舜)이 미천할 때에는 장차 그대로 일생을 마칠 듯이 하셨는데, 요(堯)임금의 선양을 받자 본래 있었던 것처럼 여기셨다. 성탕(成湯)은 천명을 받기 전에는 한결같이 이윤(伊尹)을 천거하여 걸왕(桀王)을 섬기는 것에 마음을 두었는데, 이미 천명을 받은 뒤에는 걸왕에

255 성인의……이것이니 : 주염계(周濂溪)는 "성인은 하늘을 바라고, 현인은 성인을 바라고, 선비는 현인을 바란다.〔聖希天, 賢希聖, 士希賢.〕"라고 하였다. 《性理大全書 卷2 通書1 志學》

256 거의……아니다 : 원문의 '기비재아자(幾非在我者)'는 자신이 억지로 힘을 쓰지 않고 공부가 저절로 나아가는 경지를 말하니, 장횡거(張橫渠)가 "처음 배우는 자의 요점은 마땅히 〈안회(顔回)의〉 '3개월 동안 인(仁)을 떠나지 않음'과 〈나머지 사람들의〉 '하루나 한 달에 한 번 인에 이름'의 내외(內外)와 빈주(賓主)의 구별을 알아야 한다. 그리하여 마음으로 하여금 힘쓰고 힘쓰며 순서에 따라 그치지 않게 해야 할 것이니, 이것을 지나면 거의 자신에게 있는 것이 아니다."라고 한 데에 보인다. 이에 대한 주자의 설명이 여러 가지 있는데, 힘을 억지로 쓸 수도 없고 그만둘 수도 없다고 풀이한 경우와 힘을 쓸 필요가 없다고 풀이한 경우가 있다. 《論語集註 雍也》, 《宋子大全 卷133 退溪四書質疑疑義1》

게 하늘의 벌을 내리지 않을 수 없었다. 이윤이 유신(有莘)의 들에 있다가 아형(阿衡)의 지위에 있었고,[257] 부열(傅說)이 부암(傅巖)에 있다가 정승의 지위에 있었고,[258] 여망(呂望)이 위수(渭水) 가에 있다가 상보(尙父)로 있었던 것은[259] 그 앞뒤의 사업이 어찌 똑같을 수 있겠는가.

우(禹)와 후직(后稷)은 자기 집 문 앞을 지나면서도 들어가지 못하였는데 안회(顔回)와 민자건(閔子騫)은 성인의 문하에서 종용(從容)히 있었던 것은 행적이 비록 하늘과 땅만큼의 차이가 있으나 도는 하나로 귀결되니, 이는 사업이 각각 다른 것이 아니겠는가.

아! 당우(唐虞) 시대에는 요순(堯舜)의 사업이 있고 말세에는 공맹(孔孟)의 사업이 있으니, 이는 우주를 굽어보고 우러러보는 자가 깊이 뜻을 다해야 할 바가 아니겠는가.

7.1.3.30 허와 실의 분합 虛實分合

우주의 사이에서 천지·만물이 된 것은 허(虛)와 실(實)에서 벗어나지 않을 뿐이다. 우리 인간이 과연 능히 우리의 마음과 눈을 넓혀서 굽어살피고 우러러 관찰하여 거듭 인식한다면, 그러함을 마땅히 알 것이다.

그러나 허·실은 또한 한 가지로 말할 수 없으니, 리의 허·실이

257 이윤이……있었고 : 유신(有莘)은 나라 이름이고, 아형(阿衡)은 상(商)나라의 관직 이름이다. 이윤은 유신의 처사(處士)였는데 탕왕이 초빙하여 등용하였다.

258 부열(傅說)이……있었고 : 부열은 부암이란 곳에서 담장을 쌓고 있었는데, 무정(武丁 고종(高宗))이 그를 등용하여 상나라를 부흥시켰다.

259 여망(呂望)이……것은 : 여망은 태공망(太公望)으로, 위수에서 낚시를 하다가 문왕(文王)을 만나 등용되었다. 상보(尙父)는 태공망에 대한 존칭이다.

있고 기의 허·실이 있고 물건의 허·실이 있다. 리로써 말하면 형체와 질(質)이 있지 않고 소리와 냄새가 있지 않고 방위와 처소가 있지 않고 한계가 있지 않은 것이 그 허이다. 그리고 천지·만물이 미처 천지·만물이 되기 전에 천지·만물이 반드시 그러한 소이와 천지·만물이 이미 천지·만물이 된 뒤에 천지·만물이 마땅히 그러한 소이가 그 실이다. 이는 바로 이른바 무극이면서 태극이라는 것인데, 무극은 허가 되고 태극은 실이 된다.

기로써 말하면 정(靜)하여 허가 되고 동하여 실이 되며, 내려가 허가 되고 올라가 실이 되며, 가서 허가 되고 와서 실이 되어서, 극(極)이 되는 이 리에 항상 기준하여 걸맞게 하는 것이 이것이다.

물건으로써 말하면 대소와 귀천의 일정한 형체가 되고, 방원(方圓)과 동식물의 정해진 질이 있어서, 모두 리·기의 가운데에서 시작하고 끝마쳐 각각 한 물건이 된 것이 그 실이다. 시작에는 무형(無形)에서 유형(有形)이 되고 종말에는 유형에서 무형으로 돌아가니, 시작과 종말에서 모두 무형인 것이 그 허이다.

나누어서 말하면 리의 허·실은 따로 리의 허·실이 되고, 기의 허·실은 따로 기의 허·실이 되고, 물건의 허·실은 따로 물건의 허·실이 되어서 각각의 허를 허로 삼고 각각의 실을 실로 삼는다. 그런데 합하여 말하면 물건의 허·실은 기의 허·실로 말미암아 허·실이 되고, 기의 허·실은 리의 허·실로 말미암아 허·실이 된다. 그렇다면 기는 물건의 근본이 되고 리는 기의 근본이 되어서, 기가 되고 물건이 된 것이 모두 이 리가 한 것이니, 어찌 각각의 허를 허로 삼고 각각의 실을 실로 삼는다고 말할 수 있겠는가.

또 허와 실을 나누어 말하면, 허는 따로 허이고 실은 따로 실이어서, 허는 실이 될 수 없고 실은 허가 될 수 없을 것 같다. 그러나 허와 실을 합하여 하나로 말하면, 지극히 허한 가운데 본래 지극히 실한 것이 있고 지극히 실한 가운데 본래 지극히 허한 것이 있어서, 허하면서 실하고 실하면서 허한 것은 리이다. 허로써 실이 되고 실로써 허가 되어서, 허는 항상 허하지 않고 실은 항상 실하지 않은 것은 기이다. 허로부터 실을 이루고 실로부터 허를 이루어서, 허는 실이 되지 않을 수 없고 실은 허가 되지 않을 수 없는 것은 물건이다. 그렇다면 허와 실이 과연 서로 상관없겠는가.

허는 실의 근본이고, 실은 허의 징험이다. 허하지 않으면 실이 될 수 없고 실하지 않으면 허를 드러낼 수 없으니, 이 때문에 허가 실하지 않을 수 없고 실이 허하지 않을 수 없어서 허와 실이 본래 한 리이고 끝내 한 도가 되는 것이다.

중인(衆人)은 다만 허가 허가 되고 실이 실이 되는 것만 알고, 허가 되고 실이 됨이 그 리는 하나이기 때문에 허는 단지 허하지 않아서 허하면 반드시 실하고, 실은 항상 실하지 아니하여 실하면 반드시 허한 것을 알지 못한다.

위에 형체가 있어 하늘이 되고 아래에 형체가 있어 땅이 되고 하늘과 땅 사이에 형체가 있어 만물이 된 것이 모두 실인데, 만물은 천지 가운데의 태허(太虛)로부터 생겨났고, 천지는 천지가 아직 천지가 되기 이전의 태허에서 생겨났다. 천지가 천지가 되기 이전의 태허가 있지 않으면 천지가 무엇으로부터 생겨나며, 천지 가운데의 태허가 있지 않으면 만물이 무엇으로부터 생겨나겠는가. 또 위에 형체가 있고 아래에 형체가 있는 천지가 있지 않으면 결국에는 천지가 끝마친 뒤의 반드시 허함이 어떻게 될 수 있으며, 천지 사이에 형체가 있는 만물이 있지 않으면 만물이 이미 다한 뒤의 다시 허함이 어떻게 될 수 있겠는가. 그렇다면 허와 실은 항상 서로 필요한 것이니, 과연 허는 따로 허이고 실은 따로 실이겠는가.

우리 인간 또한 스스로 마음 가운데의 태허가 있으니,[260] 오직 능히 지극한 사람이 된 자는 응당 스스로 이것을 알고 보통 사람들은 스스로 알지 못한다. 그 태허는 마음의 가운데에서 벗어나지 않는데, 텅 비고 확 트여서 그 안팎과 위아래가 있음을 볼 수 없고 그 사방과 한계가 있음을 볼 수 없으니, 어찌 다만 하늘 가운데의 태허와 그 허가 같을 뿐이겠는가. 천지가 아직 천지가 되기 이전의 태허와 천지가 이미 끝난 뒤의 태허와도 그 허가 다르지 않은 것이다.

그러나 일으켜 조화를 행하고 만들어 사업을 하면, 천지를 미륜(彌綸 두루 다스림)하고 사물의 경(經)과 위(緯)가 되며, 천지가 자리를 편안히 하고 만물을 화육함에 참여하여 도와서, 하늘이 덮어 주는 바와 땅이 실어 주는 바와 해와 달이 비추는 바와 서리와 이슬이 내리는 바에 모두 두루 그 교화를 입으며, 고금(古今)을 꿰뚫어 무궁한 후세에 옛 성인을 잇고 후학들을 열어 주는 것에 이르기까지 모두 이에 의한 것이니, 그 실이 되는 것이 어떠한가. 이는 우리 인간에게 있는 허와 실이다.

그렇다면 마땅히 허해야 하면 허하여 허에 편벽되지 않고 마땅히 실해야 하면 실하여 우주에 가득한 것이 우리 유가(儒家)의 허와 실이다. 음탕한 소리와 간사한 색이 귀와 눈을 가리고, 더러운 냄새와 구차한 음식이 코와 입을 채우고, 밖의 이로움과 물건의 욕심이 심지(心地)를 어지럽히는 것은 속인이 실에 잘못된 것이다. 허무를 도덕으로 삼고 공적(空寂)을 사업으로 삼아서 성명(性命)을 저버리고 떳떳한 윤리를 끊어 버리는 것은 이단(異端)이 허에 잘못된 것이다. 이것이 과연

260 우리……있으니 : 장현광은 "하늘과 땅 가운데에는 따로 하늘과 땅 가운데의 태허가 있고 사람과 물건에 이르러서도 모두 각기 그 가운데의 태허가 있으니, 사람을 가지고 말한다면, 자사(子思)의 이른바 '희노애락이 발하지 않은 상태를 중(中)'이라 한 것이 이 경계(境界)가 아니겠는가."라고 하였다. 《旅軒續集 卷6 究說》

무극·태극의 허와 실이겠는가. 주자(周子)의 뜻을 이에 바꿀 수 없는 것이다.

7.1.3.31 경과 의의 분합 敬義分合

강태공(姜太公)이 주 무왕(周武王)에게 이르기를 "경(敬)이 태만을 이기는 자는 길하고 태만이 경을 이기는 자는 멸하며, 의(義)가 욕심을 이기는 자는 순조롭고 욕심이 의를 이기는 자는 흉하다."[261] 하였으며, 공자의 《주역》〈곤괘(坤卦) 문언전(文言傳)〉에 이르기를 "군자가 경을 하여 안을 곧게 하고 의로워 밖을 방정하게 해서 경과 의가 확립되면 덕이 외롭지 않다." 하였다.

경은 마음에 보존하는 덕이고 의는 몸에 드러나는 도이다. 이 리를 받들어 지키는 것을 경이라 하고, 이 리를 받들어 행하는 것을 의라 한다. 이 리를 받들어 지키면, 계신 공구(戒愼恐懼)하는 뜻이 항상 보존되기 때문에 게으르고 방종한 습관이 자연 제거되어서 하늘이 그 순함을 돕고 사람들이 그 신실함을 도와서 길함이 이 때문에 오는 것이다. 이 리를 받들어 행하면, 일에 응하고 물건을 접할 적에 반드시 법칙이 있어서 이로움의 유혹과 물건의 욕심이 내 마음을 흔들고 빼앗지 못하기 때문에 이루어지지 않는 일이 없고 화(和)하지 않는 물건이 없어서 밖에서 오는 사물이 뜻대로 따르는 것이다.

계신 공구하는 자는 편벽되지 않고 치우치지 않으며 허명(虛明)하고 정일(靜一)하여 일신(一身)을 주재하는 마음의 본체가 자연 곧지 않을 수 없다. 사물에 응접하기를 법칙대로 하는 자는 기뻐하고 노여워하고

261 경(敬)이……흉하다 : 이는 《대대례기(大戴禮記)》〈무왕천조(武王踐阼)〉에 보인다.

슬퍼하고 즐거워함이 모두 절도에 맞아서 온갖 행위가 다 방정하게 된다. 그렇다면 경은 의의 체이고 의는 경의 용이며, 경은 의의 근본이고 의는 경에서 나온 것이다.

경과 의 두 가지는 모두 하늘에서 받은 리인데, 경의 리는 바로 의의 리이고 의의 리는 바로 경의 리이다. 경과 의는 또한 모두 나에게 있는 도인데, 경의 도는 바로 의의 도이고 의의 도는 바로 경의 도이다.

마음에 경의 덕이 있지 않으면 몸에 어찌 의로운 행실이 있으며, 몸에 의로운 행실이 있지 않으면 마음에 어찌 경의 덕이 있겠는가. 경은 의로 말미암아 확립되고 의는 경으로 말미암아 행해지니, 이는 안과 밖이 서로 보조하고 동(動)과 정(靜)이 서로 의존하는 떳떳함이다.

7.1.3.32 리와 수의 분합 理數分合

리는 수(數)의 뿌리가 되고 수는 리에서 나온 것이니 서로 다르지 않을 듯하나, 리는 많고 적음과 남고 부족함이 없는데 수는 많고 적음과 남고 부족함이 있으며, 리는 항상 온전하여 모자람이 없는데 수는 온전하기도 하고 모자라기도 하는 것은 어째서인가. 리는 일정하여 바뀌지 않는 통체(統體)이고 수는 천차만별의 묘용(妙用)인 것이다. 통체가 없으면 어떻게 묘용이 있을 수 있으며, 묘용이 없으면 어떻게 통체가 될 수 있겠는가.

리가 비록 일정하여 바뀌지 않는 통체이나, 일정하여 바뀌지 않는 가운데 자연 세세한 맥락이 모두 갖추어져 있으니, 이는 바로 천차만별의 수가 이 리에 뿌리를 두어 묘용이 되는 것이다. 수가 비록 천차만별의 묘용이나, 천차만별인 가운데 또한 각자 많고 적음과 길고 짧음이 일정하여 바뀌지 않는 것이 있으니, 이는 바로 일정하여 바뀌지 않는 리가 이 수를 얻어서 통체가 된 것이다.

그러므로 리에 근거하여 인식하면 다만 일정하여 바뀌지 않는 떳떳한 경(經)을 알 뿐이고 스스로 갖추어져 있는 세세한 맥락을 보지 못하며, 수에 근거하여 관찰하면 다만 많고 적음과 길고 짧음에 분수가 있음을 볼 뿐이고 일정하여 바뀌지 않는 대본(大本)을 보지 못한다. 이는 보통 사람들이 리와 수가 다르다고 의심하여 그 통체와 묘용이 하나의 도인 것을 알지 못하는 이유이다.

땅을 가지고 말하면 안과 밖, 먼 곳과 가까운 곳, 물과 육지, 넓은 곳과 좁은 곳의 분별이 있고, 때를 가지고 말하면 옛날과 지금, 선대와 후대, 오래전과 근래, 긴 시간과 짧은 시간의 분별이 있고, 물건을 가지고 말하면 큰 것과 작은 것, 귀한 것과 천한 것, 무리, 족류(族類)의 다름이 있다.

그렇다면 안에서 밖에 이르고 가까운 곳에서 먼 곳에 이르는 땅에 그 마을과 경계는 모두 몇이며, 옛날부터 지금에 이르고 선대부터 후대에 이르는 때에 그 해와 달과 날과 시진은 모두 몇이며, 큰 것부터 작은 것에 이르고 귀한 것부터 천한 것에 이르는 물건에 그 품종과 족류는 모두 몇인가. 이 중에 수가 분포하지 않은 것이 있는가.

그러나 땅은 스스로 땅이 될 수 없어서 리로써 땅이 되고, 때는 스스로 때가 될 수 없어서 리로써 때가 되고, 물건은 스스로 물건이 될 수 없어서 리로써 물건이 되니, 때와 땅과 물건에 각각 그 수가 있는 것이 어찌 모두 리가 각각 정한 것이 아니겠는가.

하도(河圖)와 낙서(洛書)의 수에 남음이 있고 부족함이 있으며[262]

262 남음이……있으며 : 하도는 우수(偶數)의 합이 30이고 기수(奇數)의 합이 25여서 우수가 남고 기수가 부족하며, 낙서는 기수의 합이 25이고 우수의 합이 20이어서 기수가 남고 우수가 부족한 것을 가리킨다. 〈도서발휘〉 1.1.3절 참조.

역 가운데 의(儀)·상(象)·괘·효가 양의가 되고 사상이 되고 팔괘가 되고 64괘에 이르고 384효가 된 것은, 하나의 리에 근본하여 능히 질서 정연하게 어지럽지 않은 것이 아니겠는가. 그렇다면 서로 똑같지 않은 리와 수는 하나의 도인 것이 아니겠는가.

7.1.3.33 한 태극이 음양과 떨어질 수 없다는 설과 음양과 섞이지 않는다는 설의 분합 一太極之不離乎陰陽 不雜乎陰陽二說分合

주자(朱子)가 태극을 해석하기를 "음·양과 떨어질 수 있는 것이 아니다." 하였고, 또 말씀하기를 "음·양과 섞이지 않는 것으로 말하였다." 하였다.[263]

두 설을 살펴보면, 이미 떨어질 수 없다고 하였으면 반드시 섞일 듯하니 섞이지 않는다고 말할 수 없고, 이미 섞이지 않는다고 하였으면 반드시 떨어질 듯하니 떨어진 것이 아니라고 말할 수 없다. 그러나 만약 두 설을 자세히 변별하면 두 설이 자연 서로 발명할 수 있으니, 모름지기 두 가지가 병립하여 서로 없을 수 없는 것이다.

떨어질 수 없다는 설에 대해 말하면, 정(靜)하여 음이 되고 동하여 양이 된 두 기가 이미 있으므로 음이 되고 양이 된 것에 본래 태극이 있어서 그 주재가 됨을 알 수 있다. 만약 태극이 있지 않다면 누가

263 주자(朱子)가……하였다 : 이 내용은 주자가 주염계(周濂溪)의 태극도(太極圖)를 해설하여 "이는 이른바 '무극이면서 태극이다.'라는 것이니, 동하여 양을 낳고 정하여 음을 낳는 본체이다. 그러나 음양과 떨어질 수 있는 것이 아니고, 음양에 나아가 음양과 섞이지 않는 그 본체를 가리켜 말한 것일 뿐이다.〔此所謂'無極而太極'也, 所以動而陽, 靜而陰之本體也. 然非有以離乎陰陽也, 卽陰陽而指其本體不雜乎陰陽而爲言耳.〕"라고 한 데에 보인다. 《性理大全書 太極圖》

이 음이 되고 이 양이 되게 하였겠는가. 이는 태극이 음·양과 떨어질 수 없는 것이다.

섞이지 않는다는 설에 대해 말하면, 음·양이 되는 소이는 비록 태극에서 나왔으나 음은 막 정하는 기일 뿐이니 음을 가리켜 태극이라 할 수 없고, 양은 막 동하는 기일 뿐이니 양을 가리켜 태극이라 할 수 없다. 태극은 바로 그 리가 되는 음·양의 본체를 가리켜 이름한 것이고, 음·양이 태극이 되는 것은 아니다. 이는 태극이 음·양과 섞이지 않는 것이다.

음·양과 떨어질 수 없다고 말하지 않으면 사람들이 반드시 음·양의 밖, 심오하여 알 수 없는 경지에서 태극을 찾을 것이다. 음·양과 섞이지 않는다고 말하지 않으면 사람들은 또 반드시 유행하는 두 기를 태극이라고 여겨서 태극이 본래 음·양의 리가 됨을 알지 못할 것이다. 이는 주자가 모름지기 두 설을 아울러 말씀하여 그 묘함을 해석한 것이다.

떨어질 수 없고 섞이지 않는다고 말하였기에, 태극의 리가 됨이 분명하여 밝히기 어렵지 않은 것이다. 음·양이 어찌 따로 음·양이 되어서 그를 주재하는 것이 없을 수 있겠는가. 공자와 주자(周子)의 뜻이 이로 인해 미진함이 없는 것이다.

7.1.3.34 같음과 다름의 분합 同異分合

도가 우주 사이에 있어 조화의 기틀이 되고 사물의 변화를 만드는 것이 어찌 다 같을 수 있고 어찌 다 다를 수 있겠는가. 같음이 있으면 반드시 다름이 있고 다름이 있으면 반드시 같음이 있는 것이 바로 자연의 떳떳함이다. 마땅히 같아야 하면 같고 마땅히 달라야 하면 다른 것은, 같고 다름이 한결같이 천리(天理)에서 나온 것이다. 마땅히 같아서는 안 되는데 같게 하고 마땅히 달라서는 안 되는데 다르게 하는 것은, 같고 다름이 대부분 인정(人情)에서 나온 것이다.

마땅히 같아야 하고 마땅히 달라야 하는 것은, 같음은 다른 가운데 같은 것이고 다름은 같은 가운데 다른 것이다. 그러므로 같은 것은 같음에 편벽되지 않고 다른 것은 다름에 편벽되지 않아서, 같음도 도이고 다름도 도인 것이다. 같음과 다름이 모두 도이기 때문에 같아도 다름에 해롭지 않고 달라도 같음에 해롭지 않아서, 같으면서도 다름이 없을 수 없고 다르면서도 같음이 없을 수 없는 것이 리가 아니겠는가.

만약 마땅히 같아서는 안 되는데 같게 하고 마땅히 달라서는 안 되는데 다르게 하는 것은, 같음은 별개로 같아서 다름과 상관없고 다름은 별개로 달라서 같음과 상관없어서, 같음은 도 밖의 같음이고 다름은 도 밖의 다름인 것이니, 이것이 어찌 리이겠는가.

이제 리에서 나온 같음과 다름에 대하여 말하겠다. '하늘의 명이 아! 심원하여 그치지 않는 것〔維天之命 於穆不已〕'은 조화이다.

음양은 한 태극이니,[264] 이른바 '한 태극'은 그 같음이고, 음과 양의 두 기가 된 것은 그 다름이다. 오행은 한 음양이니, 이른바 '한 음양'은 그 같음이고, 이른바 오행의 성을 하나씩 간직한 수·화·금·목·토는 그 다름이다.

태극이 있으면 반드시 건(健)과 순(順)이 서로 이루어 주고 강(剛)과 유(柔)가 서로 섞인 뒤에 변화가 행해지며, 두 기가 있으면 반드시 사덕(四德)이 때로 나오고 오행의 기가 순차적으로 펴진[265] 뒤에야 공

264 음양은 한 태극이니 : 주염계(周濂溪)의 〈태극도설〉에 "오행은 한 음양이고 음양은 한 태극이니, 태극은 본래 무극이었다. 오행이 생겨남에 각기 그 성을 하나씩 간직한다."라고 보인다.

265 사덕(四德)이……펴진 : 사덕은 건괘(乾卦)의 덕인 원(元)·형(亨)·이(利)·

용(功用)이 이루어지는 것이다. 그렇다면 같음이 어찌 다름이 되지 않을 수 있겠는가. 두 기의 변화와 오행의 공용이 결국 모두 한 태극의 사업이니, 다름이 어찌 같음이 되지 않을 수 있겠는가.

하늘과 땅에 있는 것으로 말하면, 형상이 위에 있는 것은 일(日)·월(月)·성(星)·신(辰)이고, 질(質)이 아래에 있는 것은 수(水)·화(火)·토(土)·석(石)이니, 위에 형상이 있는 것과 아래에 질이 있는 것이 다름이 아니겠는가. 사시(四時)를 가지고 말하면 봄은 따뜻하고 여름은 덥고 가을은 시원하고 겨울은 추우며, 봄과 여름에는 비와 이슬이 내리고 가을과 겨울에는 서리와 눈이 내리며, 여름은 낮이 길고 밤이 짧으며 겨울은 밤이 길고 낮이 짧으니, 이는 같음 가운데 다름이 아니겠는가.

따뜻하지 않고 덥지 않으면 만물이 생겨나지 못하고 자라지 못하며, 시원하지 않고 춥지 않으면 만물이 수확을 거두지 못하고 갈무리하지 못한다. 비와 이슬이 아니면 생겨나고 자람에 필요한 것을 공급할 수 없고, 서리와 눈이 아니면 거두고 갈무리하는 화(化)를 이루지 못한다. 낮과 밤이 교대로 길고 짧은 것도 모두 한 해의 일을 이루는 떳떳한 도이니, 이들은 다름 가운데 같음이 아니겠는가.

조화로부터 나오는 것은 바로 품휘(品彙 여러 품등과 종류의 만물)이다. 그 품(品 품등)이 천백 가지뿐만이 아니고 그 휘(彙 종류)가 만억 가지뿐만이 아닌데, 그 근본은 모두 하나의 천명(天命)이 유행하여 조화를 행한 것이니 이는 바로 그 같음이며, 그 품과 그 휘가 백·천·만·억

정(貞)으로 각각 봄·여름·가을·겨울이 된다. '오행의 기가 순차적으로 펴짐'은 오행이 상생하는 순서로 운행함을 말하니', 봄인 목은 여름인 화를 낳고 화는 계하(季夏)인 토를 낳고 토는 가을인 금을 낳고 금은 겨울인 수를 낳고 수는 다시 봄인 목을 낳는 것이다. 주염계의 〈태극도설〉에 "양이 변하고 음이 합하여 수·화·목·금·토를 낳아서 다섯 기가 순히 펴짐에 사시(四時)가 운행하게 된다."라고 보인다.

에 이르는 것은 바로 그 다름이다.

그 크고 작음과 귀하고 천함이 반드시 갖추어지고 족류와 많고 적음이 모름지기 구비된 것은 바로 하늘이 부여해 준 떳떳한 리이고 물건의 떳떳한 분수이다. 그렇지 않다면 어떻게 큰 조화의 공용을 갖추고 하늘과 땅 사이의 사업을 다할 수 있겠는가.

그러므로 물건은 똑같을 수 없는 것인데, 장자(莊子)는 억지로 만물을 똑같게 보려고 하였으니, 이 때문에 그 사업이 이단(異端)이 되고 그 도가 좌도(左道)가 된 것이다.

내 감히 역의 도를 가지고 한번 말해 보겠다. 소성(小成)의 팔괘와 대성(大成)의 64괘가 모두 성인 한 분[266]과 태극의 한 리에서 나왔는데, 양이 되기도 하고 음이 되기도 하며, 강이 되기도 하고 유가 되기도 하며, 사라지기도 하고 자라나기도 하며, 나아가기도 하고 물러나기도 하여, 한 괘의 변함이 모두 각각 64가지의 분별에 이르니, 한 태극의 리라는 것이 어디에 있는가.

그러나 때에 따르고 곳에 따르며 일에 따르고 물건에 따라 모두 각각 당연한 의(義)와 일정한 법칙이 있는 것은 바로 한 태극의 리이며 똑같이 항상 행하는 도가 아니겠는가. 이른바 '때에 따라 변역(變易)하여 도를 따른다'[267]는 것은 바로 네 성인의 권형(權衡)[268]인 것이다.

만약 우리 인간에게 있는 것으로 말한다면 황(皇)과 제(帝)와 왕

266 성인 한 분 : 복희(伏羲)를 가리킨다.

267 때에……따른다 : 정이천(程伊川)의 〈역전 서(易傳序)〉에 "역은 변역함이니 때에 따라 변역하여 도를 따르는 것이다."라고 하였다. 《周易傳義大全》

268 네 성인의 권형(權衡) : 네 성인은 복희・문왕(文王)・주공(周公)・공자로, 복희는 괘를 만들고 문왕은 단사(彖辭)를 짓고 주공은 효사(爻辭)를 짓고 공자는 십익(十翼)의 전(傳)을 지었다. 권형은 저울추와 저울대로, 때와 일에 따라 경중을 헤아리는 것을 말한다.

(王)의 도가 서로 다르지 않은데, 삼황(三皇)[269]의 사업은 홀로 삼황의 사업이 되어 오제(五帝)의 사업이 삼황과 모두 같을 수 없고, 삼왕(三王)의 사업이 오제와 모두 같을 수 없는 것은 어째서인가. 이는 마땅히 같아야 하면 같은 것은 그 대경(大經)이고, 다르지 않을 수 없으면 다른 것은 그 권도인 것이 아니겠는가.

《춘추》 한 경(經) 전체의 의리를 가지고 살펴보겠다. 그 포폄하여 낮추고 우러르는 권형으로 한 번 기록하고 한 번 삭제하는 사이에서 미세하게 선악을 분별한 것은 바로 큰 성인의 도가 아니겠는가. 이는 이른바 같음과 다름의 올바른 것으로 모두 하나의 리에서 나온 것이다.

같음과 다름을 분별하지 않을 수 없는 것은, 바로 심지(心地)에서 의와 이로움, 공과 사의 구분이 털끝만 한 차이에서 나누어지며, 세교(世敎)에서 성인의 도와 이단의 간사하고 올바름의 구별이 물과 불처럼 다르기 때문이다. 이는 단 하루도 함께 서고 함께 행함을 용납할 수 없으니, 예로부터 성현들이 항상 지극히 엄격하게 하신 것이 이것이다.

269 삼황(三皇) : 삼황은 천황(天皇)·지황(地皇)·인황(人皇)이고, 오제는 복희(伏羲)·신농(神農)·황제(黃帝)·제요(帝堯)·제순(帝舜)이고, 삼왕은 하(夏)의 우왕(禹王), 상(商)의 탕왕(湯王), 주(周)의 문왕(文王)·무왕(武王)이다. 《旅軒集 卷5 宇宙要括帖》

여헌성리설

제8권

宇宙說
우주설

8.1 우주설 宇宙說[1]

8.1.1

위·아래와 동·서·남·북의 사방을 '우(宇)'라고 하니, 그렇다면 위로는 위의 끝까지 이르고 아래로는 아래의 끝까지 이르며 사방으로는 동·서·남·북의 끝까지 이르는 것이 '우'이다. 예로부터 지금까지를 '주(宙)'라고 하니, 그렇다면 천지가 시작한 때부터 천지가 끝마칠 때까지를 다하는 것이 '주'이다.[2] 그러나 위에서 형체를 가지고 있는 것이 하늘이고 아래에서 형체를 가지고 있는 것이 땅이니,[3] 하늘과 땅 또한 형체가 있는 물건(物件)인데 다만 형체가 있는 것 중에 큰 것이다.

비록 하늘과 땅이 물건 중에 큰 것이라 할지라도 이미 형체가 있는 것이니, 그렇다면 형체가 있는 것이 어찌 끝과 한계가 없겠는가.[4] 위·

1 우주설(宇宙說) : 여헌이 78세 때 쓴 글로 세 부분으로 구성되어 있다. 첫 번째 부분은 강절(康節) 소옹(邵雍)의 원회운세설(元會運世說)에 입각하여 우주의 법칙을 설명하고 리기(理氣)의 체용(體用)의 무궁(無窮)한 묘(妙)를 논하였고, 두 번째 부분은 무극태극(無極太極)의 리(理)로부터 만물(萬物)이 구비(具備)되는 이치를 논하였으며, 세 번째 부분은 천지의 도(道)를 밝힌 역(易)의 이치와 천지 사이에 살고 있는 사람이 마땅히 지켜야 할 법칙과 윤리 등에 대하여 논하였다.

2 위·아래와……주이다 : 《회남자(淮南子)》 〈원도훈(原道訓)〉에 "사방으로 가로놓여 음과 양을 품고, 우주의 밧줄이 되어 해, 달, 별을 빛나게 한다.〔橫四維而含陰陽, 紘宇宙而章三光.〕" 하였는데, 이에 대해 고유(高誘)의 주(註)에 "위, 아래와 사방(四方)을 우(宇)라 하고 예로부터 지금까지를 주(宙)라 하니, 이로써 천지를 비유하였다." 라고 하였다.

3 위에서……땅이니 : 이 내용은 당(唐)나라 문장가 한유(韓愈)의 〈원인(原人)〉에 보인다.

4 하늘과……없겠는가 : 이 내용은 강절 소옹의 《황극경세서(皇極經世書)》 〈관물내

아래와 동·서·남·북의 사방은 다 끝이 없을 수 없으니, 이미 끝이 있다면 그것의 밖이 있게 마련이다. 또 이미 그것의 시작이 있다면 그것이 채 시작되기 전에 반드시 그것보다 앞선 것이 있을 것이며, 이미 그것의 끝마침이 있다면 그것의 끝마침에 이르러 다시 그것의 뒤에 오는 것이 있을 것이다. 그렇다면 하늘과 땅의 육극(六極 위·아래·동·서·남·북)이 다 마땅히 밖이 있게 마련이니, 시작에는 그보다 앞선 것이 있고 끝마침에도 또한 그보다 뒤에 오는 것이 있을 것이다.

하늘이 있고 땅이 있으며 우가 되고 주가 되며 우주의 안이 되고 우주의 밖이 되며 우주의 이전(以前)이 되고 우주의 이후(以後)가 되게 하는 소이(所以)는, 누가 이것을 총괄하여 다스리며 누가 이것을 거두어 제어하는가? 이것이 바로 이른바 '태극(太極)의 리(理)'라는 것이니, 리가 태극이 되는 까닭은 그것이 무극(無極)이기 때문이다. 무극의 가운데에는 본래 허다한 크고 작은 변화의 무궁함이 있으니, 이 때문에 이것을 일러 '무극이태극(無極而太極 무극이면서 태극이다)'[5]이라고 하는 것이다. 그렇다면 우주가 비록 크지만 또한 태극 가운데에서

편(觀物內篇) 1〉에 "만물 가운데 천지보다 더 큰 것이 없지만, 천지도 다함이 있다.〔物之大者無若天地, 然而亦有所盡也.〕"라고 보인다.

5 무극이태극(無極而太極) : 이는 염계(濂溪) 주돈이(周敦頤)의 〈태극도설(太極圖說)〉의 첫 구절로, 이에 대해서는 다양한 해석이 있다. 여헌(旅軒)은 주자(朱子)의 '무극이면서 태극이다'라는 해석에 따라, 그의 《성리설(性理說)》 권3 〈태극설(太極說)〉에서 다음과 같이 말하였다.

"공자(孔子)께서는 《주역(周易)》 〈계사전(繫辭傳)〉의 '역유태극장(易有太極章)'에서 '태극'이라고만 말씀하셨는데, 염계(濂溪)가 태극의 위에 굳이 무극을 가한 것은 공자보다 더 훌륭하기를 바란 것이 아니다. 단지 후세 사람들이 태극이라는 명칭에 실제로 본래 무극의 묘가 있다는 것을 미처 알지 못할까 염려하여 '무극이면서 태극이다.〔無極而太極〕'라고 말한 것이니, 이른바 '무극'이라는 것은 바로 태극의 묘(妙)를 밝히려는 것이다. 이는 태극 외에 별도로 하나의 극이 되는 무극이 따로 있는 것이 아니다."

제어되는 것이다.

그런데 오직 우리 사람만이 이 태극의 리(理)의 전체(全體)를 얻어서 하늘과 땅 사이에 중립(中立)하였는데, 형체를 받은 것은 일곱 자〔尺〕의 몸이 됨에 지나지 않고 세상에서 살아가는 것은 백 년 사이가 됨에 지나지 않고 땅을 차지하고 있는 것은 자리 하나의 위가 됨에 지나지 않으니, 그렇다면 작다고 이를 만하다.

그러나 그 도(道)가 되는 것은 마침내 삼재(三才 하늘·땅·사람)에 참여하고 만물(萬物)의 으뜸이 되어서 우주를 담당하고 천지를 아우를 수 있으며, 고금(古今)을 통달하고 사변(事變)을 통달하여 형체가 없는 것을 보고 소리가 없는 것을 들을 수 있으며, 사려(思慮)는 미치지 않는 바가 없고 역량(力量)은 능하지 않은 바가 없으니, 그렇다면 우주의 사이 모범(模範)이 큰 것 중에 무엇이 우리 사람의 도보다 더한 것이 있겠는가. 그러나 그 도가 간직되어 있는 곳은 방촌(方寸)[6]의 마음일 뿐이니, 그 누가 방촌의 마음이 우주를 포괄하고 천지를 다 아우를 수 있다고 생각하겠는가.

성인(聖人)으로 말하면 또 빼어난 중에서 빼어난 것과 온전한 중에서 온전한 것을 얻었으니, 그렇다면 성인의 지혜(智慧)는 이 리(理)가 있는 바에 미처 통달하지 못하는 곳이 있는 것이 아니다. 그럼에도 불구하고 성인 또한 일찍이 우주의 밖에 대해 언급한 적이 없다. 성인은 반드시 도리(道理)를 품수(稟受 선천적으로 타고남)한 사람이라면 누구나 함께 알 수 있고 누구나 함께 행할 수 있는 것을 가지고 말씀하신다. 그러므로 비록 그 마음과 생각에 홀로 꿰뚫어 아는 바가 있더라도 일찍이 보통 사람들을 위하여 설파(說破)하지 않으신 것이 이러하다.

6 방촌(方寸) : 사람의 마음이 가슴속 사방 한 치〔寸〕의 넓이에 깃들어 있기 때문에 말한 것으로, 마음이 지극히 작음을 비유한 것이다.

그렇다면 사람이 알 수 없고 행할 수 없는 것은 진실로 알려고 하고 행하려고 해서는 안 되지만, 만일 알지 않으면 안 되고 체행(體行)하지 않으면 안 되는 것에 대해 혹이라도 채 통달하지 못한 것이 있다면, 또 어찌 심하게 부끄러워할 만한 것이 아니겠는가. 저 이른바 '사람이 알지 않으면 안 되고 체행하지 않으면 안 된다.'는 것은 바로 우주 사이에 있는 사물(事物)의 리(理)가 아니겠는가.

8.1.2

천지(天地)의 큰 수(數)가 1원(元)이니, 1원에는 12회(會)가 있고 1회에는 1만 800년이 있다.[7] 12회는 1일(日)의 12시(時)와 같으니,[8] 자회(子會)로부터 해회(亥會)에 이르기까지가 바로 1원의 시작과 끝인데, 12회 가운데 앞의 자(子)·축(丑)·인(寅)·묘(卯)·진(辰)·

7 천지(天地)의……있다 : 강절(康節) 소옹(邵雍)이 《황극경세서(皇極經世書)》에서 말한 원회운세설(元會運世說)에 의하면, 원(元)은 천지가 개벽(開闢)하였다가 소멸하기까지의 한 주기(周期)로, 천지는 1원마다 한 번 변천하고 만물은 이 시간적 순서에 따라 진보하는데, 역사는 반복되는 주기의 순환으로, 1원은 12회(會), 1회는 30운(運), 1운은 12세(世), 1세는 30년(年)이다. 원회운세설은 지구의 연·월·일·시(年月日時)의 시간을 추연(推演)하고 확장하여 우주의 시간 변화를 계산한 것으로, 1원은 1년(年), 1회는 1월(月), 1운은 1일(日), 1세는 1시(時 시진(時辰))에 대응시켰다. 따라서 1원은 12회 360운 4,320세(世) 129,600년(年)이며, 1회는 30운 360세 10,800년 129,600월이며, 1운은 12세 360년 4,320월 129,600일이며, 1세는 30년 360일 10,800일 129,600시가 된다.

8 12회는……같으니 : 여기에서 말한 '1일(日)의 12시(時)'는 현재의 하루 24시가 아니고 옛날의 하루 시간 계산 단위인 12시진(時辰)을 말한 것이다. 12회(會)의 명칭은 12지지(地支)에 따라 자회(子會)·축회(丑會)·인회(寅會)·묘회(卯會)·진회(辰會)·사회(巳會)·오회(午會)·미회(未會)·신회(申會)·유회(酉會)·술회(戌會)·해회(亥會)이다.

사(巳)의 여섯 회는 양(陽)이 되고, 뒤의 오(午)·미(未)·신(申)·유(酉)·술(戌)·해(亥)의 여섯 회는 음(陰)이 된다.

자회(子會)는 양의 시작이 되고 묘회(卯會)는 양의 중간이 되고 사회(巳會)는 양의 끝이 되며, 오회(午會)는 음의 시작이 되고 유회(酉會)는 음의 중간이 되고 해회(亥會)는 음의 끝이 된다. 자회 반(子會半)의 뒤로부터 묘회 반(卯會半)의 앞까지는 어린 양이 되고 묘회 반(卯會半)의 뒤로부터 오회 반(午會半)의 앞까지는 왕성한 양이 되며, 오회 반(午會半)의 뒤로부터 유회 반(酉會半)의 앞까지는 어린 음이 되고 유회 반의 뒤로부터 자회 반의 앞까지는 왕성한 음이 된다. 음과 양이 어릴 적에는 용사(用事 권세를 부림)를 하지 못하고 왕성해져야 비로소 주재(主宰 직접 주장하여 맡아 처리함)할 수 있다. 그러므로 묘회로부터 유회까지는 양명(陽明)에 속하니 마치 하루 중의 낮과 같고, 유회로부터 묘회까지는 음암(陰暗)에 속하니 마치 하루 중의 밤과 같다. 그러나 자회에는 새로운 양이 이미 일어나고 인회 반(寅會半) 이후에는 양이 이미 용사하며, 술회 반(戌會半) 이전에는 양이 아직 다하지 않다가 해회가 되어서야 예전의 양이 마침내 다하게 된다. 이는 1원의 음과 양이 어렸다가 왕성해지고 다시 쇠하여 다하게 되는 대략(大略)을 개괄(槪括)한 것이다.[9]

9 이는……것이다 : 서산 채씨(西山蔡氏)가 말하기를 "1원(元)의 수는 바로 1년(年)의 수이다. 1원에는 12회(會)가 있고 360운(運)이 있으며 4,320세(世)가 있으니, 1년에 12월(月)이 있고 360일(日)이 있으며 4,320시진(時辰)이 있는 것과 같다. 1원에서 앞의 여섯 회가 불어나고 뒤의 여섯 회가 줄어드는 것은 바로 1년에서 자월(子月 음력11월)부터 사월(巳月 음력 4월)까지 불어나고 오월(午月 음력 5월)부터 해월(亥月 음력 10월)까지 줄어드는 것과 같다. 성(星)의 76에 만물이 열리니 한 해의 경칩(驚蟄)과 같고, 315에 만물이 닫히니 한 해의 입동(立冬)과 같다.1원에는 129,600년이 있고 1회에는 129,600월이 있으며 1운에는 129,600일이 있고 1세에는 129,600시진이 있으니, 이는 모두 자연스러운 수이지 억지로 끌어다 맞춘 것이 아니다.〔一元之數, 卽一歲之數

8.1.3

선천지(先天地)의 끝은 바로 지금 이 천지의 시작이다. 천지에는 시작과 끝마침이 있으나 천지의 밖에 또 반드시 항상 가득하고 충만한 대대원기(大大元氣)가 있어서 일찍이 핍진(乏盡)한 적이 없다. 그러므로 천지가 이 가운데에서 시작하고 끝마치니, 천지의 시작과 끝마침은 본래 천지의 시작과 끝마침이지 대원기(大元氣)의 시작과 끝마침이 아니다. 그러므로 천지가 있으면 천지에는 본래 천지의 원기(元氣)가 있고 만물이 있으면 만물에는 각자 물건마다의 원기가 있으니, 그렇다면 이른바 '원기'라는 것 또한 아무 구별 없이 한 가지로 말할 수 없는 것이다. 그러므로 만물의 시작과 끝마침은 각자 물건 가운데의 원기에 매여 있고 천지의 원기에 매여 있는 것이 아니며, 천지의 시작과 끝마침은 본래 천지의 원기에 매여 있고 천지 밖의 대원기에 매여 있는 것이 아니다.

그렇다면 이른바 '천지 밖의 대원기'라는 것은 그 한량(限量)이 과연 어떠한가. 바로 이른바 '이 리(理)의 크기에 걸맞게 무한(無限)의 한(限)과 무량(無量)의 량(量)이 된다.'는 것이다. 리를 '무극태극(無極

也. 一元有十二會, 三百六十運, 四千三百二十四, 猶一歲有十二月, 三百六十日, 四千三百二十辰也. 前六會爲息, 後六會爲消, 卽一歲之自子至巳爲息, 自午至亥爲消. 開物於星之七十六, 猶歲之驚蟄也, 閉物於三百一十五, 猶歲之立冬也. 一元有十二萬九千六百歲, 一會有十二萬九千六百月, 一運有十二萬九千六百日, 一世有十二萬九千六百辰, 皆自然之數, 非有所牽合也.〕" 하였다. 《性理大全 卷8》 서산 채씨는 채원정(蔡元定, 1135~1198)으로, 자는 계통(季通), 호는 서산(西山), 시호는 문절(文節)이며, 송대 복건성(福建省) 건양(建陽) 사람이다. 서산 꼭대기에 올라가 냉이만 캐 먹으며 굶주림을 참고 독서에 몰두한 적이 있으므로 서산 선생이라 하였다. 주자(朱子)의 절친한 친구이며 제자로, 《서경집주(書經集註)》를 편찬한 채침(蔡沈)이 그의 셋째 아들이다. 저서로 《율려신서(律呂新書)》, 《팔진도설(八陣圖說)》 등이 있다.

太極)'이라고 말하였으니, 그렇다면 대원기의 한량이라는 것 또한 무극태극의 리에 걸맞을 것이다. 그러나 기(氣)의 작은 것은 반드시 기의 큰 것에 의뢰하고 만 가지로 나뉜 기는 반드시 하나의 기에 근본하니, 그렇다면 만물이 비록 각자 본래 자신의 원기를 가지고 있고 각자 자신의 시작과 끝마침이 있다 하더라도, 만물의 원기는 반드시 천지의 원기 가운데로부터 오고, 천지의 원기는 또 천기 밖의 대원기 가운데로부터 오며, 저 천지 밖의 대원기로 말하면 바로 무극태극의 리 가운데에서 나오는 것이다. 리는 본래 무극태극인데 기(氣)가 이처럼 이 리(理)에 걸맞으니, 그것이 과연 다함이 있겠는가.

8.1.4

'천지의 밖에 또 반드시 대원기(大元氣)가 있다.'라고 말하였으니, 이는 두텁고 무거운 대지가 유구한 세월 동안 추락하지 않을 수 있는 것은 하늘 가득한 대기(大氣)가 쉬지 않고 움직이며 대지를 떠메고 있어야 추락하지 않기 때문이요, 이 대기가 쉬지 않고 항상 움직일 수 있는 것은 또 반드시 큰 각자(殼子 껍질)가 있어서 대기를 실어 담고서 지탱할 수 있은 뒤에야 대기가 견고하여 흩어지지 않을 것이기 때문이다.

그렇다면 그 큰 각자는 또 어찌 만들어 준 것이 없이 이루어지며 또 어찌 도와 지탱해 주는 것이 없이 보존되겠는가. 그러므로 천지의 밖에 반드시 가장 큰 원기(元氣)가 있어서 천지를 만들고 천지로 하여금 이 가운데에서 시작하고 끝마치게 함을 알 수 있는 것이다.

여기에서 또 그 천지 밖의 대원기의 지극한 바를 미루어 알고자 하면, 아득하고 아득하여 그 시작과 끝을 궁구(窮究)할 길이 없을 것이다. 그러므로 "무극태극의 리(理) 가운데에서 나왔다."라고 말하는 것이니, 이는 그야말로 탐구할 수 없는 말이다. 그러나 리(理) 밖에 기(氣)가 없으니, 그렇다면 그 능히 크기도 하고 능히 작기도 하며 능히 시작하기도 하고 능히 끝마치기도 하여 낳고 낳아 다하지 않는[10] 소이(所以)는, 과연 무극태극의 리가 아니면 능히 그러할 수 있겠는가.

8.1.5

"하늘은 자회(子會)에서 열리고 땅은 축회(丑會)에서 열리고 사람은 인회(寅會)에서 생겨났다."[11]라는 말이 있다. 그렇다면 자회의 이전은 바로 이전의 천지가 크게 닫히는 때로, 이른바 '술회(戌會)'와 '해회(亥會)'이다. 그 당시에는 하늘이 아직 열리지 않았고 땅도 아직 열리지 않았으니, 그렇다면 하늘도 아니고 땅도 아닌 것이 무슨 모양의 기상(氣象)이 되었겠는가? 술회와 해회가 끝나고 난 뒤 1만 8백년이 지나

10 낳고……않는 : 원문의 '生生不窮'은 천지가 만물을 낳는 이치를 가리키는 말로, 《주역》〈무망괘(无妄卦)〉의 "무망(无妄)은 크게 형통하고 정(貞)함이 이로우니, 정도(正道)가 아니면 재앙이 있으므로 가는 바를 둠이 이롭지 않다.〔无妄, 元亨, 利貞, 其匪正, 有眚, 不利有攸往.〕"에 대하여, 이천(伊川) 정이(程頤)의 〈역전(易傳)〉에 "무망(无妄)은 지성(至誠 지극히 성실함)이니, 지성은 하늘의 도(道)이다. 하늘이 만물(萬物)을 화육(化育)하여 낳고 낳아 다하지 않아서 각기 성명(性命)을 바르게 함이 무망이니, 사람이 무망의 도에 합(合)하면 이른바 '천지와 더불어 덕이 합한다.'라는 것이다.〔无妄者, 至誠也, 至誠者, 天之道也. 天之化育萬物, 生生不窮, 各正其性命, 乃无妄也. 人能合无妄之道, 則所謂與天地合其德也.〕"라고 하였다.

11 하늘은……생겨났다 : 강절 소옹이 《황극경세서(皇極經世書)》에서 말한 원회운세설에 의하면, 1원(元)은 하늘과 땅이 한 번 개벽하여 끝나는 기간으로 12회(會)가 있는데, 1회가 10,800년이므로 총 129,600년이 되는바, 하늘은 자회(子會)에서 열리고 땅은 축회(丑會)에서 열리고 사람은 인회(寅會)에서 태어났다고 한다. 즉 처음에는 하늘과 땅이 구분되지 않고 먼지로 덮여 있다가 10,800년이 지난 뒤에 하늘이 생기고, 다시 10,800년이 지난 뒤에 땅이 생기고, 그 후 또다시 10,800년이 지난 뒤에 사람과 물건이 태어났다는 것이다.

고서야 하늘이 비로소 열렸다면 바로 하늘만 있고 땅은 없는 때이니, 그때의 기상은 또한 어떠하였겠는가? 그 뒤 1만 8백년이 지나고 땅이 처음 열렸으면 바로 하늘이 있고 땅도 있으나 사람은 아직 생겨나지 않은 때이니, 해와 달과 별의 삼광(三光)은 어느 때로부터 하늘에 올라가 빛을 발하였으며, 바람과 비, 우레와 번개는 어느 때로부터 운행하였으며, 물과 불은 어느 땅으로부터 생겨났으며, 초목(草木)과 여러 식물은 어느 세대로부터 싹터 생겼는가? 이것은 아마도 우리 사람이 다 깨달아 알 수 있는 것이 아닐 것이다.

8.1.6

개벽(開闢 천지가 처음으로 열림)은 1원(元)의 양(陽)이고 폐합(閉闔 천지가 닫힘)은 1원의 음(陰)이다. 양의 일어남은 반드시 음이 쌓인 것에서 연유하고 양의 성(盛)함은 반드시 음이 숨은 것에서 끝나니, 앞의 원과 뒤의 원은 마치 어제와 오늘과 같다. 나누어 말하면 앞의 원은 앞의 원이 되고 뒤의 원은 또 별도로 뒤의 원이 되지만, 통틀어 말하면 앞의 원의 음은 바로 뒤의 원의 양이 말미암아 근본으로 삼는 것이고, 뒤의 원의 양은 바로 앞의 원의 음이 배태(胚胎)하는 것이다. 그러므로 전천지(前天地)의 유회(酉會)로부터 해회(亥會)까지가 폐합의 음이 되는 것은, 다만 전천지가 개벽한 양을 끝마칠 뿐만 아니라 더 나아가서 바로 그 후천지(後天地)의 1원의 양을 배태하는 것이다. 그렇다면 하늘이 자회(子會)에서 열리는 것이 어찌 자회를 만나 갑자기 열리는 것이며, 땅이 축회(丑會)에서 열리는 것이 어찌 축회를 만나 갑자기 열리는 것이겠는가. 이는 바로 어제와 오늘이 서로 이어져서 한 번은 낮이 되고 한 번은 밤이 되는 자연(自然)의 변화와 같은 것이다.

8.1.7

하늘이 열리고 땅이 열린 후 또 1만 8백 년이 지난 때가 바로 인회(寅會)이니, 사람은 어느 땅으로부터 처음 태어났으며, 부모가 있기 전에 누가 잉태하여 형체를 가진 존재가 되었으며, 또 누가 양육하여 생장할 수 있었는가? 비록 본래 지각(知覺)이 있더라도 군주가 없고 스승이 없다면, 누가 가르쳐주고 인도해서 사람으로 하여금 자기의 일〔事〕을 받들어 행하고 자기의 업(業)을 이루게 하겠는가. 소리만 있고 말이 없으면 어떻게 서로 정(情 뜻)을 통하며, 각자의 성명(姓名)이 없으면 무엇을 통해 누가 누구인지를 식별할 수 있겠는가. 새와 짐승, 벌레와 물고기는 사람과 같은 시기에 생겨났는가, 아니면 사람보다 먼저 생겨나서 사람이 태어나기를 기다렸다가 사람을 위해 쓰이게 되었는가?

바로 내 한 몸과 한 마음 가운데에 천지(天地), 고금(古今)과 만물(萬物), 만사(萬事)의 리(理)가 모두 갖춰져 있으니, 그것을 체득하여 알고 살펴서 따르면, 통하지 않음이 없을 것이다. 이것이 진실로 우리 사람이 천지 만물 가운데 가장 신령스럽고 가장 귀해진 이유이다.

8.1.8

기(氣)가 있은 연후에 기가 모여 질(質)을 이룬다. 그러므로 하늘이 열린 뒤에 땅이 열릴 수 있었던 것이다. 음(陰)과 양(陽)의 두 기(氣)가 형체를 나누어 양의(兩儀 음양)가 서로 배합한 뒤에 유기(遊氣)[12]가

12 유기(遊氣) : 천지에 떠돌아 다니는 기운을 말한다. 횡거(橫渠) 장재(張載)의 《정몽(正蒙)》 〈태화편(太和篇)〉의 "떠돌아다니는 기운이 어지럽게 뒤섞여서 합하여 형질(形質)을 이루는 것은 사람과 물건이 만 가지로 다름을 낳고, 음(陰)과 양(陽) 두 가지

쌓이고 조화(造化)가 행해져 이 가운데에서 만물이 생겨난다. 그러므로 하늘이 열린 자회(子會)와 땅이 열린 축회(丑會) 두 회(會)를 지나 인회(寅會)에 이르러서 사람이 생겨났는데, 천지의 바른 기운을 얻은 것은 사람이 되고 그 남은 기운을 얻은 것은 물건이 되었다.

기(氣)는 두루 통하지 않음이 없고 화(化)는 두루 미치지 않음이 없기 때문에 깨끗함과 탁함, 순수함과 잡됨, 정(精)함과 거침, 후(厚)함과 박(薄)함이 모두 구비되어서 물건이 만 가지로 나뉘지 않을 수 없는데, 오직 인간만은 기(氣) 가운데에서 깨끗하고 순수하고 정하고 후한 것을 받고 태어나서 만물의 으뜸이 되었다. 그러므로 만물은 모두 사람의 쓰임이 되지 않는 것이 없다.

이에 더하여 성인(聖人)은 가장 깨끗하고 가장 순수하고 가장 정하고 가장 후한 것을 얻어서 또 만물의 영장(靈長)인 사람의 으뜸이 되었다. 그러므로 그 마음으로는 알지 못하는 바가 없고, 그 귀로는 듣지 못하는 바가 없고, 그 눈으로는 보지 못하는 바가 없고, 그 코로는 냄새 맡지 못하는 바가 없고, 그 입으로는 말하지 못하는 바가 없고, 그 손으로는 하지 못하는 바가 없고, 그 발로는 가지 못하는 바가 없으며, 그 몸으로는 책임지지 못하는 바가 없다. 그러므로 모든 혈기(血氣)를 가지고 있는 것들이 높여 우러르고 귀의하여 떠받들지 않음이

가 순환하여 그치지 않는 것은 천지의 대의(大義)를 세운다.〔游氣紛擾, 合而成質者, 生人物之萬殊, 其陰陽兩端, 循環不已者, 立天地之大義.〕"에 대하여, 주자(朱子)가 "유기는 기운이 발산하여 물건을 낳는 것이니, 유(游) 또한 유행(流行)의 뜻이요, 분요(紛擾)는 어긋나서 똑같지 않은 것이다. 음양은 바로 기(氣)이니 어찌 음양 밖에 다시 유기가 있겠는가. 이른바 '유기'라는 것은 만물에 부여된 것을 가리켜 말한 것이니, 물건마다 각각 하나의 성명(性命)을 얻으면 바로 하나의 형질(形質)을 갖게 되니, 이는 모두 기가 합하여 이루는 것이다.〔游氣, 是氣之發散生物底, 游亦流行之意, 紛擾者, 參錯不齊. 陰陽, 卽氣也, 豈陰陽之外, 復有游氣耶? 所謂游氣者, 指其所以賦與萬物, 一物各得一個性命, 便有一個形質, 此皆氣合而成之也.〕"라고 풀이하였다.

없으니, 이것이 천황(天皇), 지황(地皇), 인황(人皇)[13]이 된 까닭이다. 그 황(皇)이 된 도(道)는, 생각건대 백성을 백성으로 삼아서 백성으로 하여금 모두 자신의 본성(本性)을 본성으로 여기고 자신의 직분(職分)

13 천황(天皇), 지황(地皇), 인황(人皇) : 《사기(史記)》 〈보사기(補史記) 삼황본기(三皇本紀)〉에 의하면, 천지가 개벽한 후에 천황씨는 목덕(木德)으로 왕이 되어 인월(寅月)을 정월로 삼았는데 형제 12명이 각각 1만 8천 세(歲)를 다스렸으며, 지황씨는 화덕(火德)으로 왕이 되었는데 형제 11명이 각각 1만 8천 세를 다스렸으며, 인황씨는 형제 9명이 구주(九州)를 나누어 다스렸는데 모두 150세대에 도합 4만 5천 6백 년이었다고 하였다. 그러나 여헌(旅軒)은 자신의 문집인 《여헌집(旅軒集)》 속집(續集) 제6권 〈구설(究說)〉에서 위의 천황, 지황, 인황에 대한 소견을 다음과 같이 피력하였다. "천황씨(天皇氏)라고 칭한 것은 처음 천도(天道)를 밝혀서 사람들을 가르쳤기 때문이 아니겠는가. 닷새가 후(候)가 되고 세 후가 기(氣)가 되고 여섯 기가 한 철이 되고 네 철이 한 해가 됨을 알아서, 때에 따라 사무(事務)에 응하는 도(道)가 이로부터 섰을 것이니, 천황씨가 이 도를 밝혀 가르쳤기 때문에 천황씨라고 칭했을 것이다. 지황씨(地皇氏)는 지리(地理)를 밝혀 법을 드리운 자일 것이다. 예컨대 동·서·남·북의 기후가 똑같지 않고 교야(郊野)와 원습(原隰)은 높고 낮은 지세(地勢)가 다르게 마련이니, 거주할 곳을 선택하는 방법과 거두어 채집하고 취하고 버리는 방식을 구분하지 않을 수 없다. 이 때문에 천하를 나누어 아홉 주(州)로 만들고 온 세계를 구획하여 만 개로 만들어서 각기 거주하는 곳이 있고 모두 이익을 얻게 하였다. 그리하여 사람들이 이 때문에 낳고 낳게 된 것이니, 이때에 지황씨가 이 이치를 밝혀서 가르쳤기 때문에 지황씨라고 칭했을 것이다. 그리고 인황씨(人皇氏)의 세대로 말하면 천도와 지리가 이미 모두 밝혀졌으니, 아직 밝혀지지 않은 것은 어찌 인도(人道)가 아니겠는가. 사람은 인(仁)·의(義)·예(禮)·지(智)·신(信)의 다섯 가지 떳떳한 성(性)이 있어 천하의 큰 근본이 되었으니, 그렇다면 중(中)을 세우지 않을 수 없는 것이다. 그리고 희(喜)·노(怒)·애(哀)·낙(樂)·애(愛)·오(惡)·욕(欲)의 일곱 가지 정(情)이 천하의 달도(達道)가 되었으니, 그렇다면 화(和)를 지극히 하지 않을 수 없는 것이다. 부자간(父子間)의 친함과 군신간(君臣間)의 의리와 부부간(夫婦間)의 분별과 장유간(長幼間)의 차례와 붕우간(朋友間)의 신의는 곧 천하의 대경·대법(大經大法)이니, 이것을 경륜(經綸)하지 않을 수 없는 것이다. 그런데 인황씨가 이 도를 밝혀서 가르쳤기 때문에 인황씨라고 칭했을 것이다.……이 삼황의 사업은 삼재(三才)의 도(道)에서 벗어나지 않는데, 문자를 만든 뒤에 각기 먼저 밝힌 것을 가지고 차례로 이름했을 것이다." 위의 〈삼황본기〉에서 언급한 1만 8천 세는 1만 8백 세의 오류라고 한다.

을 직분으로 여기게 하며, 물건을 물건으로 삼아서 물건으로 하여금 모두 자신의 삶을 살고 자신이 있어야 할 곳에 있게 하지 않음이 없게 하는 데에 불과할 뿐일 것이다.

8.1.9

'천황(天皇)'이라 하고 '지황(地皇)'이라 하고 '인황(人皇)'이라고 한 것은 아마도 모두 서계(書契)[14]가 생긴 뒤에 미루어 붙인 칭호일 것이다. 이 삼황(三皇)의 때를 당해서는 아직 문자가 있지 않았으니, 어찌 천(天)·지(地)·인(人)에게 '황(皇)'이라 하고 '씨(氏)'라고 하는 명목(名目)이 있었겠는가. '황씨(皇氏)'라고 칭하면서 굳이 천황씨·지황씨·인황씨로 구별한 것은, 하늘이 먼저 열렸기 때문에 가장 먼저 군주가 되었다하여 천황씨라 하고, 땅이 하늘 다음에 열렸기 때문에 천황씨를 대신하여 군주가 된 자를 지황씨라 하고, 사람이 땅 다음에 생겨났기 때문에 지황씨를 대신하여 군주가 된 자를 인황씨라고 한 것이 아니겠는가.

만약 자회(子會)에 군주가 된 자를 천황이라 하고 축회(丑會)에 군주가 된 자를 지황이라 하고 인회(寅會)에 군주가 된 자를 인황이라고 한다면, 이는 잘못이다. 이때 막 하늘만 있고 땅이 없으며 또 하늘과

14 서계(書契) : 문자(文字)를 가리킨다. 《주역》〈계사전 하(繫辭傳下)〉에 "상고 시대에는 매듭을 엮어서 다스렸는데, 후세에 성인(聖人)이 문자로 대신하였다.〔上古結繩而治, 後世聖人易之以書契.〕"라고 보이는데, 공영달(孔穎達)은《상서 서(尙書序)》에서 "옛날에 복희씨(伏羲氏)가 천하에서 왕 노릇을 할 때에, 처음으로 8괘(卦)를 그렸고 문자를 만들어서 매듭을 엮어 하던 정사(政事)를 대신하였으니, 이로부터 문적(文籍)이 생겨났다.〔古者, 伏羲氏之王天下也, 始畫八卦, 造書契, 以代結繩之政, 由是文籍生焉.〕"라고 하였다.

땅만 있고 사람이 아직 생겨나기 전에, 어떻게 군주가 있을 수 있겠는가. 그렇다면 천황·지황·인황의 삼황은 반드시 모두 인회 이후에 있었을 것이다.

하늘이 있고 땅이 있으며 또 그 사이에 사람이 있어서 인류가 거의 천만 억조(千萬億兆)처럼 많아진 뒤에야 이에 부부(夫婦)가 있고 부자(父子)가 있고 군신(君臣)이 있고 장유(長幼)가 있고 붕우(朋友)가 있는 것이다. 그렇다면 성인(聖人)은 사물에 따라 법칙을 생각하고 윤리에 따라 이치를 살펴서 반드시 그들로 하여금 부부간에는 분별(分別)이 있고 부자간에는 친애(親愛)함이 있고 군신 간에는 의(義)가 있고 장유 간에는 순서가 있고 붕우 간에는 신(信)이 있어야 하는 도(道)를 돈독히 하게해서, 이 도를 알지 못하는 자들은 가르쳐 알게 하고 이 도를 행하지 않는 자들은 인도하여 행하게 하는 것이니, 이것이 군장(君長)의 책임이다.

그렇다면 군장의 책임을 맡은 자는 반드시 스스로 자기의 성(性)을 다하고 스스로 자기의 도(道)를 다해서[15] 만물 가운데에서 가장 걸출

15 자기의……다해서 : '자기의 성(性)을 다한다'는 것은 자기의 본성(本性)을 체현(體現)하는 것으로, 주자(朱子)의 《대학장구(大學章句)》 서문(序文)의 "한 사람이라도 총명과 예지를 갖추어 능히 그 성(性)을 다하는 자가 그 사이에 나오면, 하늘이 반드시 그에게 명하시어 억조(億兆) 백성의 군사(君師)로 삼아 그로 하여금 백성을 다스리고 가르쳐서 그 성을 회복하게 한다.〔一有聰明睿智, 能盡其性者, 出於其間, 天必命之, 以爲億兆之君師, 使之治而敎之, 以復其性.〕"와 《중용장구(中庸章句)》 제22장의 "오직 천하의 지극히 성실한 자만이 그 성(性)을 다할 수 있으니, 그 성을 다하면 사람의 성을 다할 수 있고, 사람의 성을 다하면 물건의 성을 다할 수 있으며, 물건의 성을 다하면 천지의 화육(化育)을 도울 수 있고, 천지의 화육을 도우면 천지와 함께 삼재(三才)에 참여할 수 있다.〔惟天下至誠, 爲能盡其性. 能盡其性, 則能盡人之性; 能盡人之性, 則能盡物之性; 能盡物之性, 則可以贊天地之化育; 可以贊天地之化育, 則可以與天地參矣.〕"라는 내용이 보인다. '자기의 도(道)를 다한다'는 것은 자신이 행해야 할 도리를 극진히 행하는 것으로, 북송(北宋)의 유학자 장재(張載)가 "성(性)은 만물의 똑같은

(傑出)하고 천하의 모범이 될 수 있어야 하니, 그런 뒤에 천명(天命)이 이에 그에게 속하고 인심(人心)이 이에 그에게 돌아가서, 마침내 만성(萬姓 만민(萬民))의 종주(宗主)가 되어 천지의 도(道)를 재성(裁成)하고 천지의 마땅함을 보상(輔相)할 수 있게 된다.[16] 그러므로 삼재(三才 천·지·인)의 사업(事業)이 이에 서게 되는 것이니, 이것이 바로 천황·지황·인황이 황(皇)이 된 이유이다. 그 성(性)은 오상(五常)의 성[17]이 됨에 지나지 않고 그 도(道)는 오륜(五倫)의 도[18]가 됨에 지나지 않으며, 그 다스리는 방법 또한 자기 마음으로 남의 마음을 감동시키고 가까운 데로부터 먼 데에 이르는 것에 지나지 않을 뿐이다.

근원이니 내가 사사로이 할 수 있는 것이 아니다. 오직 대인(大人)만이 그 도를 다할 수 있으니, 이 때문에 자신이 서면 반드시 남과 함께 서고, 자신이 알면 반드시 남과 두루 알고, 자신이 사랑하면 남과 겸하여 사랑하고, 자신이 이루면 혼자만 이루지 않는 것이다.〔性者, 萬物之一源, 非有我之得私也. 惟大人爲能盡其道, 是故立必俱立, 知必周知, 愛必兼愛, 成不獨成.〕"라고 한 데서 온 말이다.《近思錄 卷1 道體》

16 천지의……된다 :《주역》〈태괘(泰卦) 상(象)〉에 "하늘과 땅이 사귐이 태(泰)이니, 군주가 이것을 보고서 하늘과 땅의 도(道)를 재성(裁成)하고 하늘과 땅의 마땅함을 보상(輔相)하여 백성을 도와준다.〔天地交泰, 后以財成天地之道, 輔相天地之宜, 以左右民.〕"라고 보이는데, '재성 보상(裁成輔相)'은 지나친 것을 억제하고 모자란 것을 보충해서 천지간에 조화가 이루어지도록 돕는 성인(聖人) 혹은 임금의 일을 말한다. '裁成'은 '財成'으로도 쓴다.

17 오상(五常)의 성 : 인(仁)·의(義)·예(禮)·지(智)·신(信)을 이른다.《중용장구》 제1장에 "하늘이 명한 것을 성이라 한다.〔天命之謂性.〕" 하였는데,《집주》에 "사람과 물건이 세상에 태어날 적에 각기 부여받은 리(理)를 얻음으로 인하여 건순(健順)·오상(五常)의 덕을 삼게 되니, 이것이 이른바 성(性)이라는 것이다.〔人物之生, 因各得其所賦之理, 以爲健順五常之德, 所謂性也.〕"라고 하였다.

18 오륜(五倫)의 도 : 오륜은 오상(五常) 또는 오전(五典)이라고도 하는데, 부자유친(父子有親), 군신유의(君臣有義), 부부유별(夫婦有別), 장유유서(長幼有序), 붕우유신(朋友有信)을 말한다.

8.1.10

외사(外史)[19]에는 또 천황씨(天皇氏) 이전에 반고씨(盤古氏)[20]라는 칭호가 있으니, 무엇을 근거하여 말한 것인지 알 수 없다. 그러나 반고씨라고 말하여 높였으니, 그렇다면 그는 아마도 틀림없이 천하의 군장(君長)이 되어서 만민(萬民)을 인도하고 기른 자일 것이다. 그가 과연 있어서 천황(天皇)에 앞서 군장이 되었다면, 오래고 또 오래며 질박하고 더 질박해서 반드시 천황·지황·인황의 삼황에게 황이 된 두서(頭緖)가 다소 있는 것과는 같지 않았을 것이니, 오덕(五德)[21]의 운(運)을 쓰고 세기(歲起 1년의 처음)의 달을 세우는 것과 같은 일 또한 있지 않았을 것이다.

그의 거처와 의복, 음식이 보통 사람들과 똑같았는데, 백성들은 지덕(至德)의 깊음에 저절로 감화되고 물건은 지도(至道)의 가운데에서

19 외사(外史) : 관(官)에서 편찬한 역사인 정사(正史)가 아니라 민간(民間)에서 사사로이 편찬하여 지은 역사서로, 패사(稗史) 또는 야승(野乘)이라고도 한다.

20 반고씨(盤古氏) : 천지가 개벽할 당시에 맨 먼저 나와서 세상을 다스렸다는 중국 신화 속의 인물로, 일명 혼돈씨(混沌氏)라고도 한다. 《삼오역기(三五歷紀)》, 《술이기(述異記)》 등에 의하면, 반고는 달걀처럼 생긴 혼돈 속에서 태어났고 1만 8천 년이 지난 다음에 천지개벽이 있었는데, 그의 머리와 팔다리는 오악(五岳)이 되고 피와 눈물은 강과 하천이 되고 눈은 해와 달이 되었으며, 털은 풀과 나무로 변하고 입김은 비바람으로 변했으며, 음성은 천둥이 되고 눈빛은 번개와 벼락이 되었다고 한다.

21 오덕(五德) : 금(金)·목(木)·수(水)·화(火)·토(土)의 오행(五行)을 이른다. 고대의 음양가(陰陽家)들은 역대(歷代)의 왕조(王朝)가 각각 이중 하나의 덕을 대표한다고 생각하였다. 반고(班固)의 《문선(文選)》에 "하늘이 처음에 제왕(帝王)에게 명을 내리자, 오덕이 비로소 시작되었다.〔肇命民主, 五德初始.〕"라고 보이는데, 채옹(蔡邕)이 "오덕은 오행의 덕이니, 복희씨 이후로부터 제왕이 바뀔 때마다 각각 오행 중 하나의 덕을 따랐다.〔五德, 五行之德, 自伏羲已下, 帝王相代, 各據其一行.〕"라고 풀이하였다.

스스로 신복(信服)하게 되었으므로, 그 어질고 공평하며 기국(器局)이 광대(廣大)한 상(象)을 취하여 반고(盤古)라고 한 것인가? 아니면 인회(寅會)의 세상에 사람과 물건이 이미 태어나고 길러졌으나 삼황이 아직 황이 되지 않아서 혼돈스럽고 몽매하며 질박하고 소략함이 옛날 그대로였고 창문을 내 집을 짓고 땅을 파 길을 내는 일이 아직 시작되지 않았는데, 당시에 총명예지(聰明睿智)하여 보통사람보다 뛰어나고 무리보다 뛰어난 신성(神聖)한 자가 그 사이에 나와서 스스로 천지와 음양의 이치를 통달하고 추위와 더위, 낮과 밤의 변화를 알고 이륜(彝倫 사람이 지켜야 할 떳떳한 도리)과 성명(性命 하늘로부터 부여받은 본성)의 도(道)를 알고 중화(中和)와 위육(位育)[22]의 기틀을 잡아서 몸소 행하여 솔선하고 극(極 표준)을 세워 통솔해서, 말하지 않아도 믿고 명령하지 않아도 순히 따랐다면, 비록 임금의 지위가 아직 설치되지 않고 임금의 칭호가 아직 세워지지 않았더라도, 무릇 혈기(血氣)가 있는 자들이 모두 하늘처럼 떠받들고 태양처럼 우러르고 부모처럼 친애하고 신명(神明)처럼 공경하였을 것이니, 그 일이 혹 문자가 생긴 뒤에 전해졌기 때문에 마침내 그 전해오는 것을 받들어서 이름 한 것인가? 반고라는 것은 어쩌면 천지의 원기(元氣)가 크고 완전한 것을 칭한 것인데, 씨를 붙여 반고씨라고 한 것은 그를 높인 것이 아니겠는가.

22 중화(中和)와 위육(位育) : 《중용장구》 제1장에 "희로애락이 아직 발하지 않은 것을 '중'이라 하고, 발하여 모두 절도에 맞는 것을 '화'라고 하니, 중은 천하의 대본이고 화는 천하의 달도이다. 중과 화를 지극히 하면 천지가 자리를 잡고 만물이 길러진다.〔喜怒哀樂之未發, 謂之中; 發而皆中節, 謂之和. 中也者, 天下之大本也; 和也者, 天下之達道也. 致中和, 天地位焉, 萬物育焉.〕"라고 하였다.

8.1.11

문자가 만들어진 것이 복희(伏羲)[23]의 세대에 있었으니, 그렇다면 그 이전의 사적(事跡)을 무엇을 가지고 상고(詳考)할 수 있겠는가? 그 오덕(五德)의 쓰임과 세수(歲首 한 해가 시작하는 때)의 시작과 형제가 몇 명인 것과 역년(歷年 지나온 해)이 얼마나 되는 것인지를 과연 근거하여 미루어 알 만한 것이 있는가?

8.1.12

사람이 인회(寅會)에 생겨났으면, 인회 이전에는 일찍이 사람이 있지 않았을 것이다. 사람이 생겨난 것은 틀림없이 기화(氣化)[24]로 생겨났을 것이니, 처음에 생겨난 자가 모두 몇 사람인가? 건(乾)의 도는 남자가 되고 곤(坤)의 도는 여자가 되니,[25] 그렇다면 남녀가 반드시

23 복희(伏羲) : 중국 고대 전설 속의 삼황(三皇) 중 한 명으로, 문자와 팔괘(八卦)를 처음 만들고 그물을 발명하여 고기 잡는 방법을 가르치는 등 인류 문명의 창시자로 여겨지는 인물이다. 《주역》 〈계사전 하〉 2장에 "옛날 포희씨가 천하에 왕 노릇 할 때 위로 하늘의 상(象)과 아래로 땅의 법(法)을 관찰하고, 새와 짐승의 문(文)과 천지의 마땅함을 관찰하며, 가까이는 자신에게서 취하고 멀리는 물건에게서 취하여 이에 비로소 팔괘를 만들었다.〔古者, 包犧氏之王天下也, 仰則觀象於天, 俯則觀法於地, 觀鳥獸之文與地之宜, 近取諸身, 遠取諸物, 於是始作八卦.〕"라고 보인다. 포희씨는 태호복희씨(太昊伏羲氏)로, 보통 복희씨라고 약칭한다. 삼황에 대해서는 설(說)이 다양한바, 이 글에서 언급한 천황, 지황, 인황을 가리키기도 하고, 복희와 신농(神農), 여와(女媧)를 가리키기도 하고, 복희와 신농(神農), 황제(黃帝)를 가리키기도 한다.

24 기화(氣化) : 음양(陰陽)의 기(氣)가 만물을 화생(化生)하는 것을 이른다. 《이정유서(二程遺書)》 권5에 "만물의 시작은 모두 기화로부터 비롯되었다.〔萬物之始, 皆氣化.〕"라고 하였다

25 건(乾)의……되니 : 《주역》 〈계사전 상〉 1장에 "천둥과 번개로 진작시키고 바람과 비로 적셔 주고 해와 달이 운행하고 추위와 더위가 번갈아 오감에, 건(乾)의 도(道)는

함께 생겨났을 것인데, 구주(九州)[26]의 가운데에 어느 땅에서 처음 생겨났는가? 아니면 구주의 사람이 한때에 같이 생겨났는가?

혹 산에서 생겨났는지 혹 들에서 생겨났는지 모두 알 수 없지만, 당시에 생겨난 사람들은 어찌 대부분 성현(聖賢)의 무리가 아니었겠는가. 그러나 이때에는 만물은 명칭이 없고 연월일시는 기록이 없고 사람은 맡은 직책과 일이 없고 물건은 아직 지극히 쓰이지 못하며, 귀천(貴賤)의 구분이 없고 금수(禽獸)와 뒤섞여 거처하였으며, 소리는 있으나 말을 이루지 못하여서 정(情 뜻)이 통할 수가 없고, 무리가 있으나 통솔하는 이가 없어서 법이 베풀어질 수가 없어서 우우(于于)하고 거거(居居)할[27] 뿐이었으니, 무엇을 하였겠는가.

오직 걸출(傑出)한 성인(聖人)이 하늘과 땅을 굽어보고 우러러보아 천문(天文)을 보고 지리(地理)를 살펴서, 주야(晝夜)와 한서(寒暑)에 일정함이 있음을 통달하고 곤충과 초목의 성정(性情)을 통달하였다. 그리하여 비록 전술(傳述)된 것이 없어도 스스로 그 도리를 알아서 마침내 서로 열어주고 깨우쳐주며 가르쳐주고 인도할 수 있게 되어서, 일〔事〕이 있고 업(業)이 있으며 각각 직분을 행하고 각각 처소가 있었을 것이니, 이것이 바로 천황·지황·인황 삼황의 사업이다.

남자가 되고 곤(坤)의 도는 여자가 된다.〔鼓之以雷霆, 潤之以風雨, 日月運行, 一寒一暑, 乾道成男, 坤道成女.〕"라고 보인다.

26 구주(九州) : 고대에 중국을 9개의 주로 나누었는데, 이를 미루어 중국 또는 천하를 가리키는 말로 쓰인다.

27 우우(于于)하고 거거(居居)할 : 만족하여 편안하고 안정되어 조용한 모습을 이른다. 《장자(莊子)》 〈도척(盜跖)〉편에 "신농(神農)의 세상에서는 누워 잠잘 때에는 안정되고 일어나서는 편안하였다.〔神農之世, 臥則居居, 起則于于.〕"라고 보이는데, 성현영(成玄英)의 소(疏)에 "우우는 자득(自得)한 모양이고, 거거는 안정된 모습이다.〔于于, 自得之貌. 居居, 安靜之容.〕"라고 하였다.

8.1.13

이기(二氣 음양)와 오행(五行)이 우주 사이에 유행하는 것은 일찍이 1각(刻) 1분(分)[28]이라도 혹 그친 적이 없는데, 두서(頭緖)와 맥락(脈絡)이 서로 얽혀 어지러워지는 것을 용납하지 않는다. 그러므로 그 순서를 잃지 않고 그 때를 어기지 않아서 상생(相生)하고 상극(相克)하며[29] 서로 번갈아 교대하고 서로 이루어주어서 조화가 행해지고 품휘(品彙 만물)가 이루어졌다. 그 운행하는 것은 큰 것이 있고 작은 것이 있어서, 지극히 큰 운행으로부터 나뉘고 또 나뉘어서 지극히 작은 운행에 이르며 지극히 작은 운행으로부터 쌓이고 또 쌓여서 지극히 큰 운행에 이르는데, 그 순서는 반드시 차례를 순히 따르고 그 운행은 반드시 오차가 없어 신실(信實)했을 것이다.

오직 우리 사람은 일이 그 사이에 있으니, 모름지기 그것을 순히 받들고 따라 성취한 뒤에야 만사가 법칙대로 되어서 만물의 화육(化育)을 참여하여 돕는[30] 사업이 서게 되는 것이다. 이 때문에 옛날의

28 1각(刻) 1분(分) : 하루는 12진(辰)이며 1진은 30각(刻)이고 1각은 12분(分)이니, 지금 시간으로 환산하면 1각은 4분, 1분은 20초가 된다. 아주 짧은 시간을 비유하는 말로 쓰인다.

29 상생(相生)하고 상극(相克)하며 : '상생'은 목(木)·화(火)·토(土)·금(金)·수(水)의 오행이 상호 연관하여 다른 것을 발생시키고 조장해주는 것으로, 목이 화를 낳고, 화가 토를 낳고, 토가 금을 낳고, 금이 수를 낳고, 수가 목을 낳는 것〔木生火, 火生土, 土生金, 金生水, 水生木.〕을 말하며, '상극'은 오행이 상호 연관하면서 다른 것을 이기는 것으로, 수는 화를 이기고, 화는 금을 이기고, 금은 목을 이기고, 목은 토를 이기고, 토는 수를 이기는 것〔水克火, 火克金, 金克木, 木克土, 土克水.〕을 말한다.

30 만물의……돕는 : 이 내용은 《중용장구》 제22장에 "오직 천하에 지극히 성실한 분만이 그 본성(本性)을 다할 수 있으니, 자신의 본성을 다할 수 있으면 남의 본성을 다하게 할 수 있고, 남의 본성을 다하게 할 수 있으면 만물의 본성을 다하게 할 수 있고, 만물의 본성을 다하게 할 수 있으면 천지 만물의 화육(化育)을 도울 수 있고,

성신(聖神)[31]이 이 일을 반드시 소중히 여기고 반드시 삼간 것이다.

양(陽)의 수가 10이고 음(陰)의 수가 12이다. 오행은 각각 음과 양이 있으니 그 수가 바로 10이고, 육기(六氣)[32]는 또 각각 음과 양이 있으니 그 수가 바로 12이다. 음과 양이 서로 짝을 이루어 10을 천간(天干 갑(甲)·을(乙)·병(丙)·정(丁)·무(戊)·기(己)·경(庚)·신(辛)·임(壬)·계(癸))으로 삼고 12를 지지(地支 자(子)·축(丑)·인(寅)·묘(卯)·진(辰)·사(巳)·오(午)·미(未)·신(申)·유(酉)·술(戌)·해(亥))로 삼았는데, 양은 혼자 행할 수가 없고 음은 혼자 이룰 수가 없으므로 또 반드시 천간과 지지를 합하여 차례로 배열해야 한다. 그런데 천간은 10에서 다하고 지지는 12에서 다하니, 천간이 다하면 다시 첫 번째 천간인 갑(甲)부터 이끌어서 그 뒤를 잇게 하고 지지가 다하면 다시 첫 번째 지지인 자(子)로부터 이끌어서 그 뒤를 잇게 해서, 천간이 여섯 번 다하고 지지가 다섯 번 다하여 짝을 이룬 수가 마침내 다하게 되면, 첫 번째 천간인 갑과 첫 번째 지지인 자가 다시 서로 만나게 되니, 이렇게 이루어진 60갑자(甲子)가 1기(紀)가 되는 것이다.

이는 고리와 같이 끝이 없어서 끝나면 다시 시작하여 리수(理數)[33]의

천지 만물의 화육을 도울 수 있으면 천지와 함께 〈삼재(三才)의 하나로〉 참여할 수 있게 된다.〔唯天下至誠, 爲能盡其性, 能盡其性, 則能盡人之性, 能盡人之性, 則能盡物之性, 能盡物之性, 則可以贊天地之化育, 可以贊天地之化育, 則可以與天地參矣.〕"라고 보인다. '화육'은 천지의 조화가 만물을 생육(生育)함을 이른다.

31 성신(聖神) : 훌륭한 왕이나 성인(聖人)을 지칭하는 말로, 《서경》 〈우서(虞書) 대우모(大禹謨)〉에 "아, 훌륭하다. 임금의 덕이 광대하게 운행되어 거룩하고 신묘하며 문무의 덕을 모두 구비하자, 황천이 돌아보고 명하여 사해를 다 소유하고 천하의 군주가 되게 하였다.〔都! 帝德廣運, 乃聖乃神, 乃武乃文, 皇天眷命, 奄有四海, 爲天下君.〕"라고 하였다.

32 육기(六氣) : 천지 사이에 있는 여섯 가지 기운으로, 음(陰), 양(陽), 풍(風), 우(雨), 회(晦), 명(明)을 이른다.

자연(自然) 아님이 없으니, 음양 오행의 강기(綱紀)와 조화의 추뉴(樞紐)가 실로 여기에 있다. 그러므로 성인(聖人)이 묵묵히 알고 묘하게 깨달아서 조목(條目)을 세워 구별하고 순서를 따라 차등하였으니, 진실로 억지로 안배하여 늘어놓아서 한 것이 아니라 실로 리기(理氣)의 바뀔 수 없는 떳떳함이다.

크게는 원(元)·회(會)·운(運)·세(世)와 작게는 세(歲)·월(月)·일(日)·진(辰)이 이것을 어기고 차례를 얻은 것이 있지 않으니, 위로 미루어 올라가서는 자회(子會)의 갑자(甲子 육십갑자의 첫 번째)에 이르고 아래로 미루어 내려가서는 반드시 해회(亥會)의 계해(癸亥 육십갑자의 예순 번째)에 이르러서 어긋남이 없는 것이다.

천황씨(天皇氏)가 해를 섭제(攝提)에서 일으켰는데,[34] 섭제격(攝提格)은 바로 인(寅)이니, 그렇다면 천황씨의 세상에도 이미 간지(干支 천간과 지지)의 기(紀)가 있었던 것이다. 다만 당초 처음 기를 시작할 때에 어떻게 당시의 회(會)와 당시의 운(運)과 당시의 세(世)와 당시의 세·월·일·진이 각각 무슨 간지에 해당하는지를 알아서, 이로 인하여 위로 미루어 올라가고 아래로 미루어 내려가서 이미 지나간 세상과 앞으로 다가올 세상에 대하여 문란함이 있지 아니하여 부합하지 않음이 없었는지 모르겠다. 성인은 아마도 반드시 묵묵히 알고 은연

33 리수(理數) : 64괘의 역상(易象)을 존재하게 하는 리(理)를 담은 수를 이른다. 《주역》에 내재하는 리수의 근원은 천지(天地)의 수인 1에서 10으로, 이는 자연수인 기수(奇數 홀수)와 우수(偶數 짝수)로 역(易)을 형성하는 기본수이다.

34 천황씨(天皇氏)가……일으켰는데 : 《사기(史記)》 〈보사기(補史記) 삼황본기(三皇本紀)〉에 의하면, 천지가 개벽한 후에 천황씨는 목덕(木德)으로 왕이 되어 해를 섭제(攝提)에서 일으켰는데, 형제 12명이 각각 1만 8천 세(歲)를 누렸다고 한다. 섭제 즉 섭제격(攝提格)은 고갑자(古甲子)에서 세 번째인 인(寅)으로, '해를 섭제에서 일으켰다'는 것은 인월(寅月)을 세수(歲首)로 삼았다는 말이다.

중 터득한 묘한 법이 있었을 것인데, 지금은 근거하여 알 길이 없게 되었다.

8.1.14

저 우주가 비록 크지만 이미 리기(理氣)의 가운데에 갇혀있다면, 우주보다 앞서 먼저 존재하는 것은 리기이다. 그렇다면 리기 또한 무엇인가로부터 나왔을 터인데, 〈리기를 낸 것이〉 리기보다 먼저 있고 리기보다 뒤에 있으며 리기보다 위에 있고 리기보다 아래에 있으며 리기의 사방에 있다면, 이 또한 리기가 우주보다 먼저 있고 우주보다 뒤에 있으며 우주보다 위에 있고 우주보다 아래에 있으며 우주의 사방이 된 것과 같은 것인가?

내 적이 생각건대, 리기는 본래 그것보다 먼저인 것이 없고 뒤인 것이 없으며 그것보다 위인 것이 없고 아래인 것이 없으며 그것의 사방인 것이 없으니, 그렇다면 어찌 리기보다 먼저가 되고 뒤가 되고 위에 있고 아래에 있으며 사방인 것이 있겠는가. 미루어 먼저가 되어도 바로 이 리기이고 미루어 뒤가 되어도 이 리기이며, 미루어 올라가고 내려와도 이 리기이고 미루어 사방에까지 지극히 하여도 또한 모두 이 리기이다.

만약 이 리기 두 가지 가운데에 나아가서 그중 먼저와 뒤를 찾는다면 마땅히 '리(理)가 먼저이고 기(氣)가 뒤이다.'라고 하여야할 것이다. 그러나 기는 리를 떠나지 않아서 반드시 리를 기준으로 삼으니, 그렇다면 일찍이 홀로 리만 있고 기가 없는 때는 있지 않을 것이다. 다만 기가 리에서 나왔기 때문에 '리(理)가 먼저이고 기(氣)가 뒤이다.'라고 말하는 것이요, '리와 기가 완전하게 나뉘어서 리가 시간적으로 먼저이고 기가 시간적으로 뒤이다.'라고 말하는 것은 아니다. 그렇다면 큰 우주는 과연 이 리기를 벗어나서 큰 우주가 되는 것이 아니요, 다만 리기의 가운데에서 스스로 형체를 갖고 스스로 물건이 되고 스스로 시작하고 스스로 끝마칠 뿐인 것이다.

그렇다면 리기가 반드시 이 우주를 있게 한 것은 어째서인가? 리가 리가 된 것은 바로 물건을 있게 하는 리가 되려는 것이요, 리에 기가 있는 것은 바로 물건을 만드는 자료가 되려는 것이다. 리는 진실로 물건을 있게 하는 리가 되기 때문에 '리'라고 하였고, 기는 바로 물건을 만드는 자료가 되기 때문에 '기'라고 한 것이니, 리라는 것은 태극(太極)을 말하고, 기라는 것은 음양(陰陽)을 말한다.

이미 이 리기가 있으면 이에 하늘이 있지 않을 수 없고 이미 하늘이 있으면 이에 땅이 있지 않을 수 없고 이미 하늘과 땅이 있으면 이에 만물이 있지 않을 수 없는데, 사람은 물건 중에 가장 귀하고 가장 신령스러워서 천지에 참여하고 만물의 으뜸이 되어서 천지의 운행에 참여하고 만물의 화육(化育)을 돕는 사업을 주관하는 자이다. 그렇다면 태극이 용(用 쓰임)을 지극히 할 수 있고 음양이 공(功 일)을 이룰 수 있게 되는 것은 사람에 이르러 지극해지는 것이다. 우(宇)가 우가 되고 주(宙)가 주가 된 이유가 이 때문인데, 우주간의 사업이 모두 우리 사람의 몸에 모여 있으니, 이것이 예로부터 성현(聖賢)이 반드시 우주간의 사업을 자기의 책무로 삼아서 그 능사(能事)[35]를 끝마치려고 했던 이유이다.

이른바 '능사'라는 것은 무엇을 말하는가? 군신(君臣)이 되어서는

35 능사(能事) : 훌륭한 일을 이른다. 《중용장구》 제1장에 "중(中)과 화(和)를 지극히 하면 천지가 자리를 잡고 만물이 잘 생육된다.〔致中和, 天地位焉, 萬物育焉.〕" 하였는데, 《집주(集註)》에 "이것이 학문의 극공이요, 성인의 능사이다.〔此學問之極功, 聖人之能事.〕"라고 하였다.

군신의 도리를 다하고 부자(父子)가 되어서는 부자의 도리를 다하고 부부(夫婦)가 되어서는 부부의 도리를 다하고 장유(長幼)가 되어서는 장유의 도리를 다하고 붕우(朋友)가 되어서는 붕우의 도리를 다하여, 집안에는 집안의 도(道)가 있고 나라에는 나라의 도가 있으며 사람은 사람의 본성(本性)을 다하고 물건은 물건의 본성을 다하여 하늘과 땅을 편안히 자리하게 하고 고금(古今)을 관통하게 할 수 있는 것이 능사가 아니겠는가. 리가 리가 된 것은 여기에서 과연 그 용(用)을 다할 것이요, 기가 기가 된 것은 여기에서 과연 그 공(功)을 다할 것이니, 이것이 진실로 우주가 우주가 될 수 있는 이유이다.

8.1.15

아! 리(理)는 바로 이 리이고 기(氣)는 바로 이 기이니, 이 리 밖에 따로 리가 있고 이 기 밖에 따로 기가 있는 것이 아니다. 그런데 후세 사람들 중에서 이른바 '선인(善人)'이라는 자는 점점 더 옛날의 성인에 미치지 못하고, 후세에서 이른바 '안정된 정치'라는 것은 점점 더 옛날의 지극한 정치[36]에 미치지 못하며, 심지어는 선한 자가 적고 악한 자가 많은데 악은 반드시 옛날의 이른바 악하다는 것보다 배나 되었으며, 안정된 정치가 적고 혼란함이 잦은데 혼란함은 반드시 옛날의 이른바 혼란하다는 것보다 더 많아졌으니, 이는 무슨 이치인가? 우주의 대화(大化 만물을 화육하는 것)로 그 기가 점점 더 박해져서 그런 것인가, 아니면 또한 천지가 생겨난 지 오래되어서 천지의 큰 수(數)[37]가 다시

36 지극한 정치 : 원문의 '지치(至治)'는 교화(敎化)가 크게 행해지는 이상적인 훌륭한 정치로, 《서경(書經)》 〈군진(君陳)〉에 "지극한 정치는 향기로워 신명을 감동시키니, 서직(黍稷)이 향기로운 것이 아니라 밝은 덕이 향기롭다.〔至治馨香, 感于神明. 黍稷非馨, 明德惟馨.〕" 한 데서 나온 말이다.

는 이미 지나간 높고 왕성한 세상을 회복할 수 없어서 그런 것인가? 어찌하여 삼대(三代 고대 중국의 하(夏)·은(殷)·주(周)의 세 왕조)가 왕성할 때에도 당우 시대(唐虞時代)의 진선진미(盡善盡美)함[38]에 미치지 못하며, 한(漢)나라에서 당(唐)나라가 되고 당나라에서 송(宋)나라에 이르러서는 모두 전대(前代)에 미치지 못하는 듯하니, 이것은 괴이할 만하고 또 길이 탄식할 만한 일이 아니겠는가.

8.1.16

당우 시대 이전은 바로 1원(元)의 상반기(上半期)이고, 삼대 이후는 이미 1원의 하반기(下半期)에 속한다. 하루를 가지고 살펴보면, 오전의 기후는 형통하고 왕성하다는 것을 확실하게 깨닫는데 오후의 기후는 느슨해진 것을 바로 깨달으며, 오전의 인사(人事 사람이 하는 일)는 각각 강건(剛健)하고 견고함을 유지할 수 있는데 오후의 인사는 피곤하고 나태함에 이르는 경우가 많다. 1년 중에도 또한 그러하다. 그러므로 1원 또한 상반기 이전의 기상(氣像)은 청명(淸明)하고 순일(純一)하여 물정(物情 세상의 실정이나 형편)이 모두 이 때문에 진순(眞淳)하고 화순(和順)하며, 하반기 이후의 기상은 산만하고 음침하여 물정 또한

37 천지의 큰 수(數) : 천지가 개벽(開闢)하고 닫히는 한 주기(周期)인 1원(元)을 가리킨다. 이 글(〈우주설(宇宙說)〉)의 두 번째 단락에 "천지(天地)의 큰 수가 1원(元)이니, 1원에는 12회(會)가 있고 1회에는 1만 800년이 있다.〔天地大數爲一元, 一元有十二會, 一會有一萬八百年.〕"라고 보인다.

38 당우 시대(唐虞時代)의 진선진미(盡善盡美)함 : '당우 시대'는 중국의 도당씨(陶唐氏)와 유우씨(有虞氏), 즉 요(堯) 임금과 순(舜) 임금의 시대를 함께 일컫는 말로, 이 시대의 지극한 정치를 칭송하여 말한 것이다. '진선진미'는 지극히 좋고 지극히 아름답다는 뜻으로, 《논어》〈팔일(八佾)〉에 공자가 순 임금의 음악인 소(韶)를 평하여 "진선진미하다."라고 한 내용이 보인다.

이 때문에 방탕하고 척박하니, 그렇다면 과연 저 태고(太古)의 태평한 세상을 다시 볼 수는 없는가?

1세(世)는 1일(日)과 같고[39] 1원(元)은 1년(年)과 같다. 상반기 이전은 막 나아가는 기(氣)가 되고 하반기 이후는 막 물러가는 기가 되니, 그 기상과 물정이 똑같지 않음은 형세 상 그렇지 않을 수가 없는 것이다. 그리하여 순후함이 천박해지고 질박함이 상실되어서 교묘하게 거짓을 꾸미는 자가 많아지지 않을 수가 없고, 세대(世代)가 내려가고 조대(朝代)가 지날수록 말을 잘하고 속이는 자가 제멋대로 행동하지 않을 수가 없으니, 이것이 후대의 사람과 후대의 세상이 점점 옛날에 미치지 못하는 이유이다.

그러나 대도(大道)의 근원은 한때라도 혹 없어지는 경우가 없고 1원의 운행은 잠시라도 혹 그칠 때가 없어서, 하루에 있어서는 아침과 저녁에 따라 차이가 있지 않고 한 해에 있어서는 이른 때와 늦은 때에 따라 혹시라도 다르지 않으니, 그렇다면 그 1원에 있어서도 어찌 상반기라 하여 여유가 있고 어찌 하반기라 하여 부족하겠는가. 더구나 하루와 한 해 중에 굳세다가 느슨해지고 부지런하다가 게을러지는 변화가 있는 것은 바로 항상 보통 사람들의 폐습이다.

성인으로 말하면 그렇지 않아서, 그 덕(德)이 천지와 합하여[40] 순수

39 1세(世)는 1일(日)과 같고 : 소옹의 원회운세설(元會運世說)에 의하면, 1원은 1년, 1회는 1개월, 1운은 1일, 1세는 1시진과 같은데, 아마도 착오가 있는 듯하다.

40 그……합하여 : 염계(濂溪) 주돈이(周敦頤)의 〈태극도설(太極圖說)〉에 "성인이 중(中)·정(正)·인(仁)·의(義)로써 정(定)하되 정(靜)을 주장하시어 사람의 극(極)을 세우셨다. 그러므로 성인은 천지(天地)와 덕(德)이 합(合)하며 일월(日月)과 밝음이 합하며 사시(四時)와 차례가 합하며 귀신(鬼神)과 길흉(吉凶)이 합하는 것이다.〔聖人定之以中正仁義, 而主靜, 立人極焉. 故聖人與天地合其德, 日月合其明, 四時合其序, 鬼神合其吉凶.〕"라고 보인다.

함이 또한 그치지 않고 지극한 성실함이 그침이 없어서[41] 종일토록 부지런히 힘쓰고 저녁까지도 두려워하여[42] 원(元)하고 형(亨)하고 이(利)하고 정(貞)하고[43] 정하면 다시 원(元)하니, 그렇다면 어찌 간단(間斷 잠시 그치거나 끊어짐)하는 때가 있겠는가. 이 때문에 성인은 천지를 본받으니, 보통 사람은 마땅히 성인을 본받아야 할 뿐이다.

또 하루의 사공(事功 일의 성과)은 저녁 때 이르러 이루어지고 한 해의 사공은 가을과 겨울에 이르러 이루어진다. 시작하는 일은 반드시 상반기에 힘을 쓰고 성취하는 일은 모름지기 하반기에 성과가 드러나니, 그렇다면 1원 가운데에 대화(大化)의 성대함[44]이 비록 이미 지나간 상고 시대(上古時代)에 있었으나, 끝내 성취하는 요체(要諦)는 어찌 앞

41 순수함이……없어서 : 성인의 도(道)는 순일(純一)하여 잡됨이 없으며 지극히 성실하여 거짓이 없어서 한 터럭만큼의 불순(不純)한 뜻도 없기 때문에, 그 공(功)을 쉼 없이 이룰 수 있음을 말한 것이다. 원문의 '純亦不已'는 순수한 자세를 천도(天道)와 똑같이 계속해서 유지함을 말하고 '至誠無息'은 지극한 성(誠)은 쉼이 없음을 말하는바, 《중용장구》 제26장에 "시경에 이르기를……'아! 드러나지 않는가. 문왕의 덕의 순수함이여!' 하였으니, 이는 문왕이 문(文)이 되신 소이가 순수함이 또한 그치지 않음을 말한 것이다.〔詩云……於乎不顯? 文王之德之純! 蓋曰 : 文王之所以爲文也, 純亦不已.〕"라고 하였는데, 《집주》에서 "순(純)은 순일(純一)하고 잡되지 않음이니, 이를 인용하여 지성무식(至誠無息)의 뜻을 밝힌 것이다."라고 하였다.

42 종일토록……두려워하여 :《주역》〈건괘(乾卦) 구삼(九三)〉에 "군자가 종일토록 힘쓰고 힘써 저녁까지도 두려워하면, 위태로우나 허물이 없다.〔君子, 終日乾乾, 夕惕若, 厲無咎.〕"라고 하였다.

43 원(元)하고……정(貞)하고 : '원(元)·형(亨)·이(利)·정(貞)'은 천지(天地)의 덕(德)으로, 원(元)은 만물의 시(始 시작)로 봄에 속하고 인(仁)에 해당하며, 형(亨)은 만물의 장(長 자람)으로 여름에 속하고 예(禮)에 해당하며, 이(利)는 만물의 수(遂 거둠)로 가을에 속하고 의(義)에 해당하며, 정(貞)은 만물의 성(成 갈무리)으로 겨울에 속하고 지(智)에 해당한다.

44 대화(大化)의 성대함 : 당우(唐虞 요 임금과 순 임금)와 삼대(三代 하(夏)·은(殷)·주(周))의 지극한 정치를 가리켜 말한 것이다.

으로 다가올 후세에 있지 않겠는가.

일리(一理)가 똑같지 않음이 없고 원기(元氣)가 원(元)을 잃지 않으니, 짐작컨대 이 뒤에도 또한 반드시 성인이 출현할 것이다. 그렇다면 그 또한 마땅히 우주간의 사업을 자신의 책무로 삼아서 삼황(三皇)의 도(道)를 도로 따르고 오제(五帝)의 덕(德)을 덕으로 삼아서[45] 구오(九五)의 지위에 거하여[46] 모두 우러러보는 극(極 표준)을 세워서 누추하고 쇠약한 기풍을 진작시키고 뿔뿔이 흩어진 풍속을 거둬들이며, 지엽(枝葉)의 번화함을 제거하고 도리에 어긋난 누추한 풍습을 모두 개혁하며, 저 진(秦)·한(漢) 이후의 난잡(亂雜)하고 허황된 적폐(積弊)를 일체 쓸어버리고 깨끗이 씻어내서, 참된 모습과 본연의 성(性)을 회복하여 다시 질박하고 독실함으로 돌아가고 충후하고 정직함으로 돌아가게 할 것이다. 그리하여 이 백성들로 하여금 춘대(春臺)의 위에서 북을 치고 춤을 추게 하며 수역(壽域)의 가운데로 인도해 들인다면,[47] 당우

45 삼황(三皇)의……삼아서 : '삼황'과 '오제(五帝)'는 전설상 상고 시대의 세 명의 제왕과 다섯 명의 제왕으로, 여러 설이 있으나 삼황은 보통 복희(伏羲)、신농(神農)、황제(黃帝)를 이르고, 오제는 보통 소호(少昊)、전욱(顓頊)、제곡(帝嚳)、당요(唐堯 요 임금)、우순(虞舜 순 임금)을 이른다.

46 구오(九五)의 지위에 거하여 : '구오'는 건괘(乾卦)의 오효(五爻)로 제왕을 상징하는바, 제왕의 자리에 오름을 말한 것이다. 《주역》 〈건괘 구오〉에 "〈구오는〉 나는 용이 하늘에 있으니, 대인을 만나는 것이 이롭다.〔飛龍在天, 利見大人〕"라고 하였는데, 〈본의(本義)〉에 "강건(剛健)하고 중정(中正)함으로 존위(尊位)에 거하였으니, 성인(聖人)의 덕(德)으로 성인의 지위에 있는 것과 같다."라고 하였으며, 〈문언(文言) 구오〉에는 "구름은 용을 따르고 바람은 범을 따르니, 성인이 나오시면 만물이 모두 우러러본다.〔雲從龍, 風從虎, 聖人作而萬物覩.〕"라고 하였다.

47 백성들로……들인다면 : '춘대(春臺)'와 '수역(壽域)'은 태평성대의 화락한 기상을 비유하는 말이다. '수역(壽域)'은 인수지역(仁壽之域)의 준말로, 《논어》 〈옹야(雍也)〉의 "인자는 장수한다〔仁者壽.〕"는 대목에서 유래하였으며, '춘대(春臺)'는 《노자도덕경(老子道德經)》 상(上)편의 "세속 사람들 화락하여 마치 큰 잔칫상을 받은 듯, 따스한

와 삼대가 다만 이미 지나간 상고 시대의 당우와 삼대가 될 뿐만 아니라 지금 또한 당우와 삼대가 될 수 있을 것이다.

하늘은 똑같은 하늘이고 땅은 똑같은 땅이며 우주도 바로 똑같은 우주이다. 천지를 통틀어 똑같은 하나의 리이고 우주를 꿰뚫어 똑같은 하나의 도이니, 그렇다면 리 밖에 어찌 물건이 있으며 도 밖에 어찌 세상이 있겠는가. 이 우주의 전에 이미 당우 이전의 상반기의 사업이 있었다면, 지금 비록 중간에 미약하다 하더라도, 어찌 하반기의 사업에 당우 이전 상고 시대처럼 순수하고 도타우며 질박하고 후하며 맑고 밝으며 형통하고 편안한 풍화(風化)가 없겠는가.

8.1.17

이른바 '고대의 전적(典籍)'에 《삼분(三墳)》이라는 것이 있으니 복희(伏羲)와 신농(神農)과 황제(黃帝)[48]의 책을 이르고, 《오전(五典)》이라는 것이 있으니 소호(少昊)와 전욱(顓頊)과 고신(高辛)과 당요(唐堯)와 우순(虞舜)[49]의 책을 이르고, 《팔색(八索)》이라는 것이 있으니

봄날 누대에 오른 듯하다.〔衆人熙熙, 如享太牢, 如登春臺.〕"라고 한 데서 유래하였다.

48 복희(伏羲)와 신농(神農)과 황제(黃帝) : 중국 상고 시대의 삼황(三皇)이다. 신농은 화덕(火德)으로 왕 노릇하였다고 하여 염제(炎帝)라고 불리는데, 백성에게 농사짓는 법을 가르쳐주고 의료의 기술을 베풀었다. 황제는 소전(少典)의 아들로, 토덕(土德)으로 왕 노릇하였다고 하여 붙여진 칭호이데, 헌원(軒轅)의 언덕에 살았으므로 헌원씨라고도 한다. 복희에 대한 자세한 내용은 204쪽 각주 23) 참조.

49 소호(少昊)와……우순(虞舜) : 중국 상고 시대의 오제(五帝)이다. 그중 소호는 황제(黃帝)의 아들로 태호(太昊)의 법을 닦았기 때문에 소호(少昊)라 하며, 금덕(金德)으로 왕 노릇하였으므로 금천씨라고 한다. 전욱(顓頊)은 황제의 손자로 10세에 소호를 보좌하다가 20세에 제위(帝位)에 올라 78년을 재위하였는데, 수덕(水德)으로 왕 노릇하였다고 하며 고양씨(高陽氏)라고 한다. 고신(高辛)은 이름이 곡(嚳)으로 맨 처

팔괘(八卦)에 대한 해설을 이르고, 《구구(九丘)》란 것이 있으니 구주(九州)의 지지(地誌)를 이른다.

분(墳)은 큼이니 그렇다면 복희, 신농, 황제의 큰 도(道)가 마땅히 《삼분》에 실려 있었을 것이요, 전(典)은 떳떳함이니 그렇다면 소호, 전욱, 고신의 떳떳한 도가 《오전》의 위에 다 갖추어져 있었을 것이요, 색(索)은 구함이니 그렇다면 팔괘의 뜻이 《팔색》에 밝혀지지 않은 바가 없어서 그 뜻을 구하는 자가 아마도 이 해설을 벗어날 수 없었을 것이요, 구(丘)는 모음이니 구주의 토지에서 생산되는 것과 풍기(風氣 풍속(風俗))에 마땅한 것이 《구구》에 모이지 않음이 없어서 천지 가운데의 품휘(品彙 만물)를 연구하여 안 것이 이미 이 책에 갖추어져 있었을 것이다.

이것을 서적으로 만들어 기록한 자 또한 반드시 성인(聖人)일 것인데, 요컨대 후세에 남겨 보여주기 위함이었을 것이다. 그런데 지금 남아있는 것은 당요와 우순의 두 전(典)[50]이며 팔괘에 대한 해설 또한 다만 《주역》이 있고 그 나머지는 보존된 것이 있지 않으니, 어찌 크게 한스럽고 애석할 만한 일이 아니겠는가.

초(楚)나라의 좌사(左史) 의상(倚相)이 능히 네 고적을 읽었다면,[51]

음 신(辛)에 봉해졌으며, 전욱의 뒤를 이어 즉위하여 제곡고신씨(帝嚳高辛氏)라고 한다. 당요(唐堯)와 우순(虞舜)은 고신의 뒤를 이어 차례로 제위에 오른 요 임금과 순 임금이다.

50 두 전(典) : 《서경(書經)》의 요 임금의 일을 기록한 〈요전(堯典)〉과 순 임금의 일을 기록한 〈순전(舜典)〉을 가리켜 말한 것이다.

51 초(楚)나라의……읽었다면 : 《춘추좌씨전(春秋左氏傳)》 소공(昭公) 12년 조에 "초나라 좌사(左史) 의상(倚相)이 지나가자, 왕이 말하기를 '저 사람은 훌륭한 사관(史官)이다. 그대는 잘 보아라. 그는 《삼분》, 《오전》, 《팔색》, 《구구》를 읽을 수 있다.' 하였다."라고 보인다.

주(周)나라 말기까지도 이 전적들이 남아있었을 것이니, 아마도 진(秦)나라가 서적을 불태운 날에 모두 다 불타 없어진 것이 아니겠는가.

8.1.18

인황(人皇)이 인회(寅會)의 기수(箕宿)[52] 1도(度)에서 오회(午會)의 성수(星宿)[53] 1도까지의 45,600년 사이에 일어났는데 이때가 바로 당요(唐堯)가 일어난 갑진년(甲辰年)의 때라는 말이 있고,[54] 또 우(禹) 임금이 즉위한 뒤 8년에 갑자년(甲子年)을 얻어서 처음 오회로 들어갔다는 말도 있다.[55] 앞의 설(說)과 같다면 당우(唐虞)가 모두 오회의 때에 있었던 것이고, 뒤의 설과 같다면 당우가 모두 사회(巳會)의 끝

52 기수(箕宿) : 28수(宿) 가운데 동방창룡(東方蒼龍) 7수(宿)에 딸린 별자리인 기성(箕星)으로, 《천문유초(天文類抄)》에 기수는 "후궁의 후비(后妃)의 자리로 천계(天鷄)라고도 부른다.……크고 밝고 곧으면 오곡이 여물고 군신지간에 참소와 이간질이 없어진다. 어둡고 성기면 임금이 없는 난세가 벌어지고 오곡이 등귀하며 만이(蠻夷)가 복종하지 않는다.……자리를 옮기면 백성이 유랑하고, 은하수 안으로 들어가면 나라에 큰 재앙이 생기고 사람들이 서로를 잡아먹는다."라고 하였다.

53 성수(星宿) : 28수 가운데 남방주작(南方朱雀) 7수(宿)에 딸린 별자리인 성성(星星)으로, 《천문유초》에 성수는 "후비(后妃)를 주관한다. 어녀(御女)의 지위이며 또한 현사(賢士)가 된다. 밝으면 왕도(王道)가 번창하고 어두우면 어질고 선량한 사람이 갈 곳이 없어져 천하가 텅 비고 천자도 병에 걸린다. 움직이면 병란(兵亂)이 일어나고 간격이 멀어지면 정치가 바뀐다."라고 하였다.

54 인황(人皇)이……있고 : 이 내용은 《독서기수략(讀書紀數略)》 권15 〈삼황(三皇)〉에 보인다. 요(堯) 임금은 도당(陶唐)을 세우고 갑진년(甲辰年)인 B.C. 2,357년에 즉위하였다고 전해진다.

55 우(禹) 임금이……있다 : 우 임금은 B.C. 2,224년 정사년(丁巳年)에 즉위하였는데, 그로부터 8년이 되는 B.C. 2,217년이 갑자년(甲子年)이다. 이 내용은 《황극경세서》 〈찬도지요하(纂圖指要下)〉의 '경세천지시종지수도(經世天地始終之數圖)'에 대한 원명선(元明善, 1269~1322)의 주에 보인다.

에 있었던 것이다.[56]

8.1.19

세년(歲年)의 간지(干支)를 기록하고 제왕(帝王)의 시종(始終)을 분명히 알 수 있게 된 것은 당요(唐堯)로부터 시작되었으니, 그렇다면 그 이전의 황제(皇帝)들이 재위(在位)한 햇수와 누린 수명은 무엇을 통해 상고하여 알 수 있는가? 혹《삼분(三墳)》과《오전(五典)》의 책에 기재되어 있었던가? 혹자는 말하기를, '당요로부터 원(元)나라 순제(順帝)에 이르기까지 통틀어 계산하면 3,724년이요, 우리 명(明)나라 홍무(洪武) 갑자(甲子)에 이르러 처음으로 오회(午會)의 열한 번째 운(運)에 들어왔다.'[57]라고 한다.

56 앞의……것이다 : "'하늘은 자회(子會)에서 열리고 땅은 축회(丑會)에서 열리고 사람은 인회(寅會)에서 생겨났다.'라고 하니, 이것이 무슨 뜻입니까?〔天開於子, 地闢於丑, 人生於寅, 是如何?〕"라는 여대아(余大雅)의 질문에, 주자가 다음과 같이 대답하였다.
"이것은 소자(邵子)가《황극경세서(皇極經世書)》에서 말한 것으로, 지금은 알 수 없는데 그는 단지 수(數)로 이와 같이 추론해내었다. 그가 인회(寅會)에서 물건이 생겨났다고 말한 것은, 그때에 비로소 사람과 물건이 생겨났다는 것이다. 1원(元), 12회(會), 30운(運), 12세(世)가 있는데, 129,600년(年)이 1원이 된다. 세(歲)·월(月)·일(日)·진(辰)과 원·회·운·세가 모두 12에서 30이 되고 30에서 12가 된다. 요 임금 때에 이르러서는 사회(巳會)와 오회(午會)의 사이에 있었는데, 지금은 점차 미회(未會)에 가까워진다. 술회(戌會)에 이르러 만물이 닫힐 것이라고 말했으니, 그때가 되면 다시 사람과 만물이 없어지게 될 것이다.〔此是邵子皇極經世中說, 今不可知, 他只是以數推得如此. 他說寅上生物,是到其上方有人物也. 有一元十二會三十運十二世, 十二萬九千六百年爲一元. 歲月日時元會運世皆自十二而三十, 自三十而十二. 至堯時會在巳午之間, 今漸及未矣. 至戌上說閉物, 到那裏則不復有人物矣.〕"《朱子語類 卷45》

57 당요로부터……들어왔다 : '당요로부터 원(元)나라 순제(順帝)에 이르기까지 통틀어 계산하면 3,724년이요'는《사고전서(四庫全書)》〈도서편(圖書編)〉 권78에 그 내

8.1.20

문자를 만든 이후에는 세대(世代)에 따라 마땅히 기록한 전적(典籍)이 있었을 것이니, 그것을 서로 전해주고 전수받는 즈음에 비록 혹 착오가 있었더라도, 반드시 문자가 만들어지기 이전에 전혀 기록이 없이 다만 입과 혀에 의지하여 서로 전할 뿐이었던 것과는 똑같지 않을 것이다. 이것을 가지고 말하면, 복희(伏羲)의 세상 또한 가장 오랜 것이 아닐 것이니, 그 전에 지나간 회(會)에는 과연 몇 세(世)와 몇 대(代) 그리고 몇 명의 성군(聖君)과 현신(賢臣)의 사업이 있었겠는가?

8.1.21

문자가 이미 만들어진 뒤에도, 윗사람과 아랫사람이 여전히 이루어진 본성(本性)을 잘 보존하고 보존해서 도(道)를 따라 살고 도를 따라 죽었으니,[58] 후세에 사변(事變)이 어지러이 일어나고 문자가 번잡하고 요란한 것과는 똑같지 않았을 것이다. 그러므로 기록하여 전한 것이

용이 보이는데, '우리 명(明)나라 홍무(洪武) 갑자(甲子)에 이르러 처음으로 오회(午會)의 열한 번째 운(運)에 들어왔다.'는 출처가 자세하지 않다. 순제(順帝)는 원(元)나라의 마지막 임금으로 재위 기간은 1,333년부터 원나라가 망한 1,367년까지이다. 홍무(洪武)는 명(明)나라 태조(太祖)의 연호로 1,368년부터 1,398년까지 사용되었는데, 이 기간 중의 갑자년(甲子年)은 명 태조 17년인 1,384년이다.

58 이루어진……죽었으니 : 원문의 '性性存存'을 '成性存存'으로 보고 해석하였다. 《주역》〈계사전 상(繫辭傳上)〉에, "역(易)은 참으로 지극하도다. 역은 성인이 덕(德)을 높이고 업(業)을 넓힌 것이다. 지(智)는 높고 예(禮)는 낮으니, 높음은 하늘을 본받고 낮음은 땅을 본받은 것이다. 하늘과 땅이 자리를 베풀면 역이 이 가운데 행해지니, 이루어진 본성을 잘 보존하고 보존하는 것이 도의(道義)의 문이다.〔易其至矣乎! 夫易聖人所以崇德而廣業也. 知崇禮卑, 崇效天, 卑法地. 天地設位, 而易行乎其中矣, 成性存存, 道義之門.〕"라고 보인다.

겨우 소량이었을 뿐 얼마 되지 않았을 것이다. 지금처럼 손으로 이루 다 펼칠 수가 없고 눈으로 이루 다 볼 수가 없을 정도로 책이 많아진 것[59]은, 모두 근래 수천 년 사이에 대가(大家)와 소가(小家)가 한 짓일 뿐이다.

8.1.22

십간(十干)은 양의(陽儀)에서 근본하고 십이지(十二支)는 음의(陰儀)에서 근본하였다. 그러나 십간 가운데에도 본래 음(陰)과 양(陽)이 있고 십이지 가운데에도 본래 음과 양이 있다. 그러므로 서로 짝하고 서로 차례하는 즈음에, 양의 간은 반드시 양의 지와 짝하고 음의 지는 반드시 음의 간과 짝해서 모두 조리(條理)가 서로 문란하지 않게 되는 것이다.[60] 간과 지가 짝할 적에는 서로를 필요로 하지 않을 수 없으니, 이는 조화(造化)의 도(道)가 하나의 양만으로는 낳지 못하고 하나의 음만으로는 이루지 못하기 때문이다. 그렇다면 간은 지를 얻어 간이 되고 지는 간을 얻어 지가 되는 것이니, 이는 사람이 억지로 짝을 지운 것이 아니라 바로 리기(理氣)의 자연(自然)으로, 성인(聖人)이 그 이치를 따라서 지목했을 뿐이다.

59 책이 많아진 것 : 원문의 '만축천상(萬軸千箱)'은 만 권의 두루마리와 천 궤짝의 상자에 든 책으로, 매우 많은 책을 비유하는 말로 쓰인다.

60 십간……것이다 : 간(干)과 지(支)의 양(陽)과 음(陰)은 십간(十干)과 십이지(十二支)를 홀수는 양, 짝수는 음으로 구분하는데, 양간(陽干)은 갑(甲)·병(丙)·무(戊)·경(庚)·임(壬)이고 음간(陰干)은 을(乙)·정(丁)·기(己)·신(辛)·계(癸)이며, 양지(陽支)는 자(子)·인(寅)·진(辰)·오(午)·신(申)·술(戌)이고 음지(陰支)는 축(丑)·묘(卯)·사(巳)·미(未)·유(酉)·해(亥)이다. 갑자(甲子), 병인(丙寅), 무진(戊辰)…처럼 양간과 양지가 차례로 짝하고, 을축(乙丑), 정묘(丁卯), 기사(己巳)…처럼 음간과 음지가 차례로 짝하여 육십갑자(六十甲子)가 됨을 말한 것이다.

그러므로 세(歲)・월(月)・일(日)・시(時)에서 차례를 따라 운행하는 것은 그 법칙이 한결같아서 십간과 십이지가 짝한 것이 반드시 60에서 다하는 것이니, 크고 작은 운행(運行)에 있어 모두 이중 하나라도 더하고 줄일 수가 없는 것이다. 운(運)・세(世)와 세(歲)・월(月)・일(日)・진(辰)은 모두 큰 수(數)인 1원(元) 가운데에서 나뉜 수이다. 그러므로 운(運)에는 360이 있고 간지(干支)의 배합 또한 마땅히 36바퀴를 돌게 되는 것이니, 그 세(世)와 세・월・일・진에 있어서는 비록 나뉠수록 많아지는 것이 똑같지 않으나, 십간과 십이지가 서로 짝하고 차례하는 준례로 말하면, 바퀴를 다 돌지 않고서 다시 시작하는 것이 있지 않다.

회(會)의 수가 12에서 그치는 것으로 말하면, 갑(甲)은 자회(子會)의 짝이 되고 계(癸)는 유회(酉會)의 짝이 되며 술회(戌會)에는 또다시 갑과 짝하고 해회(亥會)에는 또다시 을과 짝하고 끝난다. 그 뒤에는 회의 수가 이미 다하여 마땅히 후원(後元 뒤에 올 원)의 자회에서 병(丙)과 짝하여 시작할 터이니, 후원의 간지는 아마도 금원(今元 지금 마주하고 있는 원)에서 계산할 수 있을 것이다. 이것을 가지고 말하면 이 원(元)의 이전에 원이 되었던 것이 모두 몇 번이나 지났으며, 이 원의 이후에 원이 될 것 또한 다시 얼마나 되겠는가? 이에 비로소 1원은 다만 금원이 될 뿐만이 아님을 알 수 있으니, 전원(前元 이전에 지나간 원)과 후원이 아마도 무궁할 것이다.

1원이 다만 금원이 되는 것에 그치지 않고 금원의 이전과 이후에 과연 다시 무궁한 1원이 있다면, 간지의 운행 또한 전원과 후원이 서로 이어짐에도 있을 것이니, 원이 된 것은 마침내 간지의 가운데에 있을 것이다. 다만 일원의 밖에서 숫자를 말할 수 없는 것이니, 이는 이기(二氣 음양)와 오행이 있으면 반드시 마땅히 간지의 이치가 있기 때문이다. 그렇다면 '간'이라고 하여 10에 수를 배열하고 '지'라고 하여 12에 수를 배열한 것이, 그 명목은 비록 문자가 만들어진 이후에 생겼으나, 그 이치는 금원 이전의 원과 금원 이후의 원에 있어서도 반드시 있어야 하는 것으로 없어서는 안 되는 것이다. 원이 쌓여 비록 천만 번의 원에 이르더라도, 이 이치가 어찌 똑같지 않겠는가.

문자가 만들어지고 만들어지지 않았는가와 문자가 같고 같지 않은가 또 갑(甲)으로부터 계(癸)에 이르는 명목과 자(子)로부터 해(亥)에 이르는 명목으로 말하면, 전후의 모든 원이 반드시 금원과 같을지는 알 수 없다. 그러나 리(理)가 리가 되고 기(氣)가 기가 된 것으로 말하면, 어찌 전원과 후원의 차이가 있겠는가.

8.1.23

또 '1원(元)'이라고 하는 것은 천지가 개벽(開闢)한 때로부터 폐합(閉闔)할 때까지를 이른 것으로, 마치 사람과 물건이 어미의 뱃속에서 생겨 세상에 태어난 때로부터 사망에 이를 때까지의 사이와 같으니, 바로 천지의 수명(壽命)이다. 그런데 이를 1원이라고 하는 것은 다만 그 큰 수(數)를 가리킨 것이다. 이 1원에는 본래 허다하게 나뉜 작은 수가 그 사이에 쌓여있으니, 이는 마치 사람이 한 번 눈을 깜빡이고 한 번 숨을 쉬는 짧은 시간도 수(數)가 아님이 없는 것과 같다.

원(元)이 나뉘어 회(會)가 되고 회가 나뉘어 운(運)이 되고 운이 나뉘어 세(世)가 되는데, 세(世)가 또다시 나뉘어 세(歲)가 되고 월(月)이 되고 일(日)이 되고 진(辰 시(時))이 되고 각(刻)이 되고 분(分)이 되고 리(釐)가 되고 호(豪)가 되고 사(絲)가 되고 홀(忽)이 되고 묘(妙)가 되고 몰(沒)이 됨에 이르러[61] 더 이상 나눌 수 없는 지경에

61 원이……이르러 : 1원(元)에는 12회(會)가 있고 1회에는 30운(運)이 있고 1운에

이르니, 이는 지극히 큰 것으로부터 지극히 작은 것에 이르는 수이다.

그리고 몰이 쌓여 묘가 되고 묘가 쌓여 홀이 되고 홀이 쌓여 사가 되고 사가 쌓여 호가 되고 호가 쌓여 리가 되고 리가 쌓여 분이 되고 분이 쌓여 각이 되고 각이 쌓여 진이 되고 진이 쌓여 일이 되고 일이 쌓여 월이 되고 월이 쌓여 세(歲)가 되고 세가 쌓여 세(世)가 되고 세가 쌓여 운이 되고 운이 쌓여 회가 되고 회가 쌓여 원이 되어서 다 헤아릴 수 없는 지경에 이르니, 이는 지극히 작은 것으로부터 지극히 큰 것에 이르는 숫자이다.

통솔해주는 큰 수가 있지 않으면 작은 수가 말미암아 나뉠 곳이 없으며, 쌓여가는 작은 수가 있지 않으면 큰 수가 따라 성립할 곳이 없으니, 이에 큰 수와 작은 수가 서로 인(因 의존함)하지 않을 수 없는 것이다. 큰 수와 작은 수가 서로 인하는 것은 반드시 30과 12의 두 수가 있어서 기관(機關)이 되어야 하니, 그런 뒤에야 큰 수가 나뉘어 작은 수가 되고 작은 수가 쌓여 큰 수가 됨에, 저절로 문란할 수 없고 틈이 있을 수 없는 묘(妙)함이 있게 되는 것이다. 30은 양수(陽數)이고 12는 음수(陰數)이니, 이는 또 음(陰)이 양(陽)을 낳고 양이 음을 낳는 자연의 이치이다.[62]

는 12세(世)가 있고 1세에는 30년(年)이 있고 1년에는 12개월이 있고 1개월에는 30일이 있고 1일에는 12진(辰)이 있는바, 1진은 30각(刻), 1각은 12분(分), 1분은 10리(釐), 1리는 10호(毫), 1호는 10사(絲), 1사는 10홀(忽)이며, 묘(妙)와 몰(沒)은 홀보다 더 작은 수로, 자세한 내용은 미상(未詳)이다. 《손자산경(孫子算經)》 권상(上)에 "도량(度量)의 시작은 홀에서 비롯된다.〔度之所起, 起於忽.〕"라고 보이고, 《송사(宋史)》 〈율력지(律曆志) 1〉에 "홀이 만 개이면 분이 된다.〔忽萬爲分.〕"라고 보인다. 반면 채원정(蔡元定)은 1일을 12진, 1진을 30분, 1분을 12리, 1리를 30호, 1호를 12사라고 하여, 년・월・일・진과 마찬가지로 원・회・운・세와 분・리・호・사의 수도 12와 30을 번갈아 곱한 것으로 보았다. 《性理大全書 皇極經世書 卷8 纂圖指要下》

62 큰 수와……이치이다 : 이에 대하여 여헌은 자신의 문집인 《여헌집(旅軒集)》 속집

큰 수와 작은 수가 서로 인하여 나뉘고 쌓이는 즈음에는 또 반드시 영허(盈虛 가득 참과 텅 빔)와 소식(消息 사라짐과 자라남), 승강(升降 올라감과 내려감)과 성쇠(盛衰 흥성함과 쇠퇴함)의 기틀이 있어서 교대로 운행하니, 이는 또 1원의 사이에 비색(否塞 막혀 통하지 않음)과 통태(通泰 통하여 태평함), 감과 옴이 무궁한 것이다. 큰 영허 가운데에 또 작은 영허가 있고 큰 소식 가운데에 또 작은 소식이 있으니, 승강과 성쇠가 서로 이어짐에 이르러서도 모두 다 그렇지 않은 것이 없다.

오직 성인(聖人)만이 필연(必然)의 이치를 통달하고 인사(人事)에 변통(變通)하는 권도(權道)를 묵묵히 행하여 하여금 궁하지 않게 할 수 있으니, 만일 인사의 칼자루를 잡은 자가 혹 때에 따라 변통하지 못해서 자연스럽게 서로 이루어주는 이치에 위배됨이 있으면, 재앙(災殃)을 부르고 화(禍)를 이루는 기틀 또한 모두 다 이 안에 있게 될

(續集) 제6권 〈구설(究說)〉에서 다음과 같이 말하였다.
"1원(元)에는 12회(會)가 있고 1회에는 30운(運)이 있고 1운에는 12세(世)가 있고 1세(世)에는 30세(歲)가 있고 1세(歲)에는 12월(月)이 있고 1월에는 30일(日)이 있고 1일에는 12진(辰)이 있으니, 1은 수(數)에 있어 강령(綱領) 중의 강령이 된다. 1이 나뉘어 12가 되고 12가 나뉘어 30이 되고 30이 또 나뉘어 12가 되었다. 이로부터 이후로 나뉘고 또 나뉘어서 나뉠 수 없는 수에 이르는데, 이것은 모두 12와 30이 서로 이어지는 것이다. 이중에 가장 첫 번째인 1이 강령 중의 강령이 되어서 그 나뉨이 12가 되고, 이 12의 1이 다음의 강령이 되어서 그 나뉨이 30이 되며, 그 아래는 점차로 강령이 되어 나뉘면 나뉠수록 더욱 작아져서 12와 30이 전전(輾轉)하여 서로 낳는데, 일찍이 문란하거나 어그러진 적이 없다. 12는 음(陰)의 수이고 30은 양(陽)의 수이니, 음은 항상 양을 낳고 양은 항상 음을 낳는다. 그러므로 본수(本數 수의 시작)가 12이면 반드시 30을 낳고 본수가 30이면 반드시 12를 낳는 것이다. 음양이 서로 행해지기 때문에 수가 다함이 없어서, 가는 것은 지나가고 오는 것이 계속되어 우주(宇宙)의 낳고 낳는 조화가 잠시도 쉼이 없는 것이다. 12와 30이 반드시 모두 본수 가운데의 1이 된 뒤에야 비로소 나뉘는 수가 되니, 강령이 되고 조목(條目)으로 나뉘는 순서 또한 자연의 형세이다."

것이다. 이미 지나간 치란(治亂)의 자취를 살펴 교훈으로 삼을 수 있으니, 그렇다면 1원의 사이에 처하여 우리 사람의 사업(事業)이 크지 않겠는가.

8.1.24

하늘과 땅 사이에서 사는 것 중에는 하루를 사는 물건(物件 동물)이 있고 한 달을 사는 물건이 있고 한 해를 사는 물건이 있고 수십 년을 사는 물건이 있고 백 년을 사는 물건이 있으니, 백 년을 사는 물건은 바로 사람이고 하루를 사는 물건은 바로 부유(蜉蝣 하루살이)이다. 하루를 사는 부유가 백 년을 사는 사람을 보면 진실로 까마득하지만, 백 년을 사는 사람이 1원(元)을 보면 어찌 심히 까마득하지 않겠는가.

그러나 무극(無極)의 입장에서 1원을 보면, 1원 또한 견줄 수 없는 까마득한 것이 되지는 못한다. 이 1원의 앞에 반드시 이미 지나간 무궁한 원이 있었을 것이고 이 1원의 뒤에는 또 반드시 아직 오지 않은 무궁한 원이 있을 것이니, 원의 앞과 뒤에 반드시 모두 마땅히 무궁한 원이 있다면, 지금의 이 1원 또한 어찌 무궁한 가운데에서 홀로 원이 될 수 있겠는가.

이 원의 자회(子會) 이전은 마땅히 앞의 원의 해회(亥會)일 것이고 이 원의 해회 이후는 마땅히 뒤의 원의 자회일 것이니, 회(會)가 어찌 12회에 그치겠는가. 12회가 왕래하는 것이 고리를 도는 것처럼 무궁한 것은, 반드시 한 해의 열두 달이 앞의 해의 마지막 달과 다음 해의 첫 달에서 서로 이어지는 것과 같은 점이 있을 것이니, 그렇다면 원이 1원이 되고서 그칠 수 있겠는가. 원이 진실로 1원이 되고서 그칠 수가 없다면, 이 천지 밖에 다시 다른 천지가 있는 것이 진실로 이 천지와 같고 그 수가 또 무궁하며, 이 천지 가운데 만국(萬國)이 하늘과 땅 사이에 아울러 있는 것과 같으리라는 것을 어찌 알겠는가?

그러나 비록 백천만억의 천지가 있더라도 그 리(理)는 바로 이 하나의 리이며, 비록 백천만억의 1원이 있더라도 그 수(數)는 바로 이 하나의 수이다. 어째서인가? 이 리의 밖에 다른 리가 없기 때문이니, 리에 다른 리가 없기 때문에 수 또한 이 수인 것이다. 이 리는 무슨 리인가? 바로 이른바 '무극이면서 태극〔無極而大極〕'이란 것이다. 리는 본래 무극이면서 태극이므로 리에서 나온 기(氣) 또한 따라서 무궁(無窮)한 것이다. 오직 그 리가 무극인 것은 하나여서 무극이 되고 기가 무궁인 것은 변역(變易)하여 무궁한 것이니, 기가 변역하여 무궁한 것은 실제로는 '하나여서 무극'이라는 것이 그렇게 만든 것이다.

혹자가 말하기를 "리의 무극과 기의 무궁이라는 것에 대해서, 사람이 어떻게 그것이 무극이 되고 무궁이 됨을 알 수 있습니까?" 하기에, 내가 말하였다. "내 마음의 지각(知覺)을 가지고 리가 무극임을 극진히 추구할 수 있고 기가 무궁임을 철저히 궁구할 수 있는 것이다." 또 묻기를 "사람 마음의 지각으로 무극과 무궁을 통달할 수 있는 것은 어째서입니까?" 하기에, 내가 말하였다. "리는 본래 일정(一定)하고 공공(公共)한 이치로, 물건이라면 누구나 빠짐없이 함께 얻은 것이다. 그런데 사람은 기가 깨끗하고 빼어나기 때문에 능히 정욕(情慾)에 가린 바가 되지 않으니, 그렇다면 그 밝음이 마땅히 통하지 않는 바가 없어서 무극태극의 리가 저절로 마음과 눈의 사이에 막힘이 없을 것이다. 아! 어찌하면 성신(聖神)[63]을 만나 이 리를 들을 수 있겠는가?"

63 성신(聖神) : 훌륭한 왕이나 성인(聖人)을 지칭하는 말로, 자세한 내용은 207쪽 각주 31) 참조.

8.1.25

항아리 속의 벌레는 다만 항아리 속을 세계로 여기니, 어찌 항아리 밖의 하늘과 땅을 알겠는가. 연못 안의 물고기는 다만 연못 안을 구역으로 삼으니, 어찌 연못 밖에 장강(長江)과 회수(淮水)와 황하(黃河)와 한수(漢水)와 사방의 먼 바다가 있다는 것을 알겠는가. 그렇다면 하늘과 땅 사이에 사는 자는 오직 하늘과 땅 사이를 알 뿐이니, 또한 어찌 능히 저 하늘과 땅의 밖을 알겠는가. 무릇 기(氣) 가운데에 물건이 된 것들은 반드시 모두 시작이 있고 끝마침이 있고 안이 있고 밖이 있는데, 리(理)는 시작이 없고 끝마침이 없고 안이 없고 밖이 없다. 하늘과 땅이 비록 크지만 또한 기 가운데 하나의 물건이니, 이미 시작이 있고 안이 있으면 또 어찌 끝마침이 없고 밖이 없겠는가. 그러나 리를 가지고 생각해보면 무궁한 것이다.

8.1.26

위와 아래를 나누어 이것을 '천지(天地)'라 이름 하고 위에서 덮어주고 아래에서 실어주는 것을 합하여 이것을 '우주(宇宙)'라 칭하니, 이 천지 밖에 별도로 우주가 있는 것이 아니라 바로 우주는 천지의 통명(統名 통괄하여 부르는 명칭)이 되는 것이다. 우리 인간이 한 세상의 사이에 서서 굽어보고 우러러보는 것은 천지와 우주요, 가까이 옆에서 보는 것은 모두 만물(萬物)과 품휘(品彙)이다. 그런데 큰 것을 우주가 되게 하고 중간의 것을 만물이 되게 하는 것은 한결같이 이 도(道)일 뿐이다.

우주 이하는 바로 이른바 '형이하(形而下)'라는 것이고 그 도(道)는 바로 이른바 '형이상(形而上)'이라는 것이니,[64] 형이하인 것은 반드시 시작이 있고 끝이 있고 안이 있고 밖이 있지만, 형이상인 것은 본래 시작이 없고 끝이 없고 또 안이 없고 밖이 없는 것이다. 시작이 없음은 지나감에 지극한 것이고 끝이 없음은 옴에 지극한 것이며, 밖이 없음은 큼을 지극히 한 것이고 안이 없음은 작음을 지극히 한 것이다. 그러므로 미루어 올라가면 우주가 생기기 전에 도(道)가 그 앞에 있었고, 미루어 내려가면 우주는 다함이 있으나 도는 무궁한 것이다.

혹자가 말하기를 "천지에 시작과 끝이 있다고 말하는 것은 그래도 근거할 만한 점이 있지만, 만약 우주에 시작과 끝이 있다고 말한다면 그것은 허탄(虛誕)함에 가깝지 않겠는가?" 하기에, 내가 이렇게 말하였다.

"우주가 우주가 된 것은 바로 천지가 있기 때문에 그 명칭이 있게 된 것이니, 어찌 천지가 다함이 있는데 우주는 다하지 않는 이치가 있겠는가. 이치가 다함이 없는 것은 오직 도일 뿐이니, 만약 도를 일러 우주라고 한다면 따라서 우주가 다함이 없다고 말해도 되지만, 이미 천지를 가리켜 우주라고 하였다면, 우주가 어찌 다함이 없을 수 있겠는가. 그렇다면 천지가 다하는 것이 곧 우주가 다하는 것이 되지 않겠는가. 이것이 바로 우주가 도 가운데의 하나의 큰 물건으로서 도의 가운데에서 시작하고 도의 가운데에서 끝마치는 것이 되는 것이다.

도가 우주를 포함하고 있는 것이 이처럼 밖이 없는 큼이 되는데, 우주 사이의 지극히 작은 물건과 지극히 하찮은 일에 이르기까지 하나의 리(理)가 그 안에 감춰져 있고 하나의 기(氣)가 그 안에 존재하지 않음이 없으니, 그 작음이 어찌 안이 있겠는가. 그렇다면 기(器)가 되어 형이하인 것이 형이상의 도의 가운데에 처하여 비록 크고 또 유구

64 형이하(形而下)라는……것이니 : 이 내용은 《주역》 〈계사전 상〉에 "형(形)으로부터 그 이상을 도(道)라 이르고, 형으로부터 그 이하를 기(器)라 이른다.〔形而上者謂之道, 形而下者謂之器.〕"라고 보인다. 기(器)는 형체를 가진 구체적인 사물을 뜻한다.

한 우주조차도 오히려 시작이 있고 끝마침이 있음을 면치 못하니, 하물며 우주 안에 있는 만물의 경우는 어떠하겠는가? 만 가지가 되는 물건이 모두 이 도가 부여한 것 아닌 것이 없으니, 그렇다면 어찌 능히 도를 피하여 시작과 끝이 없는 것이 있겠는가. 만물의 시작과 끝은 사람들이 모두 볼 수 있고 들을 수 있다. 이 물건의 전에 진실로 이미 지나간 물건이 있었고 이 물건의 뒤에 또 앞으로 다가올 물건이 있을 것이니, 그 시작과 그 끝 또한 다함이 없는 것이다.

우주의 시작과 끝에 이르러서는 우리 사람이 볼 수 있고 들을 수 있는 것이 아니니, 그렇다면 우주가 시작하기 전에는 어떻게 기(器)가 되고 물건이 되었으며, 우주가 끝난 뒤에는 또한 어떻게 기(器)가 되고 물건이 되겠는가? 이는 형이상으로서 시작이 없고 끝이 없으며 밖이 없고 안이 없는 도가 본래 하나의 도이기 때문이니, 그렇다면 이 우주의 전은 바로 이미 지나간 우주이고 이 우주의 뒤 또한 바로 앞으로 다가올 우주이다. 그 우주가 되는 것은 비록 만 번 시작하고 만 번 끝마치더라도 어찌 이 우주와 다르겠는가. 그렇다면 무릇 일찍이 이 우주의 전에 우주가 된 것은 이미 지나간 과거에 몇 번이나 시작하고 끝마쳤으며, 이 우주의 뒤에 다시 우주가 될 것은 또한 다가올 미래에 몇 번이나 시작하고 끝마치겠는가?

그렇다면 만물을 시작하고 끝마치게 하는 것은 우주요, 우주를 시작하고 끝마치게 하는 것은 도이다. 도는 그 범위(範圍 한계)가 어떠하며 그 연무(延袤 면적)가 어떠하기에, 도 가운데에서 우주를 시작하고 끝마치게 하고 또 우주로 하여금 만물을 시작하고 끝마치게 하는가?

이른바 '도'는 바로 리(理)와 기(氣)를 합하고 체(體)와 용(用)을 겸하였으며, 항상 한결같고 항상 존재하는 것이다. 리를 범위로 삼고 리를 연무로 삼기 때문에 범위와 연무로써 말할 수가 없으나, 실은 본래 상(象)이 없는 범위와 형체가 없는 연무가 있어서 끝을 알 수가 없고 다 궁구할 수가 없는 것이다. 반드시 있어야 해서 없을 수가 없고 마땅히 그러하여서 바뀔 수가 없으며, 온전하여 이지러짐을 용납하지 않고 항상되어 틈을 용납하지 않는 것은 리(理)가 경(經 날줄)이 되는 것으로, 바로 이른바 '무극태극(無極太極)'이란 것이다.

그 리가 반드시 있는 것을 준칙으로 삼아 따라서 있고 그 리가 마땅히 그러한 것을 준칙으로 삼아 따라서 그러하며, 온전함은 리의 온전함을 준칙으로 삼고 항상됨은 리의 항상됨을 준칙으로 삼는 것은 기(氣)가 위(緯 씨줄)가 되는 것으로, 바로 이른바 '이기(二氣)·오행(五行)'이라는 것이니, 리를 경으로 삼고 기를 위로 삼아서 합하여 이루어지게 하는 소이(所以)가 도(道)가 아니겠는가.

리(理)가 경이 되고 기(氣)가 위가 되어서 항상 존재하여 다할 때가 없고 항상 완전하여 부족한 곳이 없어서, 앞에서나 뒤에서나 똑같고 저기에서나 여기에서나 똑같고 큰 것에서나 작은 것에서나 똑같고 정(精)한 것에서나 거친 것에서나 똑같은 것은 체(體)의 온전함이니, 바로 리와 기가 없는 때가 없고 없는 곳이 없다는 것이다. 그리고 반드시 분한(分限 한계)의 구별이 있고 반드시 절도(節度)의 일정함이 있어서, 앞뒤가 없을 수 없고 저것과 이것이 없을 수 없고 큰 것과 작은 것이 없을 수 없고 정한 것과 거친 것이 없을 수 없는 것은 용(用)의 갖춤이니, 바로 리와 기가 천 갈래로 갈라지고 만 가지로 두루 퍼져있다는 것이다.

체를 세워 용으로 삼고 용을 지극히 하여 체로 삼아서 이것을 겸하여 통솔하는 것이 도(道)가 아니겠는가. 그렇다면 만물을 만들고 품휘(品彙)를 만드는 것은 천지요, 천지를 만들고 우주를 만드는 것은 도이다. 그러나 천지를 만드는 도는 천지의 밖에 별도로 다른 하나의 도가 있는 것이 아니요, 천지가 만물을 만드는 도 역시 천지를 만드는 도 밖에 별도로 있는 것이 아니다. 천지를 만들 수 있고 또 만물을 만들 수 있는 것은 바로 하나의 도이니, 어찌 둘이 될 수 있겠는가.

도는 진실로 리와 기를 합하고 체와 용을 겸하여 도가 되었다. 그러므로 만물이 만들어지기 전에 반드시 먼저 천지를 만들었고 천지가 이미 만들어지면 반드시 마침내 만물을 만들어서, 잠깐의 사이도 쉴 수가 없고 조그만 틈도 이지러질 수 없는 것이다. 천지가 아직 만들어지기 전에는 도가 천지의 앞에 있고, 천지가 이미 만들어지면 도가 천지에 있으며, 만물이 이미 만들어지면 도가 만물에 있으니, 이는 바로 때에 따르고 곳에 따라 스스로 만족하지 않음이 없는 것이다. 그러므로 도가 천지에 있어도 천지의 앞에 있던 것은 본래 그대로이고, 도가 만물에 있어도 천지에 있는 것은 또한 그대로이며, 만물이 모두 다하고 천지 또한 다함에 이르러도 도의 전체는 또한 그대로인 것이다. 그러므로 천지가 비록 다하더라도 다시 천지가 생기고 만물이 비록 다하더라도 다시 만물이 생기는 것이니, 이것이 어찌 낳고 낳아 다하지 않는 도[65]가 아니겠는가."

혹자가 묻기를 "도가 우주에 있는 것은, 그 전체(全體)는 항상 한결같고 항상 보존됨이 이미 이와 같으며 그 대용(大用)은 항상 움직이고 항상 행하는 것이 또 이와 같다. 그렇다면 그것이 사람에 있는 것은 어떠한가?" 하기에, 내가 말하였다.

"사람에게 있는 것 또한 바로 하나의 도(道)이고, 바로 하나의 리기(理氣)이다. 하늘은 이 도를 얻어 덮어주고 감싸주어 하늘이 되었으니 그렇다면 만물을 자시(資始)[66]하게 하는 것이 그 일이고, 땅은 이 도를

65 낳고……도 : 원문의 '生生不窮'은 천지가 끊임없이 만물을 낳는 이치를 가리키는 말로, 자세한 내용은 194쪽 각주 10) 참조.

66 자시(資始) : 다른 것의 도움을 받아 시작하는 것으로, 《주역》 〈건괘(乾卦) 단(彖)〉에 "크도다, 건(乾)의 원(元)이여. 만물이 이에 의뢰하여 시작하나니, 하늘의

얻어 잡아주고 실어주어 땅이 되었으니 그렇다면 만물을 자생(資生)[67]하게 하는 것이 그 일이다. 또 사람은 이 도를 얻어서 천지의 중간에 서서 사람이 되었으니, 그렇다면 천지의 덕(德)을 성(性)으로 삼고 사물의 이치를 알아서 리(理)를 궁구하고 성(性)을 다하며[68] 몸을 닦고 극(極)을 세워서 우주의 일에 응하고 우주의 물건을 접하여 이로써 천지의 도에 참여하여 돕고 만물을 화육(化育)하여, 끝내는 옛 성인(聖人)을 계승하고 미래의 후학(後學)들의 길을 열어주는 것이 그 일이다.

그렇다면 그 몸은 단지 일곱 자〔尺〕가 되는 몸이고 그 자리는 단지 돗자리 하나의 위이고 그 세상은 단지 100세의 사이이고 그 마음은 단지 방촌(方寸 가슴속 사방 한 치)의 가운데에 있지만, 천지우주의 승강(升降 때의 흥성함과 쇠미함)과 비태(否泰 운의 비색함과 통태함)의 기틀과 만사 만물의 이미 지나가고 장차 다가올 변화가 우리 사람의 도(道)에 관계되지 않음이 없으니, 그렇다면 시작이 없고 끝이 없으며 안이 없고 바깥이 없는 '전체(全體)'와 천 갈래로 나뉘고 만 가지로 펴진 수많은 절도(節度)의 '대용(大用)'이 어찌 내 마음의 방촌 안에 있는 성정(性情)에서 벗어남이 있겠는가.

《주역》〈설괘전(說卦傳)〉에 이르기를 '하늘의 도(道)를 세움은 음(陰)과 양(陽)이요, 땅의 도를 세움은 강(剛)과 유(柔)요, 사람의 도를

도를 통합하도다.〔大哉乾元, 萬物資始, 乃統天.〕"라고 보인다.

67 자생(資生) : 다른 것의 도움을 받아 생겨나는 것으로, 《주역》〈곤괘(坤卦) 단(彖)〉에 "지극하다, 곤(坤)의 원(元)이여. 만물이 이에 의뢰하여 생기나니, 하늘을 순히 받들도다.〔至哉坤元, 萬物資生, 乃順承天.〕"라고 보인다.

68 리를……다하며 : 《주역》〈설괘전(說卦傳)〉의 "이치를 궁구하고 성을 다하여 천명에 이른다.〔窮理盡性, 以至於命.〕"에 대하여, 주자(朱子)는 《본의(本義)》에서 "천하의 이치를 궁구하고 인물의 성을 다하여 천도에 합치하는 것이다.〔窮天下之理, 盡人物之性, 而合於天道.〕"라고 하였다

세움은 인(仁)과 의(義)이다.' 하였으니, 음과 양은 기(氣)이고, 강과 유는 질(質)이고, 인과 의는 덕(德)이다. 음·양의 기가 있지 않으면 조화(造化)의 기틀을 세울 수 없고, 강·유의 질이 있지 않으면 조화의 공(功)을 이룰 수 없으며, 인·의의 덕이 있지 않으면 재성 보상(裁成輔相)[69]하는 업(業)을 이룰 수 없고 음·양과 강·유의 도를 다할 수 없는 것이다.

그렇다면 우리 사람의 도가 비록 천지의 도에 근본하였으나, 천지의 도는 실로 우리 사람의 도에서 열리는 것이다. 삼황(三皇)[70]이 삼황이 된 이유가 이 도요, 오제(五帝)[71]가 오제가 된 이유가 이 도요, 삼왕(三王)[72]이 삼왕이 된 이유가 이 도요, 공맹(孔孟 공자(孔子)와 맹자(孟子))이 옛 성인(聖人)을 계승하고 미래의 후학들을 열어준 것도 이 도이다. 삼황이 이 도를 사용하였으나 다하지 않았기 때문에 오제가 또다시 이 도를 사용하였고, 오제가 사용하였으나 다하지 않았기 때문에 삼왕이 또다시 이 도를 사용하였고, 삼왕이 사용하였으나 다하지 않았기 때문에 공맹이 또 이 도를 전하신 것이니, 그렇다면 공맹이 비록 별세하였으나 도가 어찌 없어지겠는가.

69 재성 보상(裁成輔相) : 지나친 것을 억제하고 모자란 것을 보충해서 천지간에 조화가 이루어지도록 돕는 성인(聖人) 혹은 임금의 일을 말한다. 자세한 내용은 201쪽 각주 16) 참조.

70 삼황(三皇) : 중국 고대 전설 속 상고 시대의 세 명의 제왕(帝王)으로, 삼황에 대해서는 설(說)이 다양한바 천황(天皇), 지황(地皇), 인황(人皇)을 가리키기도 하고, 복희(伏羲)와 신농(神農), 여와(女媧)를 가리키기도 하고, 복희와 신농(神農), 황제(黃帝)를 가리키기도 한다.

71 오제(五帝) : 상고 시대 삼황의 뒤를 이은 다섯 명의 제왕으로, 보통 소호(少昊), 전욱(顓頊), 제곡(帝嚳), 당요(唐堯 요 임금), 우순(虞舜 순 임금)을 이른다.

72 삼왕(三王) : 하(夏)나라의 우왕(禹王), 은(殷)나라의 탕왕(湯王), 주(周)나라의 문왕(文王)과 무왕(武王)을 이른다.

지금 만약 삼황·오제·삼왕과 같은 성군(聖君)이 있으면 저절로 삼황·오제·삼왕의 도가 있을 것이요, 또 만약 공맹과 같은 성인이 있으면 저절로 공맹의 도가 있을 것이다. 우주가 비록 다하더라도 도는 다하지 않으므로 우주의 뒤에 마땅히 다시 우주가 있는 것이요, 전성(前聖)이 비록 사라졌더라도 도는 본래 없어지지 않아서 후성(後聖)이 나오는 것이니, 도가 여기에 있지 않겠는가."

이상은 리(理)와 기(氣), 체(體)와 용(用)의 무궁한 묘(妙)를 논하였다.

혹자가 또 물었다. "천지로부터 만물에 이르기까지 모두 있는 것〔有〕이다. 하늘이 있기 때문에 하늘이라 이르고 땅이 있기 때문에 땅이라 이르고 만물이 있기 때문에 그 각각을 일러 물건이라 하니, 무릇 있는 것들은 어디로부터 나오는 것인가?" 이에 내가 대답하였다. "기화(氣化)[73]에서 나온다." 또 묻기를 "기화는 어떻게 만들어지는가?" 하기에, "리(理)에서 만들어진다." 하였다. 또 묻기를 "리는 어느 때에 있으며, 어느 곳에 있는가?" 하기에, "있지 않은 때가 없고 있지 않은 곳이 없으니, 이른바 '무극태극'이라는 것이다." 하였다. 또 묻기를 "그렇다면 리가 있는 것은 천지만물이 있는 것과 다른가?" 하기에, 내가 다음과 같이 말하였다.

"리(理)가 있다는 것은 천지만물이 있기 전에는 천지만물의 소이연(所以然)이 되고, 천지만물이 이미 있은 뒤에는 천지만물의 소당연(所當然)이 되는 것이 이것이다. 천지만물이 있게 된다는 것은 바로 각각

73 기화(氣化) : 음양(陰陽)의 기(氣)가 만물을 화생(化生)하는 것을 이른다. 자세한 내용은 204쪽 각주 24) 참조.

형체가 있는 물건이 되는 것이니, 하늘의 그러한 바와 땅의 그러한 바와 만물이 모두 그러한 바가 이것이다. 그러므로 리(理)가 있은 뒤에 기(氣)가 있고 기가 있은 뒤에 만화(萬化 온갖 변화)가 있고 만화가 있은 뒤에 만유(萬有 만물)가 있는 것이다.

리는 만화의 근본이요, 기는 만화의 기틀이다. 기가 기틀이 되기 때문에 만화가 됨에 다하지 않는 바가 없으며, 리가 근본이 되기 때문에 만유가 됨에 구비하지 않는 바가 없는 것이다. 정(精)한 것과 거친 것이 갖춰지고 바른 것과 치우친 것이 갖춰지고 귀한 것과 천한 것이 갖춰지고 큰 것과 작은 것이 갖춰지니, 지극히 정한 것으로부터 지극히 거친 것에 이르고 지극히 바른 것으로부터 지극히 치우친 것에 이르고 지극히 귀한 것으로부터 지극히 천한 것에 이르고 지극히 큰 것으로부터 지극히 작은 것에 이르기까지, 모두 그 품휘(品彙 종류)가 몇 십, 몇 백, 몇 천, 몇 만이나 되겠는가? 그런데 정한 것은 항상 적고 거친 것은 항상 많으며, 바른 것은 항상 적고 치우친 것은 항상 많으며, 귀한 것은 항상 적고 천한 것은 항상 많으며, 큰 것은 항상 적고 작은 것은 항상 많으니, 이는 실로 리와 기가 유행(流行)하는 분수(分數)에 저절로 그렇지 않을 수가 없는 것이다.

조화(造化)의 도(道)는 진실로 다 정하고 다 바르고 다 귀하고 다 큰 것이 될 수 없을 뿐만 아니라, 또한 거친 것이 없고 치우친 것이 없고 천한 것이 없고 작은 것이 없을 수가 없다. 또 능히 정한 것이 많고 바른 것이 많고 귀한 것이 많고 큰 것이 많게 될 수 없을 뿐만 아니라 또한 거친 것이 적고 치우친 것이 적고 천한 것이 적고 작은 것이 적을 수도 없다. 어째서인가? 정한 것은 거친 것을 부리고 거친 것은 정한 것에 부림을 당하며, 바른 것은 치우친 것을 부리고 치우친 것은 바른 것에 부림을 당하며, 귀한 것은 천한 것을 부리고 천한 것은 귀한 것에 부림을 당하며, 큰 것은 작은 것을 부리고 작은 것은 큰 것에 부림을 당하는 것이 도의 떳떳함(항상됨)이다.

부리는 자는 마음을 수고롭게 하는 자이고 부림을 당하는 자는 힘을 수고롭게 하는 자이니, 마음을 수고롭게 하는 자는 윗사람이 되어서 아랫사람을 통솔하는 자이고 힘을 수고롭게 하는 자는 아랫사람이 되어서 윗사람을 섬기는 자이다.[74] 아랫사람을 통솔하는 자는 굳이 많을 필요가 없고 윗사람을 섬기는 자는 적어서는 안 된다. 그 이치가 이와 같기 때문에, 리기의 조화의 가운데에 있는 것 중에 정하고 바르고 귀하고 큰 물건은 이 때문에 반드시 적으며, 거칠고 치우치고 천하고 작은 물건은 이 때문에 항상 많은 것이다. 그러므로 정하고 바르고 귀하고 큰 자는 반드시 거칠고 치우치고 천하고 작은 자의 종주(宗主)가 되는 것이요, 거칠고 치우치고 천하고 작은 자는 반드시 정하고 바르고 귀하고 큰 자의 사용(使用)이 되는 것이다.

그러나 정하고 바르고 귀하고 큰 자 가운데에도 가장 정하고 가장 바르고 가장 귀하고 가장 큰 자가 있으니, 가장 최고가 되지 못하는 자는 비록 종주가 되지는 못하더라도 가장 최고가 된 자의 보좌가 될 수 있다. 그리고 거칠고 치우치고 천하고 작은 자 가운데에도 심히 거칠고 심히 치우치고 심히 천하고 심히 작은 자가 있으니, 심하면 완전히 쓸모가 없는 자이며, 심한 지경에 이르지 않은 자는 그래도 분수에 걸맞은 쓰임이 있는 것이다.

적이 살펴보건대, 천하의 사무(事務 직책에 따른 일)와 술업(術業 학술(學術)과 기예(技藝)) 또한 모두 정하고 거칠며, 바르고 치우치며, 귀하고

74 부리는……자이다 : 《맹자》 〈등문공 상(滕文公上)〉에 "혹자(벼슬아치)는 마음을 수고롭게 하고 혹자(백성)는 힘을 수고롭게 하니, 마음을 수고롭게 하는 자는 남을 다스리고 힘을 수고롭게 하는 자는 남에게 다스려진다.〔或勞心, 或勞力, 勞心者治人, 勞力者治於人.〕"라고 보인다.

천하며, 크고 작은 것의 똑같지 않음이 있다. 그러므로 정하고 바르고 귀하고 큰 술업은 오직 정하고 바르고 귀하고 큰 재주와 기국(器局)을 소유한 자라야 능히 주관할 수 있으며, 거칠고 치우치고 천하고 작은 사무는 오직 거칠고 치우치고 천하고 작은 무리들이 마땅히 힘써야 하는 것이다.

천하에 만약 다만 정하고 바르고 귀하고 큰 재주와 기국을 소유한 자만 있고 거칠고 치우치고 천하고 작은 무리가 있지 않다면, 정하고 바르고 귀하고 큰 사무와 술업은 진실로 주관하는 자가 있겠지만, 그 나머지 거칠고 치우치고 천하고 작은 술업과 사무는 그 누가 담당하겠는가? 이 때문에 거친 것은 없이 정하기만 하고 치우친 것은 없이 바르기만 하고 천한 것은 없이 귀하기만 하고 적은 것은 없이 크기만 한 것은 모두 가능하지 않은 것이니, 그것이 어떻게 천하의 사무를 이루고 천하의 술업을 다할 수 있겠는가. 이것이 천지가 만물을 낳음에 반드시 모든 것을 다 구비하는 것이요, 도에는 본래 일본만수(一本萬殊)[75]의 용(用)이 있는 것이다.

토지를 가지고 말하면, 거주할 수 있고 경작할 수 있는 곳은 많지 않고 거주할 수 없고 경작할 수 없는 곳은 매우 많다. 구주(九州)는 중국이니, 중국의 밖과 사해(四海)의 가에 하늘이 덮어주고 땅이 실어

75 일본만수(一本萬殊) : 근본 이치는 하나이지만 발현되는 현상은 만 가지 다른 모습이라는 말로, 천도(天道)의 체용(體用)을 이른다. 《논어》〈이인(里仁)〉 제15장에 "우리 도는 하나의 리가 만 가지 일을 꿰뚫고 있다.〔吾道一以貫之.〕"라는 공자의 말씀이 보이는데, 《집주》에 "'지극히 성실하여 쉼이 없는 것'은 도의 체이니 만 가지 다름이 하나의 근본인 것이며, 만물이 각기 제 곳을 얻는 것은 도의 용이니, 하나의 근본이 만 가지 다름이 되는 것이다. 이것으로 본다면 '하나의 이치가 모든 사물을 꿰뚫은 것'의 실제를 알 수 있을 것이다.〔至誠無息者, 道之體也, 萬殊之所以一本也; 萬物各得其所者, 道之用也, 一本之所以萬殊也. 以此觀之, 一以貫之之實, 可見矣.〕"라고 하였다.

주고 해와 달이 비춰주고 서리와 이슬이 내리는 곳 중에서 배와 수레가 닿지 않고 사람의 힘이 통할 수 없어서 버려진 흙과 버려진 땅이 된 것을 어찌 다 헤아릴 수 있겠는가. 그리고 그 구주의 안의 산림과 천택(川澤)에 이르러도, 그것이 얼마나 되는지 알 수 없지만 모두 거처하고 경작하는 곳은 아니니, 그렇다면 쓸모없는 토지가 대부분을 차지하는 것이다.

식물을 가지고 말하면, 온갖 곡식과 온갖 채소와 온갖 과일과 온갖 재목 외에 쓸 수 없는 풀과 나무를 어찌 이루 다 헤아릴 수 있겠는가. 동물을 가지고 말하면, 여섯 가지의 가축[76]과 물고기와 자라, 사슴과 노루 외에 모든 물과 육지에서 자라는 곤충(昆蟲 동물) 중에 쓸 수 없는 종류를 어찌 이루 다 헤아리겠는가.

이뿐만이 아니라, 하늘에서 별자리의 상(象)을 드리우고 있는 것 중에 북극성(北極星) 이하 무릇 이름이 있는 별로, 시변(時變)을 살필 수 있고 상서(祥瑞)와 재앙(災殃)의 응험을 알 수 있는 오성(五星)과 이십팔수(二十八宿)[77]와 같은 별들은 본래 숫자가 많지 않지만, 그 나머지 구야(九野)[78]에 가득히 차있는 이름 없는 별들은 이루 다 셀 수가

76 여섯 가지의 가축 : 집에서 기르는 소, 말, 양, 닭, 개, 돼지 따위를 이른다.

77 오성(五星)과 이십팔수(二十八宿) : '오성'은 태양을 따라 도는 다섯 개의 행성(行星)인 수성(水星), 목성(木星), 금성(金星), 화성(火星), 토성(土星)을 말하며, '이십팔수'는 옛날 중국에서 해, 달, 별 등의 소재를 밝히기 위해 황도(黃道)에 따라 천구(天球)를 28개의 별자리로 구분한 것으로, 동방(東方)의 창룡 칠수(蒼龍七宿)인 각(角)·항(亢)·저(氐)·방(房)·심(心)·미(尾)·기(箕)와 북방(北方)의 현무 칠수(玄武七宿)인 두(斗)·우(牛)·여(女)·허(虛)·위(危)·실(室)·벽(壁)과 서방(西方)의 백호 칠수(白虎七宿)인 규(奎)·누(婁)·위(胃)·묘(昴)·필(畢)·자(觜)·삼(參)과 남방(南方)의 주작 칠수(朱雀七宿)인 정(井)·귀(鬼)·유(柳)·성(星)·장(張)·익(翼)·진(軫)인데, 이들 별은 일정하게 한곳에 붙어 있다.

78 구야(九野) : 하늘의 중앙과 팔방의 분야를 가리키는바, 중앙은 균천(鈞天), 동쪽

없을 정도로 많으니, 그렇다면 그것이 어찌 천상(天象 일월성신(日月星辰)의 운행 등 천체(天體)의 현상)에 영향을 미칠 수 있겠는가. 중국에 있는 산 중에 오악(五嶽)[79]으로 봉해지고 주진(州鎭 각 주(州)의 진산(鎭山))이라고 칭해져서 산경(山經)[80]에 보이는 것들은 본래 숫자가 많지 않지만, 그 나머지 봉우리가 되고 구릉이 되어서도 이름으로 불리지 못하는 것 또한 무수히 많다. 우주 안에 있는 물 중에 사해(四海 중국의 사방을 둘러싸고 있는 동해(東海), 서해(西海), 남해(南海), 북해(北海))와 사독(四瀆 양자강(揚子江), 황하(黃河), 회수(淮水), 제수(濟水)) 외에 무릇 냇물과 시내, 호수와 못이 되어서 흐르기도 하고 모여 있기도 한 것 또한 어찌 이루 다 셀 수 있겠는가.

그렇다면 하늘이 덮어주고 땅이 실어주는 사이에 무릇 쓸모 있는 것들은 정하고 거침, 바르고 치우침, 귀하고 천함, 크고 작음을 막론하고 진실로 모두 없어서는 안 되는 것이다. 그 지극히 쓸모없는 것들에 이르러서는 굳이 있을 필요가 없는 것인 듯하나, 모두 리기(理氣)에 마땅히 있어야 할 바이고 조화(造化)에 마땅히 갖춰져야 할 바이니, 그렇다면 어찌 '굳이 있을 필요가 없다.'라고 말할 수 있겠는가. 이미 리기에 마땅히 있어야 해서 있지 않을 수 없다면 모두 다 없어서는 안 되는 것이요, 이미 조화에 마땅히 갖춰져야 해서 갖춰지지 않을

은 창천(蒼天), 동북쪽은 변천(變天), 북쪽은 현천(玄天), 서북쪽은 유천(幽天), 서쪽은 호천(昊天), 서남쪽은 주천(朱天), 남쪽은 염천(炎天), 동남쪽은 양천(陽天)이라고 한다.

79 오악(五嶽) : 중국의 5대 명산으로, 동악(東嶽)인 태산(泰山), 서악(西嶽)인 화산(華山), 남악(南嶽)인 형산(衡山), 북악(北嶽)인 항산(恒山), 중악(中嶽)인 숭산(嵩山)을 말한다.

80 산경(山經) : 중국에서 가장 오래된 지리서(地理書)인 《산해경(山海經)》을 말하는데, 산맥을 기록한 지리서를 가리켜 말하기도 한다.

수 없다면 모두 다 버려서는 안 되는 것이다.

단지 조화의 도(道)만 그런 것이 아니라 성인(聖人)이 만드신 전장(典章)과 제도(制度)에도 갖춰지지 않아서는 안 되는 것이 있다. 산수(算數)를 만든 자[81]는 일(一)이 십(十)을 낳는 것에서 시작하여 십이 백(百)을 낳고 백이 천(千)을 낳고 천이 만(萬)을 낳고 만이 억(億)을 낳고 억이 조(兆)를 낳고 조가 경(京)을 낳고 경이 자(秭)를 낳고 자가 해(垓)를 낳고 해가 양(壤)을 낳고 양이 구(溝)를 낳고 구가 간(澗)을 낳고 간이 정(正)을 낳고 정이 재(載)를 낳는데, 끝내는 '땅이 실을 수 없는 것을 싣는다.'라고 하였다.[82] 세간(世間)에 사용되는 수는 천과 만에 그치는 경우가 많고 억과 조에까지는 미치는 경우가 드무니, 하물며 경에서 자가 되고 자에서 해가 되고 해에서 양이 되고 양에서 구가 되고 구에서 간이 되고 간에서 정이 되고 정에서 재가 됨에 이르는 경우는 그 수가 몇이나 되겠는가?

서계(書契)를 만든 자[83]는 우주의 사물을 문자 상에 기재하여 물건에 따라 이름을 세워서 천하의 물건을 다한 뒤에 그치고 일에 따라 명목을 만들어서 천하의 일을 다 한 뒤에 그쳤으니, 일의 단서가 천만 가지뿐이 아니고 물건의 품휘가 천만 가지뿐이 아니다. 그러니 그 문자가

81 산수(算數)를 만든 자 : 중국 고대 황제(黃帝)의 신하인 예수(隸首)가 산수와 도량형(度量衡)을 창안하였다고 한다.

82 만이……하였다 : 《역찬언외익(易纂言外翼)》 권8에 "대수(大數)의 법은 만만은 억(億), 만만억은 조(兆), 만만조는 경(京), 만만경은 해(垓), 만만해는 자(秭), 만만자는 양(穰), 만만양은 구(溝), 만만구는 윤(潤), 만만윤은 정(正), 만만정은 재(載)이다. 〔凡大數之法, 萬萬曰億, 萬萬億曰兆, 萬萬兆曰京, 萬萬京曰垓, 萬萬垓曰秭, 萬萬秭曰壤, 萬萬壤曰溝, 萬萬溝曰澗, 萬萬澗曰正, 萬萬正曰載〕"라고 보인다.

83 서계(書契)를 만든 자 : 서계는 문자로, 복희씨(伏犧氏)가 처음으로 팔괘를 그리고 서계를 만들어서 결승(結繩)의 정치를 대신하였다고 한다.

된 것이 몇 천만이 되겠는가? 그러나 이륜(彝倫 떳떳한 윤리)과 일용(日用) 사이에서 말하고 행동하는 것과 일의 변화, 기물(器物)의 명목(名目), 구경(九經)[84]과 여러 역사서, 백가(百家 유가 이외에 일가(一家)의 설을 세운 여러 학파의 통칭)에서 사용한 것 외에 무릇 자서(字書)에 실려 있는 기기괴괴(奇奇怪怪)한 것은 다 이루 알 수가 없고 쓸 수도 없으니, 그렇다면 어찌 사물의 변화에는 다 궁구할 수 없는 점이 있기 때문에 변화에 따라 글을 만든 것이 자연 이와 같지 않을 수 없는 것이 아니겠는가. 또한 이로써 만유(萬有)가 반드시 갖춰져야 하고 반드시 다해야 함을 알 수 있는 것이다.

만물(萬物) 가운데 오직 사람이 가장 신령스럽고 가장 귀하니, 그렇다면 소자(邵子)[85]의 이른바 '하나에 불과한 물건이 억조(億兆)의 물건을 감당하여 지극한 물건이 되었다.'는 것은 사람을 가리켜 말한 것이 아니겠는가.[86] 이는 사람이 정(精)하고 바르고 귀하고 큰 류(類)이기

84 구경(九經) : 유가(儒家)의 대표적인 아홉 가지 경서(經書)로, 《역경(易經)》, 《시경(詩經)》, 《서경(書經)》, 《주례(周禮)》, 《의례(儀禮)》, 《예기(禮記)》, 《춘추좌씨전(春秋左氏傳)》, 《춘추공양전(春秋公羊傳)》, 《춘추곡량전(春秋穀梁傳)》이라는 설도 있고, 《역경》, 《서경》, 《시경》, 《주례》, 《의례》, 《예기》, 《춘추》, 《효경(孝經)》, 《논어》라는 설도 있다.

85 소자(邵子) : 북송(北宋)의 역학자(易學者)인 소옹(邵雍, 1011~1077)으로, 자는 요부(堯夫), 호는 안락와(安樂窩), 시호는 강절(康節)이다. 하남(河南) 사람으로, 이지재(李之才)에게서 하도(河圖)와 낙서(洛書), 천문(天文)과 역수(易數)를 배웠으며, 상수(象數)를 원리로 하는 관념론적 철학을 수립하였다. 인종(仁宗)과 신종(神宗) 연간에 유일(遺逸)로 천거되었으나 사양하고, 세상을 떠날 때까지 30년 가까이 낙양(洛陽)에 숨어 살면서 사마광(司馬光) 등 구법당(舊法黨)과 교류하며 학자로 일생을 마쳤다. 선천학(先天學)을 창시하고 만물은 모두 태극(太極)에서 말미암아 변화, 생성된다고 주장하였다. 저서에 《격양집(擊壤集)》, 《황극경세서(皇極經世書)》 등이 있다.

86 소자(邵子)의……아니겠는가 : 이 내용은 《황극경세서》 〈관물내편(觀物內篇) 2〉에 "그렇다면 사람도 물건이고 성인도 사람이다. 하나의 물건에 불과한 물건이 있고

때문이다. 중인(衆人) 가운데 오직 성인(聖人)만이 능히 자신의 본성(本性)을 다하고 다른 사람의 본성을 다하고 물건의 본성을 다하여 천지의 화육(化育)을 도와서 천지와 함께 참여할 수 있으니,[87] 그렇다면 소자의 이른바 '한 사람에 불과한 사람이 억조의 사람을 감당해서 지극한 사람이 되었다.'는 것은 성인을 가리켜 말한 것이 아니겠는가.[88] 이는 성인이 정하고 바르고 귀하고 큰 류 중에 최고이기 때문이다.

그렇다면 사람의 무리가 억이 되고 조가 될 정도로 많지만, 사람의 형체가 된 자가 모두 사람인 것은 아니다. 오직 능히 사람의 도(道)를

열 개의 물건에 해당하는 물건이 있고 백 개의 물건에 해당하는 물건이 있고 천 개의 물건에 해당하는 물건이 있고 만 개의 물건에 해당하는 물건이 있고 억 개의 물건에 해당하는 물건이 있고 조 개의 물건에 해당하는 물건이 있다. 하나의 물건에 불과한 물건으로 태어나서 조 개의 물건에 해당하는 것은 사람이 아니겠는가. 한 명의 사람에 불과한 사람이 있고 열 명의 사람에 해당하는 사람이 있고 백 명의 사람에 해당하는 사람이 있고 천 명의 사람에 해당하는 사람이 있고 만 명의 사람에 해당하는 사람이 있고 억 명의 사람에 해당하는 사람이 있고 조 명의 사람에 해당하는 사람이 있다. 한 명의 사람에 불과한 사람으로 태어나서 조 명의 사람에 해당하는 것은 성인(聖人)이 아니겠는가. 이를 통해 사람은 물건 중에 지극히 영특한 자이고 성인은 사람 중에 지극히 영특한 자라는 것을 알 수 있다.〔然則人亦物也聖亦人也. 有一物之物, 有十物之物, 有百物之物, 有千物之物, 有萬物之物, 有億物之物, 有兆物之物, 生一一之物當兆物之物者, 豈非人乎? 有一人之人, 有十人之人, 有百人之人, 有千人之人, 有萬人之人, 有億人之人, 有兆人之人, 生一一之人當兆人之人者, 豈非聖乎? 是知人也者, 物之至者也, 聖也者, 人之至者也.〕"라고 보인다. 《性理大全書 卷9》

87 성인(聖人)만이……있으니 : 이 내용은 《중용장구》 제22장에 "오직 천하에 지극히 성실한 분〔聖人〕만이 그 본성을 다할 수 있으니, 자신의 본성을 다할 수 있으면 남의 본성을 다하게 할 수 있고, 남의 본성을 다하게 할 수 있으면 만물의 본성을 다하게 할 수 있고, 만물의 본성을 다하게 할 수 있으면 천지 만물의 화육을 도울 수 있고, 천지 만물의 화육을 도울 수 있으면 천지와 함께 참여할 수 있게 된다.〔唯天下至誠, 爲能盡其性, 能盡其性, 則能盡人之性, 能盡人之性, 則能盡物之性, 能盡物之性, 則可以贊天地之化育, 可以贊天地之化育, 則可以與天地參矣.〕"라고 보인다.

88 소자의……아니겠는가 : 위의 각주 86) 참조.

다하는 자만이 사람이 되는 것인데, 사람 가운데에도 실로 정하고 바르고 귀하고 큰 재능과 기국(器局)을 가진 자는 또한 얼마 안 되고, 거칠고 치우치고 천하고 작은 무리가 되는 자는 본래 이루 셀 수 없을 정도로 많은 것이다.

이에 성인이 위에서 극(極 표준)을 세워 인류(人類)를 사민(四民)[89]으로 나누었는데, 오직 사(士 선비)만이 정하고 바르고 귀하고 큰 술업(術業)을 하였으므로 그로 하여금 이치를 궁구하고 본성을 다하며 몸을 닦고 남을 다스려서 오륜(五倫)을 밝히고 삼강(三綱)을 세우게 하여, 나라가 잘 다스려지고 천하가 태평해지며 천지가 편안히 자리하고 만물이 잘 길러지는 지극한 공효(功效)에 서서히 이른 것이다. 그 다음 농부에게는 곡식과 쌀과 삼과 생사(生絲)를 내게 하고, 그 다음 공인(工人)에게는 기물(器物)을 만들게 하고, 그 다음 상인(商人)에게는 재화를 유통하게 하니, 이 세 부류의 백성은 모두 거칠고 치우치고 천하고 작은 직업을 갖추어서 정하고 바르고 귀하고 큰 사람을 섬겨 우리 사람의 사업(事業)을 다하게 하는 자들이다.

토지에 있어서는 살 만하고 경작할 만한 땅에 나아가서 하여금 집터에 집을 짓고 밭에 농사를 지으며, 식물에 있어서는 그 곡식이 될 만한 것을 취하여 곡식으로 삼고 채소가 될 만한 것을 취하여 채소로 삼고 과일이 될 만한 것을 취하여 과일로 삼고 재목이 될 만한 것을 취하여 재목으로 삼으며, 심지어는 그 뿌리와 잎, 꽃과 열매 중에 약용이 될 만한 것 또한 빠트림 없이 취한다. 동물에 있어서는 집에서 기를 수

89 사민(四民) : 사(士), 농(農), 공(工), 상(商)의 백성을 말한다. 《한서(漢書)》 〈식화지 상(食貨志上)〉에 "배워서 지위에 있는 자를 선비라 하고, 땅을 개척해 곡식을 재배하는 자를 농민이라 하고, 기교를 부려 기물을 만드는 자를 공인(工人)이라 하고, 재화를 유통하고 판매하는 자를 상인이라 한다.〔學以居位曰士, 辟土殖穀曰農, 作巧成器曰工, 通財鬻貨曰商〕" 하였다.

있는 가축을 취하여 기르고 산과 들에서 잡을 수 있고 물에서 잡거나 채취할 수 있는 것을 사냥하고 어획하며, 심지어는 그 가축과 뿔과 힘줄과 뼈 중에 기물의 꾸밈이 될 만한 것을 버리지 않고 취한다.

이 때문에 사람 중에는 버릴 만한 사람이 없고 물건 중에는 취하지 않는 물건이 없어서 이른바 '거칠고 치우치고 천하고 작은 사람'과 '거칠고 치우치고 천하고 작은 물건'이 그 쓰임을 다하지 않음이 없으니, 이는 성인(聖人)이 리기(理氣)와 조화(造化)의 도(道)를 체행하여 재성(裁成)하고 보상(輔相)하는 업(業)[90]을 다하는 것이다.

무릇 리와 기 가운데에 물건이 된 것들은 어느 것 하나 우주 안에서 쓸모 있는 것 아닌 것이 없다. 하늘은 괜스레 하늘이 되지 않아서 하늘이 된 쓰임이 있고, 땅은 괜스레 땅이 되지 않아서 땅이 된 쓰임이 있고, 사람은 괜스레 사람이 되지 않아서 사람이 된 쓰임이 있고, 물건은 괜스레 물건이 되지 않아서 물건이 된 쓰임이 있다. 그런데 그 물건됨이 똑같지 않기 때문에 그 쓰이는 것이 마침내 다르지 않을 수 없는 것이다. 하늘과 땅의 쓰임은 참으로 말할 수 없지만, 사람과 물건의 쓰임은 모두 눈으로 볼 수 있으니, 능히 전체(全體)의 십분(十分)이 쓰이는 것이 있고, 그 다음은 허다한 분수(分數)가 똑같지 않게 쓰이는 것이 있고, 그 아래는 전혀 쓸모없는 것이 있다.

전체의 십분이 쓰이는 것으로 말하면, 바로 우주가 있으면 이런 사람이 없을 수 없다는 것이 이것이니, 이른바 '지극한 물건 가운데에 지극한 사람'이라는 것이 아니겠는가. 허다한 분수의 쓰임으로 말하면, 사람과 물건의 품류(品類)가 구분(九分)에서 일분(一分)에 이르기까지

90 재성(裁成)하고 보상(輔相)하는 업(業) : 지나친 것을 억제하고 모자란 것을 보충해서 천지간에 조화가 이루어지도록 돕는 성인(聖人) 혹은 임금의 일을 말한다. 자세한 내용은 201쪽 각주 16) 참조.

비록 경중(輕重)과 우열(優劣)이 각기 다르나 쓸 수 있는 것 아님이 없다. 그리고 전혀 쓸모없는 것으로 말하면, 일분도 취할 만한 것이 없는 것이다. 그렇다면 그 쓸모 있는 가운데에 있는 것은 아무리 작더라도 모두 없을 수 없지만, 전혀 쓸모없는 것에 이르러서도 쓸모 있는 물건과 함께 생겨나고 함께 자라니, 조화(造化)가 물건을 낳는 것이 헛된 수고가 되지는 않으나, 성인의 교화(教化)가 물건을 포용하는 것이 너무 범범하지 않은가?"

이에 내가 말하였다. "물건이 가지런하지 않은 것은 물건의 이치이다. 이미 쓸모 있는 물건이 있으면 쓸모없는 물건이 없을 수 없으니, 이 또한 구비함을 지극히 한 것이다. 이는 마치 가득 찬 것 밖에 빈 것이 없을 수 없고 흰 것 밖에 검은 것이 없을 수 없어서, 가득 찬 것은 빈 것을 얻어 가득 찬 것이 되고 흰 것은 검은 것을 얻어 흰 것이 되는 것과 같으니, 물건 중에 쓸모없는 것이 있는 것이 어찌 쓸모 있는 물건을 이루어주는 것이 아니겠는가. 함께 생겨나 서로 포용하고 함께 존재하며 더불어 길러지는 사이에서 구비하여 한 물건이 되고, 또한 하늘로부터 타고난 분수를 지키며 원기(元氣)를 옹위(擁衛)하고 대화(大化)를 보합(保合)[91]하는 것이 쓸모없는 것의 쓰임이 아니겠는가. 사람이 능히 이러한 도리를 안다면 조화의 정을 알고 성인의 마음을 알 수 있을 것이다."

또 묻기를 "그대의 말과 같다면 함께 생겨나고 함께 길러진 것은 비록 지극히 쓸모없는 것이라도 다 버려서는 안 되는 것이다. 그러나

91 대화(大化)를 보합(保合) : 음양(陰陽)이 모여 조화를 이룬 기(氣)를 온전히 보존하는 것을 이르는바, 《주역》〈건괘(乾卦) 단(彖)〉에 "건도(乾道)가 변화하매 각각 성명(性命)을 바루나니, 대화를 보합하여 이에 이롭고 정(貞)하니라.〔乾道變化, 各正性命, 保合大化, 乃利貞.〕"라고 보인다.

성인에게도 또한 반드시 흉악한 자를 제거하는 방도(方道)가 있으니, 이는 어째서인가?" 하기에, 내가 말하였다.

"이는 바로 하나의 도(道)이다. 지금 내가 말한 '쓸모없는 것도 또한 없을 수 없다.'는 것은, 그것이 비록 쓸모없는 가운데에 있더라도 스스로 자신의 쓸모없는 분수를 지켜서 감히 교화를 범하는 바가 없는 것을 말한 것이니, 이와 같다면 함께 생겨난 가운데 함께 길러져서 진실로 끊어버릴 리가 없다. 그러나 만약 도(道)를 어지럽히고 리(理)를 거스르며 사람을 해치고 물건을 해치는 것으로 말하면, 어찌 단 하루인들 함께 살고 함께 길러지는 자리에 용납해서, 그들로 하여금 동포(同胞)와 오여(吾與)[92]에게 재앙을 불러오고 화란(禍亂)를 일으키게 하겠는가. 이 때문에 성인이 부득이하게 죽이고 추방하여 유배를 보내는 법을 두신 것이다. 쓸모없는 것을 용납하는 것은 인(仁)이요 해(害)가 되는 것을 제거하는 것은 의(義)이니, 인과 의는 별도의 두 개의 도가 아니다."

이상은 품휘(品彙 만물)가 서로 갖춰지는 이치를 논하였다.

《주역》의 태극(太極), 양의(兩儀), 사상(四象), 팔괘(八卦)[93]의 순

92 동포(同胞)와 오여(吾與) : '동포'는 형제, '오여'는 벗을 이른다. 송(宋)나라 장재(張載)의 〈서명(西銘)〉에 "하늘을 아버지라 칭하고 땅을 어머니라 칭하니……백성은 나의 동포이고 만물은 나의 벗이다.〔乾稱父, 坤稱母,……民吾同胞, 物吾與也.〕"라고 보인다.

93 태극(太極)……팔괘(八卦) : '태극'은 성리학(性理學)에서 모든 존재와 가치의 근원이 되는 궁극적 실체로, 주자(朱子)는 이 태극을 리(理)로 규정하여 형체도 없고 작용도 없는 형이상학적(形而上學的) 존재로 보고, 모든 존재자가 존재자이게 할 수 있는 근원 존재이면서 동시에 구체적인 현상의 존재자들 모두의 속에도 들어있는 개별적인 이치라고 하였다. '양의(兩儀)'는 음(陰)과 양(陽)을 말하고, '사상(四象)'은 태양(太陽)·소음(少陰)·소양(少陽)·태음(太陰)을 말하고, '팔괘'는 건괘(乾卦)·태괘

서와 조화의 음양 오행(陰陽五行)과 추위와 더위, 밤과 낮의 변화가 모두 이 천지 가운데에 현재 있는 도(道)이다. 그런데 이를 미루어서 통하면, 이 천지의 앞에 있었던 몇 억만의 옛날도 진실로 이 도이며, 이 천지의 뒤에 있을 몇 억만 세상도 또한 이 도이니, 오직 태극의 리(理)를 아는 자만이 이 도의 무궁함을 분명히 알 수 있는 것이다. 천지는 바뀜이 있고 세대는 여러 번 변하지만, 이 도가 어찌 바뀜이 있고 변함이 있겠는가.

하늘은 둘레가 3인데 이것을 온전히 써서 3이니 3은 천원(天圓 하늘은 둥글다)의 양수(陽數 홀수)이고, 땅은 둘레가 4인데 이것의 반을 써서 2이니 2는 지방(地方 땅은 네모지다)의 음수(陰數 짝수)이다.[94] 3을 10번 곱하면 30이 되고 2를 6번 곱하면 12가 된다. 3을 반드시 10번 곱하는 것은, 양수는 항상 남기 때문에 그 미루어나감이 9를 넘어 10에 이르니, 3을 10번 곱하면 바로 30이 된다. 음을 반드시 6번 곱하는 것은, 음수는 항상 부족하기 때문에 그 부연(敷衍)한 것이 10의 절반을 조금 넘어 6에 그치니, 2를 6번 곱하면 바로 12가 된다. 그런데 음이 양을 낳고 양이 음을 낳기 때문에 12와 30이 서로 기강(紀綱)이 되는 것이다. 그러나 그 이른바 '서로 기강이 된다.'는 것은 앞에서 12가 되었던 것이

(兌卦)·이괘(離卦)·진괘(震卦)·손괘(巽卦)·감괘(坎卦)·간괘(艮卦)·곤괘(坤卦)를 말한다.

94 하늘은……음수(陰數)이다 : 《주역》〈설괘전(說卦傳)〉에 "하늘에서 셋을 취하고 땅에서 둘을 취하여 수를 의지한다.〔參天兩地而倚數.〕"라고 하였는데, 주자(朱子)의 《본의(本義)》에 "하늘은 둥글고 땅은 네모지다. 둥근 것은 하나에 둘레가 3이니 3은 각각 하나의 기(奇)이므로 하늘에서 셋을 취하여 3이 되고, 네모진 것은 하나에 둘레가 4이니 4는 두 우(偶)를 합한 것이므로 땅에서 둘을 취하여 2가 되었다. 수가 모두 이에 의하여 일어났다.〔天圓地方. 圓者, 一而圍三, 三各一奇, 故參天而爲三; 方者, 一而圍四, 四合二偶, 故兩地而爲二. 數皆倚此而起〕"라고 풀이하였다.

뒤에서 다시 30이 되고 앞에서 30이 되었던 것이 뒤에서 다시 12가 됨을 말한 것이 아니요, 바로 그 큰 수를 나누어 작은 수로 만든 것을 가지고 말한 것이다.

큰 수는 바로 모수(母數)이고 작은 수는 바로 자수(子數)이다. 예컨대 1원(元)이 모수가 되면 12회(會)가 자수가 되는 것과 같으니, 저 원(元)이 원이 된 것 또한 본래 큰 수의 30이 있어서 이 1원이 바로 그 30원 중의 1원임을 어찌 알겠는가. 원(元)이 나뉘어 회(會)가 된 것이 이미 12가 된다면 1회가 또 나뉘어 운(運)이 되는 것은 바로 30이 되는 것이니, 12회의 운을 통계하면 12를 30번 곱하여 360운이 되는 것이다. 회가 나뉘어 운이 되는 것이 이미 30이 된다면 1운이 또 나뉘어 세(世)가 되는 것은 바로 12가 되니 30운의 세를 통계하면 30을 12번 곱하여 360세가 되는 것이요, 또 그 360운의 세를 통계하면 4,320세가 되는 것이다. 운이 나뉘어 세가 되는 것이 이미 12가 된다면 1세(世)가 또 나뉘어 세(歲)가 되는 것이 바로 30이 되니 12세(世)의 세(歲)를 통계하면 12를 30번 곱하여 360세(歲)가 되고 또 4,320세(世)의 세(歲)를 통계하면 129,600세(歲)가 되는 것이다.

그리고 세(歲), 월(月), 일(日), 신(辰), 각(刻), 분(分), 리(釐), 호(毫), 사(絲), 홀(忽), 묘(妙), 몰(沒)에 이르러도 모두 12와 30의 두 수가 서로 기강이 되어 유행하는 것이다. 다만 나뉘면 나뉠수록 더욱 많아져서 거의 빠짐없이 숫자로 세어 다 계산할 수가 없다. 역가(曆家 역법(曆法)을 연구하는 학파)로 말하면, 비록 각(刻)과 분(分)의 수를 말하기는 하나 이 수를 사용하지 않고 다만 빠르고 간단한 방법을 사용하여 말할 뿐이다.

그러므로 원(元) 이상의 수는 넓고 커서 증험하여 알 수가 없고 각, 분 이하의 수는 너무 작아서 끝까지 다하기가 어렵지만, 두 수가 서로 기강이 되는 것은 크고 작다하여 다르지 않고 오래고 가깝다하여 다르지 않다. 그러나 이것은 세로 항렬의 수요, 수가 널리 유행하여 가로로 퍼져나가는 것 또한 자연의 쓰임이 있지 않음이 없으니, 또한 미루어서 통함에 달려 있을 뿐이다.

만물을 낳고 이루어주기 때문에 하늘과 땅이 그 무엇보다도 큰 것이고, 만물을 시작하고 끝마치게 하기 때문에 하늘과 땅이 그 무엇보다도 더 오랠 수 있는 것이다. 그런데 또 더할 나위 없이 큰 하늘과 땅을 낳고 이루어줄 수 있으며 더할 나위 없이 오랜 하늘과 땅을 시작하고 끝마치게 할 수 있으니, 그렇다면 하늘과 땅보다 크고 하늘과 땅보다 오랜 것은 어떠한 명칭이며 어떠한 모양인가? 리(理)일 뿐이다.

하늘과 땅을 크다고 하고 오래다고 말할 수 있는 것은 형(形)과 질(質)이 있기 때문인데, 오직 리에 대해 크다고 하고 오래다고 말할 수 없는 것은 형과 질이 없기 때문이다. 하늘과 땅은 큼과 오램으로 말할 수 있기 때문에 그 큼이 끝이 있고 그 오램이 한계가 있지만, 오직 리는 어떤 상(象)을 가리켜 크다고 하며 어떤 기간을 가리켜 오래다고 할 수 있겠는가. 그러므로 "무극(無極)이면서 태극(太極)이다."라고 하였으니, 이것이 하늘과 땅을 낳고 이루어주며 하늘과 땅을 시작하고 끝마치게 하는 것이다. 그 하늘과 땅을 낳고 이루어주며 하늘과 땅을 시작하고 끝마치게 하는 것 또한 어찌 수(數)가 아니겠는가. 그러나 하늘과 땅에 과연 밖이 있다면 그 밖은 어떠하며, 1원(元)의 위에 과연 수가 있다면 그 수는 얼마이겠는가?

여기까지 철저히 궁구하게 되면, 다만 마땅히 형상할 수 없는 것으로써 그것을 형상하고 숫자로 셀 수 없는 것으로써 그것을 세며, 알 수 없는 것으로써 그것을 알고 말할 수 없는 것으로써 그것을 말할 뿐이다. 우리 사람의 방촌(方寸 마음) 가운데에서 알 수 있는 것은 오직 이 리인데, 이 또한 형상이 없고 숫자가 없으므로 "무극이면서 태극이다."라고 하였으니, 이른바 '무극태극'이라는 것은 바로 형상이 없고 수가 없는 것을 칭한 것이다. 그 형상이 없고 수가 없는데도 알 수 있는 것은, 나에게 있는 무궁한 리가 우주의 무궁한 리와 통하여 본래 피차(彼此)와 원근(遠近)이 없기 때문이다. 그렇다면 하늘과 땅의 밖과 1원의 위 또한 마땅히 리일 뿐이니, 어찌 형상할 수 있으며 어찌 셀 수 있겠는가.

위는 하늘이 되고 아래는 땅이 되었는데, 하늘과 땅은 본래 하늘과 땅의 태허(太虛 우주 만물의 가장 원시적(原始的)인 기(氣))가 있고 본래 하늘과 땅의 원기(元氣 우주 자연의 기)가 있으니, 우리 사람은 이 가운데에 처하여 살고 있기 때문에 이것을 모두 헤아려 알 수 있는 것이다. 우리 사람 또한 본래 가슴속의 태허가 있고 본래 가슴속의 원기가 있어서 나 스스로 이것이 한 몸의 태허와 원기가 되는 줄을 알 수 있으나, 다른 사람은 이것을 헤아려 알 수가 없는 것이다. 그렇다면 우리 사람의 가슴속에 있는 태허와 원기는 다만 본래 우리 사람의 태허와 원기가 되어서 우리 인간의 사업이 이것을 말미암아 만들어지는 것이요, 하늘과 땅의 태허와 원기는 다만 본래 하늘과 땅의 태허와 원기가 되어서 하늘과 땅 사이의 사람과 만물이 이것을 말미암아 산출되는 것이다. 그렇다면 하늘과 땅 사이의 사람과 물건이 나오는 것은 하늘과 땅의 태허와 원기가 만들어 내는 것이지만, 하늘과 땅이 나온 것에 이르러는 과연 무엇을 말미암아 나온 것인가? 이 또한 반드시 하늘과 땅 밖에 본래 무궁한 태허와 무궁한 원기가 있기 때문에 하늘과 땅이 이것을 얻어서 하늘과 땅이 되고, 또한 무궁한 태허와 무궁한 원기의 가운데에서 가는 것은 지나가고 오는 것이 이어지는 것이다.

그렇다면 그 무궁한 태허와 무궁한 원기가 되는 것은 또 무엇으로 알 수 있는가? 이는 '무극태극의 리(理)'에 불과할 뿐이다. 태허가 허(虛)하지 않을 수 없는 것과 원기가 기(氣)가 되지 않을 수 없는 것은 실리(實理)가 저절로 그러한 것[95]이 아니겠는가.

사람은 하늘과 땅의 사이에 살고 있으니 위는 하늘이 되고 아래는 땅이 됨을 모르는 이가 없으나, 하늘이 되고 땅이 된 것에 형체 밖의 무궁한 묘리(妙理)가 있다는 것을 아는 자는 적다. 땅은 넓고 두텁고 광대(廣大)하여 끝이 없어서 화악(華嶽)을 실어도 무거워하지 않고 하해(河海 큰 강과 바다)를 거두어도 새지 않는데,[96] 이와 같이 넓고 두텁고 광대하여 끝이 없어서 더 무거울 수 없는 땅이 혼륜(渾淪)[97]의 원기에게 들림을 당한다. 기는 허(虛)하고 땅은 실(實)하니, 허한 기가 실한 땅을 들어 올리는 것이 만만분의 역량이 있지 않고서 가능하겠는가. 그렇다면 그 원기가 된 것은 그 쌓인 것이 얼마나 되며 그 굳세기가 어떠하기에 마침내 능히 대지(大地)를 들어올리는 것이 이와 같겠는가?

오직 그 대지를 들어 올리는 원기가 그 역량이 됨이 이와 같은데, 주천(周天 천체가 궤도를 따라 한 바퀴 도는 것)의 도수(度數)를 세는 것이

95 실리(實理)가……것 : 주염계(周濂溪)가 《통서(通書)》에서 "성(誠)은 작위(作爲)함이 없다.〔誠無爲〕"라고 하였는데, 주자(朱子)가 "실리(實理)가 저절로 그러한 것이니, 무슨 작위함이 있겠는가. 바로 태극이다.〔實理自然, 何爲之有? 卽太極也.〕"라고 풀이하였다.

96 땅은……않는데 : 이 내용은 《중용장구》 제26장에 "지금 저 땅은 한 줌의 흙이 많이 모인 것인데, 그 넓고 두터움에 이르러는 화산(華山)을 싣고 있어도 무겁게 여기지 않고 하해(河海)를 거두고 있어도 새지 않으며, 만물이 실려 있다.〔今夫地, 一撮土之多, 及其廣厚, 載華嶽而不重, 振河海而不洩, 萬物載焉.〕"라고 보인다.

97 혼륜(渾淪) : 우주가 생기기 전 아득하고 모호한 상태를 이른다. 《열자(列子)》〈천서(天瑞)〉에 "태초는 기(氣)의 시작이고, 태시는 형(形)의 시작이고, 태소는 질(質)의 시작이다. 기와 형과 질이 갖춰졌으나 아직 분리되지 않았으므로 혼륜이라 한 것이니, 혼륜은 만물이 아득하고 모호한 채 미처 분리되지 않은 것을 말한다.〔太初者, 氣之始也. 太始者, 形之始也. 太素者, 質之始也. 氣形質具而未相離, 故曰渾淪. 渾淪者, 言萬物相渾淪而未相離也.〕"라고 하였다.

이미 365도 4분도의 1이라고 하였으면, 그 하루의 운행과 한 해의 운행에 자연 일정한 상수(常數)가 있는 것이다. 그러므로 이것을 이름 하여 도(度)라 하니, 도라는 것은 정해진 법식(法式)의 명목(名目)이다. 하늘과 땅의 안에서 보면 주천의 도수에 본래 정해진 법식이 있으니 그 쌓여 두터운 것에도 반드시 일정한 상도(常度)가 있을 것이요, 그 쌓여 두터운 것에 이미 일정한 상도가 있으면 또 반드시 본래 한계(限界)의 상도가 있을 것이다. 그렇다면 하늘과 땅의 한계의 밖은 바로 어떠한 구역이며 어떠한 범상(範象 범위와 모양)이 되는가?

생각이 여기에 이르면, 다만 그 현묘(玄妙)하고 넓고 커서 끝이 없음을 상상할 뿐이다. 그러나 그 현묘하고 넓고 커서 끝이 없음도 또한 이 리의 가운데를 지나지 않는다. 리로써 땅이 되고 리로써 하늘이 되고 리로써 하늘과 땅의 밖이 되었다면, 어찌 리 밖의 구역과 리 밖의 범상이 있겠는가. 구역을 정할 수가 없는데 억지로 그 구역을 찾고 범상이 있을 수가 없는데 억지로 그 범상을 찾으면 또한 리의 자연함이 아니다. 이 리는 바로 내 방촌(方寸) 가운데에 본래 지니고 있는 상리(常理 떳떳한 리)이다.

그렇다면 우리 사람이 마땅히 해야 할 것은 무슨 도리이며 무슨 사업인가? 다만 마땅히 자연의 떳떳함을 순히 따를 뿐이다. 위로 하늘을 이고 아래로 땅을 밟고서 우리 사람이 되었으면, 굶주리면 먹고 목마르면 마시며 추우면 갖옷을 입고 더우면 갈옷을 입으며 해가 나오면 일하고 해가 지면 쉬며, 친척을 친애해야 하는 자리에서는 친척을 친애하는 은혜를 돈독히 하고, 백성을 사랑해야 하는 자리에서는 백성을 사랑하는 도를 돈독히 하고, 물건을 아껴야 하는 자리에서는 물건을 아끼는 의리를 다하는 것이 바로 우리의 도리요 사업이다. 마땅히 알아야할 것을 알고 마땅히 알지 않아야 할 것을 알지 않으니, 어찌 앎에 해(害)가 되겠는가. 마땅히 행해야 할 것을 행하고 마땅히 행하지 않아야 할 것을 행하지 않으니, 어찌 행함에 해가 되겠는가.

《주역》 대전(大傳)에 이르기를 "역(易)은 성인이 덕(德)을 높이고 업(業)을 넓히기 위한 것이다. 지혜(智慧)는 높고 예(禮)는 낮으니, 높음은 하늘을 본받고 낮음은 땅을 본받은 것이다."라고 하였으니,[98] 그렇다면 높이지 않을 수 없는 것은 지혜요, 낮추지 않을 수 없는 것은 예이다. 하늘을 본받고 땅을 본받는 도(道)가 어찌 여기에 있지 않겠는가.

년(年)은 129,600에 상당(相當)하고 세(世)는 4,320에 상당하고 운(運)은 360에 상당하고 회(會)는 12에 상당하는 것이 바로 1원(元)이다. 오늘 또한 이 1원의 가운데이니, 강절(康節)[99]의 수로 계산해보면 오회(午會)에 해당한다.[100] 이미 지나간 자회(子會)로부터 사회(巳會)

98 주역……하였으니 : 이 내용은 《주역》 〈계사전 상〉에 보인다.

99 강절(康節) : 북송(北宋)의 역학자(易學者)인 소옹(邵雍, 1011~1077)으로, 자는 요부(堯夫), 호는 안락와(安樂窩)이며, 강절(康節)은 그의 시호이다. 하남(河南) 사람으로, 이지재(李之才)에게서 하도(河圖)와 낙서(洛書), 천문(天文)과 역수(易數)를 배웠으며, 상수(象數)를 원리로 하는 관념론적 철학을 수립하였다. 기타 자세한 내용은 242쪽 각주 85) 참조.

100 오회(午會)에 해당한다 : 《황극경세서해(皇極經世書解)》에 "요(堯) 임금의 때는 일갑(日甲), 월사(月巳), 성계(星癸), 신신(辰申)에 있었기 때문에 129,600년의 절반에 해당하니, 그 이전의 64,800년은 이미 지나간 것이 되고 그 이후의 64,800년은 앞으로 올 것이므로, 소백온(邵伯溫)이 '요 임금이 천지의 중수(中數)를 얻었으니, 그 이후는 차례로 추산할 수 있다.'라고 한 것이다.〔堯之時在日甲月巳星癸辰申, 當十二萬九千六百年之半, 以上爲六萬四千八百年之巳往, 以下爲六萬四千八百年之方來, 故邵伯溫曰: 堯得天地之中數, 堯以後可而推矣〕"라고 하였다. 이를 통해 1회는 10,800년인데, 요 임금때로부터 여헌이 살았던 당시까지 4,000년이 채 되지 않으므로 오회임을 알 수 있다. '그 이전의 64,800년'은 자회(子會), 축회(丑會), 인회(寅會), 묘회(卯會), 진회(辰會), 사회(巳會)를 이르고 '그 이후의 64,800년'은 오회(午會), 미회(未會), 신회(申會), 유회(酉會), 술회(戌會), 해(亥會)를 이른다. 소백온은 강절(康節) 소옹(邵雍)의 아들이다.

까지의 여섯 회의 일의 자취를 가지고 앞으로 올 미회(未會)로부터 해회(亥會)에 이르기까지의 여섯 회의 일을 미루어 알 수 있을 것이다. 이어서 또다시 이것을 이 원의 앞으로 미루어보면 이미 지나간 무궁한 원이 있음을 알게 되고, 또 이것을 이 원의 뒤로 미루어보면 또한 앞으로 다가올 무궁한 원이 있음을 알 수 있으니, 그 회(會), 운(運), 세(世), 년(年)의 수가 어찌 다름이 있겠는가. 그렇다면 전에 이미 지나간 원과 뒤에 장차 다가올 원은, 그 대략이 마땅히 이 원 가운데의 일에 지나지 않을 뿐이다.

이 리가 태극이 되는 것이 진실로 일찍이 원(元)을 따라 바뀜이 있지 않으니, 그렇다면 전에 이미 지나간 원이 되고 뒤에 장차 올 원이 되는 것이 모두 다 이 하나의 태극 가운데에서 벗어나지 않아서, 그 태극이 됨은 동일할 뿐이다. 그러므로 태극을 따라 나오는 것 또한 일찍이 서로 같지 않음이 없는 것이니, 이것이 음양(陰陽)과 오행(五行)이 되어서 조화(造化)가 있고 이것이 양의(兩儀)와 사상(四象), 팔괘(八卦)가 되어서 낳고 낳는 역(易)[101]이 있는 것도, 곧 본래 일정한 리(理)와 떳떳이 행하는 도(道)가 되어서 한결같이 이 원과 다름이 없을 것이다.

가볍고 맑아서 위로 올라간 것은 반드시 하늘이 되고, 무겁고 탁하여 아래로 내려온 것은 반드시 땅이 되며, 하늘과 땅 사이에서 태어나 만물이 된 것 또한 반드시 이 원 가운데의 만물과 같을 것이다. 그리고 만물의 으뜸이 되어 삼재(三才 하늘과 땅과 사람)에 참여되는 사람 또한 반드시 이 원 가운데의 사람과 같을 것이다. 이 원이 아닌 원의 사람이

101 낳고 낳는 역(易) : 원문의 '생생(生生)'은 낳고 낳는 것으로 상생(相生)하여 끊이지 않는 역리(易理)를 이르니, 《주역》 〈계사전 상〉에 "낳고 낳음을 역이라 한다.〔生生之謂易〕"라고 보인다.

태어나고 자라난 지방과 살고 죽는 햇수와 품부받은 모양과 형상이, 과연 이 원의 사람과 하나하나 서로 똑같을지는 알지 못한다. 그러나 그 머리와 얼굴, 등과 배가 몸이 되고 사지(四肢)와 백해(百骸 몸을 이룬 모든 뼈)가 몸이 되는 것은 반드시 이 원 가운데서 사람이 된 것과 다르지 않을 것이요, 만물 중에 동물과 식물, 날짐승과 들짐승, 물과 육지의 곤충이 있는 것 또한 반드시 이 원 가운데의 만물이 물건이 된 것과 같을 것이다.

사람의 성(性)은 반드시 인(仁)·의(義)·예(禮)·지(智)·신(信)이고, 정(情)은 반드시 희(喜 기쁨)·노(怒 노여움)·애(哀 슬픔)·락(樂 즐거움)·애(愛 사랑함)·오(惡 미워함)·욕(欲 하고자 함)이며, 윤리는 반드시 부자유친(父子有親 부자간에는 친함이 있음)·군신유의(君臣有義 군신 간에는 의가 있음)·부부유별(夫婦有別 부부간에는 분별이 있음)·장유유서(長幼有序 어른과 어린이 사이에는 질서가 있음)·붕우유신(朋友有信 벗 사이에는 신의가 있음)이다. 사람은 만물의 으뜸이 되기 때문에 귀는 능히 천하의 소리를 거두고, 눈은 능히 천하의 색깔을 거두고, 코는 능히 천하의 냄새를 거두고, 입은 능히 천하의 맛을 거두고, 손은 능히 천하의 일을 하고, 발은 능히 천하의 길을 달려가고, 마음은 능히 사물의 리(理)를 다하고, 몸은 능히 삼재의 도(道)를 책임질 수 있는 것이다. 그렇다면 하늘과 땅이 있고 만물이 있는데 어찌 우리 사람이 없을 수 있겠는가. 사람이 가장 신령스럽고 가장 귀한 존재가 되는 것은 앞의 원과 뒤의 원에서 반드시 다름이 없을 것이다.

그 시초에는 반드시 성인(聖人)이 있어서 창도하여 밝히고 교화하였을 것이니, 반드시 삼황(三皇)이 황(皇)이 되어서 삼황의 사업을 창제한 것과 같음이 있었을 것이요, 반드시 오제(五帝)가 제(帝)가 되어서 오제의 사업을 세운 것과 같음이 있었을 것이다. 서계 문자(書契文字)는 그 하나하나가 과연 이 원 가운데의 서계문자와 같은지를 알 수 없으나, 이것을 만들지 않을 수 없었을 것이다. 그렇다면 필연적으로 도(道)를 싣는 문장[102]과 이치를 밝히는 글을 지었을 것이니, 널리 배포하여 후세에 전해질 경전(經傳)과 함께 반드시 모두 나오지 않을 수 없었을 것이다.

그리고 천자와 제후가 있고 선비와 농민과 공인과 상인이 있고 제후국과 천자국과 조정과 민간이 있고 도읍과 성곽이 있고 헌장(憲章)과 법도(法度)가 있고 예악(禮樂)과 문물(文物)이 있고 명분(名分)과 등급(等級)이 있고 기용(器用 무기와 농기구)과 부적(簿籍 관청의 서류)이 있어서, 무릇 백성을 다스리는 도구와 사람을 가르치는 방법과 간사함을 막는 도구와 적을 막는 방비(防備)를 모두 빠트릴 수 없었을 것이다. 그렇다면 치란(治亂)과 흥망(興亡), 선악(善惡)과 득실(得失), 길흉(吉凶)과 화복(禍福)도 또한 어찌 분분하게 변천하는 일이 없겠는가.

이는 리에 반드시 있는 것이고 형세가 반드시 같은 것이어서 그 열고 닫고 시작하고 끝마치는 바가 이 원 가운데의 일의 자취와 같지 않음이 없을 것이니, 어찌 앞서 이미 지나간 원과 뒤에 장차 다가올 원이 다 이 한 태극 가운데서 변화하기 때문이 아니겠는가. 그렇다면 이 사이에서 태어나서 혹 귀하고 혹 천하며 혹 장수하고 혹 요절하는 우리 사람은, 마땅히 어떻게 해야 각각 그 도리를 다할 수 있겠는가? 이는 본래 품부받은 성(性)을 다하고 맡겨진 직분(職分)을 다하며, 하늘의 명(命)을 순히 따르고 자기의 분수(分數)[103]를 편안히 여겨 한 세상을

102 도(道)를 싣는 문장 : 송나라 염계(濂溪) 주돈이(周敦頤)의 《통서(通書)》 〈문사(文辭)〉에 "문은 도를 싣기 위한 것이다. 수레를 꾸몄는데 사람이 타지 않는다면, 그것은 공연히 꾸민 것이다. 더구나 빈 수레라면 더 말할 것이 있겠는가.〔文所以載道也. 輪轅飾而人弗庸, 徒飾也. 況虛車乎?〕"라고 보인다. 이에 앞서 당나라 한유(韓愈)가 〈쟁신론(爭臣論)〉에서 "문장을 지어 도를 밝힌다.〔修其辭以明其道〕"라고 하여 문장과 도에 대한 소견을 밝힌 바 있다.

마침에 불과할 뿐이다.

이 1원 가운데에 생겨난 것은 인회(寅會)에 물건이 있은 이래로부터 술회(戌會)에 물건이 다하는 세대에 이르기까지의 것으로 모두가 이 원에서 만들어낸 사람과 물건일 것이다. 그런데 지금의 사람과 물건은 옛날의 사람과 물건을 볼 수가 없으니, 하물며 이 뒤에 생겨나는 사람과 물건과 미래의 세상의 변화를 볼 수 있겠는가. 더구나 또 이 원에 태어난 자가 어떻게 이미 지나간 무궁한 원과 아직 오지 않은 무궁한 원 가운데의 사물을 알 수 있겠는가. 사람이 만일 "내가 그것을 알 수 있다."라고 말한다면, 이 사람은 바로 미친 사람이 아니면 망령된 것이다. 지금 내가 말하는 '그 도리(道理)와 그 인물(人物)과 그 사변(事變)이 반드시 이 원과 다름이 없다.'라는 것은 오직 이 리가 하나의 태극이라는 것을 가지고 미루어 아는 것이니, 이 태극 밖에 어찌 다시 다른 태극이 있겠는가. 이미 지나간 것은 진실로 이 리이고, 앞으로 다가올 것도 반드시 또한 이 리일 것이다. 그러므로 '태극'이라고 한 것이니, 만일 이 하나의 리가 아니고서 이것이 되고 또 저것이 되며 앞이 되고 또 뒤가 된다면, 어찌 '태극무극'이라고 할 수 있겠는가.

103 분수(分數) : 여헌선생문집 제6권 잡저(雜著) 〈분수를 밝힘(明分)〉에, "만물(萬物)이 천지(天地)의 사이에 태어나서 정해진 분수가 있지 않음이 없으니, 분수란 그 받은 바의 형기(形氣)에 따라 도리(道理)에 한계가 있는 것이다. 풀은 채소가 되고 약용식물이 되고 온갖 짐승의 먹이가 되는 것이 그 분수이며, 나무는 숲이 되고 땔감이 되고 온갖 과목(果木)이 되고 궁실과 기계의 재목이 되는 것이 그 분수이며, 짐승과 새는 길들여진 가축이 되고 희생(犧牲)이 되고 가죽과 털과 뼈와 뿔이 쓰이는 것이 그 분수이며, 곤충과 물고기와 자라가 모두 온갖 쓰임이 있는 것이 그 분수이다. 금과 쇠와 옥과 돌에 이르러도 마땅히 유용한 물자가 되지 않음이 없으니, 이것이 분수이다. 그 나머지 온갖 종류 중에는 무용(無用)한 물건도 무수히 많으나 함께 조화의 가운데에 있으면서 갖가지 물품의 숫자를 채우고 또한 모두 유용한 물건에 도움이 되니, 이 어찌 각기 받은 분수가 아니겠는가."라고 하였다.

8.2 부답동문 附答童問[104]

8.2.1

동자(童子)가 나에게 물었다.

"저 이른바 '궁리(窮理 이치를 궁구(窮究)함)'라는 것은 모름지기 알지 못하는 것이 없게 된 뒤에야 궁구했다고 말할 수 있는 것이니, 만일 미처 알지 못하는 것이 있다면 궁구했다고 말할 수가 없습니다. 오직 이 천지 사이의 일은 모두 옛사람과 지금 사람이 함께 눈으로 보고 귀로 들은 것이니, 나 또한 알 수 있을 것입니다. 그러나 천지의 경우, 천지에 밖이 없다고 하면 모르거니와, 만약 천지에 밖이 있다고 한다면 사람으로서 알지 못해서야 되겠습니까. 모든 물건은 그 처음에는 모두 물건이 없는 가운데로부터 나와서 비로소 이 물건이 되었다가 그 마지막에는 또다시 물건이 없는 데로 돌아가니, 물건이 우주 사이에서 모이고 흩어져 있다가 없어지는 것은 마치 하늘 가운데에 뜬구름이 일어났다가 사라지는 것과 같은 것입니다.

한번 리(理)를 가지고 말해 보겠습니다. 천지가 비록 크나 이 또한 물건입니다. 리는 무궁하여 진실로 일찍이 한계와 끝이 없지만, 천지는 형기(形氣)가 있으니, 형기가 있는 것은 반드시 모름지기 한계와 끝이

104 부답동문(附答童問) : 이 글은 〈우주설〉의 뒤에 동자(童子)와의 문답(問答)을 가설하여 덧붙인 것으로, 첫 번째 부분에는 5개의 질문과 답이 있고 두 번째 부분에는 6개의 질문과 답이 있는데 모두 〈우주설〉에서 논한 내용을 항목별로 나누어 구체적으로 논하였으며, 마지막 세 번째 부분은 여헌(旅軒) 장현광(張顯光)이 동자에게 주는 말로, 우주에 대한 궁구(窮究)는 결국 나 자신에게로 귀결되어야 함을 강조하였다.

있습니다. 그렇다면 리는 천지가 다 포괄할 수 있는 것이 아니지만, 천지는 실로 리 가운데에 포괄되는 것입니다. 리가 이미 천지의 한계와 끝을 한계와 끝으로 삼지 않아서 본래 한계와 끝이 없다면, 천지는 마땅히 밖이 있겠지만 리는 밖이 없을 것입니다. 리가 밖이 없다면 궁리의 배움이 어찌 천지의 밖을 연구하지 않을 수 있겠습니까.

선유(先儒)가 말씀하기를 '하늘은 형(形)에 의지하고 땅은 기(氣)에 붙어있다.' 하고, 또 말씀하기를 '하늘은 땅의 밖을 둘러싸고 땅은 하늘 가운데에 있다.' 하였고, 또 말씀하기를 '기 밖에 반드시 구각(軀殼 껍데기)이 있어서 그 기를 견고하게 한다.' 하였습니다.[105] 그렇다면 하늘은 기(氣)이고 땅은 질(質)인데, 땅이 비록 가운데에서 질을 이루고 있으나 둘러싸고 있는 것은 하늘의 기이니, 기로써 잡아주기 때문에 질이 떨어지지 않을 수 있는 것입니다. 그 기라는 것은 바로 혼륜(渾淪)의 원기(元氣)이니, 강하고 맹렬하며 굳세고 강건해서 저절로 일대(一大 가장 큼)한 것이 되므로 능히 두텁고 무거운 대지를 너끈히 들어 올릴 수 있는 것입니다.

105 선유(先儒)가……하였습니다 : '선유'는 주자(朱子)로, 이 내용은 《주자어류(朱子語類)》 권100 〈소자지서(昭子之書)〉에 다음과 같이 보인다. "〈소자(昭子 강절(康節) 소옹(邵雍))이〉 '하늘과 땅은 서로 의지하고 붙어있는데, 하늘은 형(形)에 의지하고 땅은 기(氣)에 붙어있다.'고 하였다. 그런데 거듭 반복하여 말한 것이 이 뜻을 벗어나지 않는 것은, 사람들이 천지 밖의 다른 곳에서 찾을까 염려했기 때문이다. 하늘과 땅은 밖이 없으니, 이른바 '그 형은 끝이 있고 그 기는 끝이 없다.'는 것이다. 그 기는 매우 견고하기 때문에 땅이 머물러 있도록 지탱할 수 있으니, 그렇지 않다면 땅이 떨어질 것이다. 또 기의 밖에는 반드시 매우 두꺼운 구각이 있어서 이 기를 견고하게 하는 것이다. 만일 땅의 움직임이 단지 한곳의 움직임이라면 움직이더라도 멀리까지 미치지 못할 것이다.〔自相依附, 天依形, 地依氣, 所以重複而言不出此意者, 唯恐人於天地之外別尋去處故也. 天地無外, 所謂'其形有涯而其氣無涯'也. 爲其氣極緊, 故能扛得地住, 不然則墜矣. 氣外須有軀殼甚厚, 所以固此氣也. 今之地動只是一處動, 動亦不至遠也.〕"

그러나 기는 본래 가볍고 빈 것을 본체로 삼으니, 가운데에 비록 의지할 만한 땅이 있더라도, 그 밖은 어떻게 의지하여 붙을 데가 없고 담아 실을 것이 없이 능히 항상 완전하고 항상 운행하여 그 도(道)가 됨을 장구히 할 수 있겠습니까. 가볍고 깨끗하고 정하고 굳센 것이 가득 차고 두텁게 쌓여서 두루 덮어주고 감싸주어[106] 흠이 없고 그치지 않고 돌아 에워싸는 것은, 그 형세가 반드시 오랫동안 저장해둔 보호하는 방비가 있어서일 것이니, 그 '반드시 모름지기 구각이 있어서 그 기를 견고하게 한다.'는 말이 이치에 당연합니다. 이른바 '구각'이라는 것은 어떤 모양이며 '질'은 어떠한 모범이기에, 마침내 땅을 둘러싸고 있는 하늘을 아울러 지탱할 수 있습니까?

큰 땅과 큰 하늘을 기가 있어 들어 올리고 게다가 또 그 대기(大氣)를 견고하게 해주는 구각이 있다면, 그 구각이 된 것은 또 어느 곳에 붙어 있습니까? 또한 기가 있어서 구각을 들어주는 것입니까? 혹은 근거할 만한 땅이 있습니까? 대기가 쌓인 것이 어떠하기에 그 굳셈이 이와 같으며, 구각의 두터움이 어떠하기에 그 견고함이 이와 같습니까? 그 구각의 밖에도 상하(上下)와 사방(四方)이 있다면, 그 구역은 어떠하며 또한 그 기상은 어떠합니까? 그 또한 밝습니까, 어둡습니까? 기(氣)가 있습니까, 기가 없습니까? 물건이 있습니까, 물건이 없습니까? 경계가 있습니까, 경계가 없습니까? 만일 그것에 기가 있다면 또한 다시 어떠한 구각이 있어서 기를 견고하게 해줍니까? 만일 그것에 물건이 있다면 또한 이 천지가 물건이 된 것과 같습니까? 아니면 텅 비고

106 두루 덮어주고 감싸주어 : 원문의 '부도(覆幬)'는 은혜를 베풀고 보호한다는 뜻으로, 《중용장구》 제30장에 "천지가 잡아 주고 실어 주지 않음이 없고 덮어 주고 감싸 주지 않음이 없는 것과 같으며,……일월이 교대로 밝게 비춰 주지 않음이 없는 것과 같다.〔辟如天地之無不持載, 無不覆幬,……如日月之代明.〕"라고 하여 공자의 덕을 칭송한 내용이 보인다.

모호하며 아득하고 아득하여 갈수록 더욱 끝이 없는 것입니까? 갈수록 더욱 끝이 없다면 이 또한 천지 밖의 큰 허공일 것입니다.

사람은 천지의 사이에 살면서 마침내 천지 사이를 큰 허공으로 삼아서 만물이 가는 것은 지나가고 오는 것이 이어지는 것을 볼 수 있지만, 천지 밖의 큰 허공이 곧 천지가 처한 큰 허공이 되는지는 알지 못합니다. 천지 사이의 큰 허공도 오히려 헤아릴 수가 없는데, 하물며 천지 밖의 큰 허공은 어떠하겠습니까? 천지 사이의 큰 허공은 천지를 한계와 끝으로 삼지만 천지 밖의 큰 허공은 어떠한 지점을 한계와 끝으로 삼습니까? 리(理)는 진실로 때마다 곳마다 끝이 없지만, 허(虛)가 끝나는 바와 기(氣)가 다하는 바는 장차 무엇으로써 궁구하여 알 수 있습니까? 궁구하고 또 궁구하더라도 끝내 궁구할 수가 없을 것입니다. 제가 들으니, 이치를 통달한 자는 앎이 통달하지 않는 바가 없다고 하니, 선생이 한번 말씀해주어서 나의 어리석고 몽매한 지각을 열어 넓혀주겠습니까?"

이에 내가 답하였다.

"무릇 이른바 '궁리'라는 것은, 요원하여 아득하고 허무한 영역에 마음을 두고 생각을 치달려서 형체가 없는 형체와 상(象)이 없는 상을 인식하는 것을 일러 궁리라고 하는 것이 아니다. 《대학(大學)》에 이르기를 '지식을 지극히 함은 사물의 이치를 궁구함에 달려있다.' 하였으니,[107] 만약 사물을 따라 이치를 궁구하지 않으면 무엇을 인하여 지식을 지극히 할 수 있겠는가. 우러러 봄에 하늘이 있으므로 이 푸르고 푸른 것을 근거하여 그 하늘이 된 리를 궁구하고, 굽어봄에 땅이 있으므로

107 대학에……하였으니 : 《대학장구(大學章句)》 경(經) 1장에 "그 뜻을 성실히 하고자 하는 자는 먼저 그 지식을 지극히 하였으니, 지식을 지극히 함은 사물의 이치를 궁구함에 있다.〔欲誠其意者, 先致其知, 致知在格物.〕" 하였다.

이 두텁고 두터운 것을 근거하여 그 땅이 된 리를 궁구하는 것이다. 일월(日月)과 성신(星辰), 물과 불과 흙과 돌, 추위와 더위와 낮과 밤, 바람과 구름과 우레와 비, 산악과 천독(川瀆), 날짐승과 들짐승과 풀과 나무에 이르기까지 내 시력이 미치는 바를 인하여 그 이치를 다 궁구하고, 눈으로 미처 보지 못하는 것은 귀가 있어 듣지 못하는 것이 없으므로 곧바로 그 들은 것을 인하여 궁구할 수 없는 일이 없게 되는 것이다.

이로써 지나간 것을 미루어보면 이전의 만고를 지금을 가지고 알 수 있고, 이로써 앞으로 다가올 것을 미루어보면 이후의 만세 또한 지금을 가지고 알 수 있으니, 이것이 바로 성현(聖賢)이 지식을 지극히 하는 방도는 반드시 격물(格物 사물의 이치를 궁구함)에 말미암는다는 것이다. 이미 물건을 떠나서 리를 찾을 수 없다면, 천지의 밖을 무엇에 근거하여 궁구하며 어떻게 증험하여 알겠는가. 무릇 천지 사이에 태어난 것들은 모두 다 하늘이 덮어주고 땅이 실어주는 가운데에 국한되기 때문에, 귀와 눈이 미치는 바가 하늘이 덮어주고 땅이 실어주는 범위 안에 그칠 뿐이다. 우리 사람은 누군들 능히 지각하고 사려할 수 있는 정신과 혼백을 갖고 있지 않겠는가. 그러나 또한 모름지기 그 귀와 눈을 사용하고 듣고 보는 것을 의지해서 소리와 색깔에 드러난 것과 기후의 변화를 참고하여 증험해야 하니, 그런 뒤에야 그 연고(緣故)를 연구해서 그 실제를 미루어 알 수 있는 것이다.

천지의 밖으로 말하면, 내가 귀로 듣고 눈으로 보는 것이 미칠 수 있겠는가. 무엇을 따라 소리와 색깔을 알며 무엇을 따라 기후를 살피며 또 무엇을 따라 표준과 법도로 삼겠는가. 더구나 유자(儒者)의 학술은 반드시 지(知)와 행(行)을 겸하니, 지로써 그 행할 것을 밝히고 행실로써 그 아는 것을 실행한다. 그러므로 이를 데를 알아 이름은 조리(條理)를 시작하는 일〔事〕이요, 끝마칠 데를 알아 끝마침은 조리를 끝마치는 업(業)이다.[108] 알면 반드시 행하고 행하면 반드시 알아서 진실로 알지 못하는 행함이 있지 않으니, 또 어찌 행함이 없는 앎이 있겠는가. 그렇다면 천지의 밖은 우리 사람이 행하여 이를 수 있는 것이 아니니, 어찌 앎이 미칠 수 있겠는가.

비록 앎이 미칠 수 있다 하더라도 쓸데가 없는데, 더구나 알고 증험할 길이 없음에랴. 앎이 극진하고 행함이 극진한 것은 성신(聖神)[109]만한 자가 없으나, 성신이 실천하고 베푼 도리(道理)와 삼재(三才)에 참여하여 만물의 화육(化育)을 도운 공용(功用)[110]은 반드시 천지의 안에 그칠 뿐이다. 그렇다면 그 지혜와 생각의 미치는 바가 과연 도리가 통하지 못하고 공용이 미칠 수 없는 것에 도달하여 능히 천지를 벗어난 자가 있겠는가. 성신(聖神)과 성명(誠明)[111]의 사업이 미처 이

108 이를……업이다 : '조리(條理)'는 맥락과 같은 말로, 음악을 연주할 때 처음에 종이나 징 따위를 쳐서 소리를 퍼뜨리는 것을 시조리(始條理)라 하고, 음악이 끝날 때에 석경(石磬)을 쳐서 음악을 끝마치는 것을 종조리(終條理)라고 한다. 《주역》〈건괘(乾卦) 문언(文言)〉에 "이를 데를 알아 이르므로 더불어 기미를 알 수 있으며, 끝마칠 데를 알아 끝마치므로 더불어 의를 보존할 수 있다.〔知至至之, 可與幾也, 知終終之, 可與存義也.〕" 하였는데, 이천(伊川) 정이(程頤)의 《역전(易傳)》에 "이를 데를 알아 이름은 치지(致知)이니, 이를 바를 알기를 구한 뒤에 이르니 아는 것이 앞에 있다. 그러므로 더불어 기미를 알 수 있으니, 맹자가 말씀한 '시조리는 지혜의 일이다.'라는 것이다. 끝마칠 데를 알아서 끝마침은 역행(力行)이니, 이미 끝마칠 바를 알았으면 힘써 나아가 끝마치니 지킴이 뒤에 있다. 그러므로 의를 보존할 수 있으니, 맹자가 말씀한 '종조리는 성(聖 덕행)의 일이다.'라는 것이다. 이것이 학문의 처음과 끝이다.〔知至至之, 致知也, 求知所至而後, 至之, 知之在先, 故可與幾, 所謂始條理者, 知之事也. 知終終之, 力行也, 旣知所終則, 力進而終之, 守之在後, 故可與存義, 所謂終條理者, 聖之事也, 此學之始終也.〕"라고 하였다.

109 성신(聖神) : 훌륭한 왕이나 성인(聖人)을 지칭하는 말로, 자세한 내용은 207쪽 각주 31) 참조.

110 삼재(三才)에……공용(功用) : '삼재'는 하늘, 땅, 사람을 이르고, '화육'은 천지의 조화가 만물을 생육(生育)함을 이른다. 자세한 내용은 206쪽 각주 30) 참조.

111 성명(誠明) : 마음에 거짓이 없고 지극히 성실한 상태를 성(誠)이라 하니 성인

르지 못하는 것인데, 아래로 인간의 일과 사물의 이치를 배우는 자가 어찌 이를 알기를 바랄 수 있겠는가."

동자가 물었다.

"선생이 말씀하기를 '천지의 밖은 성신(聖神)도 알지 못한다.'라고 하셨으나, 나는 이 말을 믿지 못하겠습니다. 성신이 성신이 된 이유는 보통사람들이 능히 알지 못하는 것을 알고 보통사람들이 능히 깨닫지 못하는 것을 깨닫기 때문이니, 그 지식은 귀와 눈으로 듣고 보는 것의 밖에서 나옵니다. 더구나 안을 가지고 밖을 알고 가까운 것을 가지고 먼 것을 알고 낮은 것을 가지고 높은 것을 알고 얕은 것을 가지고 깊은 것을 아는 것은 이치를 통달한 자의 떳떳한 모습이니, 성신이면서 어찌 모르는 일이 있겠습니까. 성신은 천지의 밖에 대해 아셨지만, 다만 보고 들은 것에 얽매인 자들이 도리어 의심하고 괴이하게 여기는 마음을 내어서 마침내 허황하고 거짓된 습속을 격발하게 될까 염려하셨기 때문에, 알지 못하는 것으로 접어두고서 끝내 말씀하지 않으셨습니까?"

이에 내가 대답하였다.

"그렇지 않다. 성인이 어찌 아시면서 말씀하지 않으셨겠는가. 이른바 '기(氣) 밖에 반드시 구각(軀殼)이 있다.'는 것은, 이 또한 주관(主觀)으로 헤아리고 이치로 추측하여 그것이 반드시 있다는 것을 아는 것이니, 실제로 상고하여 증험한 바가 있는 것이 아니다. 그러

(聖人)을 가리키고, 사리를 분명히 아는 것을 명(明)이라 하니 현인(賢人)을 비유하는 말로 쓰인다. 《중용장구》 제21장에 "성(誠)으로 말미암아 밝아지는 것을 성(性)이라 하고 명(明)으로 말미암아 성실해지는 것을 교라 이르니, 성실하면 밝아지고 밝아지면 성실해진다.〔自誠明, 謂之性, 自明誠, 謂之敎, 誠則明矣, 明則誠矣.〕"라고 보인다. '성으로 말미암아 밝아진다'는 것은 성인은 행(行)을 통해 앎을 말하고, '명으로 말미암아 성실해진다'는 것은 현인 이하는 먼저 배운 뒤에 성실해질 수 있음을 말한 것이다.

므로 그 대기(大氣)의 끝과 한계, 구각의 둘레와 지름 또한 헤아릴 방도가 없는데, 하물며 그 밖은 어떠하겠는가. 일에는 반드시 알 수 있는 것이 있고 또 반드시 알 수 없는 것이 있으니, 반드시 알 수 있는 것은 나에게 있는 정신(精神)과 혼백(魂魄)에 통할 수 있는 길이 있는 것이요, 반드시 알 수 없는 것은 정신과 혼백에 통할 수 있는 길이 없는 것이다. 성인 또한 사람이시니, 사람의 정신과 혼백이 통할 수 없는 것은 비록 성인이라도 어떻게 아시겠는가. 이는 리(理)가 있지 아니하여 통하지 못하기 때문이 아니요, 다만 사람의 정신과 혼백이 형기(形氣)의 가운데에 국한되기 때문에 마침내 통하지 못하는 바가 있는 것이다.

무릇 이치를 궁구한다는 것은 자신에게 있는 리를 가지고 저 천지 만물의 리를 비춰보아서 곧바로 미진함이 없이 다 알게 되는 것이다. 그 비춰보는 것마다 곧바로 아는 것은 리가 이곳에도 있고 저곳에도 있어서 한 본원(本原)이 되기 때문이니, 이것이 사물의 이치를 연구하면 사물의 이치가 이르지 않음이 없고 지식을 지극히 하면 지식이 지극해지지 않음이 없는 이유이다.

그러나 일원(一原)과 대본(大本)이 되는 리는 비록 다함이 없고 한계가 없으나, 그것이 물건에 나뉘어 부여(賦與)되어서 형기의 가운데에 부쳐있게 되면, 각각 정해진 형기에 따라 지각(知覺)의 쓰임이 통하고 막힘, 크고 작음의 차이가 없을 수 없다. 흙과 돌은 형질일 뿐이고, 풀과 나무는 생기(生氣)는 있으나 전혀 지각이 없고, 날짐승과 길짐승은 혈기가 있는 종류이지만 지각이 의리(義理)를 통하지 못하며, 사람은 가장 신령스러우나 보통사람들의 지각은 치우치고 막혀서 두루 통하지 못하고 오직 성인만이 아는 것이 극진하고 행하는 것이 온전할 수 있는 것이다. 그러나 성인 또한 천지 만물의 리에서 벗어나지 않을 뿐이니, 천지의 밖은 통할 수 있는 바가 아니다. 이 어찌 일원과 대본의 리가 다함이 있고 한계가 있어서 그러하겠는가. 리는 과연 형기를 따라 넓어지고 좁아짐을 면치 못하니, 형기가 막히는 곳은 리 또한 행할 수가 없는 것이다. 우리 사람은 바로 천지 가운데의 사람이니, 어찌 천지를 벗어나서 그 지각을 쓸 수 있겠는가.

성인은 특별히 사람들이 마땅히 알아야할 바를 먼저 알고 사람들이 반드시 깨달아야할 바를 먼저 깨닫는다. 그러므로 사람 중에 성인이 되신 것이니, 그가 알고 깨닫는 것은 하늘이 하늘이 된 이유, 땅이 땅이 된 이유, 사람이 사람이 된 이유, 물건이 물건이 된 이유와 날마다 쓰는 이륜(彝倫)의 떳떳함과 경륜(經綸)[112]하고 계개(繼開 옛 성인을 잇고 후학을 열어줌)하는 업(業)과 고금의 사변(事變)과 의리의 심오함에 불과할 뿐이다. 그렇다면 어찌 일찍이 귀로 듣지 못하고 눈으로 볼 수 없는 총명을 써서 묘사할 수 없는 자리를 생각하고 측정할 수 없는 지역을 헤아려서 반드시 사람이 알 수 없는 바를 알려 하고 사람이 깨달을 수 없는 바를 깨달으려 하여 이것을 가르침으로 삼겠는가. 그러므로 옛날의 성인 중에 일찍이 한마디 말씀이라도 혹 천지 밖의 일에 대하여 언급하신 분이 있지 않으니, 이는 알 수 있는데도 알지 못하고 말할 수 있는데도 말씀하지 않은 것이 아니요, 진실로 도리가 본래 이와 같은 것이다.

강절(康節) 소자(邵子)의 말씀에 이르기를 '천지의 밖에 별도로 천지가 있는지를 내 알 수가 없으니, 비단 내가 알 수 없을 뿐만

112 경륜(經綸) : 천하를 다스림을 이른다. 《중용장구》 제32장에 "오직 천하에 지극히 성실한 분이라야 능히 천하의 대경(大經)을 경륜하며 천하의 대본(大本)을 세우며 천지의 화육을 알 수 있다.〔唯天下至誠, 爲能經綸天下之大經, 立天下之大本, 知天地之化育.〕"라고 보인다.

아니라 성인 또한 알 수 없는 것이다.' 하였으니,[113] 그렇다면 성인이 알지 못하는 것을 보통사람으로서 알 수 있겠는가. 성인은 반드시 알 수 없는 것에는 자신의 지혜를 쓰지 않는다. 만약 반드시 알 수 없는 것을 반드시 알려고 노력하고 지혜를 써서는 안 되는데 반드시 지혜를 쓰고자 한다면, 이는 망령된 사람일 뿐이다. 설령 '내 지혜로 이것을 알 수 있다.'라고 하여 근거 없는 말을 만들어 내면, 사람들 중에 누가 그를 지혜로운 사람이라고 믿겠는가."

동자가 물었다.

"선생은 일찍이 '이 천지의 이전에 반드시 선천지(先天地 앞서 있었던 천지)가 있었고, 이 천지의 이후에 반드시 후천지(後天地 앞으로 다가올 천지)가 있다.'라고 말씀하지 않았습니까? 선천지와 후천지는 이 천지의 밖이 아닙니까?"

이에 내가 또 답하였다.

"앞에서 말한 '선천지, 후천지'라는 것은, 진실로 천지가 이미 형기가 있는 하나의 물건이 되었다면 반드시 시작한 바가 있을 것이고 또 반드시 끝마치는 바가 있을 것이니, 시작한 바가 있으면 반드시 그 이전이 있을 것이고 끝마치는 바가 있으면 반드시 그 이후가 있을 것임을 말한 것이다. 그러므로 이 천지의 앞에 반드시 천지가 있었을 줄을 알고 이 천지의 뒤에 또한 반드시 천지가 있을 줄을 아는 것이니, 이는 이 천지를 가지고 미루어서 천지가 앞에도 있었고 뒤에도 있으리라는 것을 아는 것이다. 별도로 다른 천지가 있어서 이 천지의 밖에 동시에 함께 존재한다고 말한 것이 아니다."

동자가 물었다.

113 강절(康節) 소자(邵子)의……하였으니 : 이 내용은 《황극경세서(皇極經世書)》 〈관물편(觀物篇)〉에 보인다.

"천지의 밖은 진실로 성인이 말씀하지 않으신 것이지만, 대기를 견고하게 하는 구각(軀殼)으로 말하면, 선유(先儒)가 이미 이것이 반드시 있다고 말씀하셨습니다. 그렇다면 그 구각의 체질을 어찌 이 천지의 형질을 근거하여 미루어 알 수 없겠습니까."

이에 내가 대답하였다.

"보지 못하고 알지 못하고서 말하는 것은 망녕된 것이다. 다만 항상 존재하는 상도(常道)를 가지고 말하는 것이니, 날짐승, 길짐승과 같이 혈기를 가진 종류는 보호해주는 깃털과 털, 비늘과 껍질이 있고, 식물과 과일, 곡식의 종류는 싸주는 껍질이 있어서 그 본래 물건의 질(質)을 인하여 이루어지지 않은 것이 없다. 그렇다면 대기에 구각이 있어서 견고하게 된 것 또한 대기가 바깥 가장자리에서 찌꺼기가 된 것이 그대로 그 구각이 된 것에 불과할 뿐이니, 어찌 물건을 만드는 다른 주체가 별도로 있어서 다른 기(氣)를 사용하여 구각을 만들었겠는가. 기는 모두 이기(二氣 음양(陰陽))와 오행(五行)의 근본이니, 그렇다면 천지의 앞에 있던 이 기가 그 자연의 리(理)를 따라 한데 엉겨 뭉쳐서 질(質)을 이룬 것이다."

동자가 물었다.

"선생이 말씀하기를 '천지는 한계가 있으나 리는 한계가 없으니, 한계가 있는 것은 밖이 있고 한계가 없는 것은 밖이 없다.'라고 하셨으니, 그렇다면 천지의 밖은 다만 천지의 밖이라고 말할 수 있을 뿐, 리의 밖이라고는 말할 수가 없는 것입니다. 이미 리의 밖이 아니라면 비록 형상을 가지고 지적하여 모의(模擬)할 수는 없으나, 리는 천지의 안이든 밖이든 훼손됨이나 부족함이 있지 않으니, 리가 훼손됨이나 부족함이 없다면 이것이 천지의 밖에 있더라도 어찌 말할 만한 것이 없겠습니까."

이에 내가 대답하였다.

"이른바 '리는 다함이 없고 한계가 없다.'는 것은 이것이 형체가 없고 방소가 없기 때문이다. 이것을 일러 리라고 하는 이유는, 유(有)이지만 있지 않은 유가 되고 무(無)이지만 없지 않은 무가 되어서 허(虛)를 따라 사라지지 않고 실(實)을 따라 막히지 않아서이니, 형이하(形而下 형체가 있어서 감각으로 알 수 있는 것)에 붙어있으면 사람들이 모두 눈으로 보고 귀로 들을 수 있고 또 말하여 밝힐 수 있지만, 형이상(形而上 이성적 사유 또는 직관에 의해서만 포착되는 초경험적이며 근원적인 것)에 감추어진 것은 시작도 없고 한계도 없고 소리도 없고 냄새도 없으며 또 이에 대한 말을 용납하지 않는다. 그러므로 '무극이면서 태극이다.〔無極而太極〕'라고 하였으니, 만일 이것을 말할 수 있다면 어찌 리라고 할 수 있겠는가.

그리고 할 말이 있으니, 배우는 자가 궁리(窮理)하는 방도는 진실로 그 본말(本末)과 선후(先後)를 알지 않으면 안 된다. 우리 사람은 우주 안의 일을 우리의 책무로 삼으니, 그렇다면 모든 천지의 사이에 있는 것은 크고 작음, 정(精)하고 거침을 막론하고 모두 내가 마땅히 알아야 하는 것이다. 그러나 마땅히 먼저 해야 할 근본은 내 한 몸에 있는 것이다. 이 몸이 천지에 비해서는 그 미세함이 큰 창고의 좁쌀 하나에 불과하나, 만물보다 귀해서 천지에 참여하여 삼재(三才)가 되는 이유는 무슨 도(道)인가. 처음 천지에서 받은 것이 만물 중에서 지극히 빼어나고 또 온전하기 때문이다. 빼어나기 때문에 태어남에 가장 신령스러워서 도가 천지를 통하고, 온전하기 때문에 마음에 온갖 이치를 갖추고 있어서 일마다 만 가지 변화에 응하는 것이다.

만약 사람이 스스로 자기를 하찮게 여긴다면 그만이지만, 만약 대인(大人)이 되고자 한다면 무슨 일인들 내가 마땅히 알아야 할 것이 되지 않으며, 무슨 지식인들 내가 마땅히 소유해야 할 것이 되지 않겠는가. 천지 만물의 리는 본래 내 한마음의 가운데에 갖춰져 있고 내 한마음의 리는 바로 천지 만물의 리인데, 다만 이것이 나눠진 것이 만 가지로 다를 뿐이다.

진실로 능히 내 몸에 돌이켜서 스스로 그 리를 다하여 마땅히 알아야 할 바를 알고 마땅히 행해야 할 바를 행한다면, 천지 만물의 리가 어찌 내 한 몸의 리에서 벗어남이 있겠는가. 그런데도 내 몸의 리를 스스로 알지 못하여 오장(五臟 간장, 심장, 비장, 폐장, 신장)이 장(臟)이 된 이유와 육부(六腑 대장, 소장, 위, 담, 방광, 삼초)가 부(腑)가 된 이유와 귀와 눈과 입과 코가 구비된 이유와 사지(四肢)와 백해(百骸)가 지체(肢體)와 신체(身體)가 된 이유와 오상(五常)과 칠정(七情)[114] 중에 하나도 없어서는 안 되는 것과 삼강(三綱)과 오륜(五倫)[115]을 잠시도 폐할 수 없는 것을 이미 다 밝게 알지 못하고 또 돈독히 행하지 못한다면, 어찌 성분(性分)과 직분(職分)[116]의 밖에서 상상하고 추측할 수 있겠는가. 더구나 천지의 밖에 있어서는 어떠하겠는가. 동자는 부디 돌아가서 우선 물 뿌리고 청소하고 응대(應對)하고 진

114 오상(五常)과 칠정(七情) : '오상'은 인(仁)·의(義)·예(禮)·지(智)·신(信)을 이른다. 《중용장구》 제1장에 "하늘이 명한 것을 성이라 한다.〔天命之謂性.〕" 하였는데, 《집주》에 "사람과 물건이 세상에 태어날 적에 각기 부여받은 리(理)를 얻음으로 인하여 건순(健順)·오상(五常)의 덕을 삼으니, 이것이 이른바 성(性)이라는 것이다.〔人物之生, 因各得其所賦之理, 以爲健順五常之德, 所謂性也.〕"라고 하였다. '칠정'은 사람이 가지고 있는 일곱 가지의 감정으로, 희(喜), 노(怒), 애(哀), 락(樂), 애(愛), 오(惡), 욕(欲)을 말하는데, 락 대신 구(懼)를 넣기도 한다.

115 삼강(三綱)과 오륜(五倫) : '삼강'은 신하가 임금을 위해, 자식이 어버이를 위해, 아내가 남편을 위해 마땅히 지켜야 할 도리로 군위신강(君爲臣綱), 부위자강(父爲子綱), 부위부강(夫爲婦綱)을 말하며, '오륜'은 사람이 지켜야할 다섯 가지의 도리로 부자유친(父子有親), 군신유의(君臣有義), 부부유별(夫婦有別), 장유유서(長幼有序), 붕우유신(朋友有信)을 말한다.

116 성분(性分)과 직분(職分) : 성분은 하늘로부터 타고난 본성(本性)을 이르고, 직분은 직무상 마땅히 다해야 할 본분(本分)을 이른다.

퇴(進退)하는 예절로부터 일을 시작한다면, 밝고 성실한 사업이 실로 여기에서 근본하고[117] 지식이 이 가운데에 있을 것이니, 일본만수(一本萬殊)[118]의 리가 다 여기에서 벗어나지 않을 것이다."

8.2.2

동자가 또 다시 물었다.

"혹자가 선유에게 묻기를 '천지가 무너질 수 있습니까?'라고 하자, 대답하시기를 '무너지지 않을 것이다. 다만 장차 사람의 무도(無道)함이 극에 이르게 되면 한꺼번에 뒤섞여 혼돈(混沌)해질 것이니, 한바탕 사람과 물건이 모두 사라졌다가 다시 새롭게 생겨날 것이다.'라고 하였고,[119] 또 말씀하기를 '일기(一氣 천지 만물의 근본이 되는 기)의 큰 호흡이 한없이 흔들리면, 해우(海宇 세계)가 뒤바뀌어 산이 솟아오르고 냇물이 막히며 사람과 물건이 다 사라져 없어지고 옛 자취가 크게 없어지니, 이것을 '홍황지세(鴻荒之世 천지가 개벽할 때 혼돈 상태의

117 물……근본하고 : 주자의 《소학서제(小學書題)》에 "옛날 소학에서는 사람에게 물 뿌리고 비질하고 응하고 대답하며 나아가고 물러가는 예절과 어버이를 사랑하고 어른을 공경하며 스승을 높이고 벗을 친히 하는 방도를 가르쳤는데, 이는 모두 몸을 닦고 집안을 가지런히 하며 나라를 다스리고 천하를 균평하게 다스리는 근본이 된다.〔古者小學, 敎人以灑掃應對進退之節, 愛親敬長隆師親友之道, 皆所以爲脩身齊家治國平天下之本.〕"라고 보인다.

118 일본만수(一本萬殊) : 하나의 근본에서 만 가지 다른 현상이 생겨난다는 뜻이다. 《주자어류(朱子語類)》 권27에 "만 가지 다른 현상이 하나의 근본이 되는 것과 하나의 근본이 만 가지로 다르게 되는 것은, 마치 한 근원에서 나온 물이 흘러서 만 갈래의 지류가 되고 한 뿌리에서 나온 나무가 자라나서 허다한 지엽이 되는 것과 같다.〔萬殊之所以一本, 一本之所以萬殊, 如一源之水流出爲萬派, 一根之木生爲許多枝葉.〕"라고 보인다.

119 혹자가……하였고 : 선유(先儒)는 주자로, 이 내용은 《주자어류》 권1에 보인다.

세상)'라고 한다. 일찍이 높은 산에서 혹 돌 속에 살던 소라와 조개의 껍데기가 있는 것을 보았는데, 이 돌은 바로 지난날에는 흙이었고 소라와 조개는 물속에서 사는 물건이었다. 낮은 것이 변화하여 높아지고 부드러운 것이 변화하여 강하게 되었으니, 이 일을 지극히 깊이 생각해보면 증험할 만한 것이 있다.' 하였으니,[120] 이 말이 옳습니까?"

이에 내가 대답하였다.

"과연 이 말과 같다면, 이른바 '혼돈'이라는 것은 옛날의 천지가 아직도 무너지지 않아서 그 큰 질(質)은 바로 예전의 본래의 질인데, 다만 한데 섞어 다시 만들어서 새롭게 한 것일 뿐이다. 이는 마치 철공(鐵工)이 옛날 기물의 남은 쇠를 가지고 그대로 다시 두드려서 새로운 기물을 만들어내는 것과 같을 뿐이니, 천지가 대화(大化)하는 도는 이와 같지 않을 듯하다. 바뀌지 않고 항상 존재하는 것은 오직 무극태극의 리일 뿐이니, 만약 기(氣)가 되고 형체가 된다면 이미 그 시작이 있으니, 반드시 그 끝마침이 있기 마련이다. 기는 크고 작음을 막론하고 반드시 다할 때가 있고 형체는 거칠고 고움을 막론하고 반드시 무너질 때가 있는데, 다만 기가 되고 형체가 된 것에 크고 작은 분별이 있기 때문에 이것이 다하고 이것이 무너지는 것이 오래고 속함의 차이가 없지 못한 것이다. 그렇다면 기가 있는 것은 반드시 다하고 형체가 있는 것은 반드시 무너지는 것이 떳떳한 이치이다. 천지가 비록 크지만 또한 형기(形氣)이니, 과연 어찌 다하지 않고 무너지지 않을 리가 있겠는가.

무릇 기(氣)를 받고 형체를 이룬 물건은 모두 필연적으로 다함이 있고 무너짐이 있다는 것을 증험할 수 있다. 혈기를 가진 종류를

120 말씀하기를……하였으니 : 이 내용은 《주자어류》 권94에 보인다.

가지고 말하면, 오직 사람이 가장 장수하는데 사람 중에 장수하는 자는 100세를 사는 데 불과하고 비록 혹 100세를 넘는다 하더라도 아마 얼마 되지 않을 것이다. 식물 중에 오래 사는 것 또한 수백 년을 사는 것이 있지 않고, 비록 쇠와 돌처럼 단단하고 오래가는 것이라도 또한 파괴되지 않을 수 없으니, 이것이 진실로 그 기가 다하면 그 형체도 반드시 무너진다는 것이다. 크고 작음, 거칠고 고움을 막론하고 형기에 속하는 것들은 모두 유(有)가 되는 것인데, 무릇 유가 되는 것은 그 처음에 반드시 모두 무(無) 가운데로부터 생겨나기 때문에 그 끝에도 또한 반드시 무로 돌아가니, 어찌 그 유를 항상 그대로 유지하여 무로 돌아가지 않는 것이 있겠는가. 무로부터 유가 되고 유로부터 무가 되니, 이것이 바로 본래 그러한 물건의 이치인 것이다. 천지가 진실로 형기에 매여 있다면, 어찌 시작이 있고 끝마침이 있는 이치를 피할 수 있겠는가.

동자가 물었다.

"기(氣)가 있는 것은 반드시 다함이 있고 형체가 있는 것은 반드시 무너짐이 있다는 것은 당연합니다. 그러나 혈기(血氣)를 가진 종류는 기가 다하여 죽으면 그 체질이 따라서 완전히 부패하고, 식물의 종류는 기가 다하여 시들면 그 체질이 따라서 완전히 썩으니, 완전히 부패하고 완전히 썩는 것은 모두 무로 돌아가는 것입니다. 천지의 끝이 장차 무로 돌아가는 것에 대해 얻어 들을 수 있겠습니까?"

이에 내가 대답하였다.

"사람이 비록 천지의 끝마침을 볼 수는 없으나, 또한 이치로 미루어 알 수 있다. 소자(邵子)가 천지의 1원(元)의 수를 나누어서 회(會)로 만든 것이 12인데, 12회 가운데 자회(子會)와 축회(丑會) 두 회에는 천지가 아직 이뤄지지 못하였고, 인회(寅會)로부터 유회(酉會)에 이르기까지의 여덟 회에는 천지가 이미 이뤄져서 왕성하였다가 쇠퇴하며, 술회(戌會)와 해회(亥會) 두 회는 천지가 이미 늙어서 완전히 끝마치는 때이다. 옛 천지가 끝마치자마자 새 천지가 반드시 생기는데, 이것이 생겨나는 데에 점진함이 있기 때문에 이것이 다할 때에도 또한 점진함이 있어서, 반드시 자회와 축회 두 회를 지나야 비로소 새 천지가 이루어지고 또 반드시 술회와 해회 두 회를 지난 뒤에야 끝마치게 되는 것이다.

생각해보건대, 그 원기(元氣)가 쇠하여 희박해질 적에는 운행하는 것이 점점 느려지니 느려지면 힘을 쓰지 못하고, 충만한 것이 점점 소모되니 소모되면 충실하지 못하다. 그리하여 음(陰)은 수렴하지 못하고 양(陽)은 발산하지 못하여 음양의 두 기가 그 떳떳함을 잃게 된다. 나무〔木〕는 개창(開暢)하는 본성을 잃고, 쇠〔金〕는 수렴하는 본성을 잃고, 물〔水〕은 적셔주고 아래로 내려가는 본성을 잃고, 불〔火〕은 타오르며 올라가는 본성을 잃고, 흙〔土〕은 붙어 왕성한[121] 본성을 잃어서 오행(五行)이 그 도(道)를 폐하게 된다. 음·양의 두 기가 떳떳한 기가 되지 못하고 오행이 제대로 행해지지 못하면 조화

121 붙어 왕성한 : 원문의 '기왕(寄旺)'은 토(土)가 정해진 위치가 없고 정해진 기가 없어서 수(水)·화(火)·목(木)·금(金)의 네 기에 붙어 왕성해지는 것을 이른 것이다. 《예기대전(禮記大全)》 권6 〈월령(月令)〉의 경문(經文) '중앙토(中央土)'에 대하여, 《예기집설(禮記集說)》에서 "토는 사시(四時)에 각각 18일씩 붙어 왕성하니, 1년에 모두 72일이 된다. 토에 해당하는 날을 제외하면 목·화·금·수의 사시 또한 각각 72일이 된다. 토는 사시에 있어서 있지 않음이 없으므로 일정한 위치가 없고 온전한 기가 없어서 진월(辰月 3월)과 술월(戌月 9월)과 축월(丑月 12월)과 미월(未月 6월)의 끝에 붙어 왕성하다. 그러나 이중에도 미월이 화(여름)와 금(가을)의 사이에 있고 또 한 해의 중앙에 처하였으므로 중앙 토의 한 월령을 여기에 게시하여 오행(五行)의 차례를 이룬 것이다.〔土寄旺四時各十八日, 共七十二日. 除此, 則木·火·金·水亦各七十二日矣. 土於四時無乎不在, 故無定位, 無專氣, 而寄旺於辰、戌、丑、未之末. 未月在火金之間, 又居一歲之中, 故特揭中央土一令於此, 以成五行之序焉.〕라고 하였다.

(造化)의 공(功)이 그치게 되고 만물의 생산이 정지될 것이다.

이에 엉긴 것이 풀어지고 모인 것이 흩어지며 굳고 단단한 것이 갈리고 문드러지며, 삼광(三光 해, 달, 별)이 그 광채를 잃고 사시(四時)가 때에 맞지 못하고 오악(五嶽)이 무너지고 사독(四瀆)이 고갈되어서, 대기(大氣)가 대지를 들지 못하여 대지가 스스로 유지할 수 없으면, 천지가 어찌 천지가 될 수 있겠는가. 이때를 당하면 하늘은 하늘 노릇을 하지 못하고 땅은 땅 노릇을 하지 못하여 덮어주고 실어줄 수가 없을 것이니, 그렇다면 어찌 하늘이 덮어주고 땅이 실어주는 가운데의 물건이 하나라도 있을 수 있겠는가. 낮은 것이 어찌 다시 높은 것이 되며 유(柔)한 것이 어찌 다시 강(剛)한 것이 될 수 있겠는가. 높은 것과 낮은 것, 강한 것과 유한 것이 일제히 모두 무(無) 가운데로 다 없어질 것이니, 어찌 조금이라도 예전의 질(質)이 남아있는 것이 있겠는가. 비록 남아 머물고자 하나 어디에 의지하여 남아 머물겠는가."

동자가 물었다.

"그렇다면 하늘이 덮어주고 땅이 실어주는 가운데의 만물이 소진(消盡)하여 남음이 없을 뿐만 아니라, 덮어주고 실어주는 천지에 이르러도 필경 또한 무(無)로 돌아가 다할 것이니, 그렇다면 새로운 천지가 생겨나는 것은 어디로부터 생겨나는 것입니까. 만물을 낳는 천지도 또한 끝마쳐 다할 때가 없지 못하다면, 그 다시 새로운 천지를 만들 수 있는 것은 또 무슨 물건입니까? 천지의 밖에는 다시 이보다 더 클 수 없는 대화(大化)가 있을 터인데, 이것을 맡는 것은 또 어떤 모양의 대화공(大化工)입니까?"

이에 내가 대답하였다.

"이것이 이른바 '태극(太極)'이라는 것이니, 태극을 무극(無極)이라고 부르는 것은 이 때문이다. 이 리(理)는 무극이면서 태극이다.

그러므로 천지는 다함이 있으나, 태극은 항상 존재하고 곧바로 또 대화(大化) 밖의 대화를 주장할 수 있으니, 이것이 원기(元氣) 밖의 원기를 사용해서 새로운 하늘을 만들어내고 새로운 땅을 만들어내서 바로 지금의 천지가 된 것이다. 사람들은 다 천지 가운데의 원기와 대화가 능히 만물을 만들 수 있다는 것은 알지만, 능히 천지를 만들 수 있는 원기와 대화가 천지 밖에 있다는 것은 알지 못한다. 그 실제는 하나의 태극이라는 것이 주장이 되는데, 태극은 본래 무극이다. 그러므로 선천지(先天地)는 스스로 선천지가 되어서 그 끝마침에 따라 없어지고 후천지(後天地)는 스스로 후천지가 되어서 그 시작함을 따라 있게 되니, 어찌 후천지가 선천지의 예전의 질을 그대로 따라서 점차 변하여 새롭게 된 것이겠는가.

그렇다면 혼돈이라는 것은 선천지의 끝과 후천지의 시작에 있으니, 끝을 이루고 시작을 이루는 기틀이 실로 그 사이에 있을 것이다. 오직 그 선천지와 후천지가 동일한 태극의 리이므로 그 하늘이 되고 땅이 되고 만물이 된 것 또한 반드시 태극과 더불어 함께하지 않음이 없는 것이다. 그렇다면 이 새로운 기가 뒤를 잇는 것은 새로운 대화(大化)때문에 생겨난 것이지, 선천지의 이미 풀어지고 이미 흩어진 것 중에 아직 소진하지 않은 것이 남아있어서 마침내 다시 엉기고 모여서 후천지를 이루는 것은 아니다."

동자가 물었다.

"그렇다면 이른바 '높은 산의 돌 속에 있는 소라와 조개의 껍질'은 바로 어느 때에 있던 물건입니까?

이에 내가 대답하였다.

"이는 진실로 그것이 어느 때의 물건인지를 확실히 알 수는 없다. 그러나 이치를 가지고 헤아려보면, 이는 바로 천지가 처음 열려서 아직 이뤄지지 않은 때에 있었을 것이다. 이 천지의 처음도 또한 기(氣)일 뿐이다. 기가 만들어질 적에 처음에는 미미하다가 점점 두터워지는데, 두터워지고 나서 오래 쌓이면 이 쌓인 기 가운데에 액체가 모여 물이 되고, 물이 오랫동안 쌓여서 기가 올라가 마르면 불이 된다. 물과 불이 만나면 물이 불을 얻어 찌꺼기가 생기고 찌꺼기가 쌓여 흙이 되고 흙이 쌓여 넓어지고 두터워지니, 이것이 바로 땅이다. 물과 불이 아직 나뉘지 않았을 바로 그 즈음에, 먼저 물과 흙의 기를 얻어서 그 사이에서 화생(化生)한 것이 바로 소라와 조개의 등속일 것이다. 이 물과 흙이 이미 나뉜 후에 돌의 찌꺼기가 단단하게 응집되어 높이 솟아난 것이 산이 되니, 그렇다면 옛날 물속에 있던 소라와 조개 가운데 혹 높은 산의 돌 속에 있는 껍질이 된 것이 있지 않겠는가."

동자가 물었다.

"소라와 조개가 막 물과 흙에서 생겨났다면, 이는 바로 조화(造化)가 행해진 것입니다. 그렇다면 그때에 혈기를 가진 종류 중에도 함께 생겨난 것이 있을 터인데, 우리 사람 또한 생겨났습니까, 아직 생겨나지 않았습니까?"

이에 내가 대답하였다.

"무릇 모든 종류의 물건이 생겨남에는 십백천만 가지로 똑같지 않음이 있으니, 그중 편벽된 기(氣)를 얻어 태어난 것은 만물이다. 만물이 생겨난 것 또한 한 종류가 아니니, 물속에서 사는 물건은 물을 얻으면 생겨나고 육지에서 사는 물건은 육지를 얻으면 생겨나서, 모두 반드시 동시에 생겨나지는 않았을 것이다. 기화(氣化)의 가운데에 온전한 기를 얻어 태어난 것은 우리 사람이다. 편벽된 기를 얻어 생겨난 것은 천지가 이루어지기 전에도 혹 있었으니, 물벌레는 물에서 생겨나고 온갖 초목은 흙에서 생겨나니, 그 어느 하나도 장소와 때를 따라 나오지 않는 것이 없다. 동이에 담긴 물은 그리 오랫동

안 담아놓지 않아도 벌레가 생기고 흙이 쌓인 위에는 종자가 없어도 잡초가 함께 싹트니, 이른바 '천도(天道)는 낳는 데에 민첩하고, 지도(地道)는 나무에 민첩하다.'[122]는 것이 이것이다. 그렇다면 소라와 조개가 물과 불이 아직 나뉘지 않은 때에 생겨난 것 또한 괴이하게 여길 것이 없으니, 이것은 편벽된 기를 얻어 생겨나기 때문에 가장 먼저 생겨난 것이다.

우리 사람으로 말하면, 치우친 기(氣)를 얻어 생겨나는 물건과는 달라서, 반드시 천지가 자리를 정하고 산과 못이 기를 통하고 우레와 바람이 서로 부딪히고 물과 불이 서로 쏘지 아니하여,[123] 음·양 두 기가 번갈아 운행하고 사시(四時)가 순서를 순히 따라서 우레와 번개로써 고무하고 바람과 비로써 윤택하게 하며, 해와 달이 운행하여 한 번 춥고 한 번 더워서 정령(精靈)한 기가 쌓이는 것[124]이 지극하고 좋은 기운이 모이는 것이 오래되기를 기다리니, 그런 뒤에 이미 온전한 기를 이루고 그 빼어남을 얻어 태어난 것이다. 그러므로 그 품류

122 천도(天道)는……민첩하다. : 이 내용은 《공자가어(孔子家語)》 권4에 "천도는 낳는 데 빠르게 나타나고, 인도는 정사에 빠르게 나타나고, 지도는 나무에 빠르게 나타난다. 무릇 정사(政事)라는 것은 나나니벌과 같아서 교화를 기다려 이루어진다. 그러므로 정사를 하는 것은 인재를 얻는 데 달려 있으니, 사람을 취하기를 몸으로써 하고 몸을 닦기를 도로써 한다.〔天道敏生, 人道敏政, 地道敏樹. 夫政也者, 蒲盧也, 待化以成, 故爲政在於得人, 取人以身, 脩身以道.〕"라고 보인다.

123 천지가……아니하여 : 이 내용은 《주역》 〈설괘전(說卦傳)〉에 "하늘과 땅이 자리를 정하고 산과 못이 기를 통하며, 우레와 바람이 서로 부딪치고, 물과 불이 서로 쏘아도 해치지 않아 팔괘가 서로 교착(交錯)한다.〔天地定位, 山澤通氣, 雷風相薄, 水火不相射, 八卦相錯.〕"라고 보인다.

124 정령(精靈)한……것 : 원문의 '저정(儲精)'은 정령한 기를 축적함을 이르는바, 《주자어류》 권30에 "저(儲)는 '축적해둠'이라는 말이니, 천지가 음·양 두 기의 정령이 모인 것을 축적해두므로 만물을 생겨나게 할 수 있다.〔儲謂儲蓄, 天地儲蓄得二氣之精聚, 故能生出萬物.〕"라고 하였다.

(品類)가 가장 귀하고 그 마음이 가장 신령스러워서 만물 중에 으뜸이 되고 삼재(三才)에 참여하여, 귀로는 천하의 소리를 살피고 눈으로는 천하의 색깔을 분별하고 코로는 천하의 냄새를 거두고 입으로는 천하의 맛을 삼킨다.[125] 그리하여 마음은 천지 만물의 이치와 고금 변화의 자취를 통하니, 이것이 진실로 사람이 된 이유이다. 그러하니 만물과 더불어 생사를 함께 하는 것이 가능하겠는가.

이것을 가지고 살펴보면, 이른바 '천지가 무너지지 않는다.'는 것은 다만 그 대기가 한없이 흔들려서 산이 높이 솟아오르고 냇물이 막혀서 높고 낮은 것이 뒤바뀌는 것을 혼돈(混沌) 상태라고 여긴 것인데, 높은 산의 돌 속에 있는 소라와 조개를 혼돈 이전의 물건이라고 말한다면, 가는 것은 지나가고 오는 것은 이어져서 유(有)와 무(無)가 서로 교대하는 이치가 아닐 듯하다. 짐작컨대, 이 설(說)은 선유(先儒)에게서 나온 것이 아니라 리(理)를 알지 못하고 기이한 의논을 좋아하는 자가 이를 가탁(假託)하였을 것이다."

동자가 물었다.

"선생이 이르기를 '천지는 한계가 있고 시작과 종말이 있으니, 이미 시작과 종말이 있기 때문에 마침내 선천지와 후천지가 있다.'라고 하였습니다. 또 과연 한계가 있다면 이 천지의 한계 밖에 마땅히 반드시 무궁한 태허(太虛)가 있을 것입니다. 그렇다면 그 무궁한 태허 가운데에 함께 서있는 다른 천지가 있어서 저 또한 각자 구역을 가지고서 위에서는 하늘이 되고 아래에서는 땅이 되고 그 가운데에

125 그 품류(品類)가……삼킨다 : 이에 관한 내용은《황극경세서》〈관물내편(觀物內篇) 2〉에 "사람이 만물 가운데 가장 영험할 수 있는 것은 눈으로 만물의 색깔을 거둘 수 있고 귀로 만물의 소리를 거둘 수 있고 코로 만물의 냄새를 거둘 수 있고 입으로 만물의 맛을 거둘 수 있는 것을 말한다.〔人之所以能靈於萬物者, 謂其目能收萬物之色, 耳能收萬物之聲, 鼻能收萬物之氣, 口能收萬物之味.〕"라고 보인다.

서는 만물이 되기를 한결같이 이 천지가 되는 것처럼 할 터인데, 이 천지의 사람은 저 천지가 있음을 알지 못하고 저 천지의 사람은 이 천지가 있음을 알지 못하는 것이 아닙니까?"

이에 내가 대답하였다.

"리(理)가 비록 무궁하나 형기(形氣)는 한계가 있다. 우리 사람의 지각이 형기의 가운데에서 나온다면 지각이 미치는 바는 진실로 이 천지 가운데의 사물(事物)에 불과할 뿐이니, 어찌 이 천지를 벗어나서 지각을 구할 수 있겠는가. 지금 이 천지 사이의 사업(事業)을 사람들이 능히 다 알고 다 행하지 못하는데, 하물며 이 천지를 벗어나서 사업을 지극히 할 수 있겠는가. 그렇다면 우리 사람이 된 자만이, 오직 이 리의 무궁함에는 형기가 취할 수 있는 것이 아닌 것이 있는데 이것이 바로 태극이 무극이라는 것을 알 수 있으니, 모든 형체〔形〕가 있고 기(氣)가 있는 것 외에 볼 수 없고 들을 수 없는 것이 모두 이 가운데에 있게 될 것이다."

8.2.3

또 다시 동자에게 말하였다.

"지금 무궁함에서 천지와 우주를 궁구하고자 하여 한번 생각을 지극히 한다면, 유(有) 밖은 또 유이고 큰 것 밖은 또 크고 높은 것 위는 또 높고 깊은 것 아래는 또 깊어서 진실로 무궁하고 또 무궁하고 또 무궁할 것이니, 어떻게 이것을 궁구할 수 있겠는가. 또 어찌 굳이 징험할 것이 없고 근거할 것이 없는 영역으로 공연히 망상(妄想)을 치달려서 수고롭게 자신의 정신을 허비할 것이 있겠는가. 어찌 돌이켜서 내 방촌(方寸)의 가운데에서 구하는 것만 하겠는가.

저 무궁한 것은 태극 가운데에 포함되지 않은 것이 없는데, 능히 이 태극을 아는 것은 나의 방촌 가운데이다. 그렇다면 지극히 넓고 지극히 크고 지극히 높고 지극히 깊은 것을 간직해두는 것에 무엇이 나의 방촌만한 것이 있겠는가. 내 방촌 가운데에 이와 같이 넓고 크고 높고 깊은 묘함이 있는데도 이것을 가려 막아버리고 어지럽혀 어둡게 하는 것은 인욕(人欲)이 아니겠는가. 만약 인욕이 깨끗이 다 없어져서 천리(天理)가 다시 밝아지면 바로 예전 그대로 본연의 전체(全體)일 것이니, 동자가 만일 능히 적자(赤子)의 마음[126]을 잃지 않는다면 이것을 알 수 있을 것이다."

126 적자(赤子)의 마음 : 순진하고 선량한 마음을 이른다. 《맹자》 〈이루 하(離婁下)〉에 "대인(大人)이란 적자(갓난아기)의 마음을 잃어버리지 않은 자이다.〔大人者, 不失其赤子之心者也.〕"라고 보인다.

旅軒性理說

校勘·標點

卷七

晩學要會

7.1 晩學要會

7.1.1 易簡篇

《易》大傳曰:“乾知大始, 坤作成物。乾以易知, 坤以簡能, 易則易知, 簡則易從, 易知則有親, 易從則有功, 有親則可久, 有功則可大, 可久則賢人之德, 可大則賢人之業, 易簡而天下之理得矣, 天下之理得, 而成位乎其中矣。”

程子曰:“乾坤之道, 易簡而已, 乾始物之道易, 坤成物之能簡。平易故人易知, 簡直故人易從。易知則可親就而奉順, 易從則可取法而成功。親合則可以常久, 成事則可以廣大。聖賢德業久大, 得易簡之道也。天下之理, 易簡而已。”○朱子曰:“乾健而動, 卽其所知, 便能始物而無所難, 故爲以易而知大始。坤順而靜, 凡其所能, 皆從乎陽而不自作, 故爲以簡而能成物。”○易知, 只是說他恁地做時不費力。坤最省事, 更無勞攘, 只承受那乾底, 生將物出來, 便見得是能。○乾健不息, 惟主於生物, 都無許多艱深險阻, 能以易而知大始。坤順承天, 惟以成物, 都無許多繁擾作爲, 故能以簡而作成物。○人之所爲, 如乾之易, 則其心明白而人易知; 如坤之簡, 則其事要約而人易從。易知則與之同心者多, 故有親; 易從則與之協力者衆, 故有功。有親則一於內, 故可久; 有功則兼於外, 故可大。德謂得於己者, 業謂成於事者。此言人法乾坤之道，至此則可以爲賢矣。“成位”，謂成人之位，“其中”，謂天地之中，至此則體道之極功、聖人之能事，可以與天地參矣。

又曰：“易簡之善，配至德。”

又曰：“夫乾確然，示人易矣；夫坤隤然，示人簡矣。爻也者，效此者也；象也者，像此者也。”

朱子曰：“確然，健貌；隤然，順貌。”

〔又曰[1]〕：“夫乾，天下之至健也，德行恒易以知險；夫坤，天下之至順也，德行恒簡以知阻。”

朱子曰：“至健則所行無難，故易；至順則所行不煩，故簡。然其於事，皆有以知其難而不敢易以處之也。是以其有憂患，則健者如自高臨下而知其險，順者如自下趨上而知其阻。蓋雖易而能知險，則不陷於險矣；既簡而又知阻，則不困於阻矣。所以能危能懼而無易者之傾也。”

愚謂易者，惟道其道，不爲艱險，當行必行，無所遲難之謂也；簡者，隨時應機，不爲繁擾，因勢效法，無所勞攘之謂也。然則易簡不是別有一種奇術也，只自是一順自然之理，不曾惹著私意，敢容較計，直盡其本分上當然之

1 又曰：문맥상 보충.

則而已。若或曲作蹊徑，巧爲權術，則非易簡也。果能易簡其道，則未嘗有不及底刻分毫釐之時節也，又未嘗有不備底百千萬億之品彙也。故易簡之道卽本於乾坤。乾健於上，以氣臨坤，而始萬物，統萬物者也。其道不易，則何以能始無不始，統無不統哉？坤順於下，以質承乾，而生萬物，成萬物者也。其道不簡，則何以能生無不生，成無不成哉？健者，乾之性情；順者，坤之性情。乾之道所以易者，能盡其健之理也；坤之道所以簡者，能盡其順之理也。健其性情也而能盡其健之理，其道不爲易乎？順其性情也而能盡其順之理，其道不爲簡乎？使萬物各得其始，無一物之不始；使萬物各性其性，無一物之不性，乾之道不易而能然乎？使萬物各得其生，無一物之不生；使萬物各得其成，無一物之不成，坤之道不簡而能然乎？乾不惟能始能統於前萬古之萬物，又將能始能統於後萬世之萬物；坤不惟能生能成於前萬古之萬物，又將能生能成於後萬世之萬物，則乾坤之道不易不簡而能無窮乎？故凡爲道於宇宙間者，能順理而不易簡者，未之有也，不順理而能易簡者，亦未之有也。宇宙間大小事業，能易簡其道而不能成就，不能長久者，未之有也，不能易簡其道而能成就，能長久者，亦未之有也。夫所謂順理者，何謂也？蓋物莫不有一定之性、當然之道，能率其一定之性者，卽其當然之道也。所以率一定之性者，卽所謂順理也；所以行當然之道者，卽所謂易簡也。固不可不順者，理也。理在必動而動有不及，卽非易也，動而太過，亦非簡也；理在必靜而靜有不及，卽非易也，靜而太過，亦非簡也；理在當剛而不及於剛，卽非易也，太過於剛，亦非簡也；理在當柔而不及於柔，卽非易也，太過於柔，亦非簡也。大抵凡道之不易不簡者，如非私意之所累，則必爲邪徑之所亂也。天地則無私意，無邪徑矣，其道豈不易簡哉？陰陽不息，五行順布，而命之於穆不已者，非天道之易乎？至柔而動剛，至靜而德方，承天而時行者，非地道之簡乎？然則天地之於健順之外，非別有易簡之道也。夫易簡之道，在三才而一也。蓋所以爲三才者，莫不有此理焉，莫不有此理，則莫不有易簡之道也。但在天地則分言之，在人則合言之，豈不以吾人則兼天地之道也哉？易以德言也而德中有道，簡以道言也而道中有德。能易者，必能簡，則未有能易而不能簡者也；能簡者，必能易，則未有能簡而不能易者也。至哉！易簡之善也。德非易簡，不得爲至德；道非易簡，不得爲至道也。道非至道，德非至德，而其能做出得事業之許大長遠者乎？天地尙不得不以易簡而知大始，作成物焉，況以吾人代天地，總萬物，而責宇宙內事業者，不用易簡而能有爲耶？易簡而天下之理得焉，故以之治心而心得其理，以之治身而身得其理，以之治家，治國，治天下，而家、國、天下之理無不得矣。苟不能易簡，雖其一心、一身尙不能爲心爲身，況於家、國、天下乎？然則易簡之爲道爲德，實不在此理之外也，惟其能體此理，不先不後，不左不右，得至善之所在者，便是易簡也。或曰："當理之易，固可以做至健之道；當理之簡，固可以做至順之道也。如或不明於爲易之理而徒有意於易，則無乃或涉於粗淺急促之病而不足以爲道焉；不明於爲簡之理而徒致意於簡，則無乃有涉於苟且徑約之病而反傷於道耶?”曰:“聖人所言之易簡，卽謂其順自然之理而易簡在其中矣。乾非有意於易，而自無不易；坤非有意於簡，而自無不簡，此所以爲至健至順之道而得大始、作成之功也。若有意於易簡者，乃人私意之累，邪徑之撓也，非順理之易簡也，豈得夫天下之理哉?”或又曰:“若必以易簡爲至道、至德，則天下之理不得無淺深、精粗、輕重之勢焉，其於淺者、粗者、輕者，可用易道矣，至於當深、當精、當重之處，何可用易道而能之哉? 天下之道又有不必易必簡之事焉。如人之爲學，必須窮萬理，盡萬善，然後可謂成也；爲禮，必須盡三百、三千之節，然後可謂備也；爲政，必須萬目畢擧，萬物俱育，然後可謂盛也，此何可徒尙簡而得之哉?”曰:“所謂易簡者，旣曰順理焉，則當深而深，當精而精，當重而重者，無非理也，其深以理，其精以理，其重以理者，自是易簡之道也。若必欲舍深取淺，舍精取粗，舍重取輕，則非理之自然也，其可謂之易乎? 至於一理不窮、一善不足，爲未成之學也。經禮三百、曲禮三千而或廢其一，爲未備之禮也。萬目中，一目不擧；萬物中，一物不育，爲未盡之政也。當成而不成，當備而不備，當盡而不盡，豈得爲簡之道乎? 無所不成，無所不備，無所不盡，然後爲順乎自然之理，行之天下萬世而當無弊也。此非易簡之道耶? 以《大易》言之，‘太極生兩儀，兩儀生四象，四象生八卦，八卦定吉凶’者，非易簡之本乎? 引而伸之，卦有六十四，爻爲三百八十四者，非出於作爲强排，無非自然之象、自然之數者，不是易簡乎? 至於文王之隨卦立言，周公之隨爻設訓者，亦莫非易簡之義也。故其在萬世之下者，筮而求之，無不與事相應，而遠在六合之外者，不行而至，如指諸掌，則非出於實理而能然乎？道非易簡，德非易簡，而能若是乎？得乾坤易簡之道，而生於天地之間者，萬物之中，惟人爲至物；衆人之中，惟聖爲至人。至人而居至位者，承易簡之道，體乾坤之德而已。三皇之所以皇、五帝之所以帝、三王之所以王者，無非此易簡之道也。皐、夔、稷、契、伊、傅、周、召之做相業者，亦此易簡之道也。聖人既歿，斯道既湮，而餘訓、遺範之載在經傳者，卽莫非易簡之道也。儒者之有學問，所以講明此易簡之道也，《小學》、《大學》卽其法也；聖人之垂道統者，所以相傳此易簡之道也，《中庸》一書卽其敎也。以德之至者而目之，則曰易簡；以道之實者而目之，則曰中庸。其德易簡，故其道爲中庸，其道爲中庸，故其德爲易簡。欲求中庸之道者，當求諸易簡之德；欲求易簡之德者，當求諸中庸之道。非至聖，不能體易簡之德；非至誠，不能盡中庸之道。惟能有至聖之德者，爲能得至誠之道也。至聖、至誠，非二人也；易簡、中庸，非二道也。”

7.1.2 近思篇

造書契以來，隨一物一事，皆有名目，其所名目，皆各字也，莫不有其要旨焉。物非一物，事非一事，今不可俱擧，茲以切近名目之七字發其義焉，餘可推類而通之也。何謂七者之名目、要旨歟？ 曰： 身惟則也，心惟誠也，性惟善也，情惟正也，道惟中也，德惟敬也，學惟成也。夫身也、心也、性也、情也、道也、德也、學也七者，吾人所必有之大目也； 則也、誠也、善也、正也、中也、敬也、成也七者，就上七大目而的擧其本然之理與當然之旨也。人之所以爲人者，不出乎七大目之互備也，七大目之互備者，不出乎七大旨之爲實也。然其爲七大目者，非各自爲一物而不相關也。人之受形而中立兩間曰身也，身之主曰心也，心之理曰性也，性之用曰情也，情之行曰道也，道之得曰德也，德之所由造曰學也。其爲七大旨者，亦無非大目之各有其實義而擧其要也。身不則，無以爲身；心不誠，無以爲心；性不善，無以爲性；情不正，無以爲情；道不中，無以爲道；德不敬，無以爲德；學不成，無以爲學。則者，有身之常理也。則，以誠而有常；誠，以善而有立；善，以正而有達；正，以中而有的；中，以敬而有一；敬，以成而始終。然則七者之爲旨，皆本於一理，非各自爲一義而不相通也。要當精認其立目之本義而不失其要旨，則於爲人之術，思過半矣。

7.1.2.1 **身惟則**

《詩》曰:“天生烝民, 有物有則, 民之秉彝, 好是懿德。”孔子曰:“爲此詩者, 其知道乎。故有物, 必有則。民之秉彝也, 故好是懿德。”

愚謂身卽物也。有身, 必有爲身之理, 卽所謂則也。爲其所秉之常, 故莫不好是懿德, 此孔子所以以“知道”讚之也。

《書》稱堯放勳曰:“欽明文思安安, 允恭克讓, 光被四表, 格于上下。克明峻德, 以親九族, 九族旣睦, 平章百姓, 百姓昭明, 協和萬邦, 黎民於變時雍。”

史氏又曰:“其仁如天, 其智如神。就之如日, 望之如雲。”

《書》稱舜重華曰:“濬哲文明, 溫恭允塞, 玄德升聞, 乃命以位。愼徽五典, 五典克從; 納于百揆, 百揆時敍; 賓于四門, 四門穆穆; 納于大麓, 迅風雷雨不迷。”

孟子曰:“聖人, 人倫之至也。”又曰:“堯、舜之道, 孝悌而已。”

史氏稱禹曰:“聲爲律, 身爲度。左準繩, 右規矩。”

湯之盤銘曰:“苟日新, 日日新, 又日新。”

《詩》曰："穆穆文王，於緝熙敬止。"又曰："維天之命，於穆不已。於乎不顯？文王之德之純。"

武王受洪範九疇于箕子。

周公思兼三王。

《中庸》曰："仲尼祖述堯、舜，憲章文、武，上律天時，下襲水土，譬如天地之無不持載，無不覆幬，譬如四時之錯行，如日月之代明。"

右皆言聖人各盡其道也。

禮九容曰：頭容直，目容端，口容止，色容莊，聲容靜，氣容肅，足容重，手容恭，立容德。

禮九思曰：視思明，聽思聰，色思溫，貌思恭，言思忠，事思敬，疑思問，忿思難，見得思義。

此二九者，皆奉持一身之則也。

愚謂人之有身也，得天之氣以爲其氣，稟地之質以爲其質，受天地之理以爲其性，象天地之形以爲其體，固與昆蟲之橫首、百卉之倒首者別矣。既謂之最貴最靈，則其可自輕自賤，不思所以踐形之道乎？惟能自盡其有身之則者，乃是踐形之道也。九容之一容不如法，非則也；九思之一思不如訓，非則也。況其五常有失其常，五典有墜其典，百行不具一行，萬善不備一善，其可謂之盡其則乎？必也言有物而行有恒，視聽言動以禮，語默動靜以時，辭受取與以義，出處行藏以道，然後可以謂之盡有身之則，而無愧乎聖賢，不負乎天地矣。聖人所以垂修身之教，而其說備載於經傳矣。

7.1.2.2 心惟誠

《大學》曰："誠其意者，毋自欺也，如惡惡臭，如好好色，此之謂自慊，故君子必愼其獨也。"

《中庸》曰："誠者，天之道也；誠之者，人之道也。"

又曰："自誠明，謂之性；自明誠，謂之教。"

又曰："惟天下至誠，爲能盡其性。能盡其性，則能盡人之性；能盡人之性，則能盡物之性；能盡物之性，則可以贊天地之化育；可以贊天地之化育，則可以與天地參矣。"

又曰："其次，致曲，曲能有誠。誠則形，形則著，著則明，明則動，動則變，變則化，惟天下至誠爲能化。"

又曰："誠者，自誠也，而道，自道也。誠者，物之終始，不誠，無物。是故君子，誠之爲貴。誠者，非自成己而已也，所以成物也。成己，仁也；成物，知也，性之德也，合內外之道也，故時措之宜也。"

又曰："至誠無息，不息則久，久則徵，徵則悠遠，悠遠則博厚，博厚則高明。博厚，所以載物也；高明，所以覆物也；悠久，所以成物也。博厚配地，高明配天，悠久無疆。如此者，不見而章，不動而變，無爲而成。"

又曰："惟天下至誠爲能經綸天下之大經，立天下之大本，知天地之化育，夫焉有所倚？肫肫其仁，淵淵其淵，浩浩其天。苟不固聰明聖知達天德者，其孰能知之？"

右二書所言，皆不出乎此誠，而天道、人道非二誠也。但人道之誠旣盡，然後可以至於天道之誠也。竊嘗論之：誠者，理之固然，道之當然，德之實然，徹上徹下，貫裏貫表，有始有終，無少假借，無少僞妄，無少間斷之謂也。天無此誠，不得爲天；地無此誠，不得爲地；人無此誠，不得爲人。惟其在天地者，初無不誠，而在人者，則有自誠之誠、有誠之之誠，而不免有天道、人道之別焉。蓋自誠之誠，非聖人，莫之有焉，而誠之之誠，終亦可一於自誠之誠，則誠之之功，其可不篤而至於至誠乎？但其在《大學》則言誠意，在《中庸》則言誠身，今乃於心乎言誠者何也？夫意者，心之所發也；身者，心之所宅也。《大學》則以善惡之幾每分於所發之初，故必於此意乎加誠之之功，其於善也，如好好色而求必得之；其於惡也，如惡惡臭而求必去之，則無所自欺而有所自慊者，所謂意誠也。意旣誠矣，則心之正、身之修，實本於此意之誠焉，故曰："誠其意者，自修之首也。"然則一篇中三綱、八條之功，莫不以誠而得之也。誠意之前，所以格物致知者，非此誠，則何得以能格能致哉？誠意之後，所以正心修身者，非此誠，則何得以能正能修哉？況至於家、國、天下，非此心之誠而能有以齊、治、平乎？至於《中庸》之誠身，乃《大學》修身以上之功夫也；至於至誠之誠所致之極功，乃《大學》齊、治、平之事業也。心爲意與身之主，故今以誠歸旨於此心焉。心之誠，由意之誠，而身之誠，實在於心之誠也。夫其於一應事、一接物之際，亦不可無此誠而致事之成，見物之順，況於做大事業，無其誠而做得致耶？此固以人而至于天道之誠者，未始不由於誠之之誠也。然則以誠爲心之宗旨者，不以此乎？既曰"不誠，無物"，苟此一心有不誠焉，則百行皆爲之無矣。況得有位天地、育萬物之道乎？此所以誠之爲理，無天人，無大小，無古今，其爲道爲德者，外此誠，無可爲者，而其本則理也，其機則心也，其要則實也。

7.1.2.3 性惟善

《書》曰："惟皇上帝降衷于下民，若有恒性，克綏厥猷，惟后。"

《大學》曰："大學之道，在明明德，在新民，在止於至善。"

《中庸》曰："天命之謂性，率性之謂道，修道之謂敎。"

孟子曰："惻隱之心，仁之端也；羞惡之心，義之端也；

辭讓之心，禮之端也；是非之心，智之端也。人之有是四端，猶其有四體也。有是四端而自謂不能者，自賊者也；謂其君不能者，賊其君者也。"

又曰："仁義禮智，非由外鑠我也，我固有之也。乃若其情則可以爲善矣，乃所謂善也。若夫爲不善，非才之罪也。"

愚竊謂上帝所降之衷，卽爲下民所恒之性，則性無衷外之性，衷無理外之衷矣。此非性之所以一於善者乎？明德之明，便是德之本明者也，而明德之德，乃是性純善之稱，則言性以德，稱德以明者，無非所以指此性之善也。故明明德、新民，一以至善爲當止之準的，此非所謂固有之性乎？天命之謂性，卽所謂降衷之性也，而率性之道、修道之教，皆不出此性之中，則非性之善而卽可以爲道爲教乎？至於孟子，則直明此性之善，而以性言性於未發之前，則只是渾然寂然，不偏不倚而已，無形容可指。故卽就其發而爲情，直從源頭感動流出，不雜私僞，純善無惡者，而目之曰："惻隱是仁之端也，羞惡是義之端也，辭讓是禮之端也，是非是智之端也。"其爲端，旣自是純善，則其爲本德也，一於善無惡者，乃可因此而知得實矣。此性是無賢愚貴賤，均所固有，故道性善，言必稱堯、舜，以明其必然也。然則其謂人性惡，或謂善惡混，或謂有上中下三品者，皆非知性之理者也。不有孟子有以本天地之理，發前聖所未發，而立此性善之論，則後之人何得以知夫此性之不可易焉而善是必所當爲與惡之必不當爲，而自力於爲善去惡之學哉？至宋兩程之出，又發氣質之性之論而曰:“形而後有氣質之性，善反之則天地之性存焉。氣質之性，君子有不性者焉。”豈不以所稟之氣，有不能皆純，而有剛柔善惡之不齊，故指其不齊者而目之曰氣質之性? 所以亦謂之性者，以其亦出於受生之初，而自旺於各心故也。此說似與孟子所謂本然之性純善無惡者異焉，而旣稱其爲氣質，又繼之曰“君子有不性者焉”。然則擧氣質之性者，卽所以明本然之性，而本然之性固是不可易也，氣質之性則有不得不變焉。不易之善，人所必守; 不齊之性，人所當齊者，豈非常道乎? 仍復思之，天地、萬物非善，不得一日爲天地、萬物也。使之爲天而生萬物，使之爲地而成萬物，使之爲萬物而達天地之化者，非善而何哉? 無天則不得生萬物，無地則不得成萬物，無萬物則不得達天地之化也，果使天地、萬物幷爲可無之物，則有無極太極之理，其何爲哉? 其所以必有無極太極之理，而不得無天，不得無地，不得無萬物者，乃所謂善也。根善曰理，行善曰道，有善曰德，至善曰誠，則所謂理也、道也、德也、誠也者，莫非以善而得名也。天地、萬物其有外於理、道、德、誠者乎? 然則受其理，任其道，得其德，稟其誠，爲物有身於兩間者，性此善而已。其目則曰仁義禮智，是孟子所謂四端之本也。謂之四德者也，以其原於天地之元亨利貞，而本無不善，故曰德。或謂之五常者，幷信而言，故加一於四而爲五焉，爲人常性，故曰常。蓋其所以爲德爲常者，無非以本然之善而稱之也。其爲仁也，以天地萬物爲一體; 其爲義也，制萬事之宜; 其爲禮也，秩天下之序; 其爲智也，通萬物之理; 其爲信也，實仁，實義，實禮，實智，而無假借也。然則不善而能體，能制，能秩，能通，能實乎？此固性善之實也。夫既此一善爲之本，爲之源，爲之綱，爲之領，然後無極太極之理，得不失爲理，而于以爲之道，爲之德。在一身而性情、言行無不得其常，在一家而父子、兄弟、夫婦無不得其情，在一國而君臣、民物、上下、大小無不得其分，以至天地位、萬物育者，皆其道也。此豈非性善中推而極之者哉？

7.1.2.4 情惟正

孔子曰："七十而從心所欲，不踰矩。"

此聖人之情也。不踰矩則所欲皆所當欲也。其有一念之非天理者乎？然而必言於七十之後，則十有五之志學，三十之立，四十之不惑，五十之知天命，六十之耳順，乃在其前矣，雖其以天縱之聖，其言之敍，似若有積累之漸而至此地頭也。況在凡才，不有積功而能遽正乎？

《大學》誠意章曰："所謂誠其意者，毋自欺也，如惡惡臭，如好好色，此之謂自慊，故君子必愼其獨也。"

此言其好惡必如是，然後乃能自慊而意誠也。其功專在於愼獨也。

又正心修身章曰："心有所忿懥，則不得其正；有所恐懼，則不得其正；有所好樂，則不得其正；有所憂患，則不得其正。"

此四“有所”者，皆由其情之有拘，而便至於心不正而身不修也。

又修身齊家章曰：“人之其所親愛而辟焉，之其所賤惡而辟焉，之其所畏敬而辟焉，之其所哀矜而辟焉，之其所敖惰而辟焉。故好而知其惡，惡而知其美者，天下鮮矣。”

此五“之辟”者，皆由其情之所辟，而便至於身不修而家不齊也。故以“好而知惡，惡而知美者鮮矣”及諺語“莫知子惡、苗碩”終焉。

又齊家治國章曰：“一家仁，一國興仁；一家讓，一國興讓；一人貪戾，一國作亂，其機如此。此謂‘一言僨事，一人定國’。”

此莫非一人之情之正與不正而一國之治亂由之也。

又平天下章曰：“所惡於上，毋以使下；所惡於下，毋以事上；所惡於前，毋以先後；所惡於後，毋以從前；所惡於右，毋以交於左；所惡於左，毋以交於右，此之謂絜矩之道。”

又曰：“民之所好，好之；民之所惡，惡之，此之謂民之父母。”

又曰：“惟仁人，爲能愛人，能惡人。”

又曰：“好人之所惡，惡人之所好，是謂拂人之性。災必逮夫身。"

此皆言上之人必能公其情，然後上下四方均齊方正，而天下平矣，不然，災必逮身也。

《中庸》曰："喜怒哀樂之未發，謂之中，發而皆中節，謂之和。中也者，天下之大本也；和也者，天下之達道也。致中和，天地位焉，萬物育焉。"

此言位育之極功，亦不外乎中和之致焉。情之在人者，其係豈不大哉？

孟子曰："凡有四端於我者，知皆擴而充之，若火之始然，泉之始達。苟能充之，足以保四海；苟不充之，不足以事父母。"

此言四端之充與不充而其得失不啻霄壤也。

竊謂情者，發於性而爲性之用也，其目則曰喜、怒、哀、樂、愛、惡、欲之七也。其在性之本然也，固未嘗有不善焉，而及其發而爲情，則始不能無正與不正之異，而善惡於是乎分焉。人之聖狂，道之得失，德之吉凶，身之福禍，家之成敗，國之治亂，世之否泰，無非出於此情者也。蓋吾人性情，雖曰在吾之方寸也，而其理則不但與類族黨屬相關而已，至與天地、萬物、宇宙、古今亦必爲之相通焉。故歷觀已往之跡，其理昭然，其機必然，可不畏哉？可不戒哉？恒人之心，知覺不達，莫究此理，則未嘗不以爲此身之微，非若王公大人之居于萬人之上，責夫邦國之事業者也，一喜怒之妄，一情欲之肆，其何係於天地、鬼神哉？彼莫知自身旣爲天地中一物，則雖在至微至賤之位，其所資以生則天地之氣也，其所賴以保則天地之理也。旣自戾其所資之氣，自逆其所保之理，而不能自制其情，肆逞於覆載之間，則其能幸免者，十無一二。雖其禍敗不若王公大人之所喪極大，所敗莫酷，惟其得罪於天地、鬼神、古今、名教，則未嘗不與在上者而同其慘也。但其位在微賤，衆人耳目所及者不廣焉，其理則豈有大小、貴賤哉？恒人且如是矣，況乎在上者之禍福哉？此莫非方寸中所發之情爲之機也。然則所謂情之正與不正，其何察乎？其目有七，而其爲機則無不同也。其始發也，當發而必發者，正也；當發而不發與不當發而發者，不正也。其方發之際，當輕而輕，當重而重者，正也；當輕而重，當重而輕者，不正也。其已發之後，其心如水鑑之自止自虛於照過者，正也；其或留繫於心，不能自遣者，不正也。其克正之效、不正之驗，無非此理之所必然也，爲吾人者，可以知所勉矣，知所戒矣。可不勉乎！情旣正矣，而心和，氣和，形和，家鄉、邦國無不悅，天地、鬼神無不順，其爲慶也如何哉？可不戒乎！情不正矣，而心怍，氣餒，形縮，家鄉、邦國無不怨讟，天地、鬼神無不加怒，其爲禍也如何哉？然則此情之正不正，其所係如何哉？

7.1.2.5 **道惟中**

堯之禪舜曰：“允執厥中。”

此大堯以此道傳之大舜也。

舜之禪禹，加以用功之要曰：“人心惟危，道心惟微，惟精惟一，允執厥中。”

此大舜又以此道傳之大禹也。

湯建中于民。

此成湯得傳于大禹之道也。

文王純亦不已，緝熙敬止。

此文王所純者，卽執中之德也；無不敬者，卽用中之道也。

武王建用皇極。

此武王所建之極，亦聖聖相傳之道，而不出乎厥中者也。

周公思兼三王。

此周公所思兼者，卽是三王之道，則厥中之外，豈有道哉？

孔子依乎中庸，遯世不見知而不悔。

又曰：“道之不行也，我知之矣，智者過之，愚者不及也。道之不明也，我知之矣，賢者過之，不肖者不及也。”

此則孔子祖述堯、舜，憲章文、武，上律天時，下襲水土之道也。如顔子、曾子、子思、孟子，一以孔子爲宗，則其所依者，莫非中庸之道也。

竊嘗以爲道者，卽日用常行，不可須臾離之謂也。一唯自然之理而已，心焉而和，身焉而安；言焉而法，行焉而則；動焉而宜，靜焉而宜；在我而宜，在人而宜。可以宜大，可以宜小；可遠而遠，可近而近；窮可以獨善，達可以兼善。爲父子而父子親，爲君臣而君臣義，爲夫婦而夫婦別，爲長幼而長幼序，爲朋友而朋友信，可以行於家、可以行於國、可以行於天下。考諸三王而不謬，建諸天地而不悖，質諸鬼神而無疑，百世以俟聖人而不惑，然後可以謂之道也。若一有所妨，一有所害，一有所不偏[2]，一有所不繼，則不可謂之道也，豈須臾不可離者哉？然則非所謂中焉，而可以極天地，通古今，順萬事萬物乎？中者，以有形之物言之，距上下四方，適均齊正，不相差殊之處也。凡物偏於左則遠於右，偏於右則遠於左，偏於前則遠於後，偏於後則遠於前，其於上下亦然，故惟中無偏。所以必以此中言之於日用常行之道焉，惟其不

2 偏 : 문맥상 “徧”인 듯함.

偏不倚無過不及者是也。以理則一定而不可易，以義則當然而不可違，以德則至善無欠，以心則洽當無憾，以事則十分爲是也。天以此中爲道，故其無不覆幬者，確然於上，於穆不已，而萬古如一日；地以此中爲道，故其無不持載者，隤然於下，不少變遷，而萬古如一日焉。古之聖人爲三皇，爲五帝，爲三王，亦莫不以此中爲道，故其道發育萬物，峻極于天，其化澤經萬世而無窮焉。此非斯道之爲中也至矣者乎？天於上而道此中，地於下而道此中，聖人君於上而道此中，臣於下而道此中，不論上下尊卑，皆以中爲道者，又豈非中無定體，隨位有中，隨時有中，隨事有中，隨物有中故也？固以中者，理之爲的也，無時無理，無處無理，無事無理，無物無理，則理何往而不爲中乎？然而天地與聖人至誠無僞，至純無雜，故其道自不離於此中，而萬古而天，萬古而地，聖亦萬古而師也。人不能皆聖，氣稟之不齊者，拘之於初，物欲之隨感者，蔽之於後，而道不得不遠於中焉。此學問之所以有術，教化之所以有法也。中之理，必待講明然後可擇也；中之道，必待體履然後可執也。舜、禹之精一，《大學》之格致誠正，孔門之博約，非其術與法乎？上古之“不識不知，順帝之則”，三代之“會其有極，歸其有極”者，無非此教化、學問之爲法爲術也。故至今載在九經者，無非聖賢擇中用中之道，而其說最備於子思之《中庸》。孔子曰“中庸其至矣乎．民鮮能，久矣”，況愈降之後世乎？夫道一本而已，其本卽無極太極之理也。其初豈有異說哉？惟以教化不明，學問不勉，然後道失其中，而卑者皆患於不及，高者又患於必過。此乃所謂異端者作，而此道之晦塞也極矣。異端亦何嘗爲理外之人哉？以其失此中，而由毫釐之差，爲千里之謬也。如仁失其中而爲兼愛之墨，義失其中而爲爲我之楊，如禪家之論心性、道德，無非此中之失也。然則韓文公所謂“明先王之道以道之”者，果庶乎其可也。

7.1.2.6 **德惟敬**

德之於人，大矣哉。德者，心之所據、身之所宅也，理之所會、道之所凝也。心無定形，非德，其何據乎？身無定位，非德，其何宅乎？非德而據，心莫心也；非德而宅，身莫身也。理自無極，必須會得然後心能通也；道自無窮，必須凝得然後身能完也。此非吾人之所尙者德乎？敬之於德，主矣哉。敬者，操心撿身之要法也，明理造道之大本也。心須操然後心之理始得，而一理之爲原，萬殊之致用者，從可以明之也；身須撿然後身之道始迪，而萬善是集，百行皆備，而聖道可造也。此所以人之爲人，惟在於德矣，而德之爲德，惟在於敬矣。不敬而能德者，無其理也，無其道也。敬不是從外做來者也，自是以心會理，以身體道之綱領，而實乃人性之眞也。其有振作之意者卽是仁也，其有愼密之意者卽是禮也，其有嚴收之意者卽是義也，其有明通之意者卽是智也，其有完實之意者卽是信也。然則五常之德都在其中矣。至其喜怒哀樂愛惡欲之發而爲情者，敬爲一心之主宰，故當喜必喜，當怒必怒，當哀必哀，當樂必樂，當愛必愛，當惡必惡，當欲必欲。又令發不得肆焉，無所不節，則七情之德皆由此出也。所以謂之“德之聚”、“福之基”者，不以此乎？一敬在中，而於左於右無不逢原，視聽言動之以禮，周旋折旋之必中規矩，干邪莫干，百誘俱退者，不期然而然矣，敬久則誠矣。《中庸》曰“誠則形，形則著，著則明，明則動，動則變，變則化，唯天下至誠，爲能化”，此則至誠之化由於敬也。又引“奏假無言，時靡有爭”之詩曰：“故君子不賞而民勸，不怒而民威於鈇鉞”，此則民勸、民威亦由於敬也。又引“不顯惟德，百辟其刑之”之詩曰：“是故君子篤恭而天下平”，此則天下平之盛，亦由於敬也。故從古聖賢爲聖爲賢之德，未有不以敬而致焉。堯之欽明允恭，舜之濬哲溫恭，禹之惟精惟一，湯之日躋，文王之緝熙，武王之無貳，無非此敬也。故進德，入德，明德，成德，其門、其路、其爲工夫，雖非一概言也，而其要則莫切於此敬也。若外此敬而言德，則非知德者也。

7.1.2.7 **學惟成**

天地、萬物未爲天地、萬物之前，先有其理焉。天得其理，爲天於上而有天之道焉；地得其理，爲地於下而有地之道焉；萬物得其理，爲萬物於天地之間，亦莫不各自有其道焉。吾人則亦在萬物之中而最貴最靈，爲天地之胤，爲萬物之長。故天地、萬物之理，無所不備於一心之中，而其身以天地間事爲吾之責，當不得有所遺焉，則其爲道豈不大哉？若旣爲人矣，而不自盡其責，於道之大有少欠焉，則其不愧於有人之形乎？夫旣欲盡其責，必也於其理之所在，無所不知；於其道之所包，無所不能，然後可以謂之盡吾人之責也。若非至聖、至誠，何其能無所不知，能無所不能哉？所謂至聖、至誠者，其知、其能，能盡得十分者也，果與天地同其道，同其德矣。自是以下，雖其已及九分矣，而尙有未及其一分，則便非至也。必須致功以充其一分，然後至十分也，自八分以下皆然，隨其所未及之分數，而必須充致得十分，然後爲至也。所謂致功者，卽所謂學也。不學而自至者，無其理也。所謂學者，以其不知問於知者，而我亦得知也；以其不能問於能者，而我亦得能也。知之未及，能之未盡者，若不從事於學，則九分、八分者皆自爲九分、八分而止矣，終無有到得十分之日矣。學矣而未至于十分地頭，則非所謂成也。學而不成，則雖曰不學，可也。學筭數而未至於隷首，非筭數之至也；學律呂而未至於伶倫，非律呂之至也。故學道德而未至於堯、舜、周、孔，卽非道德之至也。其業之不至者，便是不成也。爲山九仞，功虧一簣，則一簣之虧，不免爲未成山也，鑿井而不及於泉，則亦不免爲未成井也。學而不至於至聖、至誠，其何謂之成乎？或曰："人各有力量，力量之右，雖勉而不能，故以顏子之卓越，而終未達一間，以曾子之篤實，而亦止爲曾子。其以天縱爲依歸，則有大聖師也，與七十同門，則有諸賢友也。然而未得繼爲孔子，此非力量之難擴乎？"曰："人之於學，能盡其力量，是爲得矣，而能盡其力量者鮮矣。孔門之七十子，皆其自盡力量者也，而其或莫之至者，有不幸耳。如其氣稟之不得無拘，知得之有所未及者，如能眞積力久，則未有終不能撥脫也。若顏、曾，孔門中年最少也，皆在孔子之末年，而顏子所未達者一間，曾子亦已聞乎一貫，則實是資品之高，用功之篤也。設令克享堯、舜之齡，顏子不夭，曾子久侍，則二子之所到，安知其不止爲亞聖而已哉？此則命也，非人力之所及也，故曰：從事乎此學者，能盡其力量，則是爲得矣。爲學而自盡力量者，未有不爲君子者也。盡其力量，其在人矣，在我用志而已。況生于天地，既得爲人，則人莫不有其爲人之力量焉。彼爲至聖、至誠者，亦自非吾人凡分之外，別有特受之力量，其亦能盡乎人所得爲之事，而便能致于至聖、至誠之域也。雖在凡常之氣質，果能篤志於盡人之分，則力量我可以自辦，而能無所不至矣。若曰吾力量止此而已，至聖、至誠，吾何可望乎云，則是所謂自棄者也。”或曰：“子以成爲學之要歸，則成固至矣，而何不言成之之功乎?”曰：“爲學功夫之本末、次第，先聖、先賢垂訓於經傳中者備矣，但患人自不力焉爾。”

7.1.3 **分合篇**

凡爲道理，其初也不得不一，其變也不得無分，其終也不得無合，有如水之源派、木之本枝、網之綱目。其爲源，爲本，爲綱也，則不得不一；其爲派，爲枝，爲目也，則不得無分。其不得無分者，亦有二焉。自一而變，則源必派，本必枝，綱必目者，卽其分也。又其變分之中，派不獨派，枝不獨枝，目不獨目者，亦分也。雖其不能無分也，而源派皆水也，本枝皆木也，綱目皆網也，則玆非終合者乎？蓋雖一般道理，而不得無本末、先後、上下、內外，而有相承焉，有相配焉，有相須焉，有相濟焉。故自不得不分，而又不得不合者，其勢之自然也。不然，其何以爲造化之機、經綸之道哉？學者之認會此理也，亦必須能分能合，自一而二之，從二而一之，然後有以契夫相承、相配、相須、相濟之妙，而會得一原之旨也。此分合之所以有說也，餘可類以通之也。

7.1.3.1 **理氣分合**

7.1.3.1.1

理卽氣之本也、主也，而統總條貫，無象無窮者是也。氣卽出乎理、行乎理也，而充滿運行，無隙無間者是也。有理故斯出氣，出氣故爲其理。理者，氣之理也；氣者，理之氣也。安有無理之氣，又安有無氣之理哉？究其所以爲氣者曰理，指其有以行理者曰氣，所以者，其本也；有以者，其用也。此其名目之不可不分也。然而不有所以者，則焉有有以者哉？此其不爲之合而自合者也。故理之所存，氣便存焉；氣之所行，理自行焉，言理則氣在其中，言氣則理在其中矣。然則析以分之者，名目之設也，合爲一體者，理氣之常也。若因其名目之分，而遂以爲界別相對之物，則理氣便是各自爲本，而雙立竝行於宇宙之間也，理豈得爲氣之理，氣何得爲理之氣哉？定自無是理也。孔子《易·繫辭》曰："太極是生兩儀，兩儀生四象，四象生八卦。"周濂溪《太極圖說》曰："無極而太極，太極動而生陽，動極而靜，靜而生陰，靜極復動。一動一靜，互爲其根，分陰分陽，兩儀立焉。陽變陰合，而生水、火、木、金、土，五氣順布，四時行焉。五行，一陰陽也；陰陽，一太極也；太極，本無極也。"此皆非理氣一本之謂乎？故從古聖賢之立教設訓也，未嘗有理氣之辨，而但於善惡、邪正、義利、公私、是非、得失之際，必分其界限，如水火、黑白之不可亂也，使之爲善去惡，服正閑邪，取義舍利，從公滅私，有是無非，必得毋失而已。《大學》之所以爲學，《中庸》之所以爲道，《魯論》、《鄒書》之所以垂訓，上至《詩》、《書》、《禮》、《樂》、《易》、《春秋》之所以爲經者，未有分理氣而立言也。孰有爲善去惡，服正閑邪，取義舍利，從公滅私，有是無非，必得毋失矣，而有違於理氣之正者哉？如是則主乎氣之理，既無不全，而出於理之氣，亦無不順矣，如是而有道未立、德未成者乎？蓋理氣之辨，至後儒而其說紛紜焉，此亦不得已者也。固以世降以來，聖遠言湮，教弛道晦，則善者少而惡者多，正者少而邪者多，義者少而利者多，公者少而私者多，是者少而非者多，得者少而失者多。則何可不究其原而判別之，使人知夫主乎氣之理未始不善，而出於理之氣有時不能無雜，故善惡、正邪、義利、公私、是非、得失，不免竝立而互勝負焉？此所以理氣之分，不得不多說也。然而其說莫非主理而言氣，則其何傷於此理之本一哉？此固分合之不可無者也。

7.1.3.1.2

又曰："天地、萬物所以必爲天地、萬物者，理也；天地、萬物所以能爲天地、萬物者，氣也。不有'所以必爲'之理，天地、萬物何自而生乎？不有'所以能爲'之氣，天地、萬物何從而成乎？然則天地、萬物之爲天地、萬物者，乃理氣之所爲矣，若理氣之爲理氣者，其孰爲之而有此理氣歟？"曰："理也者，本自有焉，不容一刻無焉，不容一隙無焉，無其先也，無其後也，無其上也，無其下也，無其彼也，無其此也。不待有之然後有矣，不待爲之然後爲矣。此所以謂之理也，豈非無極而太極者乎？若夫氣者，理之大用也。旣有理矣而不有氣焉，獨理不得以致事業也。事業之不致，則理何能爲有而可以謂之理哉？唯其有理矣，不得斯須無氣，故時無無理之時，而氣亦無時而不有焉；境無無理之境，而氣亦無境而不有焉。此其所以能生成天地、萬物，而理得有夫大事業者也。然則氣非自爲氣也，乃是自理而生也，而氣之成功，卽所以成理之事業也，氣何嘗有離理之時哉？天地未判，理氣在混沌之中；天地旣判，理氣在天地之中；萬物旣生，理氣在萬物之中。理之所在，氣必在焉；氣之所在，理必在焉，未有有理無氣之物也，亦未有有氣無理之物也。但理則眞而無妄，純而無雜，善而無惡，中而無偏，正而無邪，公而無私，直而無曲，順而無逆，平而無險，統而無紊，實而無漏，通而無塞，全而無虧，一而無二，常而無變也， 而氣則或不能無妄、無雜、無惡、無偏、無邪、無私、無曲、無逆、無險、無紊、無漏、無塞、無虧、無二、無變。 此則氣之有反於理者， 不得無分於理也。然而乃是爲氣末流之弊也， 則所不能自免之病耳， 其何傷於理之本體哉？ 況又得理氣之全，主理氣之化者，一以理而裁之， 使其氣之不齊者咸歸於理， 則畢竟莫不爲理中之氣矣。此乃不能無分而終不得不合之道也。”

7.1.3.2 天地分合

形於上者，天也；形於下者，地也。其容則天覆而地載，其位則天尊而地卑， 其體則天氣而地質， 其象則天圓而地方，其色則天玄而地黃，其品則天輕淸而地重濁，其德則天高明而地博厚， 其性則天健而地順， 其常則天動而地靜， 其道則天資始萬物而地資生萬物。 此天地之所以分也。然而有覆故有載，而不載則無所覆；有高故有卑，而無卑則不成高。 至其氣質之相須， 圓方之相濟， 玄黃之相麗，健順之相應，動靜之相交，輕淸者必因於重濁，高明者必待於博厚，則豈可有天無地，無天能地哉？ 蓋天地未生，其初一元氣也。 一元氣爲元氣而已，則無以致造化之道，故於是乎爲天而上、爲地而下，天地定位，然後山澤通氣，雷風相薄，水火不相射，而造化行矣，兩間之萬物備矣，宇宙爲不空器矣。此乃合天地而爲宇宙，有如合君臣而爲一國，合夫婦而爲一家也。然則天地之事業，其不以一理一氣而有是哉？天地是一理一氣中天地，則豈是天自天，地自地，而都不相屬者乎？其爲物則天包地外而地在天中，其道、其事業則一造化之流行者爾，其可分天地而二之乎？

7.1.3.3 **陰陽分合**

徒理而不有氣焉，不可得以生物，理須有氣然後爲能辨許多事業，故氣之所以不得不作於理中者也。其所以必分爲陰陽兩儀者何歟？蓋動靜闔闢者，氣之性也；唱和感應者，氣之情也。不有動靜闔闢，其何以爲造化之機；不有唱和感應，其何以致生成之功哉？有動則必有靜，既靜則又必動；有闔則必有闢，既闢則又必闔，而一動一靜，一闔一闢，不得不相須矣。有唱則必有和，既和則又必唱；有感則必有應，既應則又必感，而一唱一和，一感一應，不得不相須矣。此造化之機所以不息，生成之功所以無窮，而天地之爲天地，萬物之爲萬物，未嘗不在於動靜、闔闢、唱和、感應之中也。惟其動也、闢也、唱也、感也者，所謂氣之陽也；靜也、闔也、和也、應也者，氣之陰也。此陰陽之所以不得不分也。然而動乃靜者之動，而靜亦動者之靜也；闔乃闢者之闔，而闢亦闔者之闢也。當唱而唱者，必爲當和之和，而當和而和者，又必爲當唱之唱。當感而感者，必爲當應之應，而當應而應者，又必爲當感之感。則陰陽卽一氣也，而但有隨時而變，故似有兩種氣也。其所以不得不分者，乃所以致一理之用也。此非陰陽之合乎？故曰：“一陰一陽之謂道。”

7.1.3.4 **陰陽五行分合**

宇宙間萬變萬化，都不出陰陽兩儀而已，橫看而爲對待，豎看而爲流行，皆此陰陽也。以實體言之，自天地之大，至萬物之微，自元、會、運、世、歲、月、日、辰，至刻、分、釐、毫、絲、忽、眇、沒。以易書言之，爲四，爲八，爲十六，爲三十二，爲六十四，爲三百八十四者，莫非此陰陽也。而又以五行分之者何歟？曰：陰陽二氣有以盡天地之變者然矣。然而陰之爲陰，陽之爲陽，實非截然爲陰，截然爲陽，其作也有幾，其行也有漸。故不能無稚盛之異，而稚時之爲候，不及於盛時之爲候，盛時之爲候，自別於稚時之爲候，則稚氣微輭，盛氣充完。當微輭而充完，不可也；當充完而微輭，不可也。二氣既不得不分其稚盛而二之，故二氣各有二行，於是乎爲四行，卽所謂木也、火也、金也、水也，而四行不得土，不成，故竝土爲五行焉。以生出之序言之，則水、火、木、金、土也；以布行之序言之，則木、火、土、金、水也。以生則水、木陽，火、金陰也，而土爲五行之終；以行則木、火陽，金、水陰也，而土則寄旺焉。此必有五行之分於陰陽也。然而五行之行，莫非終始陰陽而成歲功，則豈非必合於陰陽者乎？故曰：“五行，一陰陽也。”然而五行之爲五行也，卽出於陰陽，故水、火、金、木雖其於陰陽皆各有所屬，而屬於陽者，固不是獨陽之所生，而必須竝於陰而生矣；屬於陰者，亦不是獨陰之所生，而必須竝於陽而生矣。況土之居中央者乎？及其各爲一行也，水亦有陽水、陰水，火亦有陽火、陰火，金、木、土亦然，則五行皆各有陰陽也。此非二氣五行之一理一氣者乎？又不惟皆各有所稟之陰陽，五行之爲各行也，亦莫不各具五行之理氣，然後得自爲各行焉，則五行亦各有五行矣。此二五之所以一理氣之分合也。

7.1.3.5 **四德五行分合**

文王著乾坤卦辭，皆稱元亨利貞，孔子《文言》分而說之，曰"大哉！乾元。萬物資始，乃統天"，是元也；曰"雲行雨施，品物流形"，是亨也；曰"乾道變化，各正性命"，是利也；曰"保合大和"，是貞也，此卽四德也。元者，生物之始；亨者，生物之通；利者，生物之遂；貞者，生物之藏。始爲春，通爲夏，遂爲秋，藏爲冬。此乃四德爲天道之常也。箕子陳洪範，初一曰五行：一曰水，二曰火，三曰木，四曰金，五曰土。濂溪《太極圖說》有曰："陽變陰合，而生水、火、木、金、土，五氣順布，四時行焉。"此乃五行相生而成始，相克而成終，幷爲二氣之分、造化之具者也。氣焉而行於天，質焉而具於地，序焉而流於歲、月、日、辰。在八卦，乾、兌爲金，震、巽爲木，坎爲水，離爲火，艮、坤爲土。在方位，東爲木，南爲火，西爲金，北爲水，中央爲土。在四時，春爲木，夏爲火，秋爲金，冬爲水，寄旺爲土也。然則四德之元、五行之木，同主東、春；四德之亨、五行之火，同主南、夏；四德之利、五行之金，同主西，秋；四德之貞、五行之水，同主北、冬。其名目旣異，而其時、位則同者何歟？雖同時、位，所司之化異耶？曰：四德、五行，一理也，以德言則曰元亨利貞，以氣言則曰木、火、金、水。德者，蘊乎理者也；氣者，行乎理者也，德布而氣在其中，氣行而德在其中。元德之始，以木氣之溫也；亨德之通，以火氣之烜也；利德之收，以金氣之涼也；貞德之藏，以水氣之寒也。此固四德、五常，其名目之異者，德與氣之分也；其時、位之合者，卽一理也而其化亦一也。

7.1.3.6 三道分合

三道者，天之道、地之道、人之道也。以其位于上而謂之天，位于下而謂之地，位于中而謂之人矣。蓋宇宙之理，上不可無天，故於是乎必有天；下不可無地，故於是乎必有地；中不可無人，故於是乎必有人焉。以其有不可無天之理，故天得其理而爲天之道；有不可無地之理，故地得其理而爲地之道；有不可無人之理，故人得其理而爲人之道。孔子傳《易》曰："立天之道曰陰與陽，立地之道曰柔與剛，立人之道曰仁與義。"此乃天、地、人之道所以分也。謂天、地、人曰三才。才者，能盡其道之稱也；道者，能順其理之稱也。然則天以陰陽爲道者，以其順爲天之理者，不出此陰陽之二氣也；地以剛柔爲道者，以其順爲地之理者，不出此剛柔之二質也；人以仁義爲道者，以其順爲人之理者，不出此仁義之二德也。然則同是道也，而天必以氣爲道，地必以質爲道，人必以德爲道者何也？夫資始萬物者，天也，而資始萬物之道，非氣不能也；資生萬物者，地也，而資生萬物之道，非質不能也；參贊天地，經綸倫紀者，人也，而經綸倫紀，參贊天地之道，非德不能也。氣者，造化之機也；質者，造化之器也；德者，經綸參贊之理也。氣也、質也、德也三者，實一理也，而氣雖能始之，不得質，不生；質雖能生之，不得氣，不始。此獨氣、獨質之不能成造化，而天地竝位，然後萬物得有也。又天地雖能造化，必有位中之人，然後可以立倫紀經綸之道，而贊天地造化之功也。然則爲之氣，爲之質，爲之德者，道之所以分也；有天然後有地，有天地然後有人物，而人能位天地、育萬物者，道之所以合也。然此則就三才之道而言分合也。又以人道言之，心之有五常之性，身之有五倫之則者，無非理一分殊之爲也，而乃所以合不得無分，分不得無合者也。

7.1.3.7 **三才分合**

覆于上爲天，載于下爲地，中于兩間者爲人，是曰三才。覆於上則以生物爲道，載於下則以成物爲道，中於兩間則以裁成輔相、參贊化育爲道。才者，有事業之謂，三才之所以有稱，卽以此也。天之道曰陰與陽，地之道曰柔與剛，人之道曰仁與義。其形旣異，其位旣分，其道旣別，其事業旣殊，則似乎不相繫也。而竝稱之曰三才，則豈是天自天，地自地，人自人，而不相繫乎？形之異者，所以致其同也；位之分者，所以致其合也；道之別者，所以致其一也；事業之殊者，所以相濟也。有覆故有載，而又必有所覆、所載之物，則覆載與物相須也。有上故有下，而又必有上下之中，則上下與中相須也。方圓旣形，而形之長短者隨之，則方圓長短相須也。陰陽，氣也；剛柔，質也；仁義，德也。氣不能獨行，待質而行；質不能獨成，待氣而成；氣質又不能徒具，必待有德而致元化。至於生生之天、化化之地，　必待夫經綸參贊之人而得盡其道，得畢其事業，則三才之立，豈非一理之爲哉？然則爲天爲地之理，卽爲人之理也；爲人之道，卽爲天爲地之道也。爲吾人者，其可自小，而醉生夢死於覆載之間乎？或曰：“責參三之道者，聖賢之事也，又須達而在上爲君相者，乃得展其業矣。若畎畝耒鋤之徒、斧·鉅·刀·削之類、市井販利之輩，名雖人矣，何得責宇內之事乎？”曰：“莫非人也，莫不受五常之性也，莫不有五倫之道也。各分其分，各職其職，而不失其所受之性，能順其五倫之典者，亦豈非自盡之道而不拂乎君相之化，無愧於有人之形哉？況粟米、麻絲，不農則何從而出乎？器皿不工，則何從而造乎？貨財不賈，則何從而通乎？此皆人事之所不可無者也。”或曰：“人則然矣，至於羽·毛·鱗·介、動植之物，有何所責，而亦不得不囿於竝育之中，群群林林以致紛紜，充雜於世間乎？”曰：“此亦造化之自然也。天地生物，豈嘗有簡擇去取之意哉？以無所不具之理，出無所不足之氣，產無所不備之品彙，自爾群群，自爾林林，何必貴者、大者獨有，而賤者、微者獨不可有哉？亦莫不各生其生，各化其化，而雖以至賤至微，皆共爲貴者、大者之所使、所需矣。此非天地之心、自然之理乎？是如人物軀體中毫毛之不可勝數者，亦莫非各體之所不得不有，而無非擁體衛身之具，則不可謂理外之物也。此乃滿兩間萬類，天之所必生，地之所必產，人之所必仁，而三才之道於是乎益盡矣。”

7.1.3.8 **性命分合**

凡受形於天地之間者，人與物也。人固不可得以計數矣，況於物其可得以數悉乎？ 然而無性外之物， 有物則必有性矣；無命外之性， 有性則皆天命也。 性者卽其所以爲物之理也。固有其爲是物之理，故於是乎生而爲是物；又有其爲彼物之理，故於是乎生而爲彼物。既自無徒有其理而無其物者，又安有既有其物而無其理者乎？此所以物莫不有其性也。物既莫不有其性，則性豈爲物者之所自作乎？物非爲物然後有其理也，本自是有其理，故爲其物，則理之所自而出者，非天乎？天有其理以生其物，則爲物之理，非天所命乎？此所以物無性外之物，性無命外之性也。然則天之命物也者，其果一一天臨而命之乎？物之受命也者，其果物物就天而受之乎？曰：不然也。天有此理，理無不遍；理有此氣，氣無不充焉。既無無氣之地，故隨地有物，又無無理之氣，故隨物賦理。此所以物無不生，理無不賦，而物物皆性，性性皆命也。然則天命、物性卽一理也，而謂之命，謂之性者，何歟？蓋天在乎上，以其在天之理，賦與在下之物，故曰命也。物受天命，各爲固有之理，故曰性也。命者，以天賦而名之也；性者，以物理而名之也。自天之命卽爲在物之性，在物之性便是自天之命也，非二理也。故曰“知性則知天”，又曰“盡性以至於命”。

7.1.3.9 **五常分合**

7.1.3.9.1

性有所秉之彝，目其爲德則有五，故曰五常。常卽彝之謂也，曰仁、曰義、曰禮、曰智、曰信是也。 惟其一箇性乃有五者之目，何歟？蓋一原之理，初非有形可分也、有數可計也，止可謂之無極太極也， 而苟能精認其所以隨時隨變而發者， 則亦自有條界之分焉。以在天地者言之，則其爲統總造化之生始者曰元，因其元之所生而暢盛者曰亨，因其亨之所盛而收遂者曰利，因其利之所遂而藏定閉固者曰貞，此天地之四德也。若其五常之信則在天地爲何名目歟？所謂誠是也。誠者，實之謂也。四德一有非實而能德者乎？蓋太極之有造化、爲生物也，造化之始，不元則無以生也；旣生矣，不亨則無以盛也；旣盛矣，不利則無以遂也；旣遂矣，不貞則無以固也。四德之所以生之、盛之、遂之、固之者，不誠則無以成功也。此固五者之不可不備，而不可闕一者也。此理在天地如是，故得此理而爲性者，一性之中，亦莫不有五目之界分焉。仁爲愛之理，禮爲敬之理，義爲宜之理，智爲別之理，信爲實之理，此乃五常之分。不是在人然後有分也，在天地而旣有分焉。一理之中，如不有五者之條分，則其何以爲天地之造化，其何以爲吾人之事業乎？然而其不得不備，不得不分者，所以有大用也。備而後爲德之全，分而後爲道之達者，所以爲全體也。非全體，不得爲大用；非大用，莫得爲全體，此非所以爲至理者乎？

7.1.3.9.2

又曰："仁者，衆善之長也，生生之本也。其大也無所不包，其遠也無所不至，則惟此一德足以爲此道之無窮也，而又必有禮有義，有智有信，而幷之者，何歟？"曰："仁焉而禮、義、智、信四者，自不得不備焉。此乃仁之所以爲善之長、生之本也。夫禮者，敬順之德也；義者，制宜之德也；智者，明別之德也；信者，誠實之德也。仁自是衆善之長、生生之本，則衆善之用，不可以一善而盡之也；生生之道，不可以一德而咸之也。故必有敬順之德，然後以會其嘉，而尊卑、貴賤、親疏、大小各得其序，各安其則，而生生之道，有以暢矣。又必有制宜之德，然後以收其亨，而事之有限者，準限而止，物之有度者，及度而定，不令有越限之事，而事盡端緒，不令有過度之物，而物具始終，故生生之道于以立矣。又必有明別之德，然後以藏諸用，而通天地之理，會性命之原，盡事物之常，而生生之道于以成矣。又必有誠實之德，然後能致其允，而當生必生而理不可閼，當秩必秩而序不可亂，當制必制而宜不可失，當別必別而貞不可撓，故生生之道，有以無差忒矣。不然而徒仁，無禮無義，無智無信，則仁不得盡仁之德，而生生之道有所窮矣。然則禮亦仁之禮也，義亦仁之義也，智亦仁之智也，信亦仁之信也。故曰'偏言則一事，專言則統四者'，此所以一而五，五而一也。"

7.1.3.10 **性情分合**

得天地之氣，生兩間爲物者，莫不有爲其物之理焉，其氣之精英，必有所聚合，虛明以主其身者，乃所謂心也，而理在其中，卽所謂性也。其爲字，從心與生，以其心得理能靈妙，理得心有作用故也。然其爲靈妙、作用者，必待乎接物應事然後發焉，卽所謂情也。方其未發也，只有其靈妙、作用之本體，而未見其爲靈妙、作用之實用，凝然寂然，鑑空水止，而理存這裏者，豈非性乎？其目則曰仁、曰義、曰禮、曰智、曰信是也。然其所謂仁也、義也、禮也、智也、信也者，非有區界於性中也，特因其已發而著於常行，推爲事業，然後知其有五者之常，自爲其性故也。至其已發也，事至則隨事而應，物來則隨物而感者，有不得已焉，此非情乎？其目則曰喜、曰怒、曰哀、曰樂、曰愛、曰惡、曰欲也。於其七情之中，當惻隱而惻隱，當羞惡而羞惡，當辭讓而辭讓，當是非而是非者，卽其純善之目而所謂仁義禮智之四端也。是固五常之性，由七情而行也。若不有五者之常，在其中爲未發之性，則七者之情，何所本而爲已發之情乎？然則性情初非二理，而特以未發、已發而異其名耳。但其爲性而未發也，氣不激動而純乎其理，故性未有不善焉。及其已發而爲情也，氣之承理而用事者，有不能皆順乎當然之理而合其則焉，則過於則者爲異端，不及於則者爲衆人，皆非其性之本然，而道日遠，天下之惡，皆從此出矣。此則非性之罪也，乃情之勝也。此聖賢所以垂訓，後學所當用功處也。果能約其情而使合於當然之則，則當然之則卽其所性之理也，玆非性情之合而一者乎？

7.1.3.11 本然氣質兩性分合

太極之理，眞而无妄，純而無雜，善而無惡，中而無偏，正而無邪，公而無私，直而無曲，順而無逆，平而無險，統而無紊，實而無漏，通而無塞，全而無虧，一而無二，常而無變。此理之外，無他理也，故物之生兩間者，受此理而爲性，卽所謂本然之性也。惟其稟生之際，氣不能無淸濁，質不能無粹駁，淸者明而濁者昏，粹者純而駁者雜。此周子所謂剛柔善惡之不齊者也，而程子所謂形而後有氣質之性者是也。本然之性，如五臟、百體之均同，無智愚、賢不肖，皆所固有也；氣質之性，如千顏、萬貌之各異，有長短厚薄之必不齊也。所以同謂之性者何也? 其固有者一定而不可易, 雖以下愚不移之暴棄, 其所受之理則未嘗泯焉, 非主性而然乎? 其不齊者, 雖由於所稟之氣, 而亦已充旺於心上, 不相推移, 則不可不謂之性也。惟其本然之理, 寓在氣質之中, 而同出於流行之際, 故非上智與下愚之相絶, 則必相近焉。故孔、孟亦未嘗分而言之, 而至宋 程子始言氣質之性, 然後學者始知有兩性矣。然則本然之性, 本於理也, 理自無變, 故性必相同焉; 氣質之性, 作於氣也, 氣則有變, 故性必不齊焉。氣亦出於理者也, 非自有二原矣, 而但不能無盛衰、厚薄、精粗、偏正之異焉。人之稟受者, 得其盛厚精正之氣, 則其爲氣質, 自能清明純粹, 中正和平, 而爲聖賢、君子; 得其衰薄偏粗之氣, 則其爲氣質, 有多沈濁昏暗, 乖戾偏邪, 而爲愚狂、小人。此乃氣質之性之不齊也。然而理無變而氣有變, 故變其有變之氣, 復其無變之理, 則愚者可化而爲智, 狂者可化而爲聖, 小人可變爲君子。故未有能有爲而不可爲之理焉。故曰: "氣質之性, 君子有不性者焉。" 此其本然之性, 爲其主性, 故氣質之性, 終不得爲性者乎。

7.1.3.12 **情意分合**

心統性情以居于一身之中, 則性卽理也, 情外宜無他知覺矣, 而有以意名之者存焉, 何也? 試言之。情亦心之情也, 意亦心之意也。字皆從心, 但在旁在下異耳。情則性之在心者, 因事物之來觸, 卽從知覺而發焉, 當喜斯喜, 當怒斯怒, 當哀斯哀, 當樂斯樂, 當愛斯愛, 當惡斯惡, 當欲斯欲者是也。意則或因其情所感之事物, 自用其知覺而料度其利害得失, 或未有情感之新事，　而有時起念於某事、某物以較計之者是也。然則情、意莫非心之用也，而所指以名之者别也。以性而發者爲情，以心而發者爲意，而性乃心之理，心乃性之舍，則情是意之機，意是情之引也。情發於無意之初，意作於情發之後，而或相助焉，或相制焉。有其情旣正而其意亦正，則於是乎相助相濟，爲正道焉。有其情初正而其意不正，則於是乎以情而制其意者也；有其情不正而其意或正，則於是乎以意而制其情者也。又有情、意俱不能正，而以邪相助相濟者也。果其情與意俱不能正而相濟以邪，則其不至於滅性戕身者有之乎？故《大學》工夫，誠意爲善惡之關，孟子、程子皆垂約情之訓。

7.1.3.13 **四端七情分合**

四端之說，始出於孟子，七情則出於諸書者，或幷言之，或配二情擧之，或單言之，而皆不出乎七者爾。夫四端亦情也，而以仁義禮智四德之端言之，故晦翁以理發言之。若七情以氣發言之，則後學不得不致疑於其間也。性發者爲情，則四德之外，無他性焉，七情如非四德之發，則謂之從何性而發爲情乎？又四端旣根於四德，而卽爲已發之稱，則獨不爲情乎？然則七情固莫非四德之用，而四端亦非外七情而别自爲端者也。以四端言之，惻隱卽七情之愛也，羞惡卽七情之惡也，辭讓卽亦愛、惡之兼，而是非卽七情之條分目别者也。所是者常在於順境，所非者常在於逆境，則喜、樂、愛、欲四者，非順境之應乎？怒、哀、惡三者，非逆境之應乎？以七情言之，哀、愛、欲卽仁之發也，怒、惡，義之發也，喜、樂，禮之發也，七者隨事隨物，感應各當，智之發也。喜亦可謂之仁發，而哀亦可謂之禮發也。擧此而統觀之，則四端定不在七情之外，而七情果皆爲四德之用也。但於四者必謂之端者，惻隱正從仁發，羞惡正從義發，辭讓正從禮發，是非正從智發，卽隨其當感之際，而直從所根之德，不惹著私意，乃於不知不覺之間，忽已發見，故謂之某德之端。然而以其理而目之則性也，以其善而目之則德也，以其德之出而言則曰端，以其性之發而言則曰情。性卽德，德卽性也；端卽情，情卽端也。惟其情之所本者，性之理也，情之所發者，氣之動也，性爲情之體，情爲性之用，故指其所本，則特可謂之理，而不可謂之氣也；指其所發，則止可謂之氣，而不可謂之理也。其以四端爲理發，七情爲氣發者，乃與所本皆理，所發皆氣者，其旨異矣。此所以致疑之地也。蓋以四端爲理發者，豈不以四端之發，自是性觸便感，不犯私僞，故以理爲所發之主也？以七情爲氣發者，豈不以七情之發，或涉私僞，不能純善，故以氣爲所發之主也？其說似乎祖述大舜道心、人心之分也。然而以四端純善而爲理發，以七情有雜而爲氣發者，不若所謂情之所本皆理，性之所發皆氣之說，爲不易之旨也。子思子曰："喜怒哀樂之未發，謂之中，發而中節，謂之和。中也者，天下之大本也；和也者，天下之達道也。"朱子釋之曰："喜怒哀樂，情也，其未發則性也。"孟子豈外七情而言四端乎？特就七情中，擧其直從本然之性，感出初頭純善者，而目之爲四端。苟能精究而詳認之，則四端果不出七情之中也。

7.1.3.14 人心道心分合

舜之禪禹，擧其所受乎堯"允執厥中"之言，加之以"人心惟危，道心惟微，惟精惟一"之三句於其上，乃所以幷發夫"允執厥中"之功夫也。夫旣曰人心、道心，則似有兩心者然，故晦庵朱子論之曰："心之知覺，一而已矣，而以爲有人心、道心之異者，則以其或生於形氣之私，或原於性命之正，而所以爲知覺者不同。是以或危殆而不安，或微妙而難見云云。"則後之人尙疑於二心之兩本也。噫！此心初豈有兩本哉？人之受生，合理氣而爲一身，故旣有其身，卽又合理氣而爲一心。然其所謂氣者，不是於此理之外別自爲氣者也，則其爲氣也，卽此理之氣也，理氣非二本也。惟其曰人、曰道，各係以心者，明其爲一公一私，而心則皆此心耳。人卽身也，道卽理也。先有爲人之理，故生而有人之身，則所以爲人者，道也，所以寓道者，人也。人外無道，道外無人，人卽道之人也，道卽人之道也。以形氣而目之曰人，以性命而目之曰道，初何嘗有人與道之分哉？心，一心也；道，一道也。心之理曰性，所謂五常也，仁義禮智信是也。此性之外，無他性也。性之發曰情，所謂七情也，喜、怒、哀、樂、愛、惡、欲是也。此情之外，無他情也。其在性也，未嘗有人與道之別也，及其發而爲情，然後人與道於是乎分矣。若喜爲公喜，怒爲公怒，哀爲公哀，樂爲公樂，愛爲公愛，惡爲公惡，欲爲公欲，則是道心也。或喜爲私喜，怒爲私怒，哀爲私哀，樂爲私樂，愛爲私愛，惡爲私惡，欲爲私欲，則是人心也。七者之爲情，一也而爲人心、道心之別者，公與私而已。公出於理，故曰道；私出於身，故曰人。人者，指身而言。孔子答顏子問仁曰："克己復禮。"門人稱孔子曰："毋意，毋必，毋固，毋我。" 所謂己也、我也者，皆指身也。但孔、顔則師弟間切近之辭，故直指己、我；舜、禹，公天下授受之際，故泛指曰人。然則人心，在學者則必須克去之者也，聖人則不爲之克而自無者也。"惟精"者，察其爲心之公私，而精之之功，須在"惟一"之先矣。"惟一"者，畢竟必純爲道心，而不令人心間之，故在"惟精"之後。蓋厥中之難執，每在於人心之危，故旣一其道心，則中果可以允執也。以此觀之，人心、道心之分，卽以其發爲情、意者之公私，別其目也，非謂人心、道心各立於固有也。若以人心、道心果爲一人中二心而各立焉，人心自有一本，自爲一路，道心自有一本，自爲一路，而不相通也，則此豈理也哉？苟以出於形氣者爲人心，則形氣非出於理乎？以出於性命者爲道心，則性命非人之理耶？形氣乃出於理，而性命爲理於人，則形氣卽性命中之形氣，性命卽形氣中之性命。其初果各爲心而兩立乎？此豈大舜之本義哉！卽其情發之際，公發者爲理，故謂之道心；私發者屬己，故謂之人心。道心當存而人心可去，故以精一言其功夫，而爲執中之法也。然則人心、道心果非公私之分乎？故必令去其人心而一其道心也。若以爲人莫不有形而人心不可無，則於孔子何以曰無我？我果可無乎？於顔淵何以曰克己？己果可去乎？所以謂之我、謂之己者，皆指私而言，故曰無，曰克。於此見人心是指私而言也。所謂惟一者，卽孔子所我之無、顔子所己之克也。人心不復得爲心，而道於是乎爲之主矣，然後乃爲全德之人，而其爲至聖、至誠，可以與天地參也。

7.1.3.15 **七情分合**

吾人在天地之間，所觸者皆物也，所遇者皆事也。事非一二，物有千萬，而事之不同、物之不齊，又不啻百千萬億，則無非我所應之事也，無非我所接之物也，而其所應接之機則不出乎七情焉，喜、怒、哀、樂、愛、惡、欲是也。以七者之情而應盡天下之事，接盡天下之物，則其機不爲大且要乎？七者同是情也，而喜、樂、愛、欲四者，皆從順境而發也；怒、哀、惡三者，皆從逆境而發也。喜與怒相反，哀與樂相反，愛與惡相反。欲則可喜、可樂、可愛者，皆其所欲也；可怒、可哀、可惡者，皆其所不欲也，則欲之相反者，不出乎上六情之相反矣。然則七情，皆相反也，又相濟也，而當喜而喜，當怒而怒，卽一理也。豈有有喜無怒，有怒無喜之情哉？當哀而哀，當樂而樂，亦一理也，豈有有哀無樂，有樂無哀之情哉？當愛而愛，當惡而惡，亦一理也，豈有有愛無惡，有惡無愛之情哉？當欲而欲，亦一理也，豈有絶無人欲之情哉？此則七情之正也。至於當喜不喜，當怒不怒，當哀不哀，當樂不樂，當愛不愛，當惡不惡，當欲不欲，皆非理也。此則七情之所不及者也。又若不當喜而喜，不當怒而怒，不當哀而哀，不當樂而樂，不當愛而愛，不當惡而惡，不當欲而欲；其或當喜偏喜，當怒偏怒，當哀偏哀，當樂偏樂，當愛偏愛，當惡偏惡，當欲偏欲；又或旣喜留喜，旣怒留怒，旣哀留哀，旣樂留樂，旣愛留愛，旣惡留惡，旣欲留欲者，皆七情之過者也。過與不及，皆非理也。理也者，在我而性也。性卽仁義禮智信之五常也。七情皆出於五常，而其發也有或過與不及之患者，何也？乃是氣稟有偏於受生之初，私意多累於旣長之後，則不能無剛善、剛惡、柔善、柔惡之不一，而其所以爲七情也，能中其當然之則者無幾，而爲過、爲不及者恒多焉。此非五常之性有所不同，便是氣稟之拘、私意之累爲之病也。此聖人所以爲學問之道者，不得不有變化氣質、克去私意之方也。其方具載於經傳中矣。噫！情正性復，而位育之功可致也，情悖性戕，而不但身亡家敗，有或至於國、天下喪滅而天地爲之否塞，則七情之所係，豈曰微哉？故學問之要，惟在性情之得其理焉耳。

7.1.3.16 **精神魂魄分合**

物之生於天地之間者，得天之氣，應地之質，以有其身，則質無不具，氣無不備，而理在其中矣。形於外者，耳目口鼻等之爲竅也；藏於內者，心、肝、脾、肺、腎之爲臟也。竅焉者各有所司，臟焉者各有所主，故各有所主者，必盡其所主之常，各有所司者，能效其所司之則，然後得遂其爲物之理，當就其有身之道矣。物之偏嗇者，亦雖有內外之竅、臟，偏焉莫能全，嗇焉莫能通，則不須論也。人爲最秀，旣作最靈，則豈可不自知其所存、所具之理，而以爲保養充大之道耶？蓋其所以爲心者，稱以一身之君，號以靈臺，又號以神明舍。君，以無所不主而名之也；臺，以無所不通而名之也；舍，以無所不聚而名之也。夫心亦五臟中一臟也，而必以心爲主者，豈不以精也、神也、魂也、魄也者，雖各出於所主之臟，而卽莫不於心乎會聚而能爲靈哉？神則自是心臟之主也，精爲腎之主，魂爲肝之主，魄爲肺之主，而精、神、魂、魄之中，神又爲其三主之主，故必皆會聚乎心臟，而出一身之造化也。

脾之一臟，主意與智，則精、神、魂、魄之能成其所主之靈者，卽皆意與智爲之機軸也。惟其心之神，亦自爲一臟之主，而必爲三主之主，意、智亦爲一臟之主，而不與於精、神、魂、魄之用事者，何歟？固以四主之中，神常總領而能一之，意、智則不與於用事，而用事者之各效其職，都資於意、智之運機也。夫意者，心之所發，則當係於心火之臟，智之爲德，屬五行之水，則當係於腎水之臟也，而二者皆係於脾土者，何也？蓋意固心之所發也，而火生土，故心火所發之意，不係於心，而係於脾焉。水之所依者土，故腎水當屬之智，不係於腎而係於脾焉。火臟所發，係於所生之土臟者，順而宜矣，水臟所屬乃係於所克之土臟者，不爲逆乎？豈不以水之爲性，須得所克而有依，智之爲德，必資信土而揚明故也？然其所係者在脾，而其所啓沃者心君，其所輸功者神舍，則實由土臟之能載也。然則精神主明，而精卽明之靜，神卽明之動也；魂魄主靈，而魄卽靈之靜，魂卽靈之動也。以精神對魂魄，則精神爲陽，而魂魄爲陰也。以精對神，則精陰而神陽也；以魂對魄，則魂陽而魄陰也。意、智之主於脾者，居陰陽之中，所以左右調適，揚明致靈也。然則精、神、魂、魄與意、智之聚爲知覺之用者，不是各能其能，各事其事，而不相通者也，皆所以輔佐心君，而做最貴最靈具衆應萬之事業也。精與魄交而爲靜中之明，則其靈也能無所不持載焉；魂與神交而爲動中之明，則其靈也能無所不通達焉。樞機於動靜之間者，意與智也。使之心不失鑑空水止之體，身不失規矩準繩之用，四肢惟則，百體俱式，蘊五常之德，順七情之應，立大本於未發之中，行達道於已發之和，知之崇也配高明之天，德之厚也配博厚之地，酬酢萬變，經綸萬化，致位育之極功，辦繼開之能事者，無非其助也。此精、神、魂、魄、意、智之合，而爲一心之妙也。惟在吾人各能保養，毋致戕傷，用於當用之地，不用於不可用之事，常存清明光大之氣象，則豈但爲修道養德之要哉？能享壽福以盡天年者，亦不外於是矣。

7.1.3.17 **道理分合**

7.1.3.17.1

或問曰："謂之道則理在其中矣，謂之理則道在其中矣，而聖人必幷立二目而曰道、曰理者，何歟？"曰："雖是道卽理，理卽道也，其所指以目之者則不得不竝焉。固以一理之在天地之先者，未始須臾有息，而及其爲天地、萬物，其大小雖殊，莫不各性其性，各職其職，各有其事業，而不得自已者，便是道也，其所以爲不息之道，使之爲天地、爲萬物，各有形有性，有職有事業，而一定不易者，自是理也。"曰："然則道與理是竝立者乎？"曰："理在道中，道在理中，則理之所存卽道之所存也，道之所行卽理之所行也。其名之之目，雖其別矣，而道是以理而道也，理是以道而理也，何可謂之竝立者乎？"曰："不是竝立則然矣，其先後亦不可分耶？"曰："統擧宇宙而遡觀之，固莫先乎理也。以此言之，道亦理之出也，理當爲道之先也。而旣曰理焉則自是道也，理之所在便是道之所在，則道亦不可謂之後也。豈不是理卽道，道卽理也哉？"曰："先後之不可分則然矣，其大小亦不可分耶？"曰："理是無彼無此，無上無下，無外無內，則其爲大也，有可限乎？道是此理常存常行之名，則不是此理之外別自爲道也。理之爲大，便是道之大也，何可各求其大小哉？其爲大也如許，而至於一事一物之微細，亦莫不有理存焉，有道行焉，又非其無內之小乎？此所以爲道理而以無極太極名之者也。參爲三才而得全此道理者，人也，知其爲理之不可易也而能體之，知其爲道之不可離也而能盡之，然後人極於是乎有以立矣。”

7.1.3.17.2

又曰：“道以理而有道之名，理以道而有理之名。道卽理，理卽道也。道不理，其何得以爲道；理不道，其何得以爲理哉？道之一定無變易者曰理，理之常行無間斷者曰道。如非一定無變易之理，其能爲常行無間斷之道乎？又非常行無間斷之道，其能爲一定無變易之理乎？惟其一定無變易之理，爲常行無間斷之道，而常行無間斷之道，卽一定無變易之理也。旣有理，故理行而爲道，則理似在道之先也，而道行然後大小事物之理，以之各得焉，則道似在理之先也。豈不以道非理外之道，理非道外之理，故言理而道在其中，言道而理在其中，不先不後，無彼無此者哉？以天地言之，天自有爲天之理，故得其理爲天，而爲天之後，順其理而爲道，故萬古能天焉；地自有爲地之理，故得其理爲地，而爲地之後，順其理而爲道，故萬古能地焉。人亦自有爲人之理，故得其理爲人，而爲人之後，順其理而爲道，然後能不負爲人之名，而爲聖爲賢也。天地能順其理，故常爲高明之天、博厚之地，而人則有能順理、不能順理，故不能皆爲聖賢，而爲衆人者多焉。未有順理而非道，盡道而悖理，則此非道理之一而二、二而一者乎？”或曰：“道理果是一也，則道有君子，有小人，小人之道亦可謂之與理一乎？”曰：“道之有小人者，韓文公所謂‘非吾所謂道’也。聖賢之道，以理而爲道，則理外之道，何足道哉？悖理之道，不獲罪于人，則必獲罪于天矣，果非吾儒所謂道也。惟知理之君子，可以知道眞僞也。”

7.1.3.18 **道德分合**

莫實者，理也，本未有空闕之隙，又未有休息之間。爲物於此理之中，得此理而爲性者，無頃刻不體此理之時也，無云爲不行此理之節也。所以體此理於心，行此理於身者，卽所謂道也。道豈可須臾離乎？在動靜有動靜之理，在語默有語默之理；事焉有應事之理，物焉有接物之理。家而有處家之理，鄉而有處鄉之理，邦國而有處邦國之理，隨其所在，順其理而行之者，無非道也。德則以其道之至善者而名之，不是於此道之外別有所謂德也。道是行之之謂，似指身而言也；德是得之之謂，似指心而言也。然而道之體，立於心，然後其用行於身焉；德之化，發於身，然後其驗歸於心焉，則道德相爲表裏，相爲終始者也。道者，德之模範也；德者，道之實驗也。有道者必有德，有德者必有道，固未有有道而無德，有德而無道者也。求德於有道之人，則德在道中矣；求道於有德之人，則道在德中矣。然而道德之在人者，亦有大小。如百行俱備，萬善皆至者，道德之大者也。若一行、一善之合於義理者，亦不可謂之非道非德，而豈可與道全德備者同言之哉？此特道中之一端、德中之片善也，不可以道德之名，全歸之也。故道大則德大，道小則德小，未有道大而德小、道小而德大者也。噫！非聖人誰得有道德之大哉？一言、一行之能合於道德者，且不得易見，況大道、大德之聖人乎？《中庸》言道則曰“至誠”，言德則曰“至聖”，非至聖之德，不能盡至誠之道；

非至誠之道，不能有至聖之德。此道德之非二業也。

7.1.3.19 **義理分合**

凡爲事爲物者，莫不有所以然者焉，是曰理也；自我而應事接物，莫不有所當然者焉，是曰義也。夫有始有終者，事之理也，以始爲終，以終爲始，則非事之理也。有本有末者，物之理也，以本爲末，以末爲本，則非物之理也。義者，制宜之謂也；理者，條理之謂也。順事物之條理者，非制宜之義乎？致制宜之義者，非條理之理乎？理亦道之理也，義亦道之義也，道者，物我之所共道也，所謂義、所謂理者，皆道中之目也。理由義而順，義隨理而得，故義之所在，理必存焉；理之所在，義常存焉。理以在事物者言之，而未嘗不協於在我之義；義以在我性者言之，而未嘗不合於在事物之理，豈不以物我無二道者乎？

7.1.3.20 **體用分合**

體者，形體之體也；用者，功用之用也。凡物有形體然後有功用，若無其形體先具焉，其功用何從而出乎？有天之形體，故乃有天之功用；有地之形體，故乃有地之功用；又有人之形體，故乃有人之功用。所以有形體者，爲其有功用也；所以有功用者，由其有形體也。此卽形體、功用不容相無而不可欠闕者也。玆豈非體用之言竝行者乎？然而形體之體，體之有形而可見者也，其爲功用也，各因其形體之大小而際涯之可限也，至於爲無形之體而有莫測之功用者，亦可以體用言也，而非若有形之體之易見，有涯之用之可測也。如無極太極之理之爲體，而陰陽、五行之氣之爲用者，不是無形之體、莫測之用乎？此則非有形之體、有涯之用也，以其爲體也，自是無形之體，故其爲用也，亦是不涯之用也。其以無形而不涯者，亦擬之以體用者何歟？蓋無極太極之理，雖是無形，而實爲萬有之所宗，故擬之於體也，陰陽、五行之氣，不自爲氣而實爲一理之所出，故擬之於用也。猶本末之稱，初出於木，而凡事物之有先後者，其類於本末，則非卽木也，而皆以本末言之；源流之稱，初出於水，而凡事物之有始終者，其類於源流，則非卽水也，而皆以源流言之。至於網之綱目、衣之領裔、物之首尾等說，非本物而擬之者，甚多焉，體用之言，亦猶是也。豈非取彼而喩此者哉？夫體用之喩，其於吾人之心尤最切焉。子思所謂未發之中卽體，已發之和卽用也。至有謂性體而情用，心體而意用，寂體而感用，靜體而動用，仁體而義用，忠體而恕用，已體而人用，其以體用言者，不可盡擧。學者，尊德性之體，固不可不嚴，而道問學之用，亦何可不密哉？體立然後用行，則體不可不先，而用行然後體尊，則用不可不致力也。然而體用之擬，不可執一而言之，又有互爲體用者。以《河圖》、《洛書》言之，《河圖》之左旋相生爲體，《洛書》之右旋相克爲用，一說也；《洛書》之奇正偶偏爲體，《河圖》之生成同方爲用者，一說也。至於陰陽之可互賓主，道器之可互先後者，亦皆互爲體用之義，此亦學者之不可不知也。

7.1.3.21 **知行分合**

我之所以爲我、物之所以爲物者，皆此理也。以我自我，雖曰我也，而以物觀我，則我亦物也；以我視物，雖曰物也，而以物自物，則物亦我也，理豈彼此哉？以在我之理，燭在物之理，而會得於吾心者，知也，體其會得之理而心之以此理，身之以此理者，行也。知者虛而高，無所不周也；行者實而厚，至善則止也。《易》曰："知崇，禮卑，崇效天，卑法地。"夫知之云是至也，禮之云是履也，無所不達然後可謂至也，躬必能蹈然後可謂履也。至焉者，豈非知之崇乎？履焉者，豈非行之卑乎？一崇一卑，而天地之德備於我矣。然則聖學之知行，豈非進道入德之要乎？子思子曰："自誠明，謂之性；自明誠，謂之教。誠則明矣，明則誠矣。"明是知之謂也，誠是行之謂也。然則性者之知，在於行後；教者之知，在於行先，豈不以性之之德，已誠於受性之初，故不勉而中，不思而得，明在誠中也？反之之功，擇善然後知，固執然後行，故知在行先也。此所以進道入德之學，必須知行之竝致者，如車兩輪，如鳥兩翼，而序不可亂，功不可闕者，又如是也。易豐卦下體爲離，而初九曰"遇其配主，雖旬，无咎，往，有尚"，其上體爲震，九四曰"遇其夷主，吉"。《程傳》曰"非明則動無所之，非動則明無所用"，此謂知行之必相須也。故聖賢之訓，未嘗不兼知行言之。然而雖曰"知先行後"，知行亦須兩進。知之明則行必力焉，而行之旣力則其知益精，知之旣精則行亦益篤，必至成功而後已也。此則知行竝進之道也，而及其成功，則自明而誠者，同歸於自誠明之性者矣。

7.1.3.22 **禮義禮法分合**

禮者，天理之節文，人事之儀則也，而有或配義言之，有或竝法言之者何歟？蓋禮與義，皆五常之一也。禮自禮，義自義，爲理則一，而爲分則殊焉。恭敬序次之者，禮也；制斷合宜之者，義也。禮行於尊卑、親疏之間，義行於善惡、是非之際。其在尊卑、親疏之間，有或一儀、一節之違於天則，則其所以致乖戾者大矣；其在善惡、是非之際，有或一事、一端之差於天理，則其所以致舛謬者遠矣。乖戾之禍，有至於亂常敗度者焉；舛謬之害，有至於戕彝斁倫者焉，故古之聖賢未嘗不致重於禮義也。然則曰禮、曰義，其目雖別，其用不同，而無非所以明正位，達正路也。此所以配言禮義，而禮不在義外，義不在禮外。違於禮者，必傷於義；失於義者，必悖於禮也，豈非爲理之一乎？至於法者，聖帝明王之所設也。蓋慮無知無恥之人，縱欲而敗禮，趨利而棄義，則人理滅矣，天綱墜矣，必至於人不人，國不國。故因事立制，隨時創法，有政以敎之，置刑以治之，亦無非所以爲禮義之大防，使民不得以犯之也。然則禮義之敎，所以正之於法刑未用之前；法刑，所以用之於禮義不行之後也。此禮法之所以有竝言者也。禮義是天賦之理也，法刑是聖作之制也。仁者，人之主德也，而非禮義以制節之，則仁不得以爲主德也；道者，國之元氣也，而無法刑以維持之，則道不得以爲元氣也。然則禮義、法刑雖有本末、輕重，而其爲不可廢也則一也。人何可一日無禮義哉？國何可一日廢法刑哉？

7.1.3.23 **道器分合**

孔子《易》傳有曰“形而上者，謂之道，形而下者，謂之器”，所謂形者，指何物也，所謂“而上”、“而下”者，指何處也？蓋形者，自天地以下，凡有氣有象、若大若小之物，皆是也，道者卽其物之理也。理乃爲物之理，而物之所不能離，故曰道；物乃理中之物，而理以物爲托，故曰器。理自無形，而不出乎物之有形，故謂其道曰形而上者，言其無形之理也。物則有形，而所主者，無形之理，故謂其器曰形而下者，言其有形之物也。必先有爲物之理，故物得其理而爲其物，則物是理之物也，理是物之理也。不是理外有物，物外有理，則所謂“道卽器，器卽道”也。道以器而爲道，器以道而爲器。有道則必有器，固未有無器之道也；有器則必有道，又未有無道之器也。道不器則無所用其道也；器不道則無以爲其器也。以精粗言，則道精器粗，而精粗不容不相須也。以虛實言，則器實道虛，而虛實不容不相須也。以先後言，則道先器後，而又有器然後道有作用，則道器相爲之先後者也。以輕重言，則道重器輕，而道不有器，莫爲道，器不有道，莫爲器，則道器亦不得[3]相爲之重輕者也。然則道與器豈是爲各件者哉？凡有方有時之氣、有形有質之物，皆所謂器也；其爲氣爲物之理，皆所謂道也。大以言之，則天之蒼蒼浩浩於上者，器也，其爲天之理則道也；地之膴膴恒恒於下者，器也，其爲地之理則道也。天其一日無爲天之道而能天乎？　地其一日無爲地之道而能地乎？在陰陽則陰陽爲器，而所以爲陰陽之理則道也；在五行

3 不得 : 문맥상 “不得不”인 듯함.

則五行爲器，而所以爲五行之理則道也。至於日、月、星、辰之象于天，水、火、土、石之質於地者，無非器也，而其所以爲日·月·星·辰、水·火·土·石之理，則無非道也。又至於一動一植之微，莫非爲器爲道也。以人一身而言之，身爲器，性爲道者，卽其大也，而至於耳焉有聽五聲之理，目焉有明五色之理，鼻之知五臭，口之知五味，五臟之有五靈，四體之有四則，其爲九容、九思，三綱之爲綱，五倫之爲倫者，無非爲器爲道者也。然則器其有無道之器，道其有無器之道耶？有是器，必有是道；有是道，必有是器。求道者，當於器，見器者，認其道。道與器果非二般物事也。爲吾人者，惟當知道器之不可相離，而以器思道，以道持器，使之器常爲盛道之器，道常爲律器之道，則其於《大學》規模之大、《中庸》中和之致，豈有欠闕者哉？九容卽以器思道之方也，九思卽以道持器之要也。此乃學者用功之當先者也，能用功于此者，可以知道器之分合矣。《易》有六十四卦、三百八十四爻之象辭，皆此理也。

7.1.3.24 **鬼神分合**

子曰：“鬼神之爲德，其盛矣乎。視之而不見，聽之而不聞，體物而不可遺。”程子曰：“鬼神，天地之功用而造化之跡也。”張子曰：“鬼神者，二氣之良能也。”朱子曰：“以二氣言，則鬼者，陰之靈也；神者，陽之靈也。以一氣言，則至而伸者爲神，反而歸者爲鬼，其實一物耳。‘爲德’猶言性情、功效。”竊思之，鬼神者，指理氣之精微者而目之焉。以其理氣之在天地、萬物者，實精微而靈妙，故謂之鬼神，實非理氣之外，別有所謂一種物事爲鬼神者也。其曰"陰之靈"、"陽之靈", 則凡宇宙間爲形爲象, 有方有所者, 孰有離於陰陽者哉? 又其所以爲陰陽者, 孰有離於理氣者哉? 又孰無至而伸者而有反而歸者哉? 以此而言之, 天地亦以陰陽而爲天地。既爲天地, 自不能無其至而伸者, 則又何得無其反而歸者哉? 況爲萬物於兩間者乎? 蓋莫非鬼神之爲之也。其曰"體物而不可遺"者, 正是鬼神之常理也。爲吾人者反之一身, 則亦莫非鬼神之理也。今夫耳目口鼻之閉合、手足四體之收止者, 陰也; 耳目口鼻之致用、手足四體之作動者, 陽也。至於呼吸之出入、血氣之升降、魂魄之動止、精神之虛靈者, 莫非一身之陰陽也, 而其所以知覺靈妙, 運用酬應者, 卽在人之鬼神也, 不獨待死然後爲鬼神也。特以生人之在世也, 其魂、魄、精、神, 藏在五臟, 發於視聽言動, 行於事物應接之間, 人皆可得以常接, 故見之聞之, 不以爲怪焉。及其既死之後, 則魂之升天, 魄之降地, 精神之散盡者, 非人耳目之可接, 而唯於祭祀之際, 有認其焄蒿悽愴之氣而已, 故謂之鬼神。其理則所以生而爲明, 死而歸幽者, 非有二也。理則一矣。夫天地亦自有天地之鬼神, 萬物亦莫不各自有鬼神。天地之鬼神, 非於天地之道之外, 別各有鬼神也。天地之所以爲天地者, 理氣, 故理氣之所會, 卽是鬼神之所在也, 萬物之爲萬物者, 亦莫非理氣, 故無巨細, 無精粗, 皆各有鬼神焉。或曰: "日月星辰之成象於天, 山嶽、川瀆之成形於地者, 固物中之精且大者矣, 至草木之微且粗者, 其果有鬼神乎?" 曰: "一草、一木亦能知時而生, 知時而枯, 能順其性, 能成其實者, 非有鬼神而然乎?" 曰: "不但天地所生之物, 皆有其鬼神, 至於人所造設之居, 亦有修五祀之事, 其果有各神焉, 而先聖立致祭之禮乎?" 曰:

“旣有名目，旣有方所，莫非理氣之所在，而陰陽之所兼也。故隨其名目而所係者殊焉，隨其方所而所區者別焉，則人之宅于吾家者，亦自有居處出入、資取生養之賴。故必須有致敬致誠之事焉，此五祀之所以立也。而爲大夫者然後有其禮焉，庶人則止祭其考妣之神，則亦不能無貴賤之分者，其亦理也。此可以見鬼神之理，實矣廣矣，而不可厭射者也。”或曰：“此則皆鬼神之正者也，至有妖怪之生于幽暗、巖崖、樹林、器皿者，又或有人死而致異者，亦何理也？”曰：“陰陽、五行、四時、晝夜者，定理、正氣也。惟其定理、正氣流行之中，又或因天地之氣運衰歇、人事之常道乖戾，而遊氣之雜揉者，不能無變，則人妖、物怪，或出乎其間。然而柄元化之本者，能明其正道，修治其人事，則群邪百慝，於是乎自熄焉，此何足爲妖怪哉？有如大陽之中天，陰霾自撤也矣。然則鬼神之理，天地、萬物之所共固有者，而其爲鬼神也者，不出理氣、陰陽而已焉，唯能窮理氣之妙、陰陽之靈者，實知其情狀矣。言其大，則天地之始終，皆鬼神也，一微物、一微器之始終，亦鬼神也。但人不知其理，不見其形，不聞其聲，故以爲難得其情狀也，而其所謂情狀者，實不出乎天地·萬物之上下昭著、暑寒·晝夜之往來升降耳。在國家則禮樂、賞刑，在人身則動靜、語默、盛衰、生死，孰非鬼神之道乎？然則陽而神，陰而鬼，伸而神，屈而鬼者，卽一理也。”

7.1.3.25 **誠敬分合**

敬者，須作於入德之初，而亦未嘗不徹於德成之終也；誠者，必成於道盡之後，而實未始不立於志道之初也。始學之敬是勉而敬也，德成之敬是不勉而敬也。始立之誠是著意之誠也，道盡之誠是全體之誠也。惟其積功於敬者，乃能爲不勉之敬。此則敬之始終，而所重者在始也。著意之誠，植本而已，及其道盡然後乃爲全體之誠。此則誠之始終，而極功在後也。然則積功之敬、著意之誠，卽學者之敬、誠也；不勉之敬、全體之誠，卽聖人之敬、誠也。未能學者之敬而能爲聖人之敬者，未之有也；未立學者之誠而能致聖人之誠者，未之有也。常存兢畏，不敢放過者，敬之工也；確然無間，純然無雜者，誠之至也。存心以敬，奉身以敬，動靜以敬，語默以敬，應事以敬，接物以敬，所以常存兢畏，不敢放過也。致中以立大本，致和以行達道，天地合其德，日月合其明，四時合其序，鬼神合其吉凶者，所以確然無間，純然無雜也。惟其確然無間者，由其常存兢畏而成也；純然無雜者，由其不敢放過而成也，此非其誠之成以敬之積耶？然則敬生於誠之始立，誠成於敬之所積，不勉之敬便是誠中之敬也，全體之誠便是敬極之誠也，誠、敬非一道乎？故曰：敬久則誠。然而敬之爲敬、誠之爲誠，本是天理之自然，不是人所做出者，則敬非德外別種德也，誠非道外別種道也。只是致德之實者是敬也，致道之實者是誠也。其所以進德者，有或毫忽之怠弛，則非敬也，而德必損矣；所以造道者，有或斯須之妄雜，則非誠也，而道必虧矣。此敬、誠卽進德造道之始終，而爲之基本，爲之要歸者也。

7.1.3.26 **經權分合**

道焉而守常曰經，道焉而應變曰權，經固道之經也，而權亦道之權也。故既無道外之經，而又無道外之權也。蓋道者，萬事萬物之理也，即所謂形而上者也；經權者，萬事萬物之功用也，即所謂形而下者也。事物必自有形而上之道，故乃必有形而下之經權。若無體理之道，其何以有功用之經權哉？若無功用之經權，其何以爲體理之道哉？夫體理之道，一也，其行於功用者，有經有權，何也？經者，經緯之經也；權者，權衡之權也。在絲則平引直行，未有回邪者是經也；在稱則隨物低仰，不滯一隅者是權也。惟其所位之地有異，而所以處之者有不得不異；所遇之時不同，而所以應之者有不得同焉。如當行而行，當止而止，當語而語，當默而默者，常道也；若當行而不行，當止而不止，當語而不語，當默而不默，則非道也。故行止語默，惟其當而已，此則守常之經也。或在此當行而在彼不當行，或在此當止而在彼不當止，或在前當語而在後不當語，或在前當默而在後不當默者，便是地之異也、時之變也。然則安可固守其常，而不爲之隨時異應，隨處有變哉？此則應變之權也。故曰：經固道之經也，而權亦道之權也。以其常而名之曰經，以其變而名之曰權也。曰經曰權，其稱雖別，爲經爲權，其理則一，此所以經權卽一道也。當守常而不易其常焉，常卽經也。經矣而理之當者，卽其道也。當應變而應稱其變焉，變卽權也。權矣而理之當者，卽其道也。經權果非一道乎？然則體理之道，豈唯在吾人行止語默之間哉？道之所在，經權無所不在焉。如父業傳子是經也，而堯、舜傳諸賢。天下爲九州是經也，而或分爲十二。臣事君以義是經也，而伊尹放太甲，閎夭、散宜生賂美女、寶物，以免西伯於羑里。子不逃父是經也，而泰伯、仲雍逃荊蠻，伯夷、叔齊遵海濱。禹、稷過門不入，致職之經也，而顏回死陋巷，閔子在汶上。無道則隱，用之則行，是道之經也，而孔、孟轍環天下。此皆聖賢之行權也。又豈特聖賢哉？歲有十二月，月之經也，而或有閏月焉；月有三十日，日之經也，而或有二十九日焉。蓋月不置閏，則歲月必差；日[4]無少盡，則晦朔不齊。至於寒暑雨暘之不時、禍福災傷之有違者，亦莫非天道之經權也。然而權未有經外之權，而經未有無權之經，則經者，道之正也；權者，道之奇也。常變皆事也，經權皆道也，奇正皆勢也，夫豈非一理之自然者乎？

7.1.3.27 **中庸分合**

中者，以地言之，距四方均同處是也；以物言之，各其當心處是也。庸者，以形質、貌象言之，有耳皆聞，有目皆見，有心皆知，有口皆言，在此而然，在彼而然，在古而然，在今而然者是也。地無其中，四方莫得以取法；物無其中，四體莫得以有則，故未有無中而能爲地爲物者也。形質、貌象之一定者，涉千萬區而同然，歷千萬世而同然，故十目所視、十手所指，擧無所疑惑焉。此所以爲中爲庸之有稱也。夫其稱中稱庸之爲要者如是，故聖人取其稱以明此道、此理之爲準的焉。此乃此道、此理之所以爲至矣而人鮮能之者也。然而以此中庸求之於有形質、貌象之上者，固可易見易知也，卽求之於無

4 日：底本에는 "曰". 문맥에 근거하여 수정.

聲無臭之道理，豈不爲難知哉？而況心體而身行之也哉？然則所謂道理，卽其名也，而又取中庸以目之者何也？蓋道理者，以其固有常行而名之，卽其本名也，中庸者，指道理之實體而說出焉，卽其的稱也。必曰道理，然後知中庸之本原；必曰中庸，然後明道理之準的。此孔子之所以教，而子思之所以有書也。然則道理之爲中庸、中庸之爲道理，何以明之歟？蓋道之固有曰理，理之流行曰道，道理非二種也。道之至當曰中，理之爲常曰庸，中庸非二本也。道理卽中庸底道理也，中庸卽道理之中庸也。然而以全體言之，中是庸也，庸是中也，非庸則不中，不中則非庸。此則中庸之不可分者也。以大用言之，中無定體，隨時而在，庸爲彝德，不可變移。此則中庸之不可無分者也。惟其稱中而又必稱庸，稱庸而必先稱中，則固是兩目之不可不竝擧也。無定體者，乃所以爲彝德也；不可變移者，乃所以爲隨時，則又是兩義之不可不合稱也，故伊川 程子則曰："不偏之謂中，不易之謂庸。中者，天下之正道；庸者，天下之定理。"夫在聖遠言湮之後，得《大學》、《中庸》於《戴記》之中，而表章發揮之者，二程也。玆所云者，豈非中庸之的旨哉？試又申之：旣曰"中爲正道，庸爲定理"，則道有理外之道，而理有外道之理乎？不由理之定者，而能爲道之正乎？不有道之正者，而能爲理之定乎？指其道之不偏而曰中，指其理之不易而曰庸。旣由其理之不易，故正爲不偏之道焉；能有其道之不偏，故定爲不易之理焉，則中有非庸之中，而庸有非中之庸乎？夫旣言中而庸在其中，言庸而中在其庸矣，而聖人必爲之竝擧其稱者，乃所以明此道之必本此理，此理之必有此道，而又須俱擧兩字之義而稱之，然後方可以盡道理之要，而著功用之實矣。至於晦庵 朱子則曰：

“中者，不偏不倚、無過不及之名。庸，平常也。”此則合其中之體用而備言之，發其庸之的旨而直說之。蓋“不偏不倚”者，以其在心之中而言之，中之體也。“無過不及”者，以其在事之中而言之，中之用也。“平常”者，在天則動而健，在地則靜而順，在人則耳目之聰明、鼻口之呼吸吐納、手足之運步、此心之知覺，至如父子之親、君臣之義、夫婦之別、長幼之序、朋友之信，卽非其平常之道乎？然則中庸卽道理之的稱，而《大易》之太極、《書》之皇極、《春秋》之權衡、《詩》之性情，皆此中庸底道理也，而所謂命也、衷也、誠也、敬也、明德也、至善也、仁義禮智也。天爲天，地爲地，人爲人，物爲物者，不得此中庸之道理，不得一日一刻爲之天，爲之地，爲之人，爲之物也。若不得中庸之道理，而爲之心，爲之身，爲之德行，爲之事業者，無非苟且姑息之爲而已。嗚呼！事無道外之事，物無理外之物。旣曰道理焉，而非此中、此庸，何得爲道理哉？

7.1.3.28 **五學分合**

目吾儒之學者，有曰理學、曰道學、曰心學、曰經學、曰聖學。五者其果各爲一定之名目，而不相通耶？亦有本末、輕重之可言耶？余惟人也者中乎天地，首乎萬物，故必須能盡己之性，而推之以盡人之性，又推之以盡物之性，又以至乎參天地之化育，乃得與天地參矣，然後爲能不負其爲人之名矣。如或有絲毫之未盡於性分之固有、職分之當爲者，則是不得爲成人矣。人焉而未爲成人，終何別於動植之凡物乎？聖人憐其以最貴最靈而同歸於草木禽獸，必使之自修焉，其有未盡於爲人之道者，皆當自致其功力，要必得盡而後已者，卽所謂學也。是學也可以理目之，可以道目之，可以心目之，可以經目之，可以聖目之。謂之理學者，主其賦畀稟受之全備也；道學者，主其日用常行之不可離也；心學者，主其體用性情之統會也；經學者，主其模範、典刑之畢述也；聖學者，主其造詣極盡之地位也。以理言之，理是所謂太極也。其在造化之先，而爲萬物之根柢，其在品彙之後，而爲萬物之樞紐，在一身而爲一身之太極，在萬物而爲萬物之太極，一身之太極、萬物之太極，非二極也。必也人欲淨盡，萬事惟則，然後學是成也。以道言之，靜焉不弛其直內之敬，動焉无違其方外之義，費焉盡其無內之小，隱焉極其無外之大，言而世爲天下法，行而世爲天下則，然後學是成也。以心言之，未能不思而得，則須盡其學問思辨之功，未能不勉而中，則必盡其存養省察之工，在不睹不聞之時，致不偏不倚之中，而爲天下之大本，在莫顯莫見之際，致發必中節之和，而爲天下之達道，則天地可以位，萬物可以育矣，然後學是成也。以經言之，聖賢繼往開來之學、修己治人之道，無所不載於經傳之中，生于聖遠言湮之後者，果能歸而求之，自有餘師矣。不但從事於口耳之外，而必須體行於心身之上，不爲他技之所惑，又免半途之中廢，則學不他求，而學是成也。以聖言之，所謂聖人者，非別有衆人所不可知可能之異術也，止自是知凡人所當共知之理，行凡人所當共行之道。寬裕溫柔之仁、發强剛毅之義、齊莊中正之禮、文理密察之智，非聖人所獨性，而衆人之共性也。父子而盡其親，君臣而盡其義，夫婦而盡其別，長幼而盡其序，朋友而盡其信者，非聖人所獨道，而衆人之共道也。但聖人則能盡其性、道，故爲聖人；衆人則不能盡其性、道，故爲衆人耳。衆人也而苟能知得盡聖人之所先知，行得盡聖人之所先行，則卽亦聖人也。此非其學之成乎？此固五目者，皆可以名吾儒之正學也。既曰理學，則非駁雜誕妄之學也；既曰道學，則非記誦詞章之學也；既曰心學，則非口耳章句之學也；既曰經學，則非百家衆技之學也；既曰聖學，則非詭異偏邪之學也。合而觀之，言理而道在其中，言道而理在其中。若極其原頭而言，則有理然後有道，而道出於理也。若就其運行之統體而言，則理隱道顯，而理常在道中也。然則道理可以互言而自相兼矣。心則具是理而體是道者也，經則載是理而明是道者也，聖則全是理而盡是道者也。此所以正學之目有五，而互備其爲己之實焉，非可以輕重本末言也。學者惟當盡其心焉，服膺經訓，不二不三，敬以主之，誠以一之，則理道在其中而聖可至矣。

7.1.3.29 **道德事業分合**

凡有形，皆物也。夫既爲有形之物，則必自有爲物之理，既有爲物之理，則又自有行理之責，此道德、事業之所以出也。故物無大小、貴賤，莫不有心焉、有身焉。臟于中而爲身之主者，心也；形於外而爲心之宅者，身也。心之分曰性也，性非所謂理乎？身之分曰職也，職非所謂責乎？故物莫不有性分焉，又莫不有職分焉。自其性分而言之曰道德，自其職分而言之曰事業。既曰性分，則不易之定理也；既曰職分，則莫廢之常責也。然而心身非二體也，性職非二分也。道德卽事業之道德也，事業卽道德之事業也。率性以行曰道，行道致成曰德。物各有爲曰事，能事其事曰業。道德得事業而爲道德，事業得道德而爲事業，道無離事之道，事無道外之事，德無離業之德，業無德外之業。修道德者，所以爲事業也；爲事業者，所以修道德也。故外事業而爲道德者，非道德之正也；外道德而爲事業者，非事業之眞也。但道德者，本於性分而在於心焉，形而上，故爲無跡也；事業者，本於職分而在於身焉，形而下，故爲有跡也。不有其無跡之道德，則有跡之事業，何從而出乎？不有其有跡之事業，則無跡之道德，何據而致哉？故言道德而事業在其中，言事業而道德在其中，何嘗求道德於事業之外，而求事業於道德之外哉？無跡者，不可易見，而有跡者，可以易見，則豈可不就事業而言道德乎？今以三才言之，天有天之事業，地有地之事業，人有人之事業。至於萬物之微細，亦莫不各有其事業，而但萬物之事業則無非天地造化中之所囿，而吾人化育中之所統者也。若其爲不易之定理、莫廢之常責，則三才與萬物未有異也。曰："然則在萬物之微細者，亦可謂之道德、事業耶?"曰："旣是同出於性分、職分，而性無理外之性，職無道外之職，則雖在萬物之微細，亦不可不謂之一種道德、一種事業也。蓋凡爲道德也，不得無精粗；凡爲事業也，不能無大小。故從道德之精而爲事業者，其事業亦未嘗不大焉；從道德之粗而爲事業者，其事業亦未嘗不小焉。此固精不可無粗，大不可無小，而必須咸具互備，然後萬物竝育而不相害，道竝行而不相悖，三才之道德、事業，於是乎乃盡之矣。若或萬物中一物，不事其事，不業其業，則此不獨一物自失其事業，其於天地造化之道，不可謂之全備，吾人化育之德，不可謂之大成矣。在微物尙然，況我最貴最靈，參三中立之吾人，其可自失其事業，不盡爲人底道理乎？農工商賈之事業，不過出粟米、麻絲，作器皿，通貨財者也，而亦不可闕一事業，能爲天下、國家，況爲四民中之儒士者，其事業不惟自盡其一身上道理而已，必也以宇宙內事皆作吾責，有以盡人物之性，贊天地之化育，然後乃得以盡吾人之性分、職分，則其所係爲如何哉？嗚呼！惟天地其理常全，其德常一，故至誠無息者，其道也；於穆不已者，其命也。毫積而釐，釐積而分，分積而刻，刻積而辰，辰積而日，日積而月，月積而歲者，無非事事業業之時節也。故春生、夏長、秋收、冬藏之歲功，其或有不及者乎？至於世積而運，運積而會，會積而元者，大而不可見也。毫中有絲，絲中有忽，忽中妙、沒之微，微而不可窮也。然而亦豈非天地事業不已之際乎？人居天地之中，果能體健順之道，行遠自邇，登高自卑，由灑掃應對以至盡性至命，由格物致知以至窮神知化，則豈有性分、職分之難盡哉？惟其不免爲氣稟之所拘、物欲之所蔽，而安於暴棄，故終不免乃禽乃獸，草木同腐而止耳。然而禽獸雖未與於六畜之爲人用，亦各有皮、毛、肉、骨之見收焉；草木雖未與於五穀之爲民天，亦各有材、果、菜、餌之俱取焉，則不可謂全歸無用之物矣。若吾人也而不事其事，不業其業，則其何取於醉生夢死之貿貿者哉？夫聖人事業，希天是也；賢人事業，希聖是也。希天則以天地事業爲事業也，希聖則以聖人事業爲事業也。事業至希天希聖，則此後工夫，幾非在我者也。若常士而不希賢，則是無所用心者也。其於道德、事業，不爲遠甚矣乎？然而道德無窮達貴賤之異，故不以達行而有加，窮藏而有損。此非性分之所固有乎？事業則達者有達者之事業，窮者有窮者之事業，此則隨時隨處而勢不得不變者也。大舜在側陋而若將終身，受堯禪而若固有之。成湯未受命之前，一以進伊尹事桀爲心，及夫已受命之後，不得不致天之罰。伊尹之處莘野、處阿衡，傅說之處傅巖、處相位，呂望之處渭濱、處尙父，其前後事業烏得與之同哉？至於禹、稷之過門不入，顏、閔之從容聖門，跡雖霄壤而道則歸一者，非事業之別乎？嗚呼！在唐、虞則有堯、舜事業，在叔季則有孔、孟事業，此不爲俯仰宇宙者之所深致意者耶？

7.1.3.30 **虛實分合**

宇宙焉而天地、萬物於其間者，不出虛實而已。吾人果能廓我心目，俯仰觀察，反覆認會之，則當知其然也。然而虛實亦不可以一樣言也，有夫理之虛實，有夫氣之虛實，有夫物之虛實。以理言之，靡有形質，靡有聲臭，靡有方所，靡有際限者，其虛也。若夫天地·萬物未及爲天地·萬物而爲天地·萬物之所以必然、天地·萬物旣爲天地·萬物而爲天地·萬物之所以當然者，其實也。卽所謂無極而太極者也，而無極則爲虛，太極則爲實也。以氣言之，靜焉爲虛，動焉爲實，降焉爲虛，升焉爲實，往焉爲虛，來焉爲實，常有以稱準乎此理之所極者是也。以物言之，爲大小、貴賤之定形，有方圓、動植之定質，皆有以始終於理氣之中，各爲一物者，其實也。其始也，自無形而爲有形；其終也，從有形而歸無形，則始終之皆無形者，其虛也。分而言之，理之虛實，自爲理之虛實，氣之虛實，自爲氣之虛實，物之虛實，自爲物之虛實，各虛其虛，各實其實者也。而合而言之，物之虛實，由氣之虛實而爲虛實；氣之虛實，由理之虛實而爲虛實。則氣爲物之本，理爲氣之本也，而爲之氣，爲之物者，莫非此理之爲也，則何可謂之各虛其虛，各實其實哉？ 又以虛實分言之，似乎虛自虛，實自實，虛不可爲實，實不可爲虛也。而合虛實而一言之，則至虛之中，自有至實，至實之中，自有至虛，虛而實，實而虛者，理也。以虛而爲之實，以實而爲之虛，虛不常虛，實不常實者，氣也。從虛而致其實，從實而致其虛，虛不得不爲實，實不得不爲虛者，物也。則虛實其果不相涉乎？蓋虛者，實之本也；實者，虛之驗也。不虛則無以爲實，不實則無以效虛，此所以虛不得不實，實不得不虛，而虛實本是一理，終爲一道也。若衆人則只知虛爲虛，實爲實，而不知爲虛爲實，其爲理則一，故虛者非徒虛也，虛必實焉；實者不常實也，實必虛焉。形於上爲天，形於下爲地，形於兩間爲萬物者，皆實也，而萬物則從天地中太虛而生矣，天地則從天地未爲天地前太虛而生矣。不有天地未爲天地前太虛，天地何從而生乎？ 不有天地中之太虛，萬物何從而生乎？ 又不有形於上、形於下之天地，畢竟何以爲天地旣終後之必虛；不有形於兩間之萬物，何以爲萬物旣盡後之還虛乎？ 然則虛實常相待者也，其果爲虛自虛、實自實者乎？ 吾人亦自有方寸中之太虛，惟能爲至人者，當自知之，衆人不自知也。其爲太虛也者，不出方寸之中，而廓然洞然，不見其有內外、上下，不見其有四方、際涯，則豈但與天地中之太虛同其虛乎？ 蓋與夫天地未爲天地前之太虛、天地旣終後之太虛，亦不異其虛也。然而作之爲造化，做之爲事業也，則彌綸天地，經緯事物，參贊位育，而天之所覆、地之所載、日月所照、霜露所墜，無不偏被其化，至於貫徹古今，繼開無窮者，皆是也。其所爲實者，乃如何哉？ 此則在吾人之虛實也。然則當虛而虛，不偏於虛；當實而實，塞於宇宙者，吾儒之虛實也。若夫淫聲、邪色蔽其耳目，穢臭、苟食充其鼻口，外利、物欲汨亂其心地者，俗夫之病於實也。至以虛無爲道德，空寂爲事業，違棄性命，絶去彝倫者，異端之失於虛也。是果無極太極之虛實乎？周子之旨，於是乎不可易矣。

7.1.3.31 **敬義分合**

呂太公謂周 武王曰："敬勝怠者吉，怠勝敬者滅，義勝欲者從，欲勝義者凶。"孔子《易・文言傳》曰："君子敬以直內，義以方外，敬義立而德不孤。"敬者，存於心之德也；義者，發於身之道也。奉持此理之謂敬，奉行此理之謂義。奉持此理，則戒愼恐懼之意常存，故怠惰放肆之習自去，天祐其順，人助其信，而吉之所以來也。奉行此理，則應事接物，必有其則，利誘、物欲莫我撓奪，故事無不成，物無不和，而自外者從也。戒愼恐懼者，不偏不倚，虛明靜一，而主宰之體，自不得不直矣。應接惟則者，喜怒哀樂莫不中節，而百爲皆正方矣。然則敬者，義之體也；義者，敬之用也。敬者，義之本也；義者，敬之出也。敬、義二者，無非受天之理，而敬之理卽義之理也，義之理卽敬之理也。敬、義亦無非在我之道，而敬之道卽義之道，義之道卽敬之道也。心不有敬德，身何有義行乎？身不有義行，心何有敬德乎？敬由義立，義由敬行，此內外夾持、動靜相須之常也。

7.1.3.32 **理數分合**

理爲數之根，數爲理之出也，則似相不異焉，而理則無多寡贏縮，而數則有多寡贏縮，理則常全無欠，而數則或全或欠者，何歟？蓋理者，一定不易之統體也；數者，千殊萬別之妙用也。無統體，何以有妙用哉？無妙用，何以爲統體哉？理雖爲一定不易之統體，而一定不易之中，自有條縷脈絡之無所不具者焉，此乃千殊萬別之數，所以根此理而爲之妙用者也。數雖爲千殊萬別之妙用，而千殊萬別之中，亦自有多少、長短之一定不易者焉，此乃一定不易之理，得此數而爲其統體者也。故據理認之，則但知其一定不易之常經，而莫見其條縷脈絡之自具焉；據數觀之，則但見其多少、長短之有分，而莫見其一定不易之大本焉。此恒人之所以致疑於理、數之異，而不知其體用爲一道者也。夫以地言之，有內外、遠近、水陸、廣狹之分焉；以時言之，有古今、先後、久近、長短之別焉；以物言之，有大小、貴賤、徒衆、類族之殊焉。然則地之自內至外、自近至遠，凡幾何其坊里、區界也；時之自古至今、自先至後，凡幾何其歲、月、日、辰也；物之自大至小、自貴至賤，凡幾何其品彙、族類也？此有非數之散布者耶？然而地不能自地而以理爲地，時不能自時而以理爲時，物不能自物而以理爲物，則時與地與物之各有其數者，何莫非理之所以各定者也哉？若《河圖》、《洛書》之數，其有贏有縮，易中儀、象、卦、爻之爲二，爲四，爲八，至爲六十四，爲三百八十四者，非本於一理而能整整不紊者耶？然則理、數之不相同者，非所以爲一道者耶？

7.1.3.33 一太極之不離乎陰陽 不雜乎陰陽 二說分合

朱子釋太極曰："非有以離乎陰陽也。"又曰："不雜乎陰陽而爲言。”就二言而觀之，旣曰非離，則似乎必雜，不可以不雜言也；旣曰不雜，則似乎必離，而不可以非離爲言也。若就二說細認之，則二說自可以相發明焉，必須竝立而不容相無也。以其不離者而言之，旣有靜陰動陽之二氣，故知其所以爲陰爲陽者，自有太極焉，爲之主也。若不有太極，孰使之爲是陰、爲是陽哉？此則太極之不離乎陰陽也。若以不雜者而言之，其所以爲陰陽者，則雖出於太極，而陰是方靜之氣耳，不可指陰曰爲太極；陽是方動之氣耳，不可指陽曰爲太極。太極者正指其陰陽之本體爲其理者而名之，不是爲陰陽爲太極。此則太極之不雜乎陰陽也。不言非離，則人必求太極於陰陽之外、杳冥之域也。不言不雜，則人又必以二氣之流行者爲太極，而不知太極自是爲理於陰陽也。此朱子須用二說竝言之，而解其妙也。其曰“非離也，不雜也”，而太極之爲理者，的然而不難明也。陰陽何得自爲陰陽，而無其所以主之者哉？孔子、周子之旨，於是乎無餘蘊矣。

7.1.3.34 **同異分合**

道在宇宙間而爲造化之機，爲事物之變者，豈得皆同，豈得皆異哉？有同則必有異，有異則必有同者，乃其自然之常也。其爲當同而同，當異而異者，同異之一出於天理者也。其不當同而爲同，不當異而爲異者，同異之多出於人情者也。當同當異者，同爲異中之同，而異爲同中之異，故同者不偏於同，異者不偏於異，而同亦道也，異亦道也。同異皆道，故同而不害於異，異而不害於同，同不得無異，異不得無同者，非理耶？若不當同而同，不當異而異者，同自同而不涉於異，異自異而不涉於同，同爲道外之同，異爲道外之異，則此豈理也哉？今以同異之出於理者而言之。"維天之命，於穆不已"者，造化也。陰陽，一太極，則所謂一太極者，其同也，曰陰、曰陽之爲二氣者，其異也。五行，一陰陽也，則所謂一陰陽者，其同也，所謂曰水、曰火、曰金、曰木、曰土之各一其性者，其異也。蓋有太極矣，必也健順相濟，剛柔相盪，然後變化行焉；有二氣矣，必也四德時出，五氣順布，然後功用成焉。然則同者安得不爲之異乎？二氣之變化、五行之功用，畢竟無非一太極之事業，則異者安得不爲之同哉？以其在天地者言之，象於上者，日、月、星、辰也，質於下者，水、火、土、石也，上而象、下而質者，非異乎？以四時言之，春溫而夏暑也，秋涼而冬寒也，春夏則雨露，秋冬則霜雪，夏而晝永夜短，冬而夜永晝短，此非同中之異耶？惟其不溫不暑，則萬物不生不長；不涼不寒，則萬物不收不藏。非雨露則無以爲生長之需，非霜雪則無以爲收藏之化。晝夜之互永互短，亦莫非歲功之常道，則此非異中之同耶？惟其從造化而出者，品彙也。其爲品者，不啻百千；其爲彙者，不啻萬億。其本也莫非一天命之流行而爲造化，則卽其同也；其品、其彙之至於百千萬億，則卽其異也。夫其巨細、貴賤之必具，族類、多寡之須備，乃賦畀之常理、有物之恒分。不然則其何以備洪造之功用，盡兩間之事業哉？故物不可齊也，而莊子强欲齊物，所以業爲異端，道爲左道也。敢以易道試言之。小成之八卦、大成之六十四卦，無非出於聖人之一手、太極之□[5]理也，而其爲或陽或陰、或剛或柔、或消或長、或進或退，至於一卦之變，皆各有六十四

5 □ : 문맥상 "一"인 듯함.

之别，則何在其爲一太極之理哉？然而隨時隨處，隨事隨物，莫不各有當然之義、一定之則者，卽非一太極之理、同常行之道耶？所謂“隨時變易以從道”者，卽四聖之權衡也。若以在吾人者言之，曰皇、曰帝、曰王之道，非不一也，而三皇之事業自爲三皇之事業，五帝之事業不得盡同於三皇，三王之事業不得盡同於五帝者，何也？豈非當同而同者，其大經也；不得不異而異者，其權也？以《春秋》一經之義觀之。其所以抑揚低仰之權衡，錙別銖分於一筆一削之間，此非大聖之道耶？此則所謂同異之正，而皆出於一理者也。惟其同異之不可不辨者，乃心地上義利、公私之分，分於毫釐，世教上聖道、異端，邪正之别，別於水火者也。此則不可一日容許其竝立竝行焉，從古聖賢之所常致嚴者此也。

旅軒性理說
校勘·標點

卷八

宇宙說

8.1 宇宙說

8.1.1

上下四方曰“宇”，則上焉至于上之極；下焉至于下之極；四方焉至于東西南北之極者，是宇也。古往今來曰“宙”，則從天地之始，盡天地之終者，是宙也。然而形於上者天也，形於下者地也。天地亦有形之物也，而特爲有形之大也。雖其爲物之大，而旣爲有形，則有形者，豈無其際限乎？上下四方，皆不能無極，而旣極則有其外也。又旣有其始，則其未始也，必有前矣，旣有其終，則及其終也，復有後矣。然則天地之六極，皆當有外也。始亦有前也，終亦有後也。夫其所以有天、有地，爲之宇、爲之宙，爲之宇宙之內、爲之宇宙之外，爲之宇宙之前、爲之宇宙之後者，　孰有以總領之、孰有以包囿之歟？此卽所謂“太極之理”也。理之所以爲太極者，以其爲無極也。無極之中，自有許多大小變化之無窮焉者，所以謂之無極而太極也。然則宇宙雖大，亦囿於太極之中矣。惟吾人者，得此理之全體，中立於天地之間，其受形也，不過爲七尺之軀；其生世也，不過爲百年之間；其占地也，不過爲一席之上，則可謂小矣，而其爲道也，乃得以參三才，首萬物，擔當宇宙，把握天地，通古今，達事變，視於無形、聽於無聲，思慮無所不及、力量無所不能，則宇宙間模範之大者，孰有過於吾人之道哉？然而其道之所藏，則方寸之心而已，孰謂方寸之心有以括宇宙而籠天地哉？若聖人又得夫秀之秀、全之全者，則聖人之智，其於此理之所在，非有所未達處也，而聖人亦未嘗言及於宇宙之外者，聖人必以道理之人所共可以知得、共可以行得者言之。故雖有其心思之所獨透徹者，不曾爲衆人說破焉者，是也。然則人所不可得知、不可得行者，固不當求知求行矣。如其所不可不知、所不可不體者，或有未通焉，則又豈非可恥之甚乎？夫所謂"人所不可不知、不可不體"者，卽非宇宙間事物之理乎？

8.1.2

天地大數爲一元，一元有十二會，一會有一萬八百年，十二會猶一日之十二時也。自子會至亥會，卽其始終也，而十二會中前六會爲陽，後六會爲陰，子爲陽之始，卯爲陽之中，巳爲陽之極；午爲陰之始，酉爲陰之中，亥爲陰之極，自子半之後至卯半之前，爲陽之稚，自卯半之後至午半之前，爲陽之盛；自午半之後至酉半之前，爲陰之稚，自酉半之後至子半之前，爲陰之盛。陰陽之在稚，不能用事，而至盛方得作主，故自卯會至酉會屬于陽明，猶一日之晝也；自酉會至卯會屬于陰暗，猶一日之夜也。然而子會則新陽已作，而寅半以後陽已用事，戌半以前，陽猶未盡，而亥會舊陽乃盡矣。此蓋一元陰陽，稚盛、衰窮之大槩也。

8.1.3

先天地之終，卽此天地之始也。天地有始終，而天地之外又必有大大元氣之常盈滿充塞者，未嘗有乏盡。故天地始終於其中，而天地之始終，自爲天地之始終，而非大元氣之始終也。

故有天地，則天地自有天地之元氣；有萬物，則萬物各自有一物之元氣。然則所謂“元氣”者，亦不可以一樣言也。故萬物之始終，各自係於物中之元氣，非係於天地之元氣也。天地之始終，自係於天地之元氣，亦非係於天地外之大元氣也。然則所謂“天地外之大元氣”者，其爲限量也，果如何哉？卽所謂“稱此理之大小爲無限之限無量之量”者也。理焉而曰“無極太極”，則其爲大元氣之限量也者，蓋亦稱無極太極之理也哉。然而氣之小者，必資於氣之大者；氣之萬者，必本於氣之一者，則萬物雖各自有其元氣、自有其始終，而萬物之元氣，必從天地元氣中來也，天地之元氣，又從天地外大元氣中來也。若夫天地外之大元氣，則卽是無極太極之理中出者也。理自是無極太極，而氣於是乎稱之，其果有窮乎？

8.1.4

夫謂天地之外，又必有大元氣者，蓋以大地之厚重，其能悠久不墜者，以周天大氣旋運不息，故扛得大地而能不墜也。其爲大氣之能常運不息者，又必有大殼子，盛載得大氣持住，然後當得堅固不散也。然則其大殼子，又豈無所造爲而得成，又豈無所藉持而得存乎哉？故知天地之外必有最大元氣，有以造得天地而使之始終於其中也。於是又欲推得其天地外大元氣之所極，則茫然、邈然，無從可究其端倪焉。故曰：“無極大極之理中出”也，此乃莫容探究之言也。然理外無氣，則其所以能大能小、能始能終，而生生不窮者，果非無極太極之理而能然乎？

8.1.5

有曰“天開於子，地闢於丑，人生於寅”，則子會之前，卽前天地之大闔，所謂“戌會”、“亥會”也。當其時也，天未開，地未闢焉，則不天、不地，爲何樣氣象歟？戌會、亥會之終，其後一萬八百年而天始開矣，則卽有天無地之時也，其時氣象亦何如哉？其後一萬八百年而地始闢矣，則卽有天、有地而人未生之時也。日、月、星三光自何時而騰乎；風、雨、雷、霆自何時而行乎；水、火從何地而生乎；草木、衆植從何世而萌生乎？豈非吾人皆可得以理會者耶？

8.1.6

開闢者，一元之陽；閉闔者，一元之陰也。陽之作必由於陰之積；陽之盛必終於陰之藏，前元、後元，猶昨日、今日也。分言之，則前元自爲前元；後元自爲後元，通言之，則前元之陰，卽後元之陽之所由本也；後元之陽，卽前元之陰之所胚胎也。故前天地，自酉至亥爲閉闔之陰者，不唯有以成終乎前天地開闢之陽焉，又乃所以胚胎乎後天地一元之陽也。然則天開於子者，豈是値子遽開；地闢於丑者，豈是値丑遽闢者哉？正如昨日、今日之相因，而一晝一夜自然之變也。

8.1.7

開闢後，又一萬八百年是寅會也。人從何地始生出也，而無父母之前，孰胎孕而爲形體乎；孰育養而得生長乎？雖自有知覺，無君、無師，孰爲之敎導，而使之事其事、業其業乎？有聲無言，何以相通情乎？無各姓名，因何識別爲孰某乎？

禽獸、蟲魚與人同時而生乎？抑先人而生，以待人出而爲其用乎？卽吾一身一心之中，而天地古今、萬物萬事之理，畢具焉，體而會之，察而由之，無不通焉，此固吾人之所以爲最靈、最貴者也。

8.1.8

有氣然後氣聚而成質，故天開然後地得以闢焉。二氣分形，兩儀相配，然後遊(游)氣儲，造化行，而萬物生焉。故經子、丑二會至寅會，而人生焉，得天地之正氣者爲人；得其餘氣者爲物也。氣無不周，化無不徧，故淸濁、粹雜、精粗、厚薄，咸具畢備，而物不得不萬焉。唯人也，禀其淸、粹、精、厚而生，爲萬物之首，故萬物莫不爲人之用焉。聖人則又得夫最淸、最粹、最精、最厚，而又以首乎首萬物之人焉，故其心無所不知；其耳無所不聞；其目無所不見；其鼻無所不嗅；其口無所不言；其手無所不爲；其足無所不行；其身無所不責。故凡有血氣者，莫不宗仰而歸戴之，此所以爲天皇、地皇、人皇也。其爲皇之道，則想不過民其民，使之無不性其性、職其職焉；物其物，使之無不生其生，所其所焉而已。

8.1.9

其曰"天皇"、"地皇"、"人皇"者，蓋皆是有書契後推稱之號也。當其三皇之時，則未有文字，豈有天地人，曰"皇"、曰"氏"之名目乎？其稱皇氏而必以天地人別之者，豈不以天先開，故以最先爲君而曰"天皇氏"，地次天而闢，故代天皇而爲君曰

“地皇氏”，人次地而生，故代地皇而爲君曰“人皇氏”？若曰“君于子會者爲天皇；君于丑會者爲地皇；君于寅會者爲人皇”，則非也。方其有天未地，有天地未生人之前，何得有君乎？然則天地人三皇，必皆在寅會以後乎。既有天、有地，而又有人於其間，人之類殆千萬億兆之衆多，然後於是有夫婦、有父子、有君臣、有長幼、有朋友，則聖人因物思則，隨倫察理，必使之敦其有別、有親、有義、有序、有信之道，而不知者敎令知之；不行者導令行之，是君長之責也。然則任君長之責者，必須自盡其性、自盡其道，有以首出庶物、表轢天下，然後天命於以屬之、人心於以歸之，而乃作萬姓之宗主，裁成天地之道，輔相天地之宜，故三才之事業，於是乎立矣。此卽天地人三皇之所以爲皇，而其性則不過爲五常之性；其道則不過爲五倫之道也。其爲治之術，亦不過以心感心，自近及遠而已。

8.1.10

外史又有於天皇氏之前，盤古氏之號焉，未知何所據而說出者也。夫謂之氏而尊之，則必是君長天下，導養萬民者也。其果有焉，先天皇而君長之，則古又古矣、質加質矣，必未若三皇之爲皇，稍有皇之之紀也。用五德之運、立歲起之月者，蓋亦未有其事也。其居處、衣服、飮食，與衆人同之，而民自化於至德之深；物自孚於至道之中，故取其寬平廣大之象，而謂之盤古耶？抑在寅會之世，人物雖已產育，而三皇未皇，洪荒朴畧猶自若也；戶牖開鑿猶未肇也。當時有聰明睿知，出類超群之神聖者，作於其間，自能通天地、陰陽之理；知寒暑、晝夜之變；會彝倫、性命之道；秉中和、位育之機，躬行以先之；立極以統之，不言而信、不令而順，則雖君位未設、君號未立，而凡有血氣者，莫不戴之如天、仰之如日、親之如父母、敬之如神明者，而其事或傳於書契之後，故遂承其傳來者而號之耶？盤古者，豈非混元厖全之稱，而氏之者，乃所以尊尙之者耶？

8.1.11

書契之作在伏羲之世，則其前之事跡，何從而攷得哉？其五德之用、歲首之起、兄弟之幾人、歷年之幾何，果有可據而推知者歟？

8.1.12

人生於寅，則寅會以前，未嘗有人矣。其生也，必是氣化而生也，厥初所生者，凡幾人？乾道成男，坤道成女，則男女必竝生矣。九州之中，何地始生歟？抑九州之人，生於一時歟？其生之或山、或野，皆不可知也，當時所生之人，豈非多聖賢之徒哉？是時也，萬物無名，歲月日時無紀，人無職事，物未致用，貴賤無分，禽獸雜處，有聲非言，情不得以通焉，有衆無統，法不得以施焉，于于居居而已，其何爲哉？蓋惟首出之聖人，俯仰天地，以觀以察，通晝夜、寒暑之有常；達昆蟲、草木之性情，雖無所傳述，而自會其道理，乃相有以開曉之，有以敎導之，有事、有業、各職、各所焉。此乃三皇之事業也。

8.1.13

二氣五行之流行於宇宙間者，未嘗有刻分之或息，而頭緖條脈不容相亂。故不失其序，無違其時，相生相克，互代互濟，而造化行、品彙遂矣。其爲運行者，有大、有小，自至大之運，分而又分，以至於至小之運；自至小之運，積而又積，以至于至大之運，其序必順；其行必信焉。惟吾人事在於其間，必須順承而趁就之，然後萬事惟則，參贊化育之業立矣。此古昔聖神之必重必愼於此事者也。夫陽數十、陰數十二，五行各有陰陽，而其數卽十矣。六氣又各有陰陽，而其數卽十二矣。陰陽相配，以十爲干；以十二爲支，而陽不能獨行；陰不能獨成，故又必合干支而序配之，則干十而盡，支十二而盡，干盡則復從首干，引而續之；支盡則復從首支，引而續之，至於干六盡、支五盡，而配數遂窮，則首干首支還相遇焉，此六十爲一紀也。如環無端，終則復始，莫非理數之自然也。二五之綱紀、造化之樞紐，寔在乎是。故聖人默契而妙會之；立目以別之；循序以次之，固非强排布置之爲耳。實乃理氣不可易之常也。大而元會運世，小而歲月日辰，未有違此而得序也。推而上之，以至于子會之甲子；推而下之，必至於亥會之癸亥，無差忒也。天皇氏歲起攝提，則攝提格卽寅也。然則天皇之世，亦已有干支之紀也。第未知當初肇紀之時，何以知夫所當之會、所當之運、所當之世與所當之歲月日辰，各値何干支，而因此推上、推下，得不有紊於已往之世與將來之世，而罔不符合歟？聖人蓋必有契會諳得之妙法，而今不可據識矣。

8.1.14

夫宇宙雖大，旣囿於理氣之中，則先宇宙而存者理氣也。然則理氣亦有所從出，而其乃有先於理氣、後於理氣，上於理氣，下於理氣，四外於理氣者，亦猶理氣之爲先、後、上、下、四外於宇宙焉乎？竊以爲理氣本自無其先、無其後、無其上、無其下、無其四外，何得有先之、後之、上之、下之、四外之者哉？推而先之，卽此理氣也；推而後之，亦此理氣也；推而上下之，亦此理氣也；推而四極之，亦皆此理氣也。若就此理氣二者之中，而求其先後，則當曰"理先而氣後"也。然而氣不離理，必準於理焉，則未嘗有獨理未氣之時矣。但以氣出於理，故曰"理先而氣後"也。非曰"理氣判別，而時先時後"者也。然則宇宙之大，果不是外理氣而爲大也。只是自形、自物、自始、自終於理氣之中也。然則理氣之所以必有此宇宙者，何也？蓋理之爲理，乃所以爲有物之理也；理之有氣，乃所以爲造物之資也。理固爲有物之理，故曰"理"也；氣卽爲造物之資，故曰"氣"也。理也者，太極之謂也；氣也者，陰陽之謂也。旣有此理氣矣，於是不得不有天焉；旣有天矣，於是不得不有地焉；旣有天地矣，於是不得不有萬物焉。人者物中之最貴、最靈，而參天地、一萬物、主參贊化育之事業者也。然則太極之有以致用；陰陽之有以成功者，到於人而極矣。宇之所以爲宇，宙之所以爲宙者，此也而宇宙間之事業，都萃於吾人身上矣。此從古聖賢必以宇宙間事業爲己責，而要畢其能事者也。所謂"能事"者，何謂也？君臣而盡君臣之道；父子而盡父子之道；夫婦而盡夫婦之道；長幼而盡長幼之道；朋友而盡朋友之道，家有家之道；國有國之道，人盡人之性；物盡物之性，有以位天地；有以貫古今者，非能事乎？ 理之所以爲理者， 此焉果盡其用矣； 氣之所以爲氣者，此焉果極其功矣。此固宇宙之得爲宇宙也。

8.1.15

嗚呼！ 理此理也； 氣此氣也，非有外此理之理、外此氣之氣也，而後人之所謂“善”者，漸不及於古之聖人；後世之所謂“治”者，漸不及於古之至治，至於善寡惡多，而惡必倍於古之所謂“惡”也； 治鮮亂頻， 而亂必浮於古之所謂“亂”也。 此何理歟？其以宇宙之大化， 其氣漸薄而然耶？ 抑亦天地之生也久矣，大數不可以復回既往之隆旺歟？ 奈之何三代之盛亦猶未及於唐虞之盡善、盡美，至於漢而唐、唐而宋，皆似未及於前代，此非可怪而可長吁者乎？

8.1.16

唐虞以上，卽一元之上半也；三代以後，已屬一元之下半也。以一日觀之，午前之氣候，殊覺其亨旺，而午後之氣候，便覺其弛緩；午前之人事，各能其健實，而午後之人事，多涉於疲解，一歲之中亦然。故一元亦上半以前之氣像，淸明純一，而物情皆爲之眞淳、和順；下半以後之氣像，散漫沈暗，而物情亦爲之流蕩、乖薄。然則果不可得見夫太古之世耶。夫一世如一日也；一元如一歲也，上半以上爲方進之氣也；下半以下爲方退之氣也。其氣像、物情之不同，其勢所不得不然也，而淳澆質喪，巧僞者，不得不滋；世降代積，辯詐者，不得不肆，此所以後人、後世之漸不及古者也。然而大道之原，無時或泯；一元之運，無刻或息，在一日，不以朝暮而有間；在一歲，不以早晚而或異，則其在一元，豈以上半而有餘；豈以下半而不足哉？況一日、一歲之內，其健慢、勤倦之有變者，乃恒衆人之弊習也。若夫聖人，則不然，與天地合其德，純亦不已，至誠無息，終日乾乾，夕猶惕若，元亨利貞，貞而復元，則夫豈有間斷時刻哉？是故聖人則法天地，凡人則當法聖人而已矣。且夫一日之事功，至晚暮而成焉；一歲之事功，至秋冬而就焉。蓋興作之功，必力於上半，而成就之業，須効於下半，則一元中大化之盛，雖在於旣往之上古，而畢竟成就之要，豈不在於將來之後世乎？一理非不一也；元氣非失元也。意者此後亦必有聖人者出，而亦當以宇宙間事業爲己責，道三皇之道；德五帝之德，居九五之位，建咸覩之極，振發委微之風，收擧解散之俗，刪落枝葉之繁華，革盡乖戾之陋習，一切掃去滌新夫秦、漢以下荒雜浮誕之積弊，而回眞復初、返朴歸淳，使斯民鼓舞春臺之上，引囿壽域之中，則唐虞、三代不獨爲上古已往之唐虞、三代，而今亦爲之唐虞、三代矣。天一天也；地一地也；宇宙卽一宇宙也，通天地而一理；貫宇宙而一道，則理外寧有物乎；道外寧有世乎？惟此宇宙前，旣有唐虞以上上半之事業，則今雖中微，又豈無下半之事業，有如唐虞以上，上古之世，淳厖、朴厚、淸明、亨泰之風化乎？

8.1.17

所謂“古籍”者，有曰《三墳》，謂伏羲、神農，黃帝之書也；有曰《五典》，謂少昊、顓頊、高辛，唐虞之書也；有曰《八索》，謂八卦之說也；有曰《九丘》，謂九州之志也。墳大也，則伏羲、神農、黃帝之大道，當載於《三墳》矣；典常也，則少昊、顓頊、高辛之常道，畢備於《五[1]典》之上矣；索求也，則八卦之義，蓋無所不闡於《八索》，而求其義者，無外於其說也；丘聚也，則九州土地之所生、風氣之所宜，無所不聚於《九丘》，而究知覆載中品彙者，旣具於其書也。籍而記之者，亦必聖人也，而要以垂示於後世也，而今所存者，唐、虞二典，而八卦之說，亦止有《周易》而其餘則未有存者，豈非大可恨惜哉？楚左史倚相能讀四籍，則周末猶有之矣，豈非俱火於秦焚之日哉？

8.1.18

有謂人皇起寅會箕一度，至午會星一度，四萬五千六百年，正唐堯起甲辰之時也；有謂禹卽位後八年得甲子，初入午會也。如前說則唐虞皆在午會時；如後說則唐虞皆在巳會之末也。

8.1.19

歲年干支之錄，帝王始終之詳，自唐堯始焉。然則其前皇帝之享國及享壽，何由而考知哉？其或載於《三墳》·《五典》之書乎？有云自唐堯至元 順帝，通計三千七百二十四年，至我大明 洪武甲子，初入午會之第十一運。

1 五 : 원문에는 '二'로 되어있으나 '五'로 바로잡음.

8.1.20

造書契以後，隨世代當有記籍，其相傳之際，雖或有錯誤，然必不如書契未造之前，全然無記載，只憑口舌相傳者而已。以此言之，蓋伏羲之世，亦非最古矣。其前所過之會，其有幾世、幾代、幾聖君·賢臣之事業乎?

8.1.21

書契既造之後，上下猶能性性存存，由道而生；由道而死，非若後世事變之紛紜、文字之煩碎，故記傳者僅有而無幾矣。如今萬軸千箱，手不可勝閱，目不可勝經者，無非近數千載間大家、小家之云爲耳。

8.1.22

十干本於陽儀；十二支本於陰儀，而干之中，亦自有陰陽；支之中亦自有陰陽，故相配、相序之際，陽干必與陽支配；陰支必與陰干配，莫不有條理之不相紊者焉，而干支之配，不得不相須者，以造化之道，獨陽不生，獨陰不成故也。然則干得支爲干，支得干爲支者，非人强配之也，乃理氣之自然，而聖人因其理而目之耳。故其所以序行於歲月日時者，其式一矣，而十與十二之配，必窮於六十者，在大小之運，皆不可加減其一也。運世與歲月日辰，則皆爲大數中所分之數，故運有三百六十，而干支之配亦當爲三十六周也。其在世與歲月日辰，雖其愈分愈多者不同，而若其配之、序之之例，則未有不畢周而復始者矣。至於會數止於十二，則甲爲子配，癸爲酉配，戌會而又配甲，亥會而又配乙而已。其後則會數已窮，當於後元之子會配丙以始，而後元之干支、其在今元而筭得及乎。以此言之，此元之前爲元者，凡過幾何哉？此元之後爲元者，亦復幾何哉？方知一元不止爲今元而已，前元、後元其無窮哉。一元不止爲今元，而今元前後果復有無窮之一元，則干支之運，其亦在於前後元之相繼，而爲元者，乃在干支之中乎。但莫容言數於一元之外也，蓋有二氣五行，則必當有干支之理矣。然則曰“干”而排數於十，曰“支”而排數於十二者，其名目雖在於書契之後，而其理則在元前之元、元後之元，所必有而不得無者也。元之積也，雖至於千萬，而此理則何嘗不一哉？若其書契之造、不造，與其文字之同、不同，自甲至癸之名，自子至亥之目，則未知其每元必如今元否矣，如理之爲理，氣之爲氣，則豈有前元、後元之異哉？

8.1.23

又曰“一元”者，自開闢至閉闔之謂，如人物之自胎生至死亡之間也，卽天地之壽也。謂之一元者，特指其大數也。自有許多分數，積在其間，如人之一瞬一息之頃，無非數也。元分爲會，會分爲運，運分爲世，世又分爲歲，以至爲月、爲日、爲辰、爲刻、爲分、爲釐、爲毫、爲絲、爲忽、爲妙、爲沒，至於不可分焉。此則自至大至至細之數也。沒積而妙、妙積而忽、忽積而絲、絲積而毫、毫積而釐、釐積而分、分積而刻、刻積而辰、辰積而日、日積而月、月積而歲、歲積而世、世積而運、運積而會、會積而元，至於無可究焉。此則自至細至至大之數也。不有大數之爲統，細數無所自而分焉；不有細數之有積，大數無所從而立焉，此大小數之不得不相因者也。其所以相因者，必有三其十與十零二之二數，爲之機關然後爲分、爲積者，自有莫容紊、莫容隙之妙焉。三其十者陽數也，十零二者陰數也。此又陰生陽，陽生陰，自然之理也。惟其大小數相因分積之際，又必有盈虛、消息、升降、盛衰之機，爲之錯行者焉，此又一元之間，否泰往來之無窮者也。大盈虛之中，又有小盈虛；大消息之中，又有小消息，至於升降、盛衰之相仍者，莫不皆然。惟聖人爲能達其必然之理，而默行其人事變通之權，不使之窮焉。若操人事之柄者，或不能隨時變通，有違於自然相濟之理，則召災致禍之機，亦莫不在是矣。旣往治亂之跡可以鑑焉，然則處一元之間，吾人事業不爲大乎？”

8.1.24

生天地之間者，有一日之物；有一月之物；有一歲之物；有數十歲之物；有百歲之物焉。百歲之物卽人也；一日之物卽蜉蝣也。以一日觀百歲，固遠矣；以百歲觀一元，豈不遠甚矣哉？然以無極觀一元，一元亦不能爲無比之遠矣。此一元之前，必有已往無窮之元；此一元之後，又必有未來無窮之元，元之前後，必皆當有無窮之元，則今此一元亦豈得獨爲元於無窮之中乎？此元子會之前，當是前元之亥會；此元亥會之後，當是後元之子會，會何嘗十二而止哉？十二會之往來，如循於環之無窮者，必有如一歲之十二月相仍於前後歲之月焉，則元得爲一元而止乎？元固不得爲一元而止，則安知此天地之外復有他天地者，固如此天地而其數又無窮焉，如此天地中萬國之竝此兩間也哉？然而雖有百千萬億之天地，其理則卽此一理也，雖有百千萬億之一元，其數則卽此一數也。何則？此理之外無他理也。理無他理，故數亦此數也。此理何理也，卽所謂‘無極而大極’也。理自是無極而太極，故氣之出於理者，亦隨而無窮焉。惟其理之無極者，一焉而無極；氣之無窮者，變易而無窮，其所以變易而無窮者，實亦一焉而無極者，使之然也。或曰：“理之無極、氣之無窮者，人則何從而知得其爲無極、無窮也歟？”曰：“以吾心之知覺而可以能究極其無極，窮到其無窮也。”曰：“人心之知覺，有以能通乎無極、無窮者，何歟？”曰：“理自是一定公共之理也，有物之所同得也，而人則氣淸而秀，故能不爲情慾之所蔽，則其明也，當無所不通，而無極太極之理，自無礙於心目之間矣。噫！安得遇聖神而聞此理哉？”

8.1.25

甕中之蟲，只以甕中爲世界，豈知甕外之乾坤乎；池內之魚，只以池內爲區域，豈知池外有江、淮、河、漢四極之海乎？然則居天地之間者，惟知天地之間而已，亦何能知夫天地之外哉？凡爲氣中物者，必皆有始、有終、有內、有外矣，而理則無始、無終、無內、無外焉。天地雖大，亦氣中一物也，旣有始、有內，則又豈無其終、無其外哉？以理而思之，蓋無窮也。

8.1.26

分上下而號之曰“天地”；合覆載而稱之曰“宇宙”，不是天地之外別有宇宙，便是宇宙爲天地之統名也。吾人立乎一世之間，俯仰則天地宇宙，而傍觀者，皆萬物品彙也。夫其所以大焉爲宇宙；中焉爲萬物者，一是道而已矣。

宇宙以下，卽所謂"形而下"者也；其道，卽所謂"形而上"者也。形而下者，必有始、有終、有內、有外矣，而形而上者，則自無始、無終，又無內、無外焉。無始，極於往也；無終，極於來也；無外，極於大也；無內，極於小也，故推而上之，則宇宙未生而道在其前矣。推而下之，則宇宙有窮而道則無窮矣。

或曰："謂天地有始終，則猶爲可據矣，若謂宇宙有始終，則其不爲近於誕乎?"曰："宇宙之爲宇宙，乃以有天地而有其稱焉，則豈有天地有盡而宇宙不盡之理哉? 理所無盡者，惟道而已。若謂道爲宇宙，則仍謂之無盡，可也。旣是指天地爲宇宙，則宇宙豈得爲無盡哉? 然則天地之窮，其不爲宇宙之窮乎? 此乃宇宙爲道中之一巨物，而始於道中、終於道中者也。

道之包圍宇宙者，如許其爲無外之大，而至於宇宙間至微之物、至細之事，莫不有一理藏焉、一氣存焉，則其小也容有內乎? 然則爲之器而形而下者，處于形而上之道之中，雖以宇宙之大且悠久，尙不免其有始、有終，況在宇宙中之萬物乎? 物之有萬，無非此道之所畀，則其有能逃於道而無始終者哉? 夫萬物之始終，人皆可得以見之；可得以聞之矣。此物之前，固有已往之物；此物之後，又有將來之物，而其始、其終亦無盡矣。

至於宇宙之始終，非吾人可得以見之、聞之，則其始之前，卽何如爲器、爲物也；其終之後，亦何如爲器、爲物也。蓋其形而上，無始、無終、無外、無內之道，固自是一道焉，則此宇宙之前，卽旣往之宇宙也；此宇宙之後，卽亦將來之宇宙也。其爲宇宙也，雖萬始而萬終，又何異於此宇宙哉？然則凡其曾爲宇宙於此宇宙之前者，幾始終於已往，而復爲宇宙於此宇宙之後者，亦幾始終於將來乎？

然則始終萬物者，宇宙也；始終宇宙者，道也。道是何如其範圍，何如其延袤也，而旣有以始終宇宙，又令宇宙始終萬物於其中乎？

夫所謂"道"，乃是合理氣兼體用，而常一、常存者也。以理爲範圍，以理爲延袤，故不可以範圍、延袤言，而實自有無象之範圍，無形之延袤，不可得以際焉，不可得以窮焉矣。蓋其必有而不容無，當然而不容易，全不容虧，常不容間者，理之爲經也，而卽所謂"無極太極"者也。

準其理之必有而遂有之；準其理之當然而遂然之，全準其理之全，常準其理之常者，氣之爲緯也，而卽所謂"二氣五行"者也。其所以經之、緯之合而成之者，非道乎？

惟其以理爲經；以氣爲緯，常存而無窮盡之時；常完而無損欠之處，于前、于後而一焉；于彼、于此而一焉；在大、在小而一焉；在精、在粗而一焉者，體之全也，而卽理氣之無時無、無處無者也，必有分限之別，必有節度之定，不得無前後；不得無彼此；不得無大小；不得無精粗者，用之具也，而卽理氣之千條萬遍者也。

其所以立體爲用，致用爲體，兼而統之者，非道乎？然則造萬物爲品彙者，天地也；造天地爲宇宙者，道也。然而造天地之道，非別有天地外之一道也；天地造萬物之道，亦非有別於造天地之道也。旣有以造天地，又有以造萬物，卽一道也，豈容二之哉？

道固是合理氣、兼體用，而爲道。故萬物未造，而必也先造天地；天地既造，而必也遂造萬物矣，無間可容息也；無隙可容缺也。方其天地未造，則道在天地之先；天地既造，則道在天地；萬物既造，則道在萬物，此乃隨時、隨處而無不自足者也。故道在天地，而其在天地之先者本自若也；道在萬物，而其在天地者亦自若也。至於萬物俱盡、天地亦盡，而道之全體亦自若也。故天地雖盡而復生天地；萬物雖盡而復生萬物，此豈非生生不窮之道哉?”

或曰:“道之在宇宙者，其全體之常一、常存既如此；其大用之常運、常行又如此，則其在人者，爲何如也?”曰:“卽一道也，卽一理氣也。天得此道而覆幬爲天，則資始萬物者其事也；地得此道而持載爲地，則資生萬物者其事也；人得此道而中立爲人，則性天地之德，會事物之理，窮理盡性，修身立極，應宇內之事，接宇內之物，以之參贊天地，化育萬物，至於繼往聖、開來學者其事也。然則其身卽七尺之軀也；其位卽一席之上也；其世卽百歲之間也；其心卽方寸之中也，而天地宇宙升降否泰之機、萬事萬物既往將來之變，無不係於吾人之道焉，則無始、無終、無內、無外之全體，千條萬遍許多節度之大用，其有出於吾心方寸中之性情者乎。《易》曰:‘立天之道曰「陰與陽」；立地之道曰「柔與剛」；立人之道曰「仁與義」’，陰陽，氣也；剛柔，質也；仁義，德也，不有陰陽之氣，無以立造化之機；不有剛柔之質，無以成造化之功；不有仁義之德，無以致裁成輔相之業，盡陰陽、剛柔之道也。然則吾人之道，雖本於天地之道，而天地之道，實開於吾人之道也。三皇之所以皇者，此道也；五帝之所以帝者。此道也；三王之所以王者，此道也；孔、孟之所以繼開者，此道也。三皇用之而不盡，故五帝又用之；五帝用之而不盡，故三王又用之；三王用之而不盡，故孔、孟又傳之。然則孔、孟雖歿，而道則何曾歿哉？今若有三皇、五帝、三王之君，則便自有三皇、五帝、三王之道矣。又若有孔、孟之聖，則便自有孔、孟之道矣。宇宙雖盡，而道則未盡，故宇宙之後，當復有宇宙焉；前聖雖亡，而道自不亡，後聖有作，道不在是耶?"

右論理氣體用無窮之妙。

又曰："自天地至萬物，皆有也，有天故謂之天；有地故謂之地；有萬物故各謂之物焉。凡爲有者，何從而出乎?"曰："出於氣化也。""氣化何從而作乎?"曰："作於理也。""理者何時而在；何所而在乎?"曰："無時不在，無所不在，卽所謂'無極太極'者也。""然則理之爲有，卽異於天地萬物之爲有也耶?"曰："理之爲有，則天地萬物未有之前，爲天地萬物之所以然；天地萬物旣有之後，爲天地萬物之所當然者，是也。天地萬物之爲有，則乃各爲有形之物，而天之所然、地之所然、萬物之所皆然者，是也。故有理然後有氣；有氣然後有萬化；有萬化然後爲萬有矣。理者，萬化之本也；氣者，萬化之機也。氣爲之機，故其爲萬化也，無所不盡焉；理爲之本，故其爲萬有也，無所不備焉。精粗備矣、正偏備矣、貴賤備矣、大小備矣，自至精至至粗；自至正至至偏；自至貴至至賤；自至大至至小，凡幾什百千萬其品彙哉？然而精者恒寡而粗者恒多；正者恒寡而偏者恒多；貴者恒寡而賤者恒多；大者恒寡而小者恒多，此實理氣流行之分數，自不得不然者也。蓋造化之道，固不唯不能爲皆精、皆正、皆貴、皆大，而亦不可以無粗、無偏、無賤、無小也。又不唯不能爲多精、多正、多貴、多大，而亦不可以寡粗、寡偏、寡賤、寡小也。何則？精役粗，粗役於精；正役偏，偏役於正；貴役賤，賤役於貴；大役小，小役於大者，道之常也。役之者，勞心者也；爲役者，勞力者也。勞心者，爲上而統下者也；勞力者，爲下而事上者也。統下者不須多也；事上者不可寡也。其理如此，故凡在理氣造化之中者，爲精、爲正、爲貴、爲大之物，所以必寡，而爲粗、爲偏、爲賤、爲小之物，所以恒衆也。故精、正、貴、大者，必爲粗、偏、賤、小者之宗主也；粗、偏、賤、小者，必爲精、正、貴、大者之使用也。然而精、正、貴、大之中，亦有最精、最正、最貴、最大者焉。若其不能爲最者，雖未得爲宗主，而猶可爲最者之輔佐也；粗、偏、賤、小之中，亦有甚粗、甚偏、甚賤、甚小者焉，甚則全無用者也。若不至於甚，則猶有分數之用者也。

竊觀天下之事務、術業，亦莫不有精粗、正偏、貴賤，大小之不一者，故精、正、貴、大之術業，唯其有精、正、貴、大之才器者，能幹之；粗、偏、賤、小之事務，唯其爲粗、偏、賤、小之徒衆者，當力之也。天下若止有精、正、貴、大之才器，而不有粗、偏、賤、小之徒衆，則精、正、貴、大之事務術業固有主管之者，而其餘粗、偏、賤、小之術業事務，其誰供之哉？此所以獨精無粗、獨正無偏、獨貴無賤、獨大無小，皆不可也，其何得以成天下之事務，盡天下之術業哉？此天地生物之必備，而道自有一本萬殊之用也。以土[2]地言之，可居、可耕之處不多，而不可居、不可耕之處

2 土 : 원문에는 上으로 되었으나 土로 바로잡음.

爲甚多焉。九州爲中國，而其在九州之外、四海之涯，天之所覆，地之所載，日月所照，霜露所墜，舟車所不到，人力所不通，處爲棄土棄地者，何可量哉？至其九州之內山林川澤，不知其幾何，而皆非所居、所耕，則土地之無用者居多也。以植物言之，百穀、百菜、百果、百材之外，其不可用之草木，何可量哉？以動物言之，六畜及魚鱉鹿獐之外，凡水陸昆虫，不可用之類，何可量哉？不惟是也。星文之象于天者，北極以下凡有名之星，五星、二十八宿，可以察時變、可以知休祥，災咎之應者，自有數矣，而其餘無名之星，布滿九野者，不可數焉，則其何足爲有無於天象哉？山於中國者，封爲五嶽，稱爲州鎭，凡見於山經者，自有數矣，而其餘爲峯嶂、爲丘陵，不可得以名稱者，亦無數也。水於宇內者，四海四瀆之外，凡爲川澗、湖澤，以流以瀦者，亦豈可數哉？然則覆載之間，凡爲有用者，不論精粗、正偏、貴賤、大小，固皆不可無者也。至其爲無用者，似不必有者也。然而莫非理氣之所當有、造化之所當備，則豈可謂之不必有哉？既是理氣之當有，而不得不有，則皆不可無也；既是造化之當備，而不得不備，則皆不可去也。不唯造化之道然也，聖人之制作，亦有不得不備者焉，作筭數者，始於一生十、十生百、百生千、千生萬、萬生億、億生兆、兆生京、京生秭[3]、秭生垓、垓生壤、壤生溝[4]、溝生澗、澗生正、正生載，而終曰'載'，地之所不能載矣。世間所用之數，止於千萬者，多矣。至於億兆，則罕及焉。況以至於京而秭、秭而垓、垓而壤、壤而溝、溝而澗、澗而

3 秭: 원문에는 稊로 되었으나 秭로 바로잡음.

4 溝: 원문에는 境으로 되었으나 溝로 바로잡음.

正、正而載者，有幾數哉？造書契者，有以載宇宙事物，於文字上，隨物立名，盡天下之物而後已；隨事設目，盡天下之事而後已，則事之端緒，不啻千萬；物之品彙，不啻千萬矣。其爲文字幾千萬乎？然而彛倫日用間云爲事變，器物名目，九經諸史，百家所用之外，凡字書所載奇奇怪怪者，不可盡識，亦不可盡用，則豈非事物之變，有不可窮，故隨變設文，自不得不爾者乎？亦可以此而知萬有之必備、必盡矣。萬物之中，唯人最靈、最貴，則邵子所謂'爲一一之物，當兆物之物，而爲至物者，非人乎？' 此爲精、正、貴、大之品者也。衆人之中，唯聖人爲能盡己之性，盡人之性，盡物之性，贊天地之化育，而與天地參，則邵子所謂'爲一一之人，當兆人之人，而爲至人者，非聖人乎？' 此爲精、正、貴、大之最者也。然則人之衆也，唯億、唯兆，而亦不是爲人之形者皆人也。唯能盡人之道者爲人，則人中之實能爲精、正、貴、大之才器者，亦無幾矣，而其爲粗、偏、賤、小之徒者，自不可數焉，此聖人立極於上，分人類爲四民，而唯士爲精、正、貴、大之術業，所以使之窮理盡性，修己治人，明五倫，立三綱，馴致治平位育之極功焉。其次農也，使之出粟、米、麻、絲焉，其次工也，使之作器皿焉，其次賈也，使之通貨財焉，三者皆所以備粗、偏、賤、小之業，而有以事精、正、貴、大之人，得盡夫吾人事業者也。於土地就其可居、可耕之地，而使之宅其宅、田其田；於植物取其可穀而穀之，可菜而菜之，果其可果、材其可材，至取其根葉、花實之可爲藥餌者，亦不遺焉；於動物取其可畜者而畜之，可獵可漁者而獵漁之，至取其皮角筋骸之可爲器飾者，而無棄焉。是故人無可捐之人，物無不收之物，而所謂'粗、偏、賤、小之人，粗、偏、賤、小之物，無不致其用'焉。此聖人所以體理氣造化之道，而盡裁成、輔相之業者也。凡爲物於理氣中者，無非所以有用於宇宙內也，天不徒天而有爲天之用；地不徒地而有爲地之用；人不徒人而有爲人之用；物不徒物而有爲物之用，唯其爲物也不齊，故其爲用也遂不得不異焉。天地之用，固不容言也，而爲人與物之用，皆可見矣。有能爲全體十分之用者；其次有許多分數，不一之用者；其下則有全於無用者。若全體十分之用，卽有宇宙來不可無此人者，是也，非所謂'至物中至人'乎？若許多分數之用者，凡人物、品類自九分至一分，雖其輕重、優劣之各殊，而無非入用者也。若全於無用者，則無一分可取者也。然則其在有用之中者雖小，皆不可無也；至於全無用也，而得與有用之物，竝生竝育，則造化之生物，不爲徒費，而聖化之容物，不爲太汎乎？"曰："物之不齊，物之理也。夫旣有有用之物，則不得無無用之物，亦所以致備者也。如實外不得無虛；白外不得無黑，實得虛而爲實；白得黑而爲白，物之有無用者，豈非所以成有用之物乎？共生包容之中，共在竝育之間，備爲一物，亦守天分，擁衛元氣、保合大化者，非無用之用乎？人能見得此道理，則可以知造化之情，識聖人之心也。"曰："若子之言，則竝生、竝育者，雖至無用，皆在不可去矣。然而聖人亦必有除兇去惡之道焉，此則何爲也？"曰："此一道也。今我所謂'無用之亦不容無'者，謂其雖在無用之中，亦自守其無用之分，無所敢干化者也。如此則竝育於竝生之中，固無絶去之理也。若夫亂道、悖理、戕人、害物者，則惡可一日相容於竝生、竝育之地，使之驕孽搆禍於同胞吾與哉？此聖人不免有誅戮放流之典者也。容無用者仁也；去有害者義也，仁義非二道也。"

右論品彙互備之理。

《易》書之太極、兩儀、四象、八卦之序，造化之陰陽、五行、寒暑、晝夜之變，無非此天地中見在之道也，而推以通之，則其在此天地之先，幾億萬古者，固此道也；其在此天地之後，幾億萬世者，亦此道也。惟知太極之理者，可以通得此道之無窮者也。天地有易世代幾變，而此道則何嘗有易、有變哉？

圍三全用曰三，三者天圓之陽數也；圍四用半曰二，二者地方之陰數也。三而十之則爲三十也；二而六之則爲十二也。三必十之者，陽數常贏，故其衍也過於九而至於十，十其三，卽三十也；陰必六之者，陰數常縮，故其衍也在十强半而止於六，六其二，卽十二也。蓋陰生陽、陽生陰，故十二與三十互爲紀焉。然而其所謂互爲紀者，非謂爲十二於前者，還爲三十於後；爲三十於前者，還爲十二於後也，卽以其分大爲小者而言也。大數卽母數，小數卽子數也。如一元爲母數，則十二會爲子數也，　安知夫元之爲元者亦自有大數之三十，而此一元乃其三十中之一元哉？元分爲會者旣爲十二，則一會又分爲運者，卽爲三十也，通十二會之運，則三十其十二爲三百六十運也；會分爲運者旣爲三十，則一運又分爲世者，卽爲十二也，通三十運之世，則十二其三十爲三百六十世也，又通其三百六十運之世，則爲四千三百二十世也；運分爲世者旣爲十二，則一世又分爲歲者，卽爲三十也，通十二世之歲，則三十其十二[5]爲三百六十歲也，又通其四千三百二十世

5　二：원문에는 一로 되어 있는데 二로 바로잡음.

之歲，則爲十二萬九千六百歲也。以至於歲、月、日、辰、刻、分、釐、毫、絲、忽、妙、沒，莫非此二數之互紀而流行者矣。但愈分愈繁，殆不容數悉而筭盡焉。若曆家則雖言刻、分之數，而不用此數，只用捷法爲說而已，故元以上之數，濶大而不可驗知也；刻分以下之數，微細而難於窮盡也，而二數之互紀者，則不以大小而異、久近而殊也。然此則縱行之數也。數之旁行而横延者，亦莫不有自然之用焉，亦在乎推以通之也耳。

夫生成萬物者，天地之所以莫大也；始終萬物者，天地之所以莫久也，而又能生成莫大之天地，始終莫久之天地，則大於天地、久於天地者，何等名號、何等模象歟？曰"理"而已矣。天地則可以大與久言之者，以其有形質故也；惟理則不可以大與久言之者，以其無形質故也。天地則可以大與久言之，故其大有際，其久有限；惟理則指何象爲大乎、指何期爲久乎？故曰"無極而太極"，此所以生成天地，始終天地者也。其所以生成天地，始終天地者，亦豈非數也哉？然而天地果有外矣，則其外如何；一元之上果有數矣，則其數幾何？窮到于此，只當象之以莫象；數之以莫數；知之以莫知；言之以莫言而已可也。吾人方寸中之所可以會得者，惟是理也，而理亦無象、無數，故曰"無極而太極"，所謂"無極太極"者，卽是無象、無數之稱也。惟其無象、無數，而尙可會得者，以在我無窮之理，通宇宙無窮之理，本無彼此遠近故也。然則天地之外一元之上，亦當曰理而已矣，其可象乎、其可數乎？

上而天、下而地，天地自有天地之太虛，自有天地之元氣，吾人處其中，皆可得以測知之也。吾人亦自有胸中之太虛，自有胸中之元氣，我可自認其爲太虛、元氣於一身焉，而外人則莫得以測識之也。然則在吾人胸中之太虛、元氣，止自爲吾人之太虛、元氣，而吾人事業之所從以做出者矣；天地之太虛、元氣，止自爲天地之太虛、元氣，而兩間之人與萬物之所從以產出者矣。然則兩間人物之所以出者，天地之太虛、元氣有以出之也。至於天地之所以出者，卽何從以出乎？必亦天地之外，自有無窮之太虛、無窮之元氣，故天地得之而爲天地，而亦自往過來續於無窮太虛、無窮元氣之中也。然則其所以爲無窮之太虛、無窮之元氣者，又何從而得之乎？此不過曰"無極太極之理"而已矣。太虛之不得不虛、元氣之不得不氣者，非實理之自然者乎？

人居天地之間，無不知夫上爲天、下爲地矣，而能知其爲天、爲地有形之外無窮之妙者則鮮矣。地之博厚磅礴有以載華嶽而不重，振河海而不洩者也，以如許博厚磅礴之莫重而見扛於渾淪之元氣，則氣虛地實，以虛扛實，其不有萬萬分力量而能之乎？然則其爲元氣也者，其積也幾何；其健也如何而乃能扛得大地爲如許哉？惟其扛大地之元氣，其爲力量者如許也，而數周天之度者，旣曰"三百六十五度四分度之一"，則其一日之行、一歲之運，自有一定之常，故名之曰"度"，度者定式之目也。自覆載之內而觀之，其周之度數，自有定式，則其積之厚，亦必有一定自然之常度矣。其所積厚，旣有一定之常度，則又必自有際限之常度矣。然則天地際限之外，卽何等區域爲何等範象也歟？

思之至此，但想其玄玄渺渺茫茫焉而已。然其玄玄渺渺茫茫者，亦不過此理之中矣，以理而地；以理而天；以理而天地之外，則夫豈有理外之區域、理外之範象哉？不可區域，而强求其區域；不可範象，而强索其範象，亦非理之自然也。

此理卽我方寸中所固有之常理也。

然則吾人所當做者，何道理歟；何事業歟？只當順自然之常而已。戴天履地而爲吾人，則飢食渴飮、寒裘暑葛，日出而作，日入而息，在親親之地而篤親親之恩；在仁民之地而敦仁民之道，在愛物之地而盡愛物之義者，卽我道理也、事業也。知其當知，不知其不當知，何害於知乎；行其當行，不行其不當行，何害於行乎？

《易》大傳曰："夫易聖人所以崇德而廣業也，知崇、禮卑，崇效天、卑法地。"然則不可不崇者知也，而不可不卑者禮也，效天、效地之道，其不在是耶？

年準於十二萬九千六百，世準於四千三百二十，運準於三百六十，會準於十二者，卽一元也。今日亦此一元之中矣。以康節之數計之，蓋在午會也。以已往自子至巳六會之事跡，可以推知夫自未至亥六會之將來矣。仍又推之於此元之前，而知有已往無窮之元；又推之於此元之後，而亦知有將來[6]無窮之元，其會、運、世、年之數，有何異哉？然則前已往、後將來之元，其大槩則當不過此元中之故而已矣。

夫其理之爲太極者，固未嘗隨元而有易，則前之爲已往之元、後之爲將來之元者，皆不出此一太極中也。其爲太極也，一而已矣。故從太極而出者，亦未始不相同也。其爲陰陽、五行而有造化也；其爲兩儀、四象、八卦而有生生之易也者，便自爲一定之理、常行之道，一與此元無異焉矣。

輕淸而上者，必爲天也；重濁而下者，必爲地也；生於兩間而爲萬物者，亦必如此元中萬物也。首乎萬物，參乎三才

6 來 : 원문에는 未로 되어있으나 來로 바로잡음.

者，亦必如此元中之人也。其爲人，所生長之地方、所生死之年歲、所稟受之貌象，未知其果與此元之人一一相似也。然其頭面、背腹之爲身，四肢、百骸之爲體，則必不異於此元中之爲人也，萬物之有動植飛走、水[7]陸昆虫者，亦必如此元中萬物之爲物也。

人之性，必是仁義禮智信也；情必是喜怒哀樂愛惡欲也；其倫必是父子有親、君臣有義、夫婦有別、長幼有序、朋友有信也。人爲萬物之首，故耳能收天下之聲；目能收天下之色；鼻能收天下之臭；口能收天下之味；手能爲天下之事；足能走天下之路；心能盡事物之理；身能責三才之道。然則有天地、有萬物，豈可無吾人乎哉？其爲最靈、最貴也者，在前後元必無不同也。

其始也必有聖人焉，唱明之、教化之也，必有如三皇之爲皇，而創三皇之事業也；必有如五帝之爲帝，而立五帝之事業也。書契文字未知其一一果如此元中書契文字，而其爲不得不造也，則必然其爲載道之文、明理之書，廣布傳後之經傳，則必皆不得無作也。其爲有天子、諸侯，有士農工商，有邦國朝野，有都邑城郭，有憲章法度，有禮樂文物，有名分等級，有器用簿籍，凡所以治民之具、敎人之方、防姦之具、禦寇之備，皆所不得闕也。其爲治亂、興亡、善惡、得失、吉凶、禍福，亦豈無紛紜變遷之事哉？

此蓋理所必有，勢所必同，而其所以開閉、始終無不如此元中之事跡也，豈非前已往之元、後將來之元，皆此一太極中變化故也哉？然則吾人之生于其間，而或貴、或賤、或

7 水 : 원문에는 木으로 되어있으나 水로 바로잡음.

壽、或夭者，當如何而各盡其道哉？ 自不過乎性其性、職其職；順天之命、安吾之分，以畢一世而已。

夫其生此一元中者，自寅會有物以來至戌會物盡之世者，無非此元所產之人物也，而今之人物，不得見古之人物，則況得見此後所生之人物、未來之世變乎？ 況又以生于此元者，何得知夫旣往無窮之元與未來無窮之元中事物乎？ 人若曰："我能知之"，此乃非狂則妄也。今余所謂"其道理、其人物、其事變之必與此元無異云"者，惟以此理爲一太極者而推之也，此太極之外，豈復有他太極哉？旣往者固是此理；將來者必亦此理，故曰"太極"，如非此一理焉，而旣此之又彼之；旣前之又後之，則何以曰"太極無極"哉？

8.2 附答童問

8.2.1

童子問於余曰: “夫所謂‘窮理’者, 須無所不知然後可以謂之窮矣, 如有所未及知者, 不可謂之窮也。惟此天地間事, 無非古今人之所共目見、所共耳聞也, 吾亦可得以知之矣。至於天地, 無外則已, 若有其外, 則人而不知可乎? 凡有物者, 其初皆從無物中出來, 乃爲是物, 其終又歸於無物, 物之聚散, 有無於宇宙之間者, 如浮雲興滅於太空之中也。就以理言之, 天地雖大, 亦物也。理是無窮, 固未嘗有限際也, 而天地則爲有形氣焉。有形氣者, 必須有限際矣。然則理非天地之所得以包盡, 而天地則實見包於理中耳。理旣不以天地之限際爲限際, 而自是無限際, 則天地當有外焉, 而理則無外矣。理惟無外, 則窮理之學, 其可不究乎天地之外哉? 先儒有曰: ‘天依形、地附氣’, 又曰: ‘天包地外, 地在天中’, 又曰: ‘氣外必須有軀殼, 以固其氣’。然則天是氣; 地是質, 地雖成質於中, 而所見包者天之氣也。氣以持之, 故質得不墜。其爲氣也卽渾淪元氣也, 强猛勁健自爲一大, 故能勝擧得大地之厚重。然氣自以輕虛爲體者也, 中雖有地可依, 外邊何得無依著、無盛載, 而能常完、常運, 久長其爲道哉? 蓋其輕淸精健、充塞積厚、覆幬無欠、旋繞不息者, 其勢必有儲持蓄護之防焉, 則其曰‘必須有軀殼以固其氣’者, 理當然矣。所謂‘軀殼’者, 作何樣體、質爲何等模範, 而遂能包持得包地之天乎?

地之大、天之大，氣有以擧之，又復有固其大氣之軀殼，則其爲軀殼也者，又寄着于何所歟，亦有氣以擧之歟？或有地可據歟？大氣之積也何許，而其爲健也如許歟；軀殼之厚也何許，而其爲固也如許歟？其爲軀殼之外，亦必有上下、四方，卽何如其區域，亦何如其氣像歟？其亦明乎、暗乎？有氣乎、無氣乎？有物乎、無物乎？有界至乎、無界至乎？如其有氣也，則亦復有何軀殼以固之乎？其有物也，則亦似此天地之爲物者乎？抑空空窣窣渺渺茫茫，愈往愈無窮乎？愈往愈無窮，則其亦天地外之大虛矣。人居天地之間，遂以天地兩間爲大虛，有以見萬物之往過來續者，而不知天地外之大虛卽爲天地所處之大虛也。天地兩間之大虛，猶不可量，況天地外之大虛，其如何也？天地間之大虛，以天地爲限際矣，未知天地外之大虛，以何等地頭爲限際歟？理固無時、無處而際焉。虛之所際，氣之所極，將何得以窮之哉？窮而窮之，終不可窮矣。吾聞，達於理者，知無所不通，子可試言之，以豁愚蒙之知覺乎？”

余答曰：“凡所謂‘窮理’者，不是遊心馳意於曠蕩虛無之域，認取無形之形、無象之象，而謂之窮理也。《大學》曰：‘致知在格物’，若不從有物而格之，其何因而知可致乎？仰觀有天，故據是蒼蒼者而可窮其爲天之理；俯觀有地，故據是膴膴者而可窮其爲地之理，至於日月星辰、水火土石、寒暑晝夜、風雲雷雨、山嶽川瀆、飛走草木莫不因吾目力之所及，而窮盡其理，其於目所未及者，則有耳無所不聞，故卽可因其所聞，而事無不可窮者矣。以此而推諸旣往，則前萬古可以今而知之；以此而推諸將來，則後萬世亦以今而知之。此乃聖賢致知之道，必由於挌物也。旣不可離物而求理，則天地之外，其何據而窮之，其何驗而知之哉？凡生於天地之間者，都皆局於覆載之中，故耳目所及，止於覆載之內而已。吾人孰不有精神、魂魄，能知覺思慮？然亦須用其耳目，憑其聞見，參驗於聲色之着、氣候之變，然後有以尋究其故，推得其實矣。若天地之外，則其吾耳聞、目見之可及乎？何從而聲色之，何從而氣候之，又何從而準範之哉？況儒者學術，必兼知行，知以明其行；行以實其知，故知至至之，始條理之事；知終終之，終條理之業也。知必行之；行必知之，固未有不知之行，又豈有無行之知乎？然則天地之外，非吾人行得到者也，豈可以知得及哉？雖知得及焉，無所用焉，況無知驗之路乎？知之盡、行之盡者，莫如聖神之人也。然而聖神踐履設施之道理，參贊化育之功用，必止於天地之內耳。然則其知思所及，果有到於道理之所未通，功用之所未及，而能外乎天地者乎？聖神誠明之事業，所未及到，而下學者，其可求知耶？"

童子曰："子謂天地之外，聖神亦不知之，吾不信也。聖神之所以爲聖神，以其知衆人所不能知；識衆人所不能識。蓋其知識出於耳目聞見之外也。況卽內知外；卽近知遠；卽卑知高；卽淺知深，達理者之常也。聖神也而豈有不知之事乎？其雖知之，只慮夫拘於見聞者反生疑怪，遂鼓其荒誕虛僞之習，故守之以不知而終不之言也耶？"

余曰："不然也。聖人豈知之而不言哉？所謂'氣外必須有軀殼'者，其亦臆度理推而知其必有也。實非有所考驗者，故其爲大氣之際限，軀殼之圍經，則亦無從而測度焉。況其外乎？事有必可知者焉，又有必不可知者焉，其必可知者，在我之精神、魂魄有可通之路也；其必不可知者，精神、魂魄無可通之路也。聖人亦人也，人之精神、魂魄，所不可通者，則雖聖人亦何得以知之哉？ 此非以理所不在而不通者也。 特以人之精神、魂魄局於形氣之中，故乃有所不通也。凡窮理者，以在我之理照彼天地萬物之理， 卽可以認會得無餘蘊也。 其所以隨照便會者，理之在此、在彼，爲一本原也，此所以格物而物無不格， 致知而知無不至也。 然而理之爲一原大本者，雖無窮盡、無邊際也，而其分賦於物，而寓諸形氣之中者，則不得不隨形氣之各定， 而知覺之用有通塞、大小之不同焉。土石則形質而已，草木有生氣而全無知覺，禽獸血氣之類也，而知覺莫通於義理， 人則最靈也， 而衆人之知覺， 偏滯而莫徧， 惟聖人爲能知得其盡、行得其全。 然而聖人亦不出乎天地萬物之理而已， 天地之外非所通也。 此豈一原大本之理，有窮盡、有邊際而然乎？ 理果不免隨形氣而廣狹也，形氣之所隔， 理亦莫得以行焉。 吾人卽天地中人也， 何能外天地而用其知哉？ 聖人特能先知人之所當知；先覺人之所必覺，故爲人之聖焉。 其所知、所覺者， 不過乎天之所以天、地之所以地、人之所以人、物之所以物， 彛倫日用之常、經綸繼開之業、古今之變、義理之奧耳。 豈嘗用不耳之聰、不目之明、思想於不可模範之地， 揣度於不可準的之域， 必知人所不得知，要識人所不得識者，以爲敎哉？故古之聖人未嘗有一言或及於天地外之事者， 不是可知而不知、可言而不言，固道理自如是也。 康節邵子之言曰：'天地之外， 別有天地，吾不得而知之，非惟吾不得而知之，聖人亦不得而知之。' 然則聖人之所不知， 而以凡人知之乎？ 聖人於其必不可知者，不用吾智也。 若其必不可知而求必知之， 不當用智而必欲用之，是則妄人也已矣。設令曰：'吾智有以知之'，作爲無稽之言，人孰信其爲智哉?”

童子曰:“子嘗不曰:‘此天地之先，必有先天地，此天地之後，必有後天地乎?’先後天地，非此天地之外乎?”

余又答曰:“前所謂‘先後天地’者，固以爲天地，旣爲有形氣之一物，則必有所始，又必有所終，有所始則必有其先；有所終則必有其後，故知此天地之前，其必有天地；此天地之後，亦必有天地，此則就此天地而推之，有以知天地之在先、在後也，非謂別有他天地，同時竝存於此天地之外也。”

童子曰:“天地之外，固聖人之所不言，若其固大氣之軀殼，先儒已言其必有，則其爲軀殼之體質，其不可據此天地之形質而推知之耶?”

余答曰:“不見、不知而言妄矣。但以見在之常道言之，血氣之類有羽毛、鱗介以護之；植物果穀之類有皮甲以裹之，莫不因其本物之質而成焉。然則大氣之所以有軀殼爲所固者，亦不過大氣之糟[8]粕於外邊者，仍爲其殼矣，豈別有他造物者，用他氣造爲之哉?氣莫非二五之本，則是氣之在天地之先者，隨其自然之理而凝結以成質者也。”

童子曰:“子謂天地有限際，而理無限際，有限際者有外；無限際者無外。然則天地之外，只可謂之天地之外，而不可謂之理之外也。旣不是理之外，則雖不可以形象之指擬之矣，而理則不以天地內外而有虧闕焉。理之無虧闕者，其在天地之外，亦豈無可言者乎?”

余答曰:“所謂‘理無窮盡、無際限’者，以其無形體、無方所也。所以謂之理者，有而爲不有之有；無而爲不無之無，不

8 糟 : 원문에는 粗로 되어 있으나 糟로 바로잡음.

隨虛而泯；不隨實而滯，着於形而下者，則人皆可覩、可聞，又可言說以明之；藏於形而上者，則不端、不倪，莫聲、莫臭，又不可容其言說。故曰'無極而太極'，如其可言則豈可謂之理哉？抑有說焉，學者窮理之道，誠不可不知其本末先後也。吾人以宇宙內事爲吾之責，則凡在天地之間者，不論大小、精粗皆吾所當知也。然其當先之本，則在吾一身。此身之於天地，其爲微細，則大倉稊米也，其所以貴於萬物，參爲三才者，何道歟？厥初禀受於天地者，在品彙中極秀且全也。秀故生爲最靈，道通天地；全故心具衆理，事應萬變。苟人而自小則已矣，若欲爲大人，何事而不爲我當知；何知而不爲我當有哉？天地萬物之理，本自具於吾一心之中，而吾一心之理，卽天地萬物之理也。惟其所分者萬殊耳，苟能反諸吾身而自盡其理，知所當知；行所當行，則天地萬物之理，有外於吾一身之理者乎？顧乃不自知吾身之理，而五臟之所以臟、六腑之所以腑、耳目口鼻之所以具備、四肢百骸之所以肢骸、五常七情之不可闕一、三綱五倫之不可暫廢者，旣不能明得盡，又不能行得篤，則其可懸想於性分、職分之外哉？況乎天地之外哉？童子其歸焉，姑從灑掃應對、進退之節而始事焉，則明誠之業，實本於是，而知在其中，一本萬殊之理，皆不外是矣。"

8.2.2

童子又問曰："或有問於先儒曰：'天地會壞了'，曰：'不會壞，只是相將人無道極了，便一齊打合混沌，一番人物都盡，又重新起來'，又曰：'一氣太息，震蕩無垠，海宇變動，山勃川湮，人物消盡，舊跡大滅，是謂洪荒之世，嘗見高山有螺蚌殼，或生石中，此石卽舊日之土螺蚌，卽水中之物，下者却變而爲高；柔者却變而爲剛，此事思之至深，有可驗者云云'，此說然乎？"

余答曰："果如是說，則所謂'混沌'者，舊天地尚不會壞，其大質卽舊時之本質也，而特打合改成以新之而已，是如鐵工便將舊器之餘鐵，仍復打造出新器之爲耳。天地大化之道，恐不如是也。蓋常存不易者，惟無極太極之理而已。若爲氣、爲形，則旣有其始必有其終焉。氣無大小，必有時而盡；形無巨細，必有時而壞。但其爲氣、爲形者，有大小、巨細之分，故其盡、其壞，不能無久速之異矣。然則有氣之必盡；有形之必壞，理之常也。天地雖大，亦形氣也，果安有不盡、不壞之理哉？凡物之禀氣、成形者，皆可驗其有盡、有壞之必然矣。以血氣之類言之，惟人爲最壽，而人之壽者不過百歲，雖或過之槩無幾矣。植物之壽者，亦未有數百年者，雖金石之堅久，亦不得不爲之壞敗焉。此固其氣盡則其形必壞者矣。夫無大小、巨細，屬于形氣者，皆其爲有者也。凡爲有者，其初必皆從無中生來，故其終也又必歸於無焉，豈有常仍其有而不歸無者哉？從無而有；從有而無，此乃物理之自然也。天地固繫於形氣，則其可逃於有始、有終之理乎？"

童子曰："有氣之必有盡、有形之必有壞，則然矣。血氣之類，氣盡而死，則其體質從而腐盡矣；植物之類，氣盡而枯，則其體質從而朽盡矣，其腐盡、朽盡者，莫不歸於無也。若天地之終其歸於無者，可得而聞耶？"

曰："人雖不得見天地之終，亦可以理推而知之矣。邵子分天地一元之數爲會者十二矣。十二會之中，子丑二會天地之未及成也，自寅至酉八會，則天地之已成，而由盛至衰也；戌亥二會，則天地之既老而終盡者也。舊天地纔終，而新天地必生，其生也有漸，故其盡也亦有漸，必經二會而始成，又必經二會而後終也。想其元氣之衰薄也，運行者漸緩，緩則不能力焉；充滿者漸耗，耗則不能實焉。陰不能翕聚，陽不能發散，而二氣無其常矣。木失其開暢之性；金失其收斂之性；水失其潤下之性；火失其炎上之性；土失其寄旺之性，而五行廢其道矣。二氣不氣，五行不行，而造化之功息矣，品彙之產停矣。於是凝者解，聚者散，堅硬者消爛，三光失其光，四時不能時，五嶽崩墜，四瀆渴涸，大氣不能擧大地，而大地莫得以自持，則天地其得爲天地乎？當是時也，天不能天；地不能地，無以爲覆載，則豈容有所覆、所載中之一物乎？下者安得復爲之高，柔者安得復爲之剛乎？高者、下者、剛者、柔者一齊都盡於無中矣。其得有些少舊質之留存者乎？雖欲留泊，何所依而留泊哉？”

童子曰：“然則不惟覆載中之萬物消盡無餘，至於覆載之天地，畢竟亦歸盡於無矣，則新天地之生，其何從而生乎？生萬物之天地，亦不能無終盡之時，則其復有以造得新天地者，又何物也？天地之外，乃復有莫大之大化，而司之者又何樣大化工歟？”

曰：“此所謂‘太極’也，而太極之以無極號之者此也。此理也，無極而太極，故天地有盡而太極者常存，卽又有以主張夫大化外之大化，而是用元氣外之元氣，以生新天，以生新地，而卽爲今天地也。人皆知天地中之元氣，大化能造萬物，而不知能造天地之元氣，大化在天地之外，其實則一太極者，爲之主而自無極也。故先天地自爲先天地，隨其終而盡焉；後天地自爲後天地，隨其始而有焉，豈是後天地因於先天地之舊質而轉變以新之者也？然則混沌者，在先天地之終、後天地之始，而成終、成始之機，實在於其間也。惟其先後天地，同一太極之理也，故其爲天、爲地、爲萬物者，亦必無不與之同焉。然卽是新氣之嗣續者，以新化而生也，非先天地之已解、已散者有未消盡，遂復凝聚而成後天地也。”

童子曰：“然則所謂‘高山石中之螺蜯殼’，卽何時所有之物歟？”

曰：“此固不可必知其某時物也。以理料之，則此乃此天地始闢而未成之時之所有也。此天地之初，亦氣而已。氣之作也，始微而漸厚，旣厚而積久，則其積氣之中，液聚而爲水，水積之久，氣升而燥，則爲火矣。水火旣交，水得火而生滓，滓積爲土，土積博厚，則乃地也。方其水土未分之際，先得水土之氣，而化生於其間者，是螺蜯之屬乎。及其水土旣分，石之泥滓堅凝高出者爲山，則螺蜯之昔在水中者，有或爲石中之殼耶？”

童子曰：“螺蜯方生於水土，則卽是造化行矣。其時也血氣之類，亦有竝生者，而吾人者亦生乎、未生乎？”

曰：“凡品彙之生，有什百千萬之不齊，其得偏氣而生者，萬物也。萬物之生，亦非一種，水中之物，得水便生；陸上之物，得陸便生，皆不須同時而生矣。氣化之中，其得全氣而生者，吾人也。得偏氣而生者，天地未成之前而或有焉。水虫之生水，百卉之生土，莫不隨處、隨時而出焉。今夫瓮潴之水，潴不甚久而虫成，積土之上無種而雜草俱萌，所謂天道敏生；地道敏樹，是也。然則螺蜯之有生於水土未分之際者，亦未怪也。以其得偏氣而生，故其生也最在先矣。若吾人，則異於偏氣之物矣，必待天地定位，山澤通氣，雷風相薄，水火不相射，二氣迭運、四時順序，鼓之以雷霆，潤之以風雨，日月運行，一寒一暑，儲精之極，會淑之久，然後就其旣全之氣，得其秀而生焉。故其品最貴；其心最靈，首乎萬物；參乎三才，耳察天下之聲；目辨天下之色；鼻收天下之氣；口呑天下之味，而心通天地萬物之理、古今變化之跡。此固所以爲人也，其與萬物同生死可乎？以此觀之，所謂'天地不會壞'，但以其大氣震蕩山勃川湮高下變易爲混沌，而螺蜯之在高山石中者，謂之混沌前之物，則似非往過來續、有無相代之理也。意者，此說非出於先儒，而不知理，好奇論者有以託之也。"

童子曰："子謂天地有際限、有始終，旣有始終，故乃有先天地、後天地矣。又果有際限，則此天地際限之外，當必有無窮之太虛矣。其無窮太虛之中，無乃有他天地之竝立者，亦自各有其區域，其爲天於上；爲地於下；爲萬物於中，一如此天地之爲也，而此天地之人，不知有彼天地；彼天地之人，不知有此天地也乎？"

曰："理雖無窮，而形氣則有限，吾人知覺，出於形氣之中，則知覺之所及，固不過此天地中之事物而已，其可外此天地而求知覺得乎？今此天地間之事業，人莫能盡知、盡行，況可外此天地而致事業乎？然則爲吾人者，惟能認會得此理之無窮，有非形氣之可揣者，是太極之無極也，則凡其有形、有氣之外，不可見、不可聞者，都在其中矣。"

8.2.3

又謂童子曰："今欲窮天地宇宙於無窮，而試致思焉，則有外又有；大外又大；高上又高；深下又深，固無窮又無窮又無窮矣，其何得以窮之哉？又何必空馳妄想於無徵、無據之域，而勞費吾之精神哉？豈若反而求之於吾方寸之中乎？夫無窮者，無不囿於太極之中矣，而能會得太極者，吾方寸中也。然則藏至廣、至大、至高、至深者，孰如吾方寸乎？吾方寸之中有，如許廣大高深之妙矣，而蔽塞之、汩昧之者，非人欲乎？若人欲淨盡而天理復明，則便是依舊本然之全體矣。童子其能不失赤子之心，則可以得之矣。”

지은이 **장현광(張顯光)**

1554년(명종9)~1637년(인조15). 자는 덕회(德晦), 호는 여헌(旅軒), 본관은 인동(仁同)이다. 여러 차례 벼슬을 사양하고 학문과 교육에 매진하여 역학(易學)과 경위설(經緯說)을 중심으로 독자적인 학문 체제를 이루었으며, 17세기 영남학파의 학맥을 이루는 많은 학자를 길러냈다. 저서는 문집으로 《여헌집》이 있고, 《여헌성리설(旅軒性理說)》, 《역학도설(易學圖說)》, 《용사일기(龍蛇日記)》 등이 있다.

옮긴이 **성원규(成元圭)**

1984년 서울에서 태어났다. 단국대학교 한문교육과를 졸업하고, 고려대학교 국어국문학 석사 과정을 수료하였다. 한국고전번역교육원 연수부 과정을 졸업하고, 현재 해동경사연구소 연구원으로 재직하고 있다.

옮긴이 **윤은숙(尹銀淑)**

1957년 인천에서 태어났다. 덕성여대 경영학과와 방송통신대 중문학과를 졸업하였다. 민족문화추진회(현 한국고전번역원) 연수부와 일반연구부 과정을 마치고 현재 해동경사연구소 연구위원으로 일하고 있다. 번역서로는 〈자치통감강목(4-14)〉(공역)이 있다.

옮긴이 **김형석(金炯奭)**

1967년 서울에서 태어났다. 대학에서 전자공학과 중어중문학을 공부하였고, 한국고전번역원 연수부를 졸업하였다. 현재 해동경사연구소 연구원으로 재직하고 있다. 번역서로는 《시경집전변정(詩經集傳辨正)》이 있다.

특수고전협동번역사업(경전주석서) 연구진

연구책임자 성백효(해동경사연구소 소장)
공동연구원 신영주(성신여자대학교 한문교육과 교수)
신범식(유원대학교 교양융합학부 교수)
연구원 윤은숙
김형석
성원규

여헌성리설 3

장현광 지음 | 성원규 · 윤은숙 · 김형석 옮김
2023년 6월 30일 초판 1쇄 발행
편집 · 발행 학자원
등록 2011.4.6 제2011-14호
주소 (05355) 서울시 강동구 천호대로 1121
전화 02-6403-1000 | 팩스 02-6338-1001 | 이메일 hakjaone@daum.net

값 32,000원
ISBN 979-11-6247-303-0 94810
979-11-6247-300-9 (세트)